A ÓPERA NA RÚSSIA

Supervisão Editorial:	J. Guinsburg
Assessoria Editorial:	Plinio Martins Filho
Revisão:	Sandra Martha Dolinsky
Capa:	Adriana Garcia
Produção:	Ricardo W. Neves
	Adriana Garcia
	Heda Maria Lopes

| HISTÓRIA
DA ÓPERA
Lauro Machado Coelho | A ÓPERA NA RÚSSIA

Dados Internacionais de Catalogação na Publicação (CIP)
(Câmara Brasileira do Livro, SP, Brasil)

Coelho, Lauro Machado
  A ópera na Rússia / Lauro Machado Coelho. --
São Paulo : Perspectiva, 2001. -- (História da
ópera)

Bibliografia.
ISBN 85-273-0254-3

1. Ópera – Rússia I. Título. II. Série.

01-2569   CDD – 782.10947

Índices para catalogação sistemático:

1. Rússia : Ópera : Música : História
        782.10947

Direitos reservados em língua portuguesa à
EDITORA PERSPECTIVA S.A.
Av. Brigadeiro Luís Antônio, 3025
01401-000 – São Paulo – SP – Brasil
Telefax.: (011) 3885-8388
www.editoraperspectiva.com.br
2001

Para Maria Ignez

"Tam za ostróvom, tam za sádom,
rázvie my niê vstrietímsa vzgliádom
náshikh priêjnikh iásnikh otchêi?
Rázvie ty mniê niê skájish snôva
pobiedívsheie smiert slôvo
i razgádku jízni moiêi?"

("Lá, além da ilha, além do jardim,
nossos olhos hão de se encontrar,
nossos olhos tão claros quanto antes?
E vais-me dizer, uma vez mais,
a palavra que derrota a morte e
soluciona o enigma desta
minha vida?")

ANNA AKHMÁTOVA

Iskusstvo iest sriêdstvo dliá besiêdi s liudimí, a niê tsiél*.

*A arte é um meio de intercâmbios com as pessoas, e não um fim em si.

Módest Mussorgsky, *Nota autobiográfica*, junho de 1880.

Que ópera se poderia compor com os nossos motivos nacionais!

Mostrem-me um povo que tenha mais canções. As cirandas dançadas ucranianas. Ao longo do Volga, do nascedouro até o mar, as canções dos barqueiros sobem de todas as barcaças que descem o rio.

Ao som de canções, cabanas são construídas com troncos de pinheiro em toda a Rússia. Ao som das canções, tijolos são jogados de mão em mão e as cidades brotam como cogumelos. Ao som das mulheres que cantam, os homens russos são criados, casam-se, são enterrados.

Todas as carruagens na estrada, sejam elas nobres ou plebéias, correm ao som da canção do cocheiro.

Temos ou não tudo o que é necessário para fazer a nossa própria ópera?

Nikolái Gógol, *Peterbúrgskie zapíski* (Notas de São Petersburgo), 1836.

SUMÁRIO

Prefácio 13

A ÓPERA RUSSA ANTES DE
GLINKA 15

As Origens: A Ópera Russa
antes de Glinka 17

> As Cirandas e Jogos Rituais 18, Os Divertimentos 19, Os Dramas Litúrgicos 20, Dramas Escolares 20, As Tchinas 21, O Teatro de Aleksêi 21, As Companhias de Kunst e Fürst 22, Ristori e Araja 23, Skokóv, Bortniánski, Berezóvski 25, A Era de Catarina, a Grande 25, Fomín 27, Pashkiévitch 28, Os Teatros a Partir de 1750 29, Cavos e seus Discípulos: Titóv, Davýdov 30, Aliábiev 33, Verstóvski 34, Vida Teatral e Musical no Século XIX 36

A ESCOLA NACIONAL RUSSA 41

Glinka 43

Dargomýjski 63

Seróv 71

Cosmopolitas Contra Nacionalistas 77

OS COSMOPOLITAS 81

Os Cosmopolitas: Rubinstéin,
Naprávnik, Tanêiev 83

> Naprávnik 87, Tanêiev 88

Tchaikóvski 89

OS NACIONALISTAS 127

Mússorgski 129

Borodín 165

Cui 171

Rímski-Kórsakov 181

O Início do Século XX 215

> A Vida Teatral e Musical 216, A Influência Impressionista: Vassilienko 218, Rébikov 218, Akimiénko 219, Os Modernistas: Skriábin 219, Vyshniegrádski 220, Rosláviets 221, Matiúshin 221, Obukhóv 223, Golytchóv 223, Os Satíricos: Sats 223, Érenberg 224, Os Tradicionalistas: Blarambérg 224, Kastálski 225, Ippolítov-Ivánov 225, Arênski 226, Gretchanínov 226, Kalínnikov 227, Engel 227, Glière 227, Tsýbin 228, Guédike 228, Samínski 228, Gniéssin 229, A. V. Aleksándrov 229, Assáfiev 229, Mílner 230, Triódin 230, A. N. Aleksándrov 230, A. G. Sháposhnikov 230, Iurassóvski 230, Trambítski 231, I. K. Sháposhnikov 231, Orânski 231

Rakhmáninov 233

Bibliografia 243

Prefácio

Embora óperas como *Ievguêni Oniéguin* ou *Borís Godunóv* sejam hoje muito conhecidas, e circulem amplamente em gravações de áudio e vídeo, o drama lírico russo ainda está longe de ter a popularidade do francês ou alemão – para não mencionar o italiano, favorito inconteste dos apreciadores do gênero, sobretudo em nosso país. E no entanto, dentre as escolas nacionais leste-européias, a russa é – ao lado da tcheca – a mais importante, a mais rica, e também a que mais influência exerceu sobre os compositores ocidentais. De Debussy a um compositor contemporâneo como o inglês Taverner, são incontáveis os casos de operistas atentos à lição do melodrama russo.

O objetivo deste livro é, portanto, fornecer ao leitor o panorama mais abrangente possível do desenvolvimento da ópera na Rússia, desde o momento em que ela surge na vida cortesã como artigo importado, até a virada representada, na história do país, pela queda do regime monárquico. A um outro volume – *A Ópera Contemporânea*, com que se encerrará esta coleção – pertencerá o estudo dos caminhos percorridos pela ópera, na Rússia, durante a fase soviética. Aqui, o que se pretende é despertar a atenção do leitor – certamente já familiarizado com os nomes de Mússorgski, Tchaikóvski ou Rímski-Kórsakov – para o significado não menor de antecessores como Aliábiev, Cavos ou Verstóvski, e de contemporâneos desses mestres, como Seróv ou Dargomýjski.

A Ópera na Rússia segue o modelo dos demais volumes pertencentes à série *A História da Ópera*, que a editora Perspectiva vem publicando desde maio de 1999. Não se destina ao especialista, e sim a todo o público interessado em ópera. Por esse motivo, restringe ao mínimo necessário o uso de terminologia demasiado técnica e esforça-se por complementar as informações históricas e as análises musicais com informações discográficas – o levantamento dos registros existentes em disco (Lp, CD) e vídeo (cassete, laser-disc, DVD) – já que esta é, para o leigo, a forma privilegiada de tomar conhecimento das obras descritas. Como nos volumes anteriores, porém, cabe advertir que discografias estão, por natureza, sujeitas a se desatualizar assim que são terminadas, dada a velocidade com que os lançamentos são feitos no mercado internacional. Repito, portanto, uma vez mais, o pedido de desculpas pelas lacunas e imprecisões inevitáveis, agradecendo desde já ao leitor que se prontificar a apontar-me os deslizes e a ajudar-me a saná-los.

Cabe-me aqui fazer uma série de agradecimentos: aos amigos Munira Cirihal, Sullivan Gaspar e Sérgio Casoy que, em diversas etapas da redação deste livro, leram os originais e ajudaram-me com sugestões preciosas; a Renato Rocha Mesquita que, mais de uma vez, veio em meu socorro com o empréstimo de material ou discutindo comigo aspectos específicos do texto; e ao professor

Boris Schnaiderman, pelas sugestões quanto à transliteração dos nomes russos.

Sobre a Grafia dos Nomes Russos

Procurou-se, neste livro, rejeitar as grafias de origem estrangeira, e uniformizar a transliteração do cirílico, seguindo tão de perto quanto possível a ortografia original, mas também respeitando as regras da prosódia do português. Dessa forma, o compositor cujo nome o leitor encontrará, em capas de disco, grafado como *Musorgsky*, aqui será chamado de *Mússorgski*; e a cidade invisível de *Kitezh*, da ópera de Rímski-Kórsakov, será grafada *Kítej*.

Embora o russo não utilize acentos, as tônicas muito variáveis de suas palavras são indicadas por um acento agudo – como se viu nos exemplos acima.

Aos brasileiros, habituados a pronunciar o nome *Bóris* como paroxítono, convém alertar que a pronúncia correta em russo é *Borís*. O contrário ocorre com relação a *Vladímir* que, no Brasil, tornou-se oxítono.

As consoantes e vogais usadas na transliteração possuem, portanto, o mesmo som do português (insistindo-se no fato de que o /j/ aqui tem o valor de nosso "jota", e não de um /i/ semivogal, como no alemão Johann). Foi necessário utilizar a convenção "kh" para o som do X gutural russo, sem equivalente em português (semelhante ao "ch" alemão, mas ainda mais surdo). Escreve-se, portanto, *Kháikin*, *Sákharov* ou *skomorókhi* (histriões). Por uma questão de uniformidade, adotou-se a grafia *Rakhmáninov*, em vez do *Rachmaninov* comumente usado no Ocidente.

As consoantes sonoras – b, d, g, j, v –, quando desacompanhadas, soam como o seu equivalente surdo: p, t, k, sh, f. É por isso que o "v" final dos nomes é às vezes transliterado como um "f": *Romanoff, Korsakoff, Prokofieff*. Neste caso, porém, preferi conservar a grafia original: *Románov, Kórsakov, Prokófiev* – ficando o leitor alertado da forma como os nomes se pronunciam.

Quanto às vogais, mesmo o leitor que não fale russo há de perceber, ouvindo gravações, que algumas delas variam de tonalidade quando são tônicas ou átonas. Um ocidental que ouvisse um russo falar de "Tchik^{u}ôvski" talvez não reconhecesse o nome do autor do *Lago dos Cisnes*, pois o "ai" átono da primeira sílaba soa, na pronúncia, como um "i". É claro que tentar reproduzir esses detalhes na transliteração seria um preciosismo supérfluo, e só se prestaria à confusão.

Basta alertar para a mutação vocálica mais importante: o /o/ tônico é pronunciado "ô"; mas o /o/ átono soa como um "â" abafado. Dessa forma, a pronúncia de "ózero" (lago) é "ôzera"; e a de "molokó" (leite) é "malakô". Do mesmo modo, pronuncia-se "Aniêguin" o nome de *Ievguêni Oniéguin*, a personagem título da ópera mais conhecida de Tchaikóvski. Naturalmente, essa distinção não é feita graficamente na transliteração aqui adotada: ao transpor os nomes do cirílico para o latino, foi usada a letra "o" tanto para o som do /o/ tônico quanto do átono. Mas fique o leitor sabendo que é "rastrapôvitch" a pronúncia do sobrenome do violoncelista Mstislav Rostropóvitch, por exemplo.

Lauro Machado Coelho

A Ópera Russa Antes de Glinka

As Origens: A Ópera Russa Antes de Glinka

Desde os tempos primitivos, a música desempenhou papel fundamental na vida das comunidades eslavas. Seus documentos literários mais antigos o atestam: são as bilinas, poemas anônimos medievais narrando episódios guerreiros ou lendários, preservados por transmissão oral. Em um deles, *Sadkó i Morskôi Tsar* (Sadkó e o Rei do Mar), pertencente ao ciclo de Novgórod – em que Rímski-Kórsakov haveria de se inspirar para compor uma de suas óperas mais conhecidas –, o herói, uma espécie de Orfeu russo, encanta a todos com o som de sua gusla, a harpa horizontal de sete ou oito cordas. Quando a toca, a sua música é tão irresistível que faz o temível Rei do Mar dançar, descontroladamente, durante três dias e três noites. E Sadkó só pára de tocar quando as pessoas, na praia, começam a rezar para São Mikolái de Mojáisk, pois as piruetas da divindade marítima provocam tal redemoinho que

> *vo síniem môrie vodá vskolybálasa,*
> *so jóltym piéskom vodá smutílasa,*
> *stálo razbivát mnógo korabliêi na síniem môrie,*
> *stálo mnógo guínut imienítsiev,*
> *stálo mnógo tônut liudêi praviédnyikh*

(a água do mar azul se agitou,/ de areia amarela a água se encheu,/ muitos barcos se espatifaram no mar azul,/ muitas posses preciosas se perderam,/ muitos homens de bem se afogaram.)

O *Slôvo o Polkú Ígorieve* (O Canto da Batalha de Ígor) é um poema épico anônimo, composto em torno de 1180, que narra a luta do príncipe Ígor Sviatoslávitch contra os invasores polovitsianos (foi esse texto a fonte do *Príncipe Ígor*, a obra-prima inacabada de Borodín). No poema, aparece o menestrel Boyán, chamado de "soloviêi stárovo vriêmeni" (o rouxinol dos tempos antigos), também dotado de mágicos poderes musicais. Quando ele canta, "atrai para junto de si o lobo que vaga na campina e a águia cinzenta que voa no céu". E Procópio, o historiador bizantino, ao descrever um ataque noturno do exército grego a um acampamento eslavo, diz que

estes estavam de tal forma mergulhados nas delícias do canto que tinham-se esquecido de tomar qualquer tipo de precaução e nem perceberam a chegada do inimigo.

O folclore eslavo, de um modo geral, é muito rico. Acompanhando seus variadíssimos cantos e danças, ligados aos ritos ancestrais de plantio e colheita, de fertilidade, ou às mais diversas atividades quotidianas, os eslavos usavam tipos muito diversificados de instrumentos populares. A *gusla* e o *svirél* (a flauta de bambu) são os mais antigos. Mais tarde, surgiram o *gudôk*, rabeca de três cordas que se tocava com arco; a *dombrá*, da família das guitarras, precursora da balalaica, com duas ou três cordas que se fazia vibrar com os dedos; a *bandúra* e a *kóbza*, espécie de alaúde que podia ter de oito a vinte cordas; a *surná*, flautim agudo de origem oriental; e a *dúdka* bielorrussa, semelhante a uma flauta doce. O tambor, os pandeiros e címbalos eram os principais instrumentos de percussão. Na obra dos compositores de tendência nacionalista, principalmente, será muito comum a tentativa de representar, com os recursos convencionais da orquestra, as sonoridades desses instrumentos folclóricos.

Embora nascida na Itália um século antes, a ópera, trazida por companhias estrangeiras, só chegaria à corte russa no início do século XVIII. Antes disso, porém, existiam no país formas locais e embrionárias de teatro musical, nas quais esses mesmos compositores nacionalistas buscarão, freqüentemente, inspiração temática ou musical. Já nas antigas cirandas e nos primitivos jogos rituais de origem pagã, é possível encontrar elementos que reaparecerão muitas vezes nas óperas russas.

As Cirandas e Jogos Rituais

Dotados, a princípio, de função mágica, ligados aos rituais de fertilidade, plantio e colheita e às festas familiares, esses jogos populares se transformaram, por influência do Cristianismo, de poderio crescente durante o período feudal, em divertimentos de grupo que, na essência, tinham uma maneira rusticamente teatral de se manifestar. O que se conhece dos *khórovod* (cirandas) deve-se à descrição feita pelos pesquisadores da arte popular no final do século XVIII e durante o XIX pois, na altura da década de 1920, elas estavam praticamente extintas.

Ligadas aos ciclos agrários e, conseqüentemente, às festas com eles relacionadas, as cirandas surgiram na primavera e no verão. Mas, em seguida, passaram a se realizar em todas as estações, com características próprias para cada uma delas. Reunindo, de cada vez mais de cem rapazes e moças, não raro vindos de aldeias diferentes, as cirandas eram dançadas nas praças das localidades ou no campo aberto. Os costumes eram os dos dias festivos, mas ocorria de algumas danças dramáticas exigirem vestimentas e acessórios especiais. Havia três temas básicos:

– *família e sexualidade*, caracterizada por canções dançadas como "Quando o meu pai me casou", "Vou me divertir dançando a ciranda" [com um namorado, naturalmente], "Direi à mamãe que estou com dor de cabeça" [como desculpa para fazer alguma coisa escondido];

– *o trabalho no campo*: "Fazes brotar as papoulas", "Estávamos semeando a cevada", "A canção do trigo", "Quem vem trabalhar conosco na lavoura?", "Cresce, cresce repolhinho", "Vamos tecer um tapete" – este é o grupo a que pertence o maior número de canções dançadas;

– algumas *sátiras*, freqüentemente de teor anticlerical, como "Não é um mosteiro novo que estão construindo".

Os gestos convencionais que comentavam as canções eram tirados da experiência quotidiana. Os objetos tinham utilização simbólica: um lenço podia representar, segundo o caso, um leito, um travesseiro ou um chicote. A estrutura dramática oscilava entre a execução em uníssono, por todos os participantes; o uso de dois coros que dialogavam como se fosse um "desafio"; o uso de solistas que se destacavam do coro; o uso de um grupo de solistas que ficava no centro da roda formada pelo coro. Nas óperas de Mússorgski e Rímski-Kórsakov ou num balé como *Les Noces*, de Stravinski, encontraremos nítidos remanescentes dessas práticas primitivas.

Nos jogos rituais, o papel do texto cantado era bem menor. Originalmente, as danças encenavam o medo que o homem comum tinha das formas sobrenaturais – gnomos, fantasmas, fogos-fátuos – e as formas utilizadas para combatê-las e exorcizá-las. Era comum a intervenção de animais, cabras, cavalos, ursos, cegonhas, corujas, em geral com significado mágico. A cristianização impôs a figura do Diabo e a necessidade de expulsá-lo para que a fé triunfasse. Esse tipo de jogo se realizava nas festas religiosas, principalmente o Natal.

Os jogos ligados às atividades econômicas usavam apenas mímica, sem texto. Quando acontecia de este comparecer, era sob a forma de canções eróticas que ligavam a procriação humana e animal à idéia da renascença das plantas. Quanto aos jogos vinculados à vida familiar, eles se dividiam em duas categorias:

– Os *de casamento*, os mais numerosos e de estrutura dramática mais nítida, ponto de partida para pecinhas encenadas pelos grupos ambulantes que circulavam nas aldeias durante os séculos XVIII-XIX, nas quais era freqüente a inserção de canções no texto falado. Eram estereotipadas as personagens – os noivos e seus pais, a casamenteira, os irmãos e amigos do casal – e os sentimentos e tipo de texto que incumbia a cada solista. A carga erótica era muito acentuada. Esses jogos dividiam-se em três episódios básicos. No primeiro, a casamenteira vinha fazer o pedido, os pais dos noivos se reuniam para firmar o acordo nupcial, a noiva recusava-se a aceitar o noivo e era açoitada pelo pai. No segundo, os amigos da noiva vinham procurá-la, as duas famílias se reuniam para a cerimônia e ela era entregue ao noivo. No terceiro, os amigos vinham acordar o casal, após a noite de núpcias, fazendo brincadeiras declaradamente eróticas; e a jovem esposa tinha de se levantar e ir arrumar a casa. Relembremos, uma vez mais, o belíssimo *Les noces*, de Stravinski, que documenta esse cerimonial.

– Os *de enterro*, de texto geralmente improvisado, de que só participavam as moças. Tinha quatro "atos": a encomenda do corpo, o canto das carpideiras, o adeus ao morto e uma cena final em que, por intermediação dos deuses pagãos, o morto ressuscitava (este último episódio foi eliminado após a cristianização). Para atenuar os aspectos lúgubres do ritual, eram comuns os episódios cômicos intercalados aos sérios.

A esses jogos, acrescentemos os de caráter religioso que, após a cristianização, realizavam-se na sétima quinta-feira antes da Páscoa. O enterro de Iarilo ou de Kostromá, antigos deuses da mitologia eslava, ou a festa da Russalka – a ninfa da água, assimilável à Ondina ou à Loreley ocidentais – consistiam de um cortejo em que uma maquete de barco, carregando um boneco, era afundada no rio, ou queimada numa fogueira, ao som de cânticos de teor erótico. Mais tarde, por influência das festas cortesãs do tempo de Pedro I, os cortejos eram feitos numa pequena embarcação transportando um figurante (e um boneco que, depois, era queimado ou afundado em seu lugar). Apesar da repressão da Igreja, esses jogos sobreviveram por muito tempo.

Uma solução de compromisso era exigir que os participantes, depois do ritual, se lavassem em água benta para escapar do castigo celeste.

Os Divertimentos

Eram encenações muito simples e improvisadas, em praça pública ou nos castelos dos boiardos (os senhores feudais), de farsas, contos folclóricos ou *bylíni*. A documentação mais antiga que se possui sobre elas remonta a 1068, na anônima *Crônica dos Anos Passados*. Eram feitas pelos *skomorókhi* (histriões), grupos de atores ambulantes, com habilidades circenses, que surgiram por volta do século XI no principado de Kíev, agrupando pessoas que, na origem, eram muito hábeis na prática dos jogos rituais. Depois da invasão tártara e do declínio de Kíev, instalaram-se em Novgórod, onde se organizaram em corporações que transmitiam seu artesanato de pai para filho. Gozaram de grande favor do público até o século XVII.

Suas companhias eram integradas por vários tipos de artistas: o *skomorókh-peviéts*, menestrel, uma mistura de poeta e cantor; o *skomorókh-gudiéts*, instrumentista, tocador de gusla ou de dombrá; o *skomorókh-pliassún*, dançarino, que fazia pantomimas e executava danças folclóricas, incorporando melodias das cantigas de roda e dos primitivos jogos populares; e o *skomorókh-glumoslóviets*, uma mistura de palhaço e ator.

No século XVII, a Igreja Ortodoxa, vendo neles perigosos propagadores do paganismo, iniciou vigorosa campanha para bani-los. Em 1627, por exemplo, a companhia *skomorókh* de Vagán foi proibida de apresentar-se em Moscou. E em 1649, instrumentos, indumentárias e máscaras, tendo sido confiscados, foram atirados no rio Moskvá. Muitos boiardos, que contavam com essas companhias de histriões para enfrentar o tédio das longas noites de inverno em seus palácios, continuaram a protegê-los secretamente. Mas em 1656, oito histriões tiveram de pagar uma multa pesadíssima por ainda estar em atividade. E em 1684, o patriarca de Moscou voltou a excomungá-los e a ameaçá-los com os piores castigos. A perseguição assinala o início do declínio dessa forma de arte popular que, no século XVIII, já estava extinta.

A influência dos *skomorókhi* fez-se ainda sentir, entretanto, sobre a arte do *kúkolnyi teatr*, o teatro de marionetes, surgido em Níjni-Novgórod, um dos maiores centros de atividade das companhias de histriões. Esses teatrinhos apresentavam peças, faladas e cantadas ora em ucraniano ora em russo, com uma série de episódios independentes, interligados por uma personagem, Petrúshka (Pedrinho), que representava o homem comum, o russo típico (nele Ígor Stravínski haveria de se inspirar para o balé de 1911). Esse gênero também descambou, com o tempo, para a grosseria e a blasfêmia. O viajante Adam Olearius que, entre 1634-1636, acompanhou a embaixada enviada pelo duque Frederico de Holstein ao Grã-ducado de Moscou, descreveu escandalizado o tom rudemente profano dessas representações.

Os *skomorókhi* desenvolveram também o *balagán*, o teatrinho de feira, cujos remanescentes ainda existiam, em cidades de província, até a década de 1930. O palco, montado em praça pública, consistia de pranchas estendidas sobre cavaletes, com teto de lona enfeitado por flâmulas. Aparentado ao *vaudeville* do *théâtre forain* francês (ver o volume *A Ópera na França*), o *balagán* apresentava esquetes sobre temas folclóricos ou assuntos de atualidade, entremeados a números circenses, cantos e danças, pantomimas. Para despertar o interesse dos espectadores, fazia-se circular entre eles o *raiók*, caixa munida de lentes, dentro da qual havia um cilindro com imagens coladas umas às outras, formando uma espécie de filme. O nome *raiók* (pequeno paraíso) deve-se ao fato de, originalmente, ser a história de Adão e Eva a mais comumente mostrada nessas engenhocas. Mais tarde, elas serviram também para descrever cidades, evocar personagens históricas ou fazer alusões a fatos contemporâneos. Enquanto o *raiók* passava de mão em mão, um dos histriões fazia comentários satíricos e improvisava danças, de que os espectadores participavam.

Os Dramas Litúrgicos

Com tema bíblico, surgiram no século XV, em Níjni-Novgórod, e depois alcançaram Moscou. Eram a encenação, por membros do clero, com fins pedagógicos, de episódios das Sagradas Escrituras, montadas de início dentro das igrejas e, mais tarde, na praça diante do templo – como acontecera também com os *mystères* e *miracles* ocidentais. De origem bizantina, essas representações tinham uma forma herdada do teatro grego. O *iconóstase*, espécie de biombo decorado com pinturas religiosas, que fazia as vezes de cenário, possuía três portas, como no palco dos anfiteatros helênicos: pela central entrava o oficiante principal, pelas laterais os diáconos e figurantes. Como na liturgia, a música puramente instrumental era proibida.

Um dos exemplos mais famosos de drama litúrgico é a *Ação da Fornalha Ardente*, que Serguêi Eisenstéin reconstituiu na segunda parte de seu filme *Ivã, o Terrível* (cena 13). Mas a intrusão de elementos profanos cada vez mais numerosos fez com que, a partir de 1619, o patriarca moscovita Ioakim proibisse essa forma extremamente popular de teatro. Ela foi, então, substituída pelos

Dramas Escolares

A *shkólnaia drama* é o típico produto da Contra-Reforma de inspiração jesuítica, tanto assim que essas peças de caráter alegórico e tema edificante eram, a princípio, escritas em polonês ou ucraniano, regiões onde o Catolicismo predominava. Depois, foram assimiladas pela Igreja Ortodoxa, e passaram a ser faladas e cantadas em russo.

Incorporaram elementos dos antigos espetáculos de marionetes de tema religioso, apresentados pelos seminaristas em praça pública, com a participação de ex-membros das companhias de *skomorókhi*, a essa altura já em declínio, que canalizavam para essas encenações as suas habilidades. Os seminaristas montavam o *vertép*, um retábulo portátil de dois andares, onde estavam pintadas imagens alusivas ao episódio bíblico que se queria narrar. E trabalhavam com bonecos movidos por arames ou cordéis.

O relato mais antigo desses espetáculos que se possui é de 1591, feito por um viajante chamado Izopólski. No ato I, mostrava-se, na parte superior do *vertép*, a Adoração dos Reis Magos. Enquanto isso, na parte inferior, Herodes ordenava o massacre dos inocentes, era decapitado pela Morte, e o Diabo vinha arrastar seu corpo para o inferno. No ato II, inteiramente passado na parte de baixo, surgiam cenas da vida quotidiana. Havia diversas personagens estereotipadas: o cossaco zaporójets, o soldado russo, o casal de velhos, a taverneira Kheska, o camponês com a sua cabra, e a jovem e sedutora Dária Ivánovna, a beldade da aldeia.

A origem religiosa dessa forma de teatro está patente nos cânticos utilizados, provenientes da Polônia-Lituânia católica, aclimatados às tradições e às necessidades da Igreja Ortodoxa, e associados aos *koliádki*, as canções de Natal de origem pagã. A esses trechos cantados de caráter espiritual – mas que com o tempo evoluíram para aceitar também a temática amorosa ou patriótica – entremeavam-se danças instrumentais – especialmente a *dúdotchka*, tocada no violino e gaita de fole – e canções folclóricas de diversas partes, sobretudo no ato II, dependendo da proveniência das personagens populares.

Destinados inicialmente aos alunos das instituições de ensino controladas pela Igreja, os dramas escolares tinham caráter alegórico acentuado, expondo o castigo do pecador que se recusasse a converter-se à felicidade eterna com que seria recompensado o homem virtuoso. A oposição de Bem e Mal, Grandeza e Baixeza, Pecado e Virtude fazia com que o espetáculo se construísse sobre simetrias e paralelismos naturais.

Ao chegar a Moscou, a *skólnaia drama* modificou-se sensivelmente, tanto do ponto de vista da língua, que tornou-se mais lírica, quanto da temática, com a intrusão de elementos políticos e alusões à situação contemporânea do país – o que contribuiu para tornar suas personagens mais concretas. Com o tempo, surgiram os *intermédios*: a inserção, entre os episódios do drama, de pequenas cenas cômicas, de caráter popular, para tornar o espetáculo mais acessível ao espectador comum. Exatamente como os *intermezzi* italianos do século XVII (ver *A Ópera Barroca Italiana*), esses intermédios serão um dos embriões da ópera cômica russa.

Em 1588, Giles Fletcher, embaixador da rainha Elizabeth I na Rússia, descreveu, numa carta, a representação a que assistiu, em Moscou, de um desses dramas escolásticos, dando muito destaque aos efeitos especiais de fogos de artifício. Comparou-os ao *Scoppio del Carro* com que, em Florença, comemorava-se a passagem da Páscoa. Como o diplomata, tio do dramaturgo elisabetano John Fletcher, era muito ligado ao teatro, seu testemunho é particularmente precioso pela riqueza de detalhes que contém. Ele mostra que os intermédios eram escritos numa língua muito simples e direta, em oposição ao estilo pomposo da peça principal. A música desempenhava papel importante no drama escolástico, seja sob a forma de coros que comentavam a ação, seja sob a forma de canções ou números puramente instrumentais intercalados.

As Tchinas

Cerimônias cortesãs, por ocasião de alguma festividade, as *tchinas* eram seqüências livres de números cantados e dançados, para comemorar um casamento, dar acolhida a um embaixador ou celebrar a assinatura de um tratado. Tomavam por modelo os intermédios florentinos ou os bailes cortesãos franceses da Renascença; e, como eles, tinham um elo narrativo muito frouxo, mero pretexto à justaposição de canções ou danças, com a preocupação única de estabelecer variedade entre elas e permitir que o espetáculo fosse brilhante e colorido. Costumavam terminar com um espetáculo de fogos de artifício, um banquete e um grande baile. A moda das *tchinas* já estava se extinguindo quando, em 1674, foi criado o primeiro teatro de corte russo.

O Teatro de Aleksêi

Foi o tsar Aleksêi Mikháilovitch, terceiro da dinastia Románov, quem o mandou construir, por inspiração do boiardo Artamôn Matvêiev, senhor feudal esclarecido, de grande cultura e amor pela música. Casado com uma escocesa do clã Hamilton – o que explica seus freqüentes contatos com o Ocidente –,

Matvêiev era o pai adotivo da tsarina, Natália Naríshkina e, por isso, tinha enorme ascendência sobre Aleksêi.

O teatro encenava peças em prosa, entremeadas com canções e números de dança. O modelo seguido era o francês, estabelecido por Jean-Baptiste Lully para a corte de Luís XIV, em Versalhes. Os temas desses espetáculos, históricos, mitológicos ou de fundo religioso, não passavam de pretextos para a glorificação do soberano, obedecendo ao tipo de política teatral praticada pelo Rei Sol. Depoimento saboroso sobre esses espetáculos foi feito, em 1674, por Lord Carlisle, enviado especial de Carlos II, da Inglaterra, à corte do tsar. A carta em que os descreve prova que os refinamentos do estilo versalhês eram reproduzidos com precisão surpreendente para corte tão afastada dos centros oeste-europeus.

Dois anos antes da inauguração desse teatro de corte, Aleksêi já tinha feito montar, no distrito de Preobajênski, nos arredores de Moscou, um teatro provisório onde, em 17 de dezembro de 1672, foi apresentado um espetáculo comemorando o nascimento do futuro Pedro I, o Grande. Dele participaram cinco músicos alemães que o tsar contratara no Báltico, instrumentistas que trabalhavam para Matvêiev, e Simon Gutóvski, o organista da igreja do bairro alemão.

Ao pastor desse templo, Johann Gottfried Gregory, o tsar encomendou uma "tragicomédia", o *Auto de Artaxerxes*, inspirado no episódio bíblico de Ester. Os precários conhecimentos lingüísticos de Gregory resultaram num texto que era uma mixórdia, metade em russo, metade em alemão. O boiardo Matvêiev, nomeado Diretor dos Entretenimentos Reais – cargo precursor do futuro Intendente dos Teatros Imperiais –, não poupou esforços para que o evento fosse suntuoso. Dando-lhe o pomposo título de Mestre em Perspectiva, contratou o arquiteto dinamarquês Peter Inglis para desenhar cenários luxuosíssimos. O espetáculo, de que participaram 74 atores, durou dez horas – a que o tsar, dizem, assistiu com todo o interesse.

Muito satisfeito com essa primeira peça, Aleksêi contratou Gregory para formar o elenco estável do teatro da corte, instalado no Potiéshni Dvoriéts, dentro do Kremlin – onde foi construído um camarote especial, protegido por grossas grades, para que a tsarina e as tsarevnas pudessem assistir aos espetáculos. Os 26 membros dos "Comediantes de Sua Majestade o Tsar", reforçados, ocasionalmente, por grande número de figurantes, encenaram peças de tema sempre edificante: *Tobias, O Casto José, Adão e Eva, A Comédia da Parábola do Filho Pródigo, O Tsar Nabucodonosor e a História dos Três Adolescentes que Não se Queimaram Dentro de um Forno*.

A mais importante delas, *Como Judite Cortou a Cabeça de Holofernes*, um mastodonte em sete atos e 29 cenas, com prólogo e um longo *intermezzo* cômico entre os atos III e IV, foi traduzida do alemão. Nela havia coros, canções solistas, episódios instrumentais (danças, marchas, fanfarras). A música que a acompanhava não era original: foi provavelmente compilada de diversas fontes por Simeôn Pólotski, músico amador e professor de latim na Escola Eclesiástica de Moscou, ao qual se atribui a primeira sistematização das regras de metrificação russas. Esse teatro foi fechado em 1676, vítima da maré de ascetismo religioso que se seguiu à morte de Aleksêi, e das querelas religiosas que marcaram o breve governo do tsar Fiódor Aleksêievitch (1676-1682).

As Companhias de Kunst e Fürst

Pedro I, o Grande, que dividiu o poder com o meio-irmão Ivã V até 1689 e, depois, governou ditatorialmente até sua morte, em 1725, tinha-se imposto a missão de trazer à Rússia o progresso do Ocidente. Seu interesse por música era praticamente nulo. Mas ele logo percebeu o papel civilizador que se podia confiar ao teatro. Assistira ao balé *Cupidon* em Amsterdã (1697), e a óperas italianas em Viena e Londres. E, durante uma visita à corte austríaca, participara como ator da montagem de uma comédia pastoral. Entusiasmado com as possibilidades propagandísticas dessas artes, encarregou um certo capitão Splavský, um eslovaco que trabalhava em seu exército, de contratar atores alemães – e este trouxe, da cidade báltica de Dantzig, a companhia de Johann Christian Kunst. O tsar encomendou também ao boiardo Golovín a construção, perto do Kremlin – onde hoje está a Praça Vermelha –, de um "apartamento para a comédia", o primeiro teatro público do país.

Ali eram apresentadas comédias estrangeiras, com música incidental, ocasionalmente composta por músicos locais. A companhia de Kunst foi substituída, após sua morte em 1703, pela de Otto Fürst. Ambas tinham um repertório decalcado em modelos literários da Europa ocidental. *Cipião o Africano, Cônsul Romano ou A Ruína de Sofonisba, Rainha da Numídia*, adaptada de uma tragédia alemã de Loenstein (1666); *Alexandre e Dario*; *A Crueldade de Nero*; *O Traidor Honesto ou Friedrich von Popley e Sua Mulher Aloysia* são os títulos de algumas das peças apresentadas nesse teatro. Curiosamente, a música desempenhava papel secundário na versão falada da ópera *Il Tradimento per Onore ovvero il Vendicatore Pentito*, de um certo Cicconini, que tinha sido estreada em Bolonha em 1664. Inserções cômicas e ingredientes extraídos da tradição do *balagán* misturavam-se às intrigas já naturalmente complicadas dessas peças.

Pedro I fechou esse teatro em 1706, depois de constatar que tais peças não preenchiam o objetivo que esperava delas: o de serem um instrumento de propaganda dos seus feitos como governante. Quando o tsar levou a corte para São Petersburgo, a companhia de Fürst transferiu-se para o distrito de Preobajênski, no palácio da princesa Natália Aleksêievna, irmã mais nova de Pedro I. E depois, até 1723, para Ismáilov, em casa da tsarina Praskóvia Feódorovna, viúva de Aleksêi. De 1713, data oficial da mudança da capital, até 1730, o que predominou, em São Petersburgo, foram as chamadas "festas cortesãs", realizadas dentro do palácio do tsar ou dos príncipes. Como as *tchinas*, eram misturas de comédia, balé, números de circo e espetáculos de fogos de artifício, pelos quais Pedro I tinha grande apreço. E encerravam-se sempre com um baile que, não raro, degenerava numa orgia desenfreada.

Dafne Metamorfoseada em Loureiro em Conseqüência do Assédio de Apolo Apaixonado (1715) foi a mais famosa dessas festas. O manuscrito, guardado na Biblioteca Imperial, traz a assinatura de Dmitri Ilyínski, do qual sabe-se apenas que foi professor na Academia Eslavo-latina de Moscou. Mas não é possível determinar se Ilyínski é o autor dos números cantados, ou apenas um copista. As festas mais elaboradas, com reconstituições de batalhas e gigantescos efeitos pirotécnicos, foram as que comemoraram, em 1696, a vitória do tsar na batalha de Azóv e, em 1710, a tomada de Noteburg.

Ristori e Araja

A imperatriz Anna Ioanóvna, que subiu ao trono em 1730, amava as artes e desejava instalar, em seu Palácio de Inverno, um teatro de corte. Mas o *Auto de José*, escrito e encenado pelo poeta e gramático Vassíly Kirílovitch Trediakóvski, que ficara famoso como o mais brilhante aluno da Academia Eslavo-latina, era de um estilo obsoleto e edificante, que a aborreceu terrivelmente.

Em 1731, Anna trouxe para a Rússia a companhia de ópera italiana do duque Augusto de Saxe, rei da Polônia-Lituânia. Formada por um baixo, um contralto, um soprano, atores especializados nas técnicas da *Commedia dell'Arte* e cinco instrumentistas, a trupe era dirigida pelo compositor Giovanni Alberto Ristori (1692-1753). A pastoral *Calandro* (1731), de Ristori, foi, portanto, a primeira ópera italiana ouvida na Rússia.

Esse grupo passou a visitar regularmente o país, trazendo consigo outros artistas. Em 1733, veio a São Petersburgo uma companhia que encenou, pela primeira vez na Rússia, *intermezzi* compostos por Hasse. E em 1735, o napolitano Francesco Araja (1717-1767) fez sua primeira viagem ao país. Araja era um músico muito precoce que, aos quatorze anos, regera seu primeiro concerto em Pratolino, perto de Florença. Ao visitar a Rússia pela primeira vez, já tinha granjeado algum renome, em seu país, graças à comédia *Lo Matremmonejo pé' Mennetta* (O Casamento por Astúcia, 1729), em dialeto napolitano, e à ópera séria *Berenice* (1730).

Em São Petersburgo, Araja encenou *La Forza dell'Amore e dell'Odio* (1733), em tudo obediente ao receituário metastasiano. O príncipe Abiazare ama Nirena, a filha do rei. Rou-

A corte recebeu essa ópera com aplausos prolongados e um prazer infinito. Bastava ver a que ponto a platéia e os camarotes estavam cheios, para julgar o entusiasmo do público; a obra foi executada de novo uma centena de vezes e sempre com o mesmo sucesso.

ba-a, casa-se com ela e tem de enfrentar a cólera de seu pai, que investe contra ele com seus exércitos. São necessárias múltiplas peripécias antes que o rei reconheça a sinceridade dos sentimentos de Abiazare por sua filha e se decida a abençoar sua união. A um certo acadêmico Stiélin devemos a descrição da estréia da *Forza* em 29 de janeiro de 1735:

A corte recebeu essa ópera com aplausos prolongados e um prazer infinito. Bastava ver a que ponto a platéia e os camarotes estavam cheios, para julgar o entusiasmo do público; a obra foi executada de novo uma centena de vezes e sempre com o mesmo sucesso.

Na verdade, a *Forza* não passava de uma sucessão de árias e entradas de balé, com *divertissements* dançados no fim de cada ato. Assim, no fim do primeiro, conforme a descrição de Stiélin, "viam-se aparecer jardineiros e jardineiras, sátiros e dríades"; no fim do segundo, havia "um grande balé em estilo japonês" e, no do terceiro, "um cenário imponente, com galerias, do alto das quais desciam centenas de dançarinos e dançarinas que executavam um balé muito agradável ao som de toda a orquestra".

Anna Ioanóvna, entusiasmada com o resultado da primeira apresentação, não regateou recursos para que as óperas seguintes de Araja – *La Finta Nino ovvero La Semiramide Riconosciuta* (1737) e *Artaserce* (1738) – tivessem igual brilho. Para o *Artaserce*, baseada no surrado libreto de Metastasio que cerca de cem outros compositores já tinham musicado, foram mobilizados todos os cantores do Teatro Imperial, o coro da Capela da Corte, uma orquestra de quarenta instrumentistas e quatro bandas militares. A imperatriz encomendou também a Araja cantatas para as cerimônias oficiais. Apesar de todo esse sucesso, vítima de uma campanha movida por Birôn, conselheiro da soberana, que protegia os atores de uma companhia de teatro alemã, Araja deixou o país no final de 1738.

Mas voltou em 1742, no ano seguinte à coroação da tsarina Elizaviêta Petróvna. O apoio que recebeu da nova soberana permitiu-lhe encenar várias de suas óperas: *Seleuco* (1744), *Mitridate* (1747), *L'Incoronazione d'Eudossia* (1751). Os libretos eram de Giuseppe Bonecchi, que trouxera consigo da

Itália. Foi esse poeta quem transmitiu a Aleksandr Sumarókov as regras básicas do texto dramático mediterrâneo. Surgiu assim a primeira ópera com libreto de autor russo: *Tsefál i Prokrís* (Céfalo e Prócris), baseada numa das *Metamorfoses*, de Ovídio, estreada em 27 de fevereiro de 1755. A versão de Sumarókov é original por não ter o final feliz obrigatório da *opera seria* barroca.

Durante as bodas de Céfalo com a ninfa Prócris, a Aurora rapta o rapaz, por quem está apaixonada. Mas ele a rejeita e, enfurecida, a deusa vinga-se fazendo Prócris acreditar que o noivo tornou-se seu amante. Desesperada, Prócris se suicida e Céfalo morre de dor diante de seu cadáver. Apesar do desenlace pouco comum para os padrões da época, tratava-se de um texto convencionalíssimo, com assunto tirado da mitologia grega, e a música de Araja tinha estilo tipicamente italiano. Havia, em todo caso, um progresso em relação aos espetáculos apresentados por seus antecessores: maior número de personagens solistas e importante papel reservado ao coro, aproveitando o coral da corte, formado por alunos da Escola de Canto de Glukhôvo, que a imperatriz fizera abrir na Ucrânia em 1741. E algumas melodias folclóricas, harmonizadas à maneira européia, compareciam aqui e ali. Os papéis-título foram interpretados por Elizaviêta Bielográdskaia e Gavríl Martsenkóvitch, que se tornariam as primeiras estrelas locais do palco lírico. A imperatriz, em sinal de reconhecimento, presenteou o compositor com um casaco de marta.

Essa primeira ópera em russo não deu novos frutos de imediato. Em 1758, o alemão Hans Friedrich Raupach, que era professor de cravo na corte, escreveu uma *Alceste*. No ano seguinte, em colaboração com o compositor de música de dança Joseph Starzer, um *Asilo da Virtude*, o primeiro *opéra-ballet* russo. Mas em 1760, ao produzirem a quatro mãos um *Siroe*, Raupach e Starzer optaram por reverter a um libreto em italiano. Araja tinha ido embora em 1759, mas ainda voltaria à Rússia em 1762, para escrever a música da coroação de Pedro III. Mas depois que, em julho desse mesmo ano, o tsar foi deposto e assassinado, ele considerou mais saudável bater em retirada. A fortuna considerável que ajuntara na

Rússia permitiu-lhe passar o resto de seus dias, confortavelmente, em Bolonha.

Skokóv, Bortniánski, Berezóvski

A generosa acolhida que Araja recebeu do público aristocrático encorajou músicos locais, como Vladímir Skokóv (1758-1817), Dmitri Bortniánski (1721-1825) e Maksím Berezóvski (1745-1777), a compor óperas seguindo a mesma receita – e com libretos em italiano, de Apostolo Zeno, Metastasio ou Marco Coltellini. Restaram, porém, apenas alguns fragmentos do *Demofoonte* de Berezóvski, do *Creonte*, de Bortniánski, ou do *Rinaldo*, de Skokóv. A primeira ópera de autor russo de que se tem a partitura completa é *Piererojdênie* (Renascimento), composta em 1777 por um certo Zórin.

Desses precursores, o mais interessante é Bortniánski, aluno de Galuppi no coro da Capela Imperial, onde entrou aos oito anos. A bolsa que ganhou de Catarina II para estudar na Itália permitiu-lhe encenar, em Veneza, *Quinto Fabio* e *Alcide*, ambas de 1778: nelas imitava conscienciosamente o estilo metastasiano de *opera seria*. É possível conhecer essa última através da gravação de Jean-Pierre Lore (Qualiton, 1998), feita em Lvov, na Ucrânia. Nessa versão, o jovem Hércules – também chamado de Alcides – hesita entre a atração física por Edonide e os sentimentos amorosos puros por Aretéa. É o seu tutor Fronimo quem vai lhe mostrar que ele deve preferir a virtude sem, com isso, renunciar ao prazer. E, de fato, a ária em que Aretéa exalta a virtude, com sua ornamentação elaborada e *obbligato* de trompa, está carregada de sensualidade. O registro de *Alcide* é um curioso documento sobre a permanência do internacionalismo de linguagem da ópera, nessa fase de transição entre o Barroco Tardio e o Classicismo.

Não procede de forma alguma, como o demonstrou Richard Taruskin em artigo publicado no *New York Times* (27.6.1999), a afirmação do *New Grove Dictionary of Opera* de que "as óperas de Bortniánski baseiam-se em modelos italianos mas incorporam elementos do canto monofônico ucraniano e do folclore russo". Retomando um libreto que já tinha sido musicado por Hasse e Conforti, o compositor eslavo escreve para ele melodias que em nada diferem do estilo adotado por seus predecessores – o que apenas significa que ele tinha realizado o que pretendia Catarina, a Grande ao lhe custear estudos no exterior, ou seja, assimilar bem a linguagem italiana. É curioso inclusive observar que, no lamento "Dove andò?", em que a personagem título procura Aretéa, a sua amada perdida, Bortniánski praticamente plagia o "Che farò senza Euridice?", do *Orfeo ed Euridice*, de Gluck, estreada pouco antes – o que, naquela época, não era considerado um procedimento condenável.

Bortniánski voltou para a Rússia, no ano seguinte, como mestre de capela da corte e, ali, como veremos logo adiante, escreveu óperas de estilo diferente. Foi também o autor de abundante música sacra para a Igreja Ortodoxa, muito apreciada por Tchaikóvski: ele não só a editou (1881), como imitou o estilo de seus concertos corais sacros na *Liturgia de São João Crisóstomo op. 41*, que compôs em 1878.

A Era de Catarina, a Grande

Durante o reinado de Catarina, a Grande (1762-1796), São Petersburgo transformou-se em um grande centro cosmopolita. Além de escritores, cientistas e artistas plásticos, a imperatriz fez também vir à sua corte todas as grandes companhias de ópera da Itália. Por sua capital desfilaram Galuppi, Paisiello, Cimarosa e, em seu teatro, ela fez encenar obras de Sarti, Martín y Soler, Salieri, Jommelli e Traetta, além de *opéras-comiques* e *singspiele* trazidos por companhias estrangeiras. A do francês Renaud apresentou na Rússia, entre 1762-1773, cerca de 150 títulos muito bem acolhidos pela corte – em especial as obras de Philidor e Monsigny. Paralelamente, companhias alemãs encenavam *singspiele* de Hiller, Neefe, Benda e Wolf.

De início, esses espetáculos era apresentados em salas adaptadas para esse fim, ou construídas às pressas – como o teatro de madeira erguido em 1742 pelo arquiteto italiano Rastrelli, ocupado pela trupe de Locatelli durante todo o tempo em que esteve na Rússia. Depois, na década de 1750, foi construído um teatro especial, de alvenaria, o Knípper. Entre 1783-1785, as companhias estrangeiras montavam seus espetáculos num grande auditório dentro do Ermitage.

Inspirando-se principalmente nos modelos cômicos italianos e franceses – a primeira ópera bufa a ser cantada na Rússia, em 1757, era de Pietro Locatelli –, Bortniánski produziu bem-sucedidas peças com libretos em francês, italiano ou russo. *La Fête du Seigneur*, escrita para o tsarévitch Pável Petróvitch e encenada em seu palácio de Gátchina, tem texto coletivo, redigido por vários nobres da corte. Cheia de alusões ao aniversário do príncipe e a membros de seu séquito, a ópera tem a estrutura das antigas pastorais, e foi prevista para ser executada por músicos amadores – o que implica grande simplicidade de escrita. A mais famosa ópera bufa de Bortniánski é *Le Faucon* (1786), com texto de La Fermière, hoje melhor conhecida em sua tradução russa, *Sókol*. Dela existe uma gravação feita por A. Levin para o selo Melodya (1970), distribuída no Ocidente pela Chant du Monde. Embora bem escrita e fluente, nada há nela que a distinga das óperas bufas ocidentais do mesmo período.

A mais elaborada das óperas de Bortniánski é *Syn Sopiérnik íli Nóvaia Stratoníka* (O Filho Rival de seu Pai ou A Nova Stratonice). Extraída da tradição helênica, conta a história do rei sírio Seleuco, que se divorcia da mulher ao perceber que o filho está doente de amor por ela. O mesmo tema haveria de inspirar a Joseph Méhul a sua ópera *Stratonice*. A originalidade de Bortniánski está em transpor a ação para a Rússia de seu tempo. Encomendada por Maria Fiódorovna, a mulher do tsarévitch, a *Nova Stratonice* foi estreada em 1787 no teatro privado de seu palácio, em Pávlovsk.

Por volta de 1770, os libretos em russo tornaram-se mais freqüentes, mas continuavam limitados os textos sobre temática local. Geralmente, o que se fazia eram adaptações russas de peças estrangeiras: as comédias de Beaumarchais, por exemplo, eram muito populares. Os estrangeiros naturalizados Anton Jan Bullandt e Mikhaíl Kerzelli foram alguns dos responsáveis por versões "russificadas" de suas peças, hoje esquecidas. Do *Barbier de Séville*, o primeiro tirou *O Vendedor de Infusão de Água Quente com Mel*; e o segundo transformou *Le Mariage de Figaro* nas *Bodas de Voldirióv*.

Nessa fase, dava-se nítida preferência aos textos cômicos e, em especial, às sátiras que abordassem assuntos de atualidade. A forma geralmente praticada era a do *opéra-comique* de estilo francês, com diálogos falados interligando os números cantados. Assim é a *Rozana i Liubim* de Kerzelli, em que um nobre rapta a noiva de um de seus servos; mas um providencial final feliz impede que essa história resvale para uma crítica aprofundada da escravidão. Só na transição para o século XIX é que o gosto pré-romântico começaria a fazer aflorar as histórias com elementos sentimentais (*A Correspondência Amorosa* de Caterino Cavos), fantásticos (*Baba Yagá*, de Michael Staubinger) ou histórico-legendários (*O Bravo e Ousado Cavaleiro Arkhidéitch*, de Ernest Vanzura), que desempenhariam papel determinante na História da Ópera russa.

No final do século XVIII, mantendo a estrutura de *opéra-comique*, mas apresentando temática séria, desenvolveram-se, na corte, obras produzidas muito rapidamente e, por isso mesmo, escritas em colaboração por dois ou três compositores diferentes. A própria Catarina, a Grande escreveu o libreto de *Iúnost Oliéga* (A Juventude do Príncipe Oliég, 1790), com música de Carlo Canobbio, Giuseppe Sarti e Vassíli Aleksêievitch Pashkiévitch (1742-1797). Descrevendo a luta dos príncipes Oliég e Ígor contra o Império Bizantino, e a sua tomada do poder em Kíev, essa *opera seria* é necessariamente uma colcha de retalhos, pois Canobbio limita-se a citar temas do folclore camponês adaptando-os à linguagem operística tradicional, enquanto Pashkiévitch tenta preservar o estilo harmônico da música popular, embora adequando-o aos critérios de escrita ocidentais, e Sarti adota o estilo pomposo e retórico da ópera metastasiana. É interessante, nos coros de "estilo grego" compostos por Sarti, a utilização da harpa e do quarteto de cordas tocando em *pizzicato*, para imitar o som da lira helênica. Quanto a *Jurávl* (A Cegonha), do acervo ucraniano, uma das melodias populares que Pashkiévitch utiliza num dos coros do *Oliég*, é a mesma que Tchaikóvski citará, mais tarde, no finale de sua *Sinfonia nº 2 "Pequena Rússia"*.

Já *Fiedúl s Diétmi* (Fedúl e seus Filhos, 1791), cujo libreto também é de Catarina, é uma sátira contando a história do servo viúvo que deseja casar-se de novo com uma jovem camponesa que também acaba de enviuvar. Pashkiévitch trabalha com material melódico de origem camponesa e Vicente Martín y Soler mantém-se dentro dos limites estritos da ópera bufa italiana, seus maneirismos de escrita chocando-se com a simplicidade da música produzida pelo companheiro russo.

Nestas obras híbridas, contudo, já se prenuncia uma tendência que surgirá no final do século XVIII: a das óperas com temas e personagens russos, em que são utilizadas melodias tradicionais. Isso se intensifica no momento em que a ópera sai do âmbito restrito da corte e vai à procura de um público mais diversificado. No fim do reinado de Elizaviêta Petróvna, já tinha surgido uma precursora dessa tendência: *Tániutchka íli Stchastlívaia Vstriêtcha*, de Fiódor Grigórievitch Volkóv, com libreto de Dmitriévski, cantada em 1756 num dos "teatros livres", isto é, públicos, que já começavam a aparecer.

Mas *A Pequena Tânia ou O Encontro Feliz* tinha ficado como um caso isolado até surgir, em 20 de janeiro de 1779, a verdadeira criadora da nova moda: *Miélnik – Koldún, Obmânshtchik i Svat* (O Moleiro Bruxo, Mentiroso e Casamenteiro), de Mikhaíl Matvêievitch Sokolóvski, com libreto de Aleksandr Ablessímov – de que possuímos apenas uma versão remanejada mais tarde por Fomín. Provas contemporâneas de seu sucesso não faltam: a edição de 1787 do *Dramatítcheskii Slovár* (Dicionário Dramático) informa que ela foi representada 27 noites seguidas, com casa cheia. O moleiro do título toma para si a missão de reconciliar duas famílias inimigas, para que dois jovens a elas pertencentes, e que se amam, possam se unir. Desta vez, o modelo utilizado foi o da *ballad opera* inglesa. A música com que é contada essa historinha ingênua não é original: Sokolóvski fez uma colagem de melodias folclóricas e populares, rearmonizando-as e adaptando-as ao texto.

Este é escrito numa linguagem deliberadamente simples e, pela primeira vez, vemos aparecer num libreto torneados informais de linguagem falada. Há grande quantidade de diálogos, as canções solistas de estrutura estrófica predominam, com um ou outro dueto para romper a monotonia da estrutura. O coro só é utilizado na cena do casamento. O final tem a forma típica de *vaudeville*, do *opéra-comique*, em que cada personagem vem até o proscênio e canta o seu *couplet*, com um refrão do coro. Sokolóvski utiliza cânticos populares de vários tipos – o que contribuiu para que a corte considerasse a partitura de extremo mau gosto, mas lhe garantiu a popularidade até meados do século XIX. No conjunto, porém, o estilo da música ainda é italianizante.

Fomín

O exemplo frutifica, é imitado, torna-se mais sofisticado. Dentro desse gênero, a comédia mais elaborada, com recursos estilísticos da música ocidental combinados aos do folclore russo, é *Iamshtchíki na Podstávie* (Os Cocheiros na Estação de Posta, 1787), de Ievstigniêi Ipátovitch Fomín (1761-1800). Suas características já estão prenunciadas nas cenas cômicas de *Nóvgorodskoi Bogatýr Boieslávitch* (Boieslávitch, o Cavaleiro de Novgórod, 1786), sua primeira ópera. Baseada numa idéia de Catarina, com libreto escrito por seu secretário Khrapovítski, ela defende o princípio do direito legal do soberano à sucessão, por oposição à anarquia ou à tomada arbitrária do poder por grupos desprovidos do "direito divino". Mas as seqüências sérias, em estilo épico, são muito menos interessantes do que as inserções cômicas, em que há instantâneos muito curiosos da vida quotidiana: o mais curioso deles é uma luta de boxe durante uma festa de aldeia. Em *Boieslávitch*, apenas seis dos 23 números vocais são solistas; os restantes são cantados pelo coro ou são cenas de conjunto. Há balés e cinco números orquestrais: a abertura e prelúdios antes de cada ato.

Os Cocheiros na Estação de Posta é uma ópera muito original: quase inteiramente escrita para o coro – em seus onze números, há apenas um solo e duas danças instrumentais – ela já prenuncia o uso da massa coral como personagem coletivo, que será feito, mais tarde, pelos membros do Grupo dos Cinco. Várias melodias são folclore camponês autêntico, outras são originais, imitando o estilo popular, mas com uma harmonização muito mais rústica do que a que se vinha fazendo até então. O refinamento italianado da orquestração – fruto dos estudos que Fomín fizera, em Bolonha, entre 1782 e 1786, com um dos mais renomados professores de seu tempo, o padre Giovanni Battista Martini – também destaca *Os Cocheiros* em relação a outras comédias contemporâneas. O uso das trompas e oboés para acompanhar o coro, ou da flauta e clarinete na ária solista, mostra que ele estava muito familiarizado com a técnica mediterrânea do *obbligato*. Mas há também detalhes tipicamente russos na instrumentação, como o uso das cordas em *pizzicato* para imitar o som da balalaica, como se pode verificar pela gravação de V. Tchernutchenko (em que os diálogos falados são substituídos por uma narração).

O mesmo estilo reaparece em *Aniúta* (1772), que merece a menção pelo ensaio, ainda tímido, de protesto social que há no libreto de Vladímir Popóv. No ato I, o camponês Míron canta uma ária de tom ingênuo, lamentando a vida difícil do povo: "Por que nascemos camponeses e não nobres? Aí, sim, poderíamos comer doces todo dia, descansar diante da lareira quentinha e passear de carruagem."

A obra mais conhecida de Fomín, entretanto, pertence a um outro gênero. É o melodrama *Orfêi i Evridíka* (Orfeu e Eurídice, 1792), baseado numa peça de Iároslav Kniájnin, que já tinha sido musicada antes, por Giuseppe Torelli, para o teatro da corte de Catarina, a Grande. Como não queria expor-se à comparação com o trabalho do italiano, muito estimado na corte, Fomín preferiu seguir o modelo da *Ariana na Naxů* (Ariadne em Naxos), do tcheco Jíri Benda, que tinha feito muito sucesso em São Petersburgo entre 1779-1781. Como ela, trata-se de um melodrama, peça de teatro falado, com acompanhamento contínuo de música de cena e a inserção de alguns números corais. Contrariamente à tradição da ópera séria barroca, porém, *Orfeu e Eurídice* não tem o final feliz convencional-

mente operado pela aparição do *deus ex machina* – no caso o Amor. Depois que Eurídice torna a morrer, pois seu marido desobedeceu à instrução de não olhar para ela enquanto estavam saindo do reino infernal, a ópera termina com a revolta de Orfeu contra os decretos injustos das divindades. A edição preparada em 1947 por Borís Vassílievtch Dobrokhótov foi gravada, na década de 1980, por Vladímir Iesipóv, para o selo Melodya, e distribuída no Ocidente pela Chant du Monde. Lamenta-se que esse álbum traga apenas uma sinopse, e não o texto integral de Kniájnin – o que, para o ouvinte que desconheça o russo, limita muito a possibilidade da apreciação.

Igualmente interessante, embora sem qualquer traço de colorido russo, é *Amerikántsi* (1788), onde se percebe a forte influência que as idéias de Jean-Jacques Rousseau exerceram sobre Fomín. A personagem é um índio pobre que sai vitorioso no conflito com um colonizador espanhol. *Os Americanos* foge ao esquema do *opéra-comique*, por usar recitativos em vez de diálogos falados, e tem uma linguagem harmônica bastante ousada. O papel da orquestra é bem desenvolvido, não se limitando apenas ao de acompanhador. No ato II, há um dueto de amor particularmente bem escrito, entre Guzmán, filho do colonizador, e a índia Zimara. É muito original a cena em que duas personagens procuram uma pela outra no escuro, e a música sugere suas hesitações e os tropeções que dão em objetos que não vêem. E há um finale muito extenso, cuja concepção sinfônica é claramente decalcada nos das óperas da maturidade de Mozart.

Menos interessante é *Zolotóie Iábloko* (A Maçã Dourada, 1803), de que não sobreviveu o libreto. A abertura e os 24 números são de escrita tradicional, com alternância de tônica e dominante, coros de factura um tanto apressada e – tanto quanto se pode avaliar pelo material fragmentário de que se dispõe – estrutura dramática bem mais frouxa do que a dos *Cocheiros* ou mesmo dos *Americanos*.

Pashkiévitch

O principal discípulo de Fomín é Pashkiévitch. Além dos trabalhos já mencionados, que fez em colaboração com os estrangeiros trazidos por Catarina, é dele a comédia *Niestchástie ot Kariêti* (É do Fiacre que Vem a Infelicidade, 1779). Para poder comprar um fiacre novo, um latifundiário decide vender alguns servos. O intendente desse nobre decide então vender um jovem servo, pois pretende, assim, separá-lo de sua noiva, a quem deseja. O casalzinho é salvo pelo bobo da aldeia, Afanássi. Este conta ao patrão que os dois sabem falar francês; e o nobre, um desses aristocratas pedantes, comuns na época, que achavam sacrossanto tudo o que viesse da França, decide não se separar deles. Pashkiévitch tentou caracterizar musicalmente cada personagem, atribuindo-lhes ritmos diferentes e – traço extremamente original – emprestou a figuras do povo estilos que, até então, só eram usados para as personagens nobres: o galante para as tentativas de sedução do intendente e o patético para os lamentos da jovem serva.

Foi muito apreciado o *Skupôi* (O Avarento, 1783), *opéra-comique* baseada na peça de Molière – no selo Melodya/Chant du Monde, existe a gravação feita por V. Agrônski. Mas se a partitura fosse cantada em italiano ou em francês, nada se perceberia nela que denotasse a sua origem eslava. À exceção do uso de recitativo acompanhado, em vez do seco usual, este título não tem outras qualidades que a distingam, dentro deste panorama da evolução da ópera de tema russo anterior à formação da escola nacional. Demonstra apenas que Pashkiévitch – da mesma forma que o Bortniánski do *Falcão* – aprendera a dominar desenvoltamente os clichês da ópera bufa, em especial os da escola napolitana.

Muito mais importante é *Sanktpeterbúrgskii Gostíny Dvor* (O Bazar de São Petersburgo, 1782, revisto em 1792), uma série de quadros, em estilo de *vaudeville*, nos quais Pashkiévitch faz um retrato satírico da vida quotidiana da época. Embora o problema central seja o desejo da filha de mercador Skvalíguin de escapar do casamento com um funcionário corrupto, que seu pai lhe quer impor, não há intriga amorosa – o que é total novidade nas óperas da época. Há, sim, uma série de estratagemas e reviravoltas que acabam fazendo com que Skvalíguin se convença de que o casamento será um péssimo negócio, para grande alívio de sua filha. A estrutura de episódios satíricos independentes permite ao compositor introduzir toda uma galeria de personagens características, que ilustram diversos aspectos da vida social. É particularmente feliz a longa seqüência do ato II em que Pashkiévitch retrata a festa de despedida de uma das amigas da protagonista, que vai se casar. Além do extenso uso de melodias de folclore urbano – e não do folclore rural, como era comum em seus predecessores –, harmonizadas de modo a preservar seu sabor original, observa-se nele o uso sistemático de cenas de conjunto (doze num total de 27 números), em vez de dar preferência, como se fazia, aos coros ou árias isoladas. Isso trai visível influência da comédia clássica italiana, na linha mozartiana.

Os Teatros a Partir de 1750

Em *L'Opéra Russe* (1987), ao fazer o balanço da situação do teatro musical na Rússia na segunda metade do século XVIII, Michel Maximovitch fornece-nos os dados que vale a pena reproduzir aqui. Para começar, era flagrante o desnível do tratamento dado às companhias estrangeiras e nacionais. Em 1766, o *primo uomo* da companhia italiana recebia 3.500 rublos contra 2.000 da *prima-donna*, 2.000 do *premier chanteur* da companhia francesa e 800 do primeiro ator do grupo russo. O menor salário da companhia italiana era 2.000 rublos; o da russa, 200. Em 1803, o orçamento de duas companhias de igual tamanho – quatorze pessoas – era de 14.100 rublos para a russa e 46.000 para a francesa. Em 1809, essas cifras tinham crescido para 54.600 (a russa) e 175.648 (a francesa).

A situação, para os russos, só era melhor nos chamados "palcos servis" que, no final do século XVIII, tornaram-se bastante comuns. Tomando como modelo o teatro da corte, aristocratas de posse abriam, em cidades de província, teatros que tinham atividade bastante intensa. Os príncipes Iussúpov em Moscou, Sokolóv em Iároslavl, Zóritch em Shklovo, Ilyínski em Románovo, Sheremétiev em Kuskovo e Ostânkino, Khorvat em Golovtchino, Kamiênski em Oriól, Shakhovskôi em Níjni-Nóvgorod, Shépeliev em Vyks, ou

Potiômkin em Iekaterínoslavl e Kriêmentchug eram proprietários de teatros que, na impossibilidade de importar companhias estrangeiras inteiras, tiveram de formar, entre os servos mais talentosos, compositores, intérpretes, libretistas e tradutores, instruídos por um ou dois artistas italianos ou alemães (Sarti, por exemplo, trabalhou para Potiômkin).

A princípio, os espetáculos eram feitos ao ar livre ou em salas adaptadas. Depois, foram sendo construídos teatros bem equipados. O de Sheremétiev, em Ostânkino, tinha apenas 260 lugares na platéia; mas o palco podia abrigar até quinhetos figurantes, era dotado de excelente maquinaria para efeitos especiais e, em anexo, possuía uma escola de formação de artistas. Dentre as 116 óperas e peças de teatro e os vinte balés ali apresentados, alguns títulos não chegaram a ser vistos no teatro da corte. A orquestra de Kamiênski, em Oriól, tinha oitenta instrumentistas. No teatro de Potiômkin, em Iekaterinoslavl, havia uma orquestra sinfônica, uma banda e um coro de grandes proporções.

As despesas muito altas dessas salas de espetáculo logo tornaram impossível fazê-las funcionar como um espaço onde o aristocrata recebia apenas convidados. Mas a venda de ingressos era seletiva, e beneficiava sobretudo a pequena nobreza ou alguns setores muito restritos da alta burguesia. A dura concorrência com os teatros imperiais e as dificuldades econômicas provocaram o declínio dos "palcos servis". Em 1804, a direção dos Teatros Imperiais pagou 5.000 rublos a Sheremétiev por uma orquestra de 36 músicos, com seus respectivos instrumentos, e uma biblioteca de partituras. Depois do incêndio do Petróvski Teatr, de Moscou, a sua companhia pediu ajuda ao tsar Alexandre I e este, fundindo-a com a antiga trupe de Stolýpin, criou a primeira companhia imperial moscovita, embrião do futuro elenco estável do Teatro Bolshói.

No início do século XIX, São Petersburgo possuía quatro teatros públicos com orçamentos que variavam de 400 a 500 mil rublos anuais. A desproporção se mantinha: 90.000 rublos eram despendidos com a manutenção da trupe francesa, contra 35.000 para a companhia russa. A primeira, em geral, apresentava-se numa sala dentro do Ermitage. Ali, de vez em quando, sem a mesma freqüência, eram encenados também espetáculos italianos, alemães ou russos. A sala do Mályi Teatr estava na mão dos italianos, enquanto os alemães tinham-se instalado no palácio Kusheliévski. As companhias russas dividiam o Piotr Piérvyi com as francesas de menor importância.

Na década de 1820, assistiu-se ao declínio da ópera em italiano, apesar dos esforços da corte que, entre 1829-1831, subvencionou o Mályi. A vinda de Adrien Boïeldieu para a Rússia fez crescer muito o prestígio do *ópera-comique*, aumentando a popularidade de Méhul, Dalayrac, Isouard, Cherubini e Grétry – sucesso que resistiu aos choques entre o império russo e o francês entre 1805-1807, mas foi empanado pela invasão de 1812, quando os protestos do público levaram as autoridades a fechar os teatros que o apresentavam.

Cavos e seus Discípulos: Titóv, Davýdov

Os primeiros sinais concretos de preocupação nacionalista surgem durante o reinado de Alexandre I (1801-1825), que sucede a Pável Petróvitch, assassinado em 23 de março de 1821. Marcado por grandes vitórias militares – a da Batalha de Borodinó, de 1812, contra Napoleão, é a mais notável –, esse período assiste também a violentas revoltas internas. A maior delas é a do regimento Semiônovski, em 1825, nutrida por princípios progressistas importados do Ocidente, frutos dos movimentos revolucionários franceses de 1830 e 1848. Contra esses militares sublevados, Alexandre I desencadeia a *araktchêievshtchina* – assim chamada porque o líder da repressão foi o general Araktchêiev –, e a maioria dos rebeldes é executada. Mas há também o início do processo de libertação dos servos, que recebem o direito de comprar dos senhores a sua alforria.

Completou-se o processo de expansão do império e a Rússia transformou-se em um dos maiores Estados europeus. O orgulho com a afirmação do país como potência internacional, unido ao desejo de liberdade, fará eclodir o sentimento nacionalista, que se manifestará através do movimento pan-eslavista: a defesa intransigente de tudo o que é tipicamente eslavo, contra a influência estrangeira. Esse sentimento – contrário ao do deslumbramento de colonizado cultural com o que vem de fora, que caracterizara os tempos de Catarina II –, encontra suas formas de expressão na política, mas também, gradualmente, em todas as artes. É o momento em que, ecoando um processo que está ocorrendo paralelamente em outros países, surge a escola nacional russa de literatura, música, artes plásticas.

Nessa fase, em que está começando a surgir a Rússia moderna, um papel muito importante na vida musical de São Petersburgo vai ser desempenhado por outro italiano. Caterino Cavos (1775-1840), nascido em Veneza, filho do diretor do Teatro La Fenice, chega ao país em 1799, com a companhia italiana de ópera de Giovanni Astarita, e decide instalar-se ali. Nos anos seguintes, compõe quarenta óperas sobre libretos em italiano, francês e russo. Traz consigo as mais recentes novidades européias – a influência de Cherubini, Spontini, Weber e Meyerbeer – e revitaliza a ópera russa. Com ele, começam a delinear-se os temas fantásticos e legendários que, no futuro, terão enorme importância no processo de criação da ópera nacional. Nesse sentido, as suas óperas mais significativas são *Iliá-bogatýr* (Iliá o Valoroso, 1807) e *Jar-ptítsa* (O Pássaro de Fogo, 1822), baseada na mesma lenda que, mais tarde, inspirará o balé de Ígor Stravínski.

Também chamada de *Prikliutchênia Ivána Tsarévitcha* (As Aventuras do Tsarévitch Ivan), *O Pássaro de Fogo* foi escrita em colaboração com Francesco Antonolini, regente no teatro da corte. Apesar da perfídia de seus irmãos, que querem impedi-lo de chegar ao trono, o príncipe herdeiro Ivan conquista o pássaro de fogo, os pomos dourados do jardim mágico e, com eles, a mão de uma bela princesa. Nos trechos escritos por Cavos – em que existe grande número de cenas de conjunto, trios, quartetos, passagens corais – percebe-se o desejo de contrapor musicalmente o mundo eslavo ao oriental, elemento que será fundamental, mais tarde, no estilo dos nacionalistas do Grupo dos Cinco. Para dar variedade à escrita, Cavos utilizou também o melodrama, dando acompanhamento orquestral contínuo a algumas das passagens de diálogo falado.

Além de muito competente como músico, Cavos, que ficou rico e famoso, era também um homem de inata generosidade. Em *Un Siècle d'Opéra Russe*, Rostislav Hofmann conta:

> Aos quinze anos, ele se apresentara em um concurso organizado para designar o organista da catedral de São Marcos, em Veneza, e obtivera sem dificuldade o primeiro lugar. Mas não quis tomar posse: ao saber que o segundo classificado era um velho que precisava desse lugar de organista para não morrer de fome, cedeu-o a ele.

Essa generosidade vai manifestar-se na freqüência com que estende a mão a compositores jovens, cujo talento reconhece, e com os quais não hesita em dividir seu prestígio. Em colaboração com seu aluno Aleksêi Nikoláievitch Titóv (1769-1827), compôs *óperas-comiques* de temática camponesa, como *Kazak-stikhotvóriets* (O Cossaco Poeta, 1812). Nela, utilizou temas do folclore ucraniano (canções líricas, humorísticas, canções dançadas), mas sem qualquer preocupação de autenticidade e, inclusive, cometendo alguns erros de prosódia, típicos de um estrangeiro que não dominava bem a língua.

O clima triunfalista que se seguiu à vitória contra Napoleão estimulou a prática de óperas de tema épico ou revolucionário, à maneira de Cherubini, Spontini, Lesueur ou Méhul. Foi por isso que Cavos trouxe para o ambiente russo o gênero europeu ocidental da ópera de resgate. Em *Stráshny Zámok* (O Castelo Temível), de 1818, ele adaptou a popularíssima *Lodoïska*, de Cherubini, na qual a personagem-título, seqüestrada pelo vilão num sinistro castelo escondido no fundo da floresta, é libertada pelo noivo, ajudado por um grupo de tártaros. E Titóv utilizou o tema histórico em *Vot Kakóvy Russkíe ili Mújestvo Kíevliánina* (Assim São os Russos ou A Coragem do Habitante de Kíev, 1817), que combina as tradições do *opéra-comique* a um tema "revolucionário": a personagem central é um jovem que arrisca a vida para ir buscar socorro contra os petchenegues, povo nômade que está assediando Kíev.

Não só Caterino, mas toda a família Cavos integrou-se intimamente à vida russa. Seu filho Alberto, formado em arquitetura na Itália, projetou o prédio do Teatro Mariínski, de

São Petersburgo (que, após um período em que se chamou Kírov, recuperou seu nome original com a dissolução da URSS). A capacidade de trabalho de Cavos era impressionante. Em *L'Opéra Russe*, Rosa Newmarch reproduz a descrição que o compositor Iúri Arnóld, seu secretário no fim da vida, fez dele aos sessenta anos:

> Era um homem enérgico e robusto que, às nove horas da manhã, já estava sentado ao piano para fazer os solistas ensaiarem até uma hora da tarde, quando regia os ensaios com a orquestra. Se, por acaso, esses ensaios acabavam mais cedo do que o previsto, voltava a trabalhar com os solistas. Às cinco horas da tarde, apresentava seu relatório ao diretor dos Teatros Imperiais e ia para casa jantar, pois tinha de estar no teatro pontualmente às sete horas. Nas noites em que não havia espetáculo, podia dedicar-se integralmente aos solistas. Trabalhava assim, conscienciosa e incansavelmente, ano após ano. Não era, entretanto, indiferente aos prazeres da boa mesa e sempre dava um jeito de ter seu *vino nero* favorito. Disse-me, mais de uma vez que, à exceção de chá, nunca pusera na boca um gole d'água "perchè è cosa snaturale, insoffribile e nocevole".

A criação mais importante de Cavos é *Ivan Sussânin* (1815), sobre o mesmo episódio patriótico que, 21 anos mais tarde, seria retomado por Glinka. Sussânin é um servo fiel ao tsar Mikhaíl Románov. Ao perceber que os nobres poloneses conspiram para assassinar seu soberano, ele os faz acreditar que é um traidor e oferece-se para guiá-los até onde o tsar está. Mas, na realidade, força-os a embrenharem-se pela floresta, até se perderem e serem derrotados pelo "general Inverno". Essa versão, porém, não tem um desenlace trágico, como na ópera de Glinka. Fiel à tradição barroca e clássica do final feliz obrigatório, Cavos faz Sussânin ser salvo, no último minuto, por um boiardo que aparece com seus guerreiros. E ao heróico servo cabe a tarefa de avançar jovialmente até o proscênio, nos compassos finais, e cantar a moral da história:

> Agora, que o inimigo cruel
> tome cuidado e trema de medo
> pelo resto de seus dias.
> E que cada leal coração russo
> estremeça com os cânticos de júbilo.

O coro tem, nessa ópera, papel muito importante, a começar pelo inicial, que se encadeia à abertura – idéia retomada por Glinka.

Nele há um tratamento das vozes secundárias que é característico do folclore camponês. Uma das cenas corais, "Não te enfureças, impetuoso vento de tempestade!", já tem a típica empostação épica das melhores páginas da escola nacionalista. E a função da orquestra expande-se através da abertura, que já contém, à maneira de Weber, uma síntese dos principais temas da ópera, e de entreatos que buscam dar a cada ato maior continuidade sinfônica.

Não há, como em Glinka, a oposição entre os folclores russo e polonês para caracterizar os dois campos inimigos (os camponeses russos, a certa altura, entoam uma *polonaise*). Mas são freqüentes os temas populares utilizados, como a *kamárinskaia* que serve de base ao dueto de amor de Aleksêi, o filho de Ivan, com Macha, sua namorada. Há um uso interessante do motivo recorrente, ligado ao heroísmo da personagem-título: surgindo pela primeira vez antes da coda da abertura, esse tema reaparece num trio e no finale do ato I; e sobre ele é construída a "moral da história", no imponente finale do último ato.

Além de toscamente maniqueísta, dividindo as personagens em boas e más e não permitindo grandes nuances de caracterização psicológica, o libreto tem, nas partes cantadas, um tom estático que dá a vários trechos da ópera caráter de oratório. Isso contrasta com a vivacidade dos diálogos falados, bastante numerosos. *Ivan Sussânin* foi o maior sucesso da carreira de Cavos. Nem *A Vida pelo Tsar* a desbancou inteiramente. Até o fim do século XIX, continuava a ser regularmente apresentada. É portanto uma pena que dela não exista, atualmente, nenhum registro discográfico.

Excelente maestro, Cavos contribuiu para formar, no Teatro Imperial, um elenco estável de primeira ordem, e para enriquecer enormemente o repertório, revelando ao público russo autores contemporâneos até então inéditos no país. Ponte lançada entre os compiladores e copistas do século XVIII e os grandes criadores do século XIX, esse estrangeiro é, curiosamente, o verdadeiro precursor da escola nacional russa. O que não é um caso isolado, se pensarmos que o criador da ópera nacional francesa também foi um italiano, Jean-Baptiste Lully, que afrancesou seu nome para Lully.

A tetralogia *Russalka* (1803) foi também produto da colaboração de Cavos com um outro discípulo, Stepán Ivánovitch Davýdov (1777-1825). Formada por uma cadeia de episódios independentes, que visam a oferecer o pretexto para cenas de efeito, *Russalka* tem como fio condutor a história adaptada de uma ópera anterior, da *Donauweibchen* (A Ninfa do Danúbio, 1803), do vienense Friedrich Kauer. Casado com Milosláva, o príncipe Vidostán apaixona-se pela ondina Liésta. Paralelamente, seu escudeiro Tarabar está apaixonado por Ratima, empregada de Milosláva. Os planos amorosos do patrão e do empregado são atrapalhados por dois vilões, Plamid e Zlomir. Cavos escreveu a segunda parte; Davýdov a primeira, a terceira e, na quarta, fez um *pasticcio* de temas originais combinados a melodias de Cavos e de Mozart.

Na três primeiras partes, predomina a canção estrófica; de vez em quando há um dueto e, para encerrar, sempre um trio. A quarta, porém, é mais sofisticada, com um número maior de cenas de conjunto, inclusive um bem escrito quarteto. A seqüência em que ele se situa denota, do ponto de vista da construção, visível influência da *Iphigénie en Tauride* de Gluck. Após uma introdução orquestral em dois movimentos, lento-rápido, assistimos a uma tempestade num local montanhoso coberto de sombrias florestas. Em seguida, um coral de caçadores leva ao quarteto, cantado por Vidostán, Tarabar e dois ajudantes da caçada, Kifar e Ostan. O sucesso da tetralogia a fez ser imitada por autores como Francesco Antonolini, professor e regente da corte, em São Petersburgo, a partir de 1796. Mas *Karatchún íli Starínnye Dikovínki* (Karatchún ou As Antigas Maravilhas, 1805) ou *Lomonóssov íli Rekrút-stikhotvóriets* (Lomonóssov ou O Recruta Poeta, 1814), compostas por esse italiano naturalizado, são mera compilação de temas de outros autores.

Davýdov haveria de se tornar um mestre do *intermezzo-divertimento*: a comédia curta, para ser apresentada no final de uma ópera séria, com cenas da vida quotidiana, sobre um fundo de quermesse, feira ou festa popular. O mais interessante desses *intermezzi* é *Lukáshka*

íli Sviátoshnyi Viétcher (Lukáshka ou A noite dos Santarrões), que ele próprio descreve como "uma peça com canções sacras e cirandas camponesas, danças russas, cossacas e ciganas". Estreada em 1816, *Lukáshka* revela o poder de observação que Davýdov possuía dos usos e costumes e das personagens populares. Na *Feira de Sorótchintsi*, de Mússorgski, encontraremos ecos desse gênero que, em 1825, após a morte de Davýdov, entrou em declínio, pois compositores apressados tinham-se habituado a simplesmente transferir de uma obra para outra os números de maior sucesso; e empresários pouco escrupulosos os encenavam com cortes que desfiguravam as suas proporções originais.

Além disso, o *intermezzo-divertimento* estava sendo substituído, no gosto do público, pelo *vaudeville* de estilo francês que, gozando de prestígio até o início da década de 1830, satirizava impiedosamente os modismos estrangeiros, os acontecimentos teatrais e literários do momento, a corrupção dos altos funcionários e os escândalos da sociedade, num estilo muito parecido com o do teatro de revistas brasileiro da década de 1950. Com a estrutura um tanto frouxa de esquetes soltos – e trocados, ao longo da temporada, ao sabor do que ia acontecendo na cidade e merecia ser criticado –, esses espetáculos contaram, ainda assim, com libretistas competentes. O mais importante deles foi Aleksandr Aleksándrovitch Tchakhovskôi (1777-1846), inimigo jurado dos modismos importados, em nome dos quais desprezavam-se as tradições antigas. Nikolái Ivánovitch Khmelnítski (1789-1845) e Aleksandr Ivánovitch Píssariev (1803-1828) foram seus discípulos. Renomados libretistas do futuro – Griboiédov, Viáziemski, Vsiévoljski ou Liênskii – serão formados pela chamada "escola tchakhovskoiana".

Aliábiev

Músicos talentosos também tiveram a atenção atraída pelas formas flexíveis e descomprometidas do *vaudeville*. É o caso de Aleksandr Aleksándrovitch Aliábiev (1783-1852). Filho do governador da província de Tobólsk, homem muito culto, que incentivou as artes na Sibéria Ocidental, Aliábiev demonstrou cedo a vocação para a música. Entrou para o serviço público, na capital, com quatorze anos e, em 1822, logo depois de ter colaborado com Verstóvski e Maurer no *vaudeville Nóvaia Shálost ili Teatrálnoie Srajénie* (A Nova Brincadeira ou A Batalha Teatral), estreou a sua primeira ópera individual, a comédia *Lúnnaia Nôtch ili Domovíie* (A Noite de Lua ou Os Espíritos Domésticos).

Especialmente hábil em trançar melodias folclóricas na trama de sua música, Aliábiev era, também, capaz de escrever canções em estilo popular tão convincente, que se chega a esquecer que uma romança como *Soloviêi* (O Rouxinol), sobre poema de Anton Délvig, não pertence ao folclore. Essa é uma das raras partituras russas desse período que fizeram sucesso no Ocidente: cantoras como Pauline Viardot, Adelina Patti e Marcella Sembrich costumavam incluí-la em seus recitais; Liszt fez dela um arranjo para piano; e Giordano a cita, na *Fedora*, na ária "La donna russa".

Em 24 de fevereiro de 1825, Aliábiev foi acusado de ter matado um homem numa briga de jogo. Após um processo que se arrastou por três anos, foi exilado em Tobólsk em 1828. Como as provas contra ele eram inconclusivas, acredita-se que Nicolau I queria afastá-lo da capital devido às suas relações com rebeldes decembristas. Sua saída de São Petersburgo contribuiu muito para a decadência do gênero.

Aliábiev, porém, não parou de compor e, enquanto esteve no Cáucaso, fazendo um tratamento de saúde, coligiu importante série de melodias folclóricas ucranianas. Em 1836, conseguiu mudar-se para Moscou onde, de novo, teve vida musical ativa, compondo óperas e música incidental para peças de teatro: *Búria* (A Tempestade) e *Volshêbnaia Nôtch* (A Noite Encantada), ambas de 1839, baseiam-se na *Tempestade* e no *Sonho de uma noite de verão*, de Shakespeare. Infelizmente, ao morrer, deixou inacabadas *Rybák i Russálka íli Zlóie Zélie* (O Pescador e a Russalka ou A Poção Maléfica), baseada em Púshkin, e *Ammalat Bek*, cujo texto era do poeta decembrista Aleksandr Bestújev-Marlínski, que ele conhecera no Cáucaso.

Verstóvski

Outro bom músico atraído pela flexibilidade do *vaudeville* foi Aleksêi Nikoláievitch Verstóvski (1799–1862), engenheiro civil que estudou piano com John Field, o criador do noturno. Sua primeira experiência teatral foram os *couplets* com que contribuiu para um *vaudeville* em francês, intitulado *Les Perroquets de la Mère Philippe* (1819). Em Moscou, foi nomeado inspetor dos Teatros Imperiais e, nessa função, entrou em contato com óperas de Méhul, Cherubini e Weber. Durante a década de 1820, tornou-se muito hábil na arte da cantata cênica, de tema celebratório, que conhecera seus dias de glória com Sarti na época de Catarina, a Grande. Depois de *Torjestvó múzy* (O Triunfo da Musa, 1825), em colaboração com Aliábiev e Scholtz, continuou escrevendo vários desses "quadros dramáticos" para ocasiões festivas: o último foi *O Banquete de Pedro I*, em 1860.

Sua *Stránnaia Jenítba* (O Estranho Casamento, 1822) – contando a história da mocinha que tenta impedir o pai de internar seu namorado, de quem não gosta, em um asilo de loucos –, faz um retrato do mundo burguês que prenuncia o realismo de Mússorgski no *Casamento*, tirado da peça de Gógol. Verstóvski é dono de uma obra imensa, escrita sozinho ou em colaboração com Aliábiev, com o violinista e compositor alemão Ludwig Wilhelm Maurer, ou com o conde Mikhaíl Vielgórski. Compôs ainda óperas que o colocam como um dos precursores da escola nacional.

Se Verstóvski não pode ser considerado o criador da ópera nacional russa é porque, nele, ainda é forte a importação de esquemas estrangeiros, que adapta aos assuntos eslavos. Em *Pan Tvardóvski* (1828), com libreto de Mikhaíl Zagórskin e Aksákov, embora haja alguns traços nacionalistas fortes – como um coro de ciganos que ficou muito popular na época –, ainda é grande a dívida que tem para com o romântico alemão Heinrich Marschner, ao contar a história do aristocrata polonês que vende a alma ao Diabo para tentar separar a esposa, Iúlia Boleslávskaia, do jovem de quem ela se tornara amante. Mas aqui, ao contrário dos soturnos dramas de seu modelo, o desenlace não é trágico – o que também o prende a um modelo setecentista, o do final feliz obrigatório.

A melhor ópera de Verstóvski, *Askóldova Moguíla* (O Túmulo de Áskold), embora tenha abundantes elementos folclóricos, decalca-se claramente no *Freischütz* de Weber – em especial no que se refere à relação entre o homem e a natureza –, ao tratar o tema do conflito entre o paganismo e o cristianismo, na Kíev medieval. Há nela, por exemplo, um melodrama ambientado na cabana da feiticeira Vakhramiêievna, que copia quase literalmente a cena do Vale dos Lobos, na ópera de Weber. Esse é o motivo pelo qual *O Túmulo de Áskold* ainda não é considerada o ponto de partida da Escola Nacional russa.

O próprio Mikhaíl Nikoláievitch Zagórski extraiu, de seu romance, o libreto sobre a chegada a Kíev da misteriosa e carismática figura do Desconhecido, que desaprova os abusos do príncipe Sviatosláv, homem autoritário e dissoluto, e lamenta estarem longe os tempos do virtuoso governante Áskold, cujo túmulo virou lugar de peregrinação. O Desconhecido fica conhecendo Vsesláv, um órfão adotado pelo príncipe, e decide transformá-lo em instrumento de sua campanha contra o governante opressor. Ao atribuir a Sviatosláv o rapto de Nadiêjda, noiva de Vseslav, faz com que este se vire contra seu benfeitor. Após peripécias muito elaboradas, o povo se rebela contra o príncipe mas, na luta, o Desconhecido desaparece nas águas revoltas do Dniéper.

Verstóvski, depois de Cavos, dá um passo à frente na tentativa de conferir cor russa à sua música. As melodias que tira de velhos *vaudevilles* ou romanças são retrabalhadas com uma invenção harmônica superior à de seus trabalhos anteriores. A escrita coral, bem como a esfuziante Dança Eslava do ato III, têm autêntica empostação folclórica, que antecipa o trabalho do Grupo dos Cinco. Isso fez com que *O Túmulo de Áskold*, aclamado na estréia (Bolshói, 28.9.1835) fosse, até a Revolução, uma das óperas mais encenadas na Rússia – e o primeiro título russo a ser cantado, em alemão, em Nova York (1869). Suas qualidades podem ser conferidas na gravação de Iúri Nikonienko, distribuída no Ocidente, em 1996, pelo selo Consonance. Até então, só se dispunha de gravações de trechos

feitas para o selo Melodya, em 1948 e 1951, por Smirnóv.

Na década de 1870, surgiu o rumor, hoje desacreditado, de que Verstóvski tinha ganho a partitura num jogo de cartas com seu colega Aleksandr Varlámov. Mas essa teoria não resiste ao exame estilístico: nada existe, na obra de Varlámov, autor de romanças muito apreciadas em seu tempo, que se aproxime da escrita do *Túmulo*. Óperas posteriores de Verstóvski revelam um progresso. *Toská po Ródinie* (Saudades da pátria, 1839) segue o modelo de Glinka ao opor temas espanhóis e russos para caracterizar a nostalgia da personagem principal, afastada de casa por motivos políticos. *Tchurova Dolína* (O Vale de Tchurov, 1841) também o mostra atento ao exemplo de Glinka ao dar a essa ópera um tratamento folclorizante acentuado, mas sem igualar a espontaneidade de seu contemporâneo. Em *Gromobôy* (1858), finalmente, Verstóvski rompe com a fórmula alemã do *singspiel*, eliminando o diálogo falado entre os números cantados, optando pelo modelo italiano dos recitativos acompanhados e dando, conseqüentemente, estrutura mais contínua à ação.

Mas nenhuma delas obteve sucesso. Apesar da perene popularidade do *Túmulo*, Verstóvski morreu esquecido e amargurado pelo fato de, nos círculos musicais, a criação da ópera nacional não lhe ter sido atribuída. O que não é de todo injusto pois, apesar de um talento verdadeiro, ele ainda não possuía a força ou o gênio para realizar uma reforma definitiva. Na verdade, nunca tinha conseguido fazer com que as suas óperas fossem mais do que um *vaudeville* de proporções ampliadas, a que a abertura e as danças freqüentes dão densidade orquestral um pouco maior.

Tinham-se acumulado, entretanto, ao longo do trajeto que percorremos até aqui, elementos suficientes para que pudesse eclodir uma fórmula de espetáculo musical tipicamente eslava. A década era a de 1830, em que o nacionalismo estava no ar, em toda a Europa. Estava faltando apenas um músico capaz de fazer essa grande síntese. E esse músico seria Mikhaíl Ivánovitch Glinka.

Antes de passarmos à análise de sua carreira, porém, é necessário traçar um panorama da situação da vida teatral e musical na Rússia, nos anos que assistem ao nascimento da Escola Nacional – e para isso, recorremos a informações preciosas reunidas por Abram Gózenpud (1974), Richard Taruskin (1981) e Michel Maximovitch (1984), nas obras mencionadas na Bibliografia.

Vida Teatral e Musical no Século XIX

No início da década de 1830, o repertório estrangeiro dominava amplamente os teatros imperiais. O público dava preferência às formas suntuosas do *grand-opéra* parisiense (Meyerbeer, Halévy, Auber), mas eram também apresentadas óperas alemãs de Weber e Marschner, e italianas, de Rossini, Mercadante, Bellini e Donizetti. Esses títulos, porém, esbarravam com freqüência na rigorosíssima censura imperial, pois Nicolau I proibia qualquer espetáculo que incitasse, ainda que indiretamente, à rebelião, sobretudo se cantado em russo. Por esse motivo, *Guillaume Tell*, de Rossini, foi convertido em *Charles le Téméraire*; *Macbeth*, de Verdi, em *Siverto, il Sassone*; e *Les Huguenots* e *Le Prophète*, de Meyerbeer, em *Les Guelfes e les Gibelins* e *Le Siège de Gand*. E no caso dos libretos traduzidos, os cortes e as transposições eram tão violentos que as intrigas originais ficavam irreconhecíveis.

Esse quadro mudou em 1843, quando a excursão da companhia italiana liderada por Pauline Viardot-García, Erminia Frezzolini, Giovanni Battista Rubini e Antonio Tamburini fez a corte, muito ciosa do papel da Rússia, no concerto das nações, como grande país civilizado, decidir enfrentar a concorrência das capitais européias. Condições uma vez mais adversas para os grupos russos que ainda possuíam repertório comparativamente pobre e estavam longe de dispor da sofisticação musical, vocal e cenográfica dos elencos estrangeiros – como o demonstram os números recolhidos por Maximovich. Seguem-se os valores recebidos por cada um dos cantores estrangeiros durante toda a temporada (cinco meses entre 1843-1844), seguidos do cachê que cada um deles exigia por espetáculo; comparados em segui-

da aos valores pagos ao baixo Óssip Afanássievitch Petróv, a grande estrela russa do palco na época:

Frezzolini – 100.000/2.000;
Rubini e Tamburini – 80.000/2.000;
Viardot-García – 65.000/2.000;
Petróv – 1.142/28.

O mesmo desequilíbrio se observava na proporção entre os espetáculos cantados em russo – trinta na temporada 1844-1845, caindo para vinte na temporada 1845-1846 – e os cantados em italiano: 76 no primeiro caso, 73 no segundo. A situação da companhia russa piorou, em 1846, pois Nicolau I a mandou para Moscou, onde ela ficou em condições muito precárias, pois a orquestra tinha permanecido em São Petersburgo, à disposicao dos artistas italianos e do corpo de baile. Só em 1850 a pressão de determinados círculos aristocráticos conseguiu que os artistas russos voltassem à capital.

Em Moscou, as óperas cantadas em italiano atraíam pouco público, que preferia títulos cantados em alemão, de Mozart e Beethoven, Weber e Marschner – apesar das tentativas da aristocracia de, entre 1846-1850, implantar na cidade uma companhia italiana. Só no fim da década de 1860, início da de 1870, é que essa política da corte vai surtir mais efeito. A defasagem do gosto em relação à capital é produto da popularidade, em Moscou, dos *vaudevilles* e *opéras-comiques* produzidos por autores como Aliábiev e Verstóvski.

A volta da trupe russa para São Petersburgo resultou num lento mas significativo aumento do número de títulos nacionais na programação das temporadas: de apenas três num total de 64 óperas em 1856-1857, passou-se para:

13/80 em 1857-1858;
e 27/99 em 1858-1859;
apesar da queda para 11/68 em 1858-1859.

Por outro lado, o empenho de artistas importantes foi fundamental para que determinadas óperas novas fossem aceitas pela comissão dos Teatros Imperiais. Ao prestígio de Óssip Petróv deve-se a encenação de *Esmeralda* (1851), de Dargomýjski, *A Batalha de Kulikôvo* (1852), de Rubinstéin, e *Ruslán e Liudmíla* (1868), de Glinka. O mesmo foi feito por Anna Bulânova com a *Russalka* (1856), de Dargomýjski; por Dária Leônova com o *William Ratcliff* (1869), de César Cui; e por Iúlia Platônova, com o *Borís Godunóv* (1874), de Mússorgski.

Mas Auber e Halévy, Bellini e Donizetti, Flotow e Nicolai continuaram constituindo o cerne do repertório. Diz Michel Maximovitch:

> A situação tornou-se crítica na virada das décadas de 1850 e 1860. Às companhias de expressão russa começaram a faltar intérpretes, devido à ausência quase completa de recrutamento e de formação "italiana" destes. Dessa forma, [o compositor italiano Federico] Ricci, nomeado professor de canto da Escola de Teatro de São Petersburgo, fornecia ao Teatro Maríinski, a principal casa de ópera da cidade, a maioria de seus intérpretes. A preparação para o estilo novo de interpretação, exigido pelas obras dos compositores de língua russa da nova geração, fazia-se de forma improvisada, pois as obras normalmente encenadas eram de Auber, Donizetti, Flotow e Halévy. Isso só pôde freiar a produção de obras resultantes desse quadro estilístico, cujo isolamento as duas óperas de Glinka tinham conseguido romper, pois os compositores não tinham a menor certeza de vê-las em cena e ainda menos de vê-las corretamente cantadas.

Dois elementos contribuíram, no início da década de 1860, para melhorar esse estado de coisas: a campanha dos críticos musicais pela ressurreição das companhias russas e a mudança no gosto de um público em que havia um número grande de estudantes, e que alcançava camadas um pouco mais populares. É natural, porém, que a ação conjugada da crítica e do público tenha surtido efeito em Moscou antes da capital. Em 1863, Lvov, diretor dos Teatros Imperiais moscovitas, contratou cantores alemães, húngaros e tchecos em Viena para, com eles, formar o núcleo de uma companhia russa. Tentativa frustrada, é claro, pois o sotaque infame dos cantores provocava gargalhadas na platéia. Aproveitando, então, a dissolução da companhia italiana, em 1864, Lvov tentou nova política: contratou os artistas russos que, antes, trabalhavam com ela, e usou-os para formar um grupo local, destinado a cantar óperas nacionais no novo Teatro Bolshói, construído depois do incêndio que destruíra o antigo em 1853.

Em 1868, porém, esse grupo teve de enfrentar a concorrência desleal do empresário italiano Bartolomeo Merelli. Cheio de experiência adquirida como administrador das maiores salas de seu país, Merelli apoderou-se logo da maior parte das récitas para assinantes do Bolshói, o que lhe garantia cinco noites por semana, deixando aos artistas russos a magra margem de um ou dois espetáculos por semana. E se não fosse a pressão da crítica e do público novo, ao qual viera juntar-se pequena parcela da aristocracia mais intelectualizada, os nacionais teriam sido inteiramente eliminados, pois a concorrência da companhia italiana, de nível artístico muito elevado, era fortíssima.

Em São Petersburgo, enquanto isso, depois do incêndio do Teatro-circo, os espetáculos passaram a ser realizados provisoriamente no Teatr Aleksandr, até a inauguração do Maríinski, em 1860, dotado do mais moderno equipamento, inclusive iluminação a gás, o que deu brilho maior à encenação das óperas de Glinka e Verstóvski, Seróv e Cui, Dargomýjski e Naprávnik. Quanto aos estrangeiros, eles continuaram a fazer seu repertório habitual, estreando, de vez em quando, um título novo, a *Halka* de Moniuszko em 1867, o *Lohengrin* de Wagner em 1868, *A Noiva Vendida* de Smetana em 1870. E na tentativa de reatar com a antiga política de encomendas, dos tempos áureos de Catarina, a Grande, os Teatros Imperiais encarregaram Verdi de compor a *Forza del Destino*, cuja primeira versão estreou com enorme sucesso, no Maríinski, em 22 de novembro de 1862.

Igualmente importante para a mudança da relação de forças entre as companhias nacionais e estrangeiras foi a criação de sociedades e escolas de música: a Sociedade Musical Russa (1859), o Conservatório de São Petersburgo (1862), o Conservatório de Moscou (1866) e a Escola Livre de Música (1862), na capital. Nos ideais que presidiam sua constituição e modo de funcionamento está claramente delineada a diferença entre as escolas Nacionalista e Cosmopolita, de que nos ocuparemos mais adiante.

A Escola Livre de Música, fundada pelo compositor Mily Balákirev e pelo regente de coro Gavríil Lomákin, que a dirigiram até 1874, representava a vanguarda russa, propunha a ampliação do público, e empenhava-se na divulgação da obra do Grupo dos Cinco, mas também de Beethoven e Berlioz, Schumann e Liszt que, na época, ainda eram imperfeitamente conhecidos no país. Os alunos de canto e música integravam o coro e orquestra que apresentava obras desses compositores. Dirigida em seguida por Rímski-Kórsakov (1874-1881), de novo por Balákirev (1881-1908) e, depois, por Liapúnov (1908-1917), a Escola Livre de Música sempre lutou com dificuldades, pois sua ideologia "democrática" a impedia de receber subvenções da corte. Mas foi basicamente a formadora do público para as óperas da Escola Nacionalista.

A Sociedade Musical Russa, ao contrário, contava com protetores endinheirados. Dela saíram os conservatórios da capital e de Moscou, fundados pelos irmãos Anton e Nikolái Rubinstéin. De espírito tradicionalista, essas escolas visavam a formar músicos profissionais, com instrução acadêmica sólida, em condições de competir com o pessoal altamente qualificado que vinha do Ocidente. Esse era um ponto de vista absolutamente compreensível, e foi o responsável pela aparição de toda uma série de instrumentistas de nível superior que tornaram célebre, no mundo inteiro, a escola russa de piano, violino ou violoncelo (embora poucos compositores saídos dos conservatórios tivessem o estofo de Tchaikóvski). Essa postura conservadora, porém, criaria o conflito irredutível entre o núcleo que gravitava em torno de Rubinstéin e o Grupo dos Cinco.

Foi graças à seção local da Sociedade de Música Russa que teatros de ópera foram abertos em grandes capitais provinciais como Kíev (1867), Kazán ou Khárkov (ambas em 1874). Criadas por um certo Berger, ex-baixo que se tornara empresário, as companhias de Kíev e Khárkov ficaram, depois de sua morte em 1875, nas mãos do empresário Sétov, que a princípio começou muito bem mas, depois, entrou rapidamente em declínio por não conseguir suportar a concorrência que ele próprio estimulara entre os cantores, pelos melhores papéis. A situação foi salva pelo ator e diretor de teatro Medviédev que, a partir de Kazán, organizou, durante a década de 1870, turnês que abrangeram Astrakhán, Iekaterinoslávl, Perm, Samará e Sarátov. Na década de 1880, percebendo que minguava a audiência para esses espetáculos ambulantes, ele se firmou em Kazán.

Antes de 1882, ano em que os Teatros Imperiais renunciaram ao monopólio que tinham sobre a ópera, nunca foi realmente equilibrada a proporção dos títulos russos e estrangeiro. E havia a tendência à vantagem destes últimos, quando um homem cheio de truques como Merelli sabia atrair para a sua companhia, com cachês vantajosos mas condições de trabalho pesadas, os cantores mais talentosos da companhia russa, deixando-lhes muito pouco tempo e disposição para ensaiar obras novas – o que não estimulava em nada o compositor nacional a escrever para o teatro. O fim do monopólio abriu as portas a empresas privadas, que puderam finalmente organizar seu repertório em função das preferências de um público em que o elemento não-aristocrata crescia a olhos vistos.

A decisão do tsar Alexandre III era política: fazia parte de uma campanha de russificação do repertório que ele iniciara ao subir ao trono, um ano antes, pois se dera conta do papel que o teatro e a ópera poderiam desempenhar na uniformização lingüística e cultural de um império em que havia diversos povos de expressão não-russa. Essa era uma orientação muito importante, numa fase em que a Rússia se industrializava e dependia cada vez mais da formação de um amplo mercado nacional. Não é por acaso que os mais importantes mecenas e proprietários de teatros privados serão homens de negócios ou, pelo menos, formados nesse meio.

O primeiro a pôr em prática essa nova política foi Nikolái Vsievólojski, diretor do Teatro Maríinski a partir de 1881. Com a reorganização que deu à sala, conseguiu captar um orçamento maior, o que lhe permitiu aumentar a orquestra de 68 para 101 instrumentistas (dos quais setenta cordas), e expandir o coro para 120 vozes. Obras de compositores estrangeiros não deixaram de ser encenadas e a Rússia conheceu Bizet, Massenet, Ponchielli e a primeira fase da obra de Wagner. Mas, pela primeira vez, o número de títulos russos igualava e, às vezes, suplantava o de óperas ocidentais.

Com freqüência era o que acontecia, por exemplo, no teatro que Mámontov construíra em Moscou. Presidente das redes de estradas de ferro de Moscou, Iaroslávl e Arkhánguielsk,

As Origens: A Ópera Russa Antes de Glinka

generoso mecenas que ajudava artistas plásticos, músicos e homens de teatro, Savva Ivánovitch Mámontov também cantava e representava como amador. Escreveu peças de teatro, libretos para Nikolái Krótkov, Borís Ianóvski e Vassíli Poliênov, e dirigiu várias das encenações no Teatro Solodóvnikov, que fundou em 1885. Pretendia dar à encenação uma importância nova, e formar um tipo de ator-cantor que se libertasse da ganga de rotina em que se engessara o desempenho em cena. Para isso, contratou pintores como Riépin, Vaznietsóv, Seróv (o filho do compositor), Vrúbel e Koróvin, que deveram muito à sua proteção. E descobriu e lançou cantores como o baixo Fiódor Shaliápin. O amor de Mámontov pelo melodrama italiano ainda fazia com que boa parte das óperas montadas em seu teatro fosse de autores peninsulares, com cantores que ele fazia vir da Itália. Ainda assim, foi graças a esse mecenas que Moscou pôde assistir às óperas de Dargomýjski e a vários títulos de Rímski-Kórsakov.

Em Tíflis, o compositor Ippolítov-Ivánov, nomeado regente titular de uma dessas óperas privadas, lutou bravamente para fazer com que Glinka e Tchaikóvski, Rubinstéin e Rímski-Kórsakov destronassem as favoritas italianas do público. Trabalho semelhante era feito por outros pioneiros em Kíev, Kazán e Odessa, onde as companhias que se formavam eram em geral itinerantes, fazendo excursões por diversas outras cidades vizinhas. Mas era uma conquista lenta e sujeita àquilo que, com toda franqueza, Vsievólojski disse uma vez:

> Antes de mais nada temos de satisfazer o gosto da família imperial. Depois o do público. E só em terceiro lugar as exigências dos artistas.

E a corte gostava de Gounod e Massenet, Mascagni e Leoncavallo – sem esquecer os *grands-opéras* de Meyerbeer, que nunca tinham perdido a popularidade. Tanto que, dos oitenta títulos novos cantados durante a década de 1890, 46 tinham libretos em língua estrangeira. A aliança assinada em 1891 com a República Francesa e a deterioração das relações diplomáticas com a Alemanha contribuíram também para modificar a relação de forças. A companhia de ópera alemã foi dispersada em

1890 e aumentou consideravelmente o número de cantores franceses que excursionavam pela Rússia. Desde aquela época firmou-se um costume que se manteve durante muito tempo: o das montagens mistas de óperas estrangeiras, com cantores russos e franceses ou italianos, cada um deles se expressando em sua própria língua (existe, no selo Melodya, uma *Carmen* de 1959, no Bolshói, em que Irina Arkhípova canta em russo e Mario del Monaco, em italiano!).

Mas, aos poucos, a evolução de um capitalismo que criara uma classe rica não-ocidentalizada, e sem a sofisticação da aristocracia, formou um público novo. Para atender às exigências dessa platéia, que se sentia mais confortável assistindo a espetáculos em sua própria língua, e dava muita importância aos elementos exteriores do espetáculo, a profissão de diretor de cena ganhou muito destaque. O ex-cantor Ióssif Páletchek (1842-1915), de origem tcheca, é o primeiro diretor moderno da Rússia. Durante os anos em que trabalhou no Maríinski, Páletchek expandiu o repertório nacional, fazendo com que chegasse a 34 títulos e integrando-lhe óperas de Ariénski, Naprávnik, Rakhmáninov e Tanêiev.

Em Moscou, onde as pressões da corte eram mais fracas, uma petição do público obteve que o Bolshói encenasse o *Príncipe Ígor* em 1892, e que Mússorgski começasse a ser retirado do esquecimento. A fundação, em 1891, da Associação Teatral de Ópera, além disso, foi fundamental para dar um impulso novo à carreira de ator-cantor, na medida em que criou condições para que eles se reunissem em corporações e ficassem livres da exploração draconiana dos empresários. O fundador dessa associação, Ippolít Priánishnikov, era um ex-barítono que, em Kíev, trabalhara como diretor de cena em uma companhia de ópera e conhecia muito bem a política de bastidores. A associação de Priánishnikov não durou muitos anos, por falta de recursos. Mas chegou a fazer espetáculos memoráveis – 26 récitas do *Príncipe Ígor*; 24 da *Noite de Maio*, de Rímski-Kórsakov; 17 do *Tannhäuser* – e serviu de modelo à associação criada por Kojévnikov, que funcionou entre 1903-1907.

Também Mámontov seguiu esse exemplo criando, em São Petersburgo, associação se-

A ÓPERA NA RÚSSIA

melhante à qual, entre outras coisas, deve-se a primeira encenação de óperas de Humperdinck e Puccini na Rússia. E também a primeira excursão de uma companhia russa ao exterior, em 1888. Nem os problemas que teve com a justiça em 1899 – ele foi preso e teve parte de seus bens confiscados, por ter-se envolvido em um desfalque – o impediram de continuar fazendo essa associação funcionar até 1904, contando com a ajuda de Ippolítov-Ivánov depois de ser recolhido à prisão. A influência dessa companhia, que só parou de funcionar quando os recursos financeiros se esgotaram totalmente, foi muito grande. Graças a ela, óperas de Mússorgski e Rímski-Kórsakov foram levadas não só em Kíev, Kazán, Sarátov, Khárkov, mas também em teatros imperiais que antes torciam o nariz para elas.

Vindo de uma riquíssima família de comerciantes, Serguêi Zimín sucedeu a Mámontov, criando uma ópera privada que funcionou entre 1904-1907. Contratou Piotr Oliênin como diretor de cena, e este adaptou à cena lírica as técnicas desenvolvidas no teatro falado por Stanislávski. Além de encenar amplo repertório russo, Zimín trouxe a seu país a *Louise*, de Charpentier, as operetas de André Messager, as comédias de Lortzing, obras de Lalo e Delibes, títulos inéditos de Puccini e outros autores da *Giovane Scuola*.

Quanto à divulgação, na Rússia, das obras maduras de Wagner, este é um processo mais lento e tardio. Foi em 1882 que o ex-tenor Néiman, de origem alemã, convertido em diretor de teatro, fez em São Petersburgo a primeira encenação da tetralogia do *Anel do Nibelungo*, repetida em 1889. E em 1898, o empresário Richter reuniu cantores alemães, poloneses e russos para apresentar *Tristão e Isolda, A Valquíria, Siegfried, Os Mestres-cantores de Nüremberg* e também *A Rainha de Sabá*, de Carl Goldmark, da área de influência wagneriana e um dos grandes sucessos da época.

A Escola Nacional Russa

GLINKA

Convencionou-se afirmar que a estréia de *Jizn za Tsariá* (A Vida pelo Tsar), em 27 de novembro de 1836, constitui o marco inaugural da ópera russa. Ela é, efetivamente, na obra de seu autor, a primeira manifestação de um tom pessoal, de um estilo que se desliga, se não de todas, pelo menos da maioria das influências estrangeiras. Antes dela, Mikhaíl Ivánovitch Glinka (1804-1857) tinha escrito música de salão – romanças e peças para piano – agradável mas superficial, desde que, em 1824, instalara-se em São Petersburgo, num efêmero emprego de auxiliar do secretário do Conselho das Comunicações.

Glinka nascera em Novosspáskoie, na província de Smólensk, em 1º de junho de 1804. Desde pequeno esteve cercado pela música, pois seu tio Afanássi possuía uma orquestra formada por seus servos. Matriculado na Escola Pedagógica de São Petersburgo, em 1818, Mikhaíl Ivánovitch começou a ter aulas de piano e violino, e fez amizade com o mecenas conde Matviêi Vielgórski, violoncelista amador, com o compositor amador príncipe Vladímir Odoiévski e com os poetas Aleksandr Púshkin e Vassíli Jukóvski. Mas não há qualquer traço de originalidade em seus primeiros trabalhos.

Os fragmentos de uma *Mathilde Robkee*, que não chegou a levar adiante, demonstram a influência inequívoca de Weber e Cherubini, na escrita orquestral, e de Bellini e Donizetti, na linha vocal. A própria escolha de um romance de sir Walter Scott como tema para o libreto demonstra o quanto se mantinha tributário, em seus primeiros anos como compositor, do modelo romântico ocidental, com que ele teve contato, a partir de 1828, quando uma companhia italiana chegou à capital russa para uma longa excursão. Convencendo-se de ainda não estar pronto para escrever uma ópera, Glinka preferiu trabalhar com canções. Mais tarde, contou ao compositor Aleksandr Seróv que as concebia "como números isolados de óperas imaginárias". E de fato, uma das canções dessa época, intitulada "Minha harpa", parece sido originalmente uma ária prevista para essa *Mathilde* que não foi adiante.

Foi em 1830, durante uma visita à Itália, que Glinka começou a sofrer o influxo das idéias liberais e, principalmente, da pregação nacionalista que varria a Europa. E a ter consciência de que a influência estrangeira deveria ser aceita com muitas reservas. Numa de suas cartas, dizia:

> Gostei muito de ter conhecido Bellini e Donizetti em Milão [e a prova disso é que compôs um *Divertimento Brillante* para sexteto sobre temas de *La Sonnambula*, e uma *Serenata sobre temas de Anna Bolena*]. Mas, sinceramente, não poderia ser italiano. Começo a perceber, pela saudade que sinto de casa, que tenho de encontrar um jeito russo de escrever.

E em outra, mandada de Berlim, onde estudava com Siegfried Dehn:

Tenho um projeto na cabeça... Tenho a impressão de ser capaz de dar a nosso teatro uma obra que seja digna dele: não será uma obra-prima, sou o primeiro a reconhecer, mas também não será uma coisa de todo ruim. O principal é a escolha do assunto. Antes de mais nada, quero que ele seja nacional: não só o assunto mas também a música, o bastante para que nossos queridos compatriotas sintam-se em casa e que, no exterior, não me tomem por um corvo que meteu na cabeça de se enfeitar com plumagens que não lhe pertencem.

Mais tarde, em conversa com o compositor e crítico Feófil Tolstói, que relatou suas palavras, declarou:

Todas as peças que escrevi para agradar aos milaneses só serviram para me convencer de que estava seguindo pelo caminho errado e era tolice pretender que conseguiria compor como um italiano.

A ocasião para tentar afirmar-se como um músico que escreva "em russo" vai surgir em 1834, logo depois de a morte de seu pai tê-lo obrigado a voltar para a Rússia. Ao ser proposta a edificação de um monumento ao tsar Mikhaíl, fundador da dinastia reinante dos Románov, e também a Ivan Sussânin, o servo que o salvara de ser morto pelos inimigos poloneses, Jukóvski lhe sugeriu que, aproveitando os festejos, compusesse uma peça sobre esse tema patriótico – o mesmo que, em 1815, inspirara Caterino Cavos. Mas o poeta recusou-se a redigir o libreto, alegando não ter prática de trabalhar com essa forma dramática. E indicou, para colaborar com ele, o barão Iégor Fiódorovitch Rôzen, russo de origem alemã, cujo uso da língua nacional era um tanto bizarra.

Para piorar as coisas, Glinka, impaciente por levar adiante o projeto, começou a compor a música antes mesmo de o libreto estar pronto, reaproveitando nela melodias que começara a escrever pensando em adaptar um romance de Jukóvski intitulado *O Bosque de Maria*. Dizia que a única coisa que conta, numa ópera, é a música, e que é perfeitamente possível adaptar palavras a melodias já prontas; tanto mais que pretendia pôr em prática o princípio da canção estrófica popular, segundo o qual textos diferentes podem ser cantados com a mesma música. Mas não levou em conta a complexidade da métrica russa, baseada na oscilação entre sílabas longas e breves. Rostislav Hofmann conta, em *Cent Ans d'Opéra Russe*:

Quando apresentou uma dessas "canções sem palavras" ao príncipe Odoiévski, este, encantado com a beleza melódica, tentou anotar as longas e breves de sua acentuação, para adaptar-lhe versos. Mas acabou arrancando os cabelos, pois o que obtinha era um caos inacreditável, uma verdadeira salada de iambos, coreus, dátilos e anapestos, que se misturavam, se encavalavam, chocavam-se uns com os outros e resistiam a qualquer esforço coerente de versificação.

Em desespero de causa, Rôzen apelou para a ajuda de Jukóvski e de outros amigos poetas, Nestor Kúkolnik e Fiódor Sologúb. Nem assim foi muito fácil, como o diz Hofmann:

Foi uma tarefa titânica, pois era necessário escrever o texto de cinco atos inteiros, acomodando-o a todos os caprichos e fantasias rítmicas de Glinka. Às vezes, era o acento musical que caía numa sílaba átona do verso, numa frase musical que se compunha de duas metades assimétricas, uma par e outra ímpar, como o caso da ária do órfão; e às vezes, o compositor fazia questão de que uma frase começasse com "á", outra com "ó", e recusava-se a deixar-se convencer do contrário.

Levando em conta todas essas dificuldades, deve-se admitir que Rôzen e seus parceiros se desvencilharam do trabalho com muita habilidade.

O plano inicial de Glinka era o de compor um oratório em três partes – cena da aldeia, cena polonesa e cena da vitória –, sem coros ou recitativos. Foi Odoiévski quem o convenceu a utilizar o coro, mostrando-lhe o interesse que havia, numa obra dessa natureza, em tratá-lo como uma personagem coletiva à parte, com suas próprias paixões e modo de expressão. Abre-se, assim, o caminho que levará, mais tarde, à grande personagem que é o povo no *Borís Godunóv* ou na *Khovânschtchina*, de Mússorgski. E depois, à medida que trabalhava na história, Glinka foi-se entusiasmando com ela, dando-lhe feição teatral cada vez mais nítida, transformando o oratório numa verdadeira ópera.

O oficial Sobínin quer casar-se com Antonida, a filha do líder camponês Ivan Sussânin, da aldeia de Dômnin. Mas o pai da moça lhe diz que só permitirá a união depois que a Rússia tenha um governante que una as suas forças para enfrentar a ameaça da invasão polonesa. E consente jubiloso no casamento quando Sobínin anuncia que o novo tsar já foi eleito e é Mikhaíl Románov, o senhor daquela

Duas imagens do Bolshói Teatr, de Moscou: a primeira, uma aquarela da década de 1830; a segunda, um esmalte de 1856.

Desenho de N. Stiepánov: Glinka, ao piano, toca trechos de suas óperas num sarau em casa do poeta Nestor Kúkolnik (década de 1830).

Desenho de I. V. Iershóv: o baixo Fiódor Ivánovitch Shaliápin como Ivan Sussánin, o papel que o promoveu em sua carreira.

região. Rechaçados pelas tropas russas, e sabendo da escolha do novo governante, os poloneses decidem seqüestrá-lo. Para isso, procuram Sussânin, seu servo fiel, e exigem que lhes mostre onde fica o mosteiro em que o jovem tsar se encontra. Sussânin finge aceitar o suborno que lhe é oferecido, pede ao menino Vânia – um órfão que adotou – que corra até o mosteiro e diga a Mikhaíl para esconder-se, depois parte em companhia dos invasores.

Desesperada, Antonida conta a Sobínin o que aconteceu, e este arregimenta um grupo de camponeses para tentar resgatar o sogro. Mas eles se perdem na floresta, em pleno inverno. E também os poloneses, a quem Sussânin fez embrenhar por um lugar distante, até que não saibam mais onde estão, pois concluiu que é seu dever dar a própria vida, para salvar a do tsar. Os poloneses o matam quando ele confessa que os levou deliberadamente para um local selvagem, enquanto seu soberano escapava. No Epílogo, em meio ao regozijo da população, Antonida, Sobínin e Vânia recebem a notícia da morte de Ivan, e são consolados por seus amigos. A ópera termina com a entrada triunfal de Mikhaíl Románov na praça em frente do Krêmlin.

A princípio, foi difícil fazer com que *Jizn za Tsariá* fosse aceita pela Comissão dos Teatros Imperiais. Era uma época em que a censura do tsar Nicolau I desencorajava a apresentação de óperas com assunto político, principalmente quando eram cantadas em russo. Já nos referimos, no capítulo anterior, às imposições da censura, que trocava títulos, submetia o texto a severa remodelagem, deslocava a ação no tempo, trocava o local onde ela se ambientava, pasteurizava-a a ponto de não sobrar mais do que um vago drama individual, sem qualquer conotação política. Foi necessária a intervenção de Caterino Cavos para que a comissão aceitasse a ópera de Glinka. Mesmo consciente do risco que representava, para o seu *Ivan Sussânin*, a estréia de uma ópera que contava a mesma história, e possuía uma música mais moderna e evoluída, Cavos, em mais uma demonstração de sua generosidade, ofereceu-se para regê-la, entusiasmado que estava com suas evidentes qualidades. Convenceu também um dos mais prestigiosos cantores da época, o baixo Óssip Petróv, a fazer o papel principal. E persuadiu Sua Majestade a assistir a um dos ensaios.

Nicolau I gostou da música e, principalmente, do lisonjeiro título *A Vida pelo Tsar*, em que Glinka pensara como uma forma de desvincular a sua ópera da de Cavos. E apoiou, com sua presença e seu aplauso, a noite da estréia, em 27 de novembro de 1836. As reações, é claro, foram divididas: a aristocracia torceu o nariz à força telúrica do que chamou de "música de cocheiro"; mas a nata da intelectualidade nacionalista – Púshkin, Gógol, Odoiévski – a aclamou como o começo de um novo tempo para a ópera russa. Gógol escreveu a respeito da estréia:

> A ópera de Glinka é um tremendo começo. É a bem-sucedida síntese de dois tipos diferentes de música eslava. Dá para saber, só pela música, quando é um russo ou um polonês quem está cantando. Os espaços ilimitados de nossa terra refletem-se na música russa, contrastando com os ritmos selvagens da mazurca polonesa.

Em seu *Diário*, Tchaikóvski comentou perplexo o salto qualitativo que a ópera representa na obra de Glinka:

> É um fenômeno sem precedentes no campo da arte! Um diletante que se diverte batucando no piano, compondo quadrilhas absolutamente impessoais e fantasias sobre as árias italianas da moda. Que tenta exercitar-se com as formas mais sérias do quarteto, do sexteto e da canção poética mas, definitivamente, consegue escrever apenas banalidades. Pois bem, esse diletante produz, de repente, aos 33 anos, uma ópera cuja genialidade, originalidade e perfeição técnica rivalizam com as mais profundas criações do mundo artístico!

Também Henry Mérimée, o primo do autor da *Carmen*, que assistiu à estréia da *Jizn za Tsariá*, teve a mesma impressão:

> De uma originalidade preciosa, é a primeira obra de arte dos russos que não imitou nada de ninguém. É, como poema e música, um resumo fiel de tudo o que a Rússia sofreu e cantou. Nela o país reencontra seus ódios e amores, sua noite profunda e sua aurora radiosa. É, de início, um lamento doloroso e, depois, um hino de redenção tão orgulhoso e triunfante que o último dos camponeses, transportado de sua isbá para o teatro, haveria de se sentir tocado até o fundo do coração. É mais do que uma ópera, é uma epopéia nacional, é o drama lírico devolvido à nobreza de seu destino primitivo, num momento em que não passava mais de um divertimento frívolo, e que readquire uma solenidade patriótica e religiosa. Embora estrangeiro, nunca deixei de assistir a esse espetáculo sem uma viva emoção de simpatia.

Originalidade, palavra que ocorre a todos os comentaristas, é o termo exato, pois *A Vida pelo Tsar* apresenta características que a destacam de toda a produção anterior. É a primeira ópera russa que usa recitativo acompanhado no lugar de diálogos falados, o que lhe assegura uma continuidade muito maior. Esse recitativo, muito próximo do arioso – até mesmo pelo fato de o texto ter sido adaptado a posteriori a uma música já escrita – é de um tipo ainda convencional, estilizando muito o ritmo da língua, sem reproduzi-lo com precisão (nessa fase, inclusive, ainda não desapareceram de todo as marcas da influência estrangeira, em especial da técnica italiana e francesa de construção de recitativo). Outros trechos já anunciam nitidamente o que será a música do Grupo dos Cinco, no apogeu da escola nacionalista. É o caso do coro nupcial do ato II, "Razguliálasia, razliválasia vodá viéshniaia po lugám" (As águas primaveris correm e fluem pelo campo), o coro nupcial do ato III. Ou do imponente coral "Slávsia nash Rússkii Tsar" (Viva o nosso tsar russo), no epílogo festivo, que durante o século XIX transformou-se virtualmente num segundo hino nacional.

Para marcar a oposição entre os dois povos inimigos, Glinka recorre ao interessante contraste – a que Gógol se referia em sua crítica – entre melodias no estilo folclórico russo e polonês. Anuncia, com isso, o procedimento a ser utilizado por Mússorgski no *Borís Godunóv*, e por Tchaikóvski na *Abertura 1812*. Nessa peça popularíssima, escrita em 1880 para comemorar a vitória russa sobre as tropas napoleônicas, os temas russos "derrotam" literalmente a *Marselhesa*, com que é representado o avanço do exército francês. Em Glinka, tem um efeito simbólico claro o recurso de fazer predominar, no início, as formas de dança polonesas –*mazurca, polonaise, krakowiak* – e deixar que sejam "vencidas" aos poucos por melodias tipicamente russas que, no final, reinam soberanas.

O coro da *Vida pelo Tsar* canta sempre em estilo folclórico (por exemplo, "My na rabótu v liés"/Vamos trabalhar no campo, o coro feminino em 5/4, do ato III). Mas há apenas dois temas tradicionais autênticos na partitura: a melodia da primeira frase de Ivan na

ópera, que adere a ele como um *leitmotiv*; e a antiga melodia "Vniz po mátushkie po Vólguie" (Rio abaixo pela mãe Volga), transformada num *ostinato* para acompanhar a cena do ato IV em que Sussânin se sacrifica. Todo o restante foi inventado pelo próprio Glinka, imitando o folclore de sua região natal de Smólensk. Foram usados também temas extraídos de cantos litúrgicos ortodoxos moscovitas.

Os motivos recorrentes comparecem, mas não são usados de forma sistemática. O tema do coro de abertura constitui um *leitmotiv* de heroísmo que volta, sempre que se fala na resistência de Sussânin aos conspiradores poloneses. E "Tchúiu pravdu" (Já pressentem a verdade), a última ária de Ivan, em que ele expressa a decisão de morrer para salvar a vida de seu senhor, recapitula todo o material melódico usado na ópera, funcionando como uma grande síntese musical de toda a história. Como se a vida inteira de Sussânin passasse diante de seus olhos, vários temas desfilam na orquestra: o de sua filha adotiva Antonida; o da declaração de amor do jovem Sobínin por ela; o dos preparativos para o casamento dos dois; o do juramento de fidelidade que Ivan fez ao tsar; e, finalmente, o de "Kak mat ubíla u málovo ptiêntsa" (Quando mataram a mãe do passarinho), a chamada "Canção do Órfão", entoada no ato III por Vânia, o pajem de Sussânin.

A criação, por Glinka, de uma música nacional não é, naturalmente, um ato de geração espontânea. Além de todo o lento processo de maturação a que assistimos no capítulo precedente, é preciso levar em conta as bases italianas e alemãs que ele próprio recebeu, através de seus estudos no exterior. À primeira, ele deve a riqueza e variedade de suas melodias, embora – à exceção de algumas concessões deliberadas ao gosto da época – não haja nelas nenhum caráter de imitação, de "italianismo", como acontecia com seus predecessores. Em todo caso, se fosse necessário procurar um modelo ou, para ser mais exato, uma fonte de inspiração, é na vivacidade de Rossini que pensaríamos (e isso vai ser ainda mais visível em sua ópera seguinte). Essa marca comparece nas melodias brilhantes das árias para Antonida e Sobínin, que têm a coloratura vir-

Aquarela de G. Gagárin representando uma cena do ato III de *A Vida pelo Tsar*: Sussánin despede-se de Antonida e Sobínin, pois prepara-se para guiar os soldados poloneses, que o esperam ao fundo.

Maria Stiepánova no papel de Antonida, da *Vida pelo Tsar* (quadro de autor desconhecido).

Amigo de Mússorgski, o baixo ucraniano Óssip Afanássievitch Petróv foi o criador do papel de Sussánin em *A Vida pelo Tsar*.

Encenação de Alfred Kirchner, da *Vida pelo Tsar*, na Ópera de Zurique, em 1996.

tuosística e de origem instrumental típica do belcanto europeu, com acompanhamento orquestral simples, formado por padrões harmônicos elementares. Árias que contrastam com as linhas melódicas de um trecho como a "Canção do Órfão", cujo modalismo entra em choque com a harmonia cadencial da tradição européia.

Aos alemães, via os ensinamentos de Siegfried Dehns e a veneração por Beethoven, Glinka deve a arte da harmonia e da orquestração. No entanto – e é nisso, afinal, que reside a novidade maior de sua obra, em comparação com a de seus contemporâneos – toda essa ciência musical do Ocidente só lhe serviu de alicerce, de meio para realizar seus próprios fins. É correta a afirmação de R. Hofmann de que ele "só aprendeu a harmonia para esquecê-la e construir outra, baseada em elementos específicos dos cantos populares russos". Essa harmonia, na qual a abundância das quintas dominantes e dos acordes de sétima incompletos é um traço marcante, será retomada por todos os compositores russos depois dele, e é isso que dará à sua música um "som" tão característico. Diz Hofmann:

> Para percebê-lo, basta comparar o *Divertissement sur des Airs Populaires Russes*, de Henri Rabaud, a qualquer obra de um dos membros do Grupo dos Cinco. Os temas de Rabaud são autenticamente russos e, no entanto, após alguns compassos, a harmonização mostra-nos que aquela música não pode ter sido escrita por um russo. Inversamente, ao ouvirmos a *Jota Aragonesa*, de Glinka, logo reconhecemos, na escrita, apesar da inspiração espanhola, a mão de um músico russo.

Para os padrões operísticos europeus da época, *A Vida pelo Tsar* tem mais um ponto original: a intriga amorosa – o namoro de Antonida e Sobínin – é relegada a papel muito secundário. O centro da cena é ocupado pelo elemento heróico, o fervor patriótico, a fidelidade ao suserano. E tão importante quanto a figura central do servo destemido é – pela primeira vez na ópera russa – a personagem popular, a que também se dá uma dimensão heróica.

Esse afresco, além disso, é o primeiro ensaio com uma estrutura que, futuramente, será muito comum nas óperas russas de tema histórico: *A Vida pelo Tsar* é construída em cenas separadas e autocontidas, cada uma delas constituindo um episódio praticamente autônomo, centrado numa personagem ou numa situação. Esse formato de *novela*, com partes independentes justapostas, opõe-se à estrutura de *romance* – com intrigas desenvolvidas paralelamente e subordinadas umas às outras – corrente na ópera ocidental dessa fase do século XIX. O *Borís Godunóv*, de Mússorgski, e o *Ievguêni Oniéguin*, de Tchaikóvski, serão os melhores exemplos de utilização posterior dessa técnica, ambos preservando a estrutura concebida por Púshkin, em que se basearam.

Apesar das críticas à estréia, *A Vida pelo Tsar* logo se impôs como a ópera nacional russa por excelência. Em 1851, já tinha sido apresentada cem vezes. Em 1879, foi organizada uma grande festa para comemorar a 500ª récita. Nessa época, tornara-se costume inaugurar com ela as temporadas oficiais tanto em São Petersburgo quanto em Moscou. Tchaikóvski fala, em seu *Diário*, de um espetáculo a que assistiu, em que todo o público gritava "Abaixo os poloneses!", quando estes entravam em cena – tornara-se um costume, aliás, não aplaudir os trechos em que eles cantavam, como uma forma de desaprovar o inimigo –, e aplaudia efusivamente quando a imagem do tsar era trazida em procissão, no final. Tchaikóvski conta:

> Na última cena do ato IV, quando os poloneses preparam-se para matar Sussânin, o cantor que o interpretava era muito forte, e agitou os braços com tanta violência que derrubou alguns dos coralistas que faziam os poloneses. Como os outros cantores perceberam que esse insulto à arte, à verdade e à decência estava sendo entusiasticamente aplaudido pelo público, começaram a cair também, por conta própria e, no final, Sussânin saiu de cena, desarmado, sacudindo o punho no ar, sob as tempestuosas palmas da platéia.

Após a Revolução Russa de 1917, o tema central da fidelidade ao soberano deixou de encaixar-se nos planos do novo governo. Em especial na fase do radicalismo stalinista, tornou-se inconcebível que o marco inaugural da ópera russa celebrasse a grandeza da casa dos Románov. Em 1939, às vésperas portanto da II Guerra Mundial, num momento em que era necessário preparar o povo para as dificuldades de um novo conflito, as autoridades soviéticas encomendaram a Serguêi Mitrofánovitch

Gorodiétski uma revisão do libreto. No início do século, ao lado de Nikolái Gumilióv, Anna Akhmátova e Óssip Mandelshtám, Gorodiétski fôra um dos fundadores do movimento intitulado Acmeísmo, de reação à poesia simbolista. Após 1917, aderira espontaneamente à Revolução, colocando a pena a seu serviço, e fazendo mais de uma vez esse trabalho de "retoque" em grandes óperas do passado – como o veremos também no capítulo dedicado a Rímski-Kórsakov.

Sua primeira providência foi trocar o título de Glinka, revertendo ao de Cavos: *Ivan Sussânin*. Àquela altura, a ópera do italiano estava praticamente esquecida e ficava, assim, eliminada a desconcertante idéia da fidelidade de corpo e alma à monarquia. Gorodiétski substituiu também o tsar pelo burguês Kozma Minín, o organizador da resistência de Níjni-Novgórod contra os poloneses. Com seus próprios recursos, esse rico mercador arregimentou um exército que, sob o comando do príncipe Pojárski, obteve grandes vitórias contra o invasor. Agindo assim, de resto, Gorodiétski ia ao encontro de restrições ao libreto que, desde o século anterior, vinham sendo feitas pelos grupos liberais antimonarquistas.

Em 1836, num momento em que a consciência nacional russa estava em processo de formação, a ascensão de Mikhaíl Románov (1613-1645) tinha, para Glinka, o significado de um renascimento pátrio. Era a afirmação da unidade russa, após a fase caótica do Interregno (1610-1613). Dá-se esse nome ao período de desordem política e dominação estrangeira em que o país mergulhou, com as perturbações que se seguiram à morte do tsar Borís Godunóv em 1605 – questão de que trataremos mais em detalhe no estudo da ópera de Mússorgski. Alguns anos depois, em plena efervescência das campanhas liberais, os membros mais contestadores do Grupo dos Cinco – em especial Balákirev e Mússorgski – já lamentavam que, nas mãos do regime, a grande ópera de Glinka tivesse se convertido em instrumento de propaganda da Coroa.

A modificação mais radical que Gorodiétski teve de fazer, do ponto de vista textual, foi a do coro de encerramento, "Slávsia!" (Seja glorificado), de conteúdo nitidamente enaltecedor do monarca e da casa reinante. O poe-ta substituiu as palavras de Rôzen pelas de uma antiga canção do ciclo da colheita, recolhida pelo etnógrafo Ivan Petróvitch Sákharov. Deu assim à cena final um significado de renovação ligado à força do povo e à sua capacidade de trabalho, desvinculando-a do sentido original. A revisão de Gorodiétski insere-se na perspectiva do nacionalismo stalinista, da mesma forma que um filme como *Aleksandr Niévski*, feito no mesmo ano (com a famosa trilha sonora de Serguêi Prokófiev), em que Serguêi Eisenstéin contou a história da resistência russa aos invasores da Liga Teutônica, como uma forma de preparar psicologicamente a população para o esforço de guerra que se aproximava. Tanto assim que, em seu novo libreto, Gorodiétski acha um jeito de referir-se ao mesmo episódio histórico: insere uma cena em que o rei da Polônia, Sigismundo III, aparece recebendo a notícia de que seu regimento de cavaleiros teutônicos foi cercado e fragorosamente derrotado em Moscou.

Essa remodelagem do libreto, entretanto, não afeta a música e não invalida sua importância histórica, nem a influência que teve sobre a evolução posterior da ópera russa. Em seu estudo *I Figli di Boris: L'opera Russa da Glinka a Stravinskij*, Rubens Tedeschi comenta:

> Não é de se espantar que esta primeira ópera da escola russa seja a fonte de tantas idéias, que vão se desenvolver durante o século. Nos recitativos de Vânia, o filho de Sussânin, já está evidente o típico torneado das frases de Tchaikóvski; nos coros poloneses, há mais do que o simples prenúncio do *Príncipe Ígor*; entre *Sussânin* e *Borís*, o parentesco é estreito. Mas pode-se ir ainda mais longe: a apoteose final, com seu hino vitorioso, é o modelo em que Prokófiev decalca o triunfo em Pskóv, na última cena do *Aleksandr Niévski*.

Aleksandr Mélik-Pasháiev (Melodya, década de 1950), Ígor Márkevitch (Voix de son Maître, 1958) e Borís Kháikin (1960) usaram a versão revista, fazendo nela alguns cortes. Emil Tchakárov (Sony, 1989) gravou a ópera integralmente, revertendo ao texto e ao título originais. Existe o vídeo de uma montagem de 1992 no Bolshói (Nesterenko, Meshtcheriákova, Lomonóssov/Lazárev).

Em 1836, acatando uma sugestão do príncipe Aleksandr Shakhovskôi, intendente dos Teatros Imperiais, Glinka concebeu o projeto de uma nova ópera baseada no poema de Púshkin, *Ruslán i Liudmíla*. Pediu ao próprio poeta que lhe escrevesse o libreto, tendo este concordado prontamente. Mas a possibilidade de termos um libreto escrito pelo maior poeta romântico russo – em cuja obra inspiraram-se tantos de seus compatriotas – perdeu-se para sempre, pois Púshkin morreu num duelo, em 29 de janeiro de 1837. E, como acontecera antes, Glinka, impaciente, já começara a escrever a música.

Nesse meio tempo, fez um teste, encomendando ao poeta amador Valerián Fiódorovitch Shírkov o texto para duas árias já escritas: "Grústno mniê, rodítiel dorogôi" (Estou triste, meu pai querido), de Liudmíla, no ato I; e "Kakíe sladostnýe zvúki" (Que doces sons), de Gorislava, no III. Gostando do resultado, confiou-lhe o trabalho. Mas Shírkov não deu conta da empresa sozinho, e teve de ser ajudado por Nikolái Markévitch, Mikhaíl Guedeônov, Nestor Kúkolnik e pelo próprio compositor. Foi Glinka quem decidiu, por exemplo, usar o próprio texto de Púshkin em trechos como a balada de Finn, "Dobró pojálovat, môi syn!" (Benvindo, meu filho), do ato II, ou o coro persa "Lojítsia v pôlie mrak notchnôi" (A escuridão da noite cai sobre os campos), do ato III.

A morte de Púshkin pode ter comprometido a qualidade literária que o texto certamente teria; mas, pelo menos, deu a Glinka liberdade para adaptar o poema segundo as suas conveniências dramáticas. A composição, porém, progrediu muito lentamente, devido ao maior número de colaboradores e à fase turbulenta que ele atravessava em sua vida pessoal. Em abril de 1835, Mikhaíl Ivánovitch – que Hofmann chama de "um Don Juan inveterado, incapaz de ver uma carinha bonita sem ficar profundamente comovido" – tinha-se apaixonado por Maria Petróvna Ivánova, de dezesseis anos. Muito bonita, mas frívola, ranzinza, pouco culta, infiel e "atrelada a uma mãe cuja aparição em minha casa foi o prelúdio de todos os cataclismas", como dizia o compositor, Maria logo transformou sua vida em um inferno.

Em outubro de 1839, ao dar-se conta de que sua mulher o traía desavergonhadamente com o primeiro que aparecesse, Glinka decidiu divorciar-se. Mas a depressão em que caiu foi tão profunda que sua mãe teve de ir buscá-lo, na capital, e levá-lo para Smólensk, onde passou longo período se recuperando. Com isso, *Ruslán i Liudmíla* só estreou em 27 de novembro de 1842. A preparação foi muito cuidadosa e Óssip Senkóvski, amigo do compositor, conta que os músicos estavam entusiasmados com "aquela música maravilhosa, poderosa, original". Ainda assim, o conde Vielgórski, a essa altura membro da administração do teatro, exigiu que longos trechos fossem cortados, "pois nem todo amante de ópera estudou contraponto".

O espetáculo começou bem mas foi decaindo, o público esfriando e, antes do final, Nicolau I retirou-se do teatro, com sua família, sem aplaudir. Ao tsar, sem dúvida alguma, desagradava a idéia de que a ópera se baseasse no texto de um poeta que fora sempre um vivo contestador do totalitarismo monárquico. Decepcionado por *Ruslan* não ter sido uma repetição da *Vida pelo Tsar*, o crítico Vladímir Zótov chamou-a de "uma ópera estranha, com música esplêndida, grandiosa, fascinante, mas que, ao mesmo tempo, parece incompleta e mal resolvida".

Os nacionalistas a elogiaram muito; mas a crítica oficial achou-a "vulgar". Na época, contava-se uma piada na capital: o grão-duque Mikhaíl condenava seus oficiais, culpados de infrações disciplinares, a ouvirem inteirinha a ópera de Glinka. Entre 1842 e 1846, ela teve 56 apresentações; depois, caiu em total esquecimento, só sendo redescoberta no final do século XIX. Os cortes feitos na estréia foram conservados por muito tempo: só em 1867 Balákirev regeu, em Praga, a primeira apresentação integral. Em 1893, comemorou-se a 300ª récita em São Petersburgo mas, para fora da Rússia, *Ruslan* custou a viajar: a primeira apresentação em Londres foi em 4 de junho de 1931, em inglês, no Lyceum; e em Nova York só se ouviu em 26 de dezembro de 1942, em forma de concerto. E no entanto, trata-se de uma peça muito mais amadurecida do que a *Vida pelo Tsar*.

O poema de Púshkin começa com a festa que Sviatozar, pai de Liudmíla, faz para que ela escolha um de seus três pretendentes: o cavaleiro Ruslán, o príncipe poeta Ratmír, e o covarde Fárlaf. Durante a festa, a moça é seqüestrada, e o pai promete sua mão a quem a resgatar. Ruslán descobre que ela foi roubada pelo anão Tchernomôr. E o bom feiticeiro Finn o avisa de que a feiticeira Naina sugeriu a Fárlaf que espere até que ele resgate Liudmíla e, depois, a roube para si. Depois de vários episódios – que incluem a luta contra uma cabeça gigantesca e a descoberta de uma espada mágica – Ruslán escapa das armadilhas de Fárlaf e derrota Tchernomôr. Com a ajuda de um anel mágico que lhe fora dado por Finn, desperta Liudmíla do sono profundo em que o anão a fizera cair. No final, o casamento dos dois é celebrado triunfalmente.

A música ainda tem influências externas bem visíveis. De Weber, no tema do resgate da amada, cujo tratamento, de um modo geral, lembra bastante o do *Oberon*. De Rossini, na escrita para o baixo bufo, em especial em "Blízok uj tchas torjéstva moievô" (Aproxima-se a hora de meu triunfo), a grande ária de Fárlaf, um rondó cujo modelo é a "Ária da Calúnia", do *Barbeiro de Sevilha*. De Donizetti, no estilo de ornamentação da linha vocal de Liudmíla. Mas o que a ópera possui de tipicamente russo é muito mais característico do que na *Vida pelo Tsar*, e o desenho das personagens é mais definido.

O coro tem, aqui, um papel menos importante: funciona apenas como um comentarista e só participa indiretamente da ação. Mas do ponto de vista musical, é muito rico o seu tratamento, em ritmos irregulares de 5/4 e 7/4 – em vez dos 2/4 e 4/4 mais quadrados, que predominavam antes – e com a típica escrita folclórica em uníssono. Os recitativos, como na obra anterior, são acompanhados, o que é uma novidade absoluta em termos de comédia russa: ela sempre se mantivera fiel às fórmulas do *opéra-comique* ou do *singspiel*, que usavam diálogo falado; ou, no máximo, acomodava-se ao modelo bufo italiano, utilizando recitativo seco, apoiado pelo cravo.

Visando a criar o clima exótico, Glinka lança mão de recursos que são surpreendentes para a música de seu tempo – suscitando, inclusive, a admiração de compositores como Franz Liszt – e que, com o tempo, exercerão influência não só sobre seus conterrâneos, mas também sobre compositores ocidentais. Usa dupla tonalidade em choques insólitos, escala de tons inteiros, ou combinações de timbres instrumentais – pandeiro, *glockenspiel*, harmônica de vidro – que recriam o colorido dos conjuntos típicos do Oriente. Tem achados curiosos como a estranha passagem para os trombones, em tons inteiros, na coda do último ato. Multiplica os mais diversos ritmos de dança – polca, valsa, mazurca, galope, mas também a *lezguinka* caucasiana, e bailados de origem árabe, persa ou turca – para retratar as procedências variadas das personagens. E repete o procedimento da *Vida pelo Tsar*, ao opor grupos de personagens através do contraste entre melodias russas e orientais.

A maioria dessas melodias foi inventada por ele mesmo, com sabor folclórico. Alguns temas, porém, são originais. Em 1829, o secretário do diplomata persa príncipe Khozrev Mirza tinha-lhe passado a melodia de uma canção de seu país, que ele usa no coro persa. Naquele mesmo ano, Glinka fez uma viagem à Finlândia, onde ouviu um cocheiro cantar a melodia que utiliza na Balada de Finn. E três melodias tártaras que o pintor I. K. Aivazóvski lhe ensinou, em 1837, aparecem na *lezguinka*, a dança caucasiana do ato IV, e na ária de Ratmir do ato III.

Na festa do ato I, o som das guslas dos bardos é imitado por arpejos do piano e da harpa; e o acompanhamento é feito em oitavas descendentes, enquanto a melodia evolui livremente em todo o registro – procedimento que vamos reencontrar a todo momento em Rímski-Kórsakov. A tonalidade "épica" dos coros que cantam a glória de Sviatozar é obtida através do uso dos modos antigos, importados da Grécia via Bizâncio: o lídio (dó maior com fá sustenido), particularmente freqüente na música popular russa, e o frígio (fá sustenido menor com mi), comum nos hinos litúrgicos.

Pode-se dizer que *Ruslán* contém em germe todo o estilo de escrita da ópera russa posterior a Glinka. A já mencionada "Grústno mniê", a cavatina com que Liudmíla se despede do pai, anuncia, com seu cromatismo ascendente, o dueto de Vladímir e Khontchakóvna, no ato polovitsiano do *Príncipe Ígor*. A aparição de Tchernomôr, com acompanhamento de toda a escala ascendente, lembra a cena do eclipse do sol, de audaciosas dissonâncias, na mesma ópera de Borodín. "Blagodariú tibiá, môi dívnyi pokrovítiel" (Eu te agradeço, meu maravilhoso protetor), o *duettino* de Naina e Fárlaf no início do ato II, é o precursor de toda a música "fantástica" de Rímski-Kórsakov: sempre que, em suas óperas, aparecem magos e feiticeiras, ele recorre a essa técnica da combinação de temas contrastantes. Esse é, de resto, um procedimento que Nikolái Andrêievitch legará a seu aluno Ígor Stravínski, e este fará o mesmo no balé *O Pássaro de Fogo*.

Há, porém, momentos desiguais, resultado da forma fragmentada como Glinka trabalhou. A página menos homogênea é "I jar e znôi smieníla nótchi tíen" (A sombra da noite substitui o calor e a claridade), a ária de Ratmir, no ato III, que precede seu sono encantado. Dela, um crítico alemão disse que o príncipe poeta "suspira como um russo, adormece como um italiano e sonha como um francês". A seção mais discutível dessa ária é a segunda, "Tchúdnyi sôn jivôi liubvî" (O maravilhoso sonho de um amor de verdade), num ritmo de valsa de gosto duvidoso, em que Glinka faz nítida concessão ao gosto de seu tempo. Menos satisfatório ainda é o balé que se segue, de estilo semelhante aos que compositores como Adam, Minkus ou Pougni produziam em série. Neste caso, pelo menos, diga-se em defesa de Glinka que o balé foi uma imposição de André Titus, *maître de ballets* do Teatro Imperial. O próprio Glinka escreveu:

> Esse Titus metia sempre o bedelho no trabalho dos compositores e, como autocrata das pernas das *demoiselles*, cujas lânguidas poses, *piqués* e *tacquetés* enchiam de êxtase o diretor do teatro e os generais condecorados que, de *lorgnette* na mão, sentavam-se em seus camarotes, era preciso submeter-se e introduzir na partitura algumas banalidades, para facilitar a sua tarefa de dançar *enlevé*.

Essas concessões do ato III, porém, são facilmente esquecidas diante do vigor da marcha que, no início do IV, faz pressentir a aparição de Tchernomôr. Quando perguntaram a Aleksandr Glazunóv quais eram, do ponto de vista da orquestração, suas peças prediletas de música russa, ele apontou essa marcha e, logo em seguida, o *andante quasi allegretto*, em mi bemol maior, 12/8, com que as náiades impedem Liudmíla, desesperada por ter perdido a liberdade, de afogar-se no lago. Na sua opinião:

A melodia é muito simples, uma ária cromática; e a orquestração repousa sobre as flautas, as clarinetas e os violinos – aparentemente, nada de extraordinário. E, no entanto, o efeito obtido é um prodígio de frescor e limpidez, como poucas vezes se encontra entre os maiores orquestradores.

Quanto à marcha de Tchernomôr, escrita para orquestra e banda, que se alternam ou se unem, num dilúvio de cores muito brilhantes, ela tinha sido originalmente realizada com a ajuda do barão von Rahl, regente da banda militar do tsar. Infelizmente, a instrumentação original se perdeu; o que se toca hoje é um arranjo espetacular feito em 1878 por Rímski-Kórsakov, grande conhecedor de instrumentos de sopro, pois era inspetor-chefe das Bandas da Marinha. Na cena em que o anão rapta Liudmíla, sua desorientação é sugerida por uma escala descendente de tons inteiros, que interrompe o curso tonal da música.

Outro bem-sucedido momento é o do combate entre Ruslán e Tchernomôr, anão possuidor de longuíssima barba, da qual extrai sua força. Essa luta dá-se nos ares pois, ao ver o cavaleiro, o bruxo tenta fugir voando. Mas o rapaz dependura-se à sua barba, e corta-a com a espada mágica que tomou da cabeça do Cavaleiro-Gigante. Rímski-Kórsakov tinha essa cena em mente ao representar dois outros vôos maléficos: o do abutre que se atira sobre a gazela, no poema sinfônico *Antar*; e o da águia que persegue o cisne, na ópera *Tsar Saltán*.

Em *Ruslán i Liudmíla*, não há temas recorrentes; mas há um processo bem mais pessoal: timbres instrumentais associados às personagens. Ratmir é sempre representado pelo corne inglês; Naina, pelo oboé e o fagote; Liudmíla, por uma combinação de violino, flauta e clarinete; Ruslán pelo som heróico dos metais, e assim por diante. Já está aí o modelo do que, em 1936, Serguêi Prokófiev fará em seu "conto sinfônico" *Piétia i Volk* (Pedro e o Lobo), em que cada personagem é representada por um dos instrumentos da orquestra.

Com freqüência, os números solo são convertidos em cenas de conjunto, pela intervenção do coro, ou por comentários dos outros solistas, que os ampliam momentaneamente em duetos, trios, etc. Isso faz com que essa

N. Ognovienko (Ruslán) na encenação de *Ruslán i Liudmíla* no Maríinski Teatr de São Petersburgo, em 1996.

O baixo Fiódor Ignátievitch Stravínski — o pai do compositor — no papel de Farlaf em *Ruslán i Liudmíla*.

Desenhos de Valentina Khodassévitch para a encenação de 1937 de *Ruslán i Liudmíla* no Bolshói de Moscou: ao lado: o bom mágico Finn; abaixo: o anão Tchernomór.

N. Ognovienko (Ruslán) e L. Netziébko (Liudmíla) na encenação de Lotfi Mansouri de *Ruslán i Liudmíla*, no Maríinski Teatr de Leningrado, em 1996.

ópera, que ainda obedece basicamente à estrutura convencional dos números autocontidos, já esteja avançando a passos largos para a estrutura contínua que caracterizará o drama lírico da segunda metade do século. Essa variedade formal, de resto, compensa pela ação um tanto lenta e pelas intrigas paralelas, que se desenvolvem sem grandes vínculos dramáticos umas com as outras.

Para conhecer *Ruslán i Liudmíla*, o leitor dispõe de três gravações, a de Kiríl Kondráshin, feita na década de 1960, e a de Iúri Símonov (1979), ambas para o selo Melodya, e a de Valiéry Guérguiev, que a Philips lançou, em dezembro de 1996, numa caixa que reunia o CD e a fita de vídeo com a montagem no Teatro Maríinski (ex-Kírov). Esta última é, de longe, a melhor, pela qualidade do elenco – e da tomada de som muito moderna – e pelo rigor musicológico da edição.

A instalação de uma companhia de ópera italiana em São Petersburgo, em 1843, e o grande sucesso que ela fez junto ao público, desanimaram Glinka de tentar, de imediato, escrever nova ópera. Preferiu viajar pela França e Espanha. Em Paris, levou uma vida ociosa e libertina, causando escândalo pela "proteção" que oferecia a uma certa Mlle. Adelaïde, de dezoito anos, a quem, para todos os efeitos, "dava aulas de canto". Nesse período, escreveu a *Kamarínskaia*, da qual disse Tchaikóvski:

> Quase sem pensar, com a intenção apenas de escrever uma brincadeira musical, Glinka presenteou-nos com uma obra nascida do nada, na qual cada compasso é o produto de um poder criador absolutamente prodigioso. Isso aconteceu há quase cinqüenta anos; desde então, os russos escreveram muita coisa, e pode-se dizer que temos uma verdadeira escola sinfônica autônoma. Mas toda essa escola está na *Kamarínskaia* como o carvalho está dentro da glande. E nossos músicos beberão ainda, por muitos anos, nessa fonte fecunda, pois será necessário muito tempo para esgotar todas as suas riquezas.

Ao voltar à Rússia, em 1854, Glinka pensou em musicar *A Mulher de Dois Maridos*, drama de costumes de seu amigo, o príncipe Shakhovskôi. Mas o libretista escolhido, Vassilko-Petróv, não parecia ter pressa em fornecer-lhe o texto; a vida em São Petersburgo o irritava, ele se ofendia com as mutilações sofridas por suas obras nas raras vezes em que eram apresentadas, e as demonstrações de estima de jovens compositores, como Balákirev, não eram suficientes para retê-lo em seu país. Em 1856, retornou a Berlim, onde retomou, com Dehn, o estudo dos modos antigos, pensando em aplicá-los à composição de música sacra para os rituais ortodoxos. Mas morreu, em 3 de fevereiro de 1857, vítima de cirrose.

Ruslán i Liudmíla fornece o modelo para as óperas de tema lendário ou folclórico que, daí em diante, vão ser muito comuns na escola russa, da mesma forma que a *Vida pelo Tsar* tinha sido um exemplo de ópera sobre episódios históricos. Ambas não são o primeiro caso de tratamento desses dois assuntos, que já estavam presentes na obra de Caterino Cavos. Mas à medida que a obra desse compositor foi ficando fora de moda e caindo no esquecimento – a que o relegou o próprio chauvinismo dos nacionalistas –, foi Glinka que todos os músicos posteriores tomaram como referência e ponto de partida. Fixam-se, assim, procedimentos que vão confluir no idioma musical de todos os grandes criadores futuros:

- o estilo heróico, solene, de declamação ampla, com escrita modal e efeitos harmônicos arcaizantes, do *Borís Godunóv*, da *Khovânshtchina* e do *Príncipe Ígor*;
- o lírico, de tom popular, com cantilenas de melodia sinuosa e freqüente apelo a ritmos de dança, que se encontra na *Feira de Sorótchintsi*, em óperas de Rímski-Kórsakov como *Sniegúrotchka* ou *A Noite de Maio*, mas também em alguns momentos do *Ievguêni Oniéguin* de Tchaikóvski;
- o fantástico, com harmonias insólitas que visam a criar um clima não-realista, e que permeará obras de tema legendário como a *Lenda da Cidade Invisível de Kitéj* e *O Galo de Ouro*, ambas de Rímski-Kórsakov;
- o orientalizante, com arabescos melódicos, harmonias exóticas e orquestração lânguida, que reaparecem na *Salammbô* ou nas danças persas da *Khovânshtchina* de Mússorgski, no *Sadkó* de Rímski-Kórsakov, no *Príncipe Ígor* ou no *Demônio*, de Rubinstéin;
- as seqüências de coros e danças populares, em suma, que estarão presentes em óperas

de natureza tão diferente quanto o *Oniéguin* e a *Feira de Sorótchintsi*, o *Demônio* ou o *Príncipe Ígor*.

Foi graças a Glinka que César Cui pôde, orgulhosamente, proclamar, em 1889: "A ópera, hoje, tem, em nosso país, um nível mais alto do que na Europa Ocidental." De uma maneira ou de outra, todos os compositores que vêm depois de Glinka, mesmo os que não comungam estritamente com a cartilha nacionalista, lhe devem alguma coisa. Mas estarão também – especialmente a jovem geração, mais radical, do Grupo dos Cinco – sob o influxo da personalidade muito forte de um outro músico, que percorre caminhos quase diametralmente opostos: Aleksandr Serguêievitch Dargomýjski.

Antes disso, porém – apenas para registro – mencionemos dois contemporâneos de Glinka de menor envergadura:

– Feófíl Matvéievitch Tolstói (1810-1881), mais importante como crítico do que como compositor. F. M. Tolstói preparou edições críticas das óperas de Seróv, de quem era amigo, e publicou, em 1872, as preciosas *Vospominánia o Seróvie* (Lembranças de Seróv), rica fonte de informações sobre esse autor. Imitou sem originalidade os modelos estrangeiros tanto em *Il Birichino di Parigi*, com libreto em italiano, quanto em *Doktor v khlopotákh* (O Médico em Apuros, 1835).

– Mikhaíl Iuriévitch Vielgórski (1788-1856), irmão do conde Matviéi, autor de uma das primeiras sinfonias russas. Da redação do libreto de sua única opera, *Tsygany* (Os Ciganos), participaram Púshkin, Jukóvski, Sologúb, Viazémski, Rôzen e Komóvski. Mas a orquestração do ato V ficou inacabada e foi terminada por Maurer e Seróv. Embora nunca tenha sido encenada integralmente, a partitura foi muito elogiada por Liszt, que se impressionou com "o colorido russo" obtido por Vielgórski ao reconstituir os pregões dos vendedores na cena da feira, que recorre a grandes efetivos vocais e instrumentais.

DARGOMÝJSKI

A amizade com os poetas Jukóvski e Kúkolnik convenceu muito cedo o jovem Aleksandr Serguêievitch Dargomýjski (1813-1869) a dedicar-se à composição, abandonando o projeto de ser um virtuose do piano, para a qual vinha se preparando – embora seu primeiro professor, Andréi Danilévski, não achasse que compor fosse adequado para um aristocrata que desejava tornar-se uma estrela internacional do teclado.

O pai de Dargomýjski era o filho natural de um nobre. Apaixonando-se por uma poetisa, a princesa Kozlóvskaia, fugiu para Dargomýje, na província de Tulá – e adotou o nome da aldeia como o de sua família. Os seis filhos que tiveram foram influenciados pelo amor profundo da mãe pela literatura e a música francesas. No final de 1817, a família transferiu-se para São Petersburgo, onde Aleksandr começou os estudos de teoria com o alemão Wohlgeborn, de piano com Danilévski e de violino com Piótr Vorontsóv. Insatisfeito, porém, com as limitações e os preconceitos de seus mestres, Dargomýjski transferiu-se para a classe de Hans Schoberlechner, ex-aluno do pianista e compositor Johann Nepomuck Hummel. E fez seus primeiros estudos de contraponto, a partir de 1833, nos cadernos de exercício, que lhe foram emprestados por Glinka, do curso que este fizera, em Berlim, com Siegfried Dehn.

A influência estrangeira era inevitável, nesses anos de formação. *Lucrèce Borgia*, de 1837, baseada em Victor Hugo, teria o libreto em francês pois, como ele mesmo afirmou numa carta dessa época a seu amigo N. Golítsin: "É absolutamente impossível encontrar um bom poeta que aceite escrever um libreto em russo." Mas logo o abandonou, pois Júkovski o advertiu de que estava decalcando demasiado a sua música na da ópera homônima de Donizetti. Nenhum dos números escritos para ela sobreviveu.

Em 1839, Dargomýjski descobriu um libreto extraído pelo próprio Hugo, alguns anos antes, de *Notre-Dame de Paris*. Esse texto foi escrito para a compositora Louise-Angélique Bertin, que apresentou sua ópera em Paris, em 14 de novembro de 1836 (ver, nesta coleção, o volume *A Ópera na França*). O compositor encomendou à dupla de libretistas Aksel e Batchútski uma tradução desse libreto para o russo. Conseguiu estrear sua ópera no Bolshói, em 5 de dezembro de 1847, e Michel Maximovitch sugere a razão para o insucesso:

> Pode-se explicar isso pelo fato de ela só ter sido executada nove anos depois de ter sido escrita. Nesse meio tempo, o gosto dos aristocratas evoluíra bastante.

Apesar de algumas páginas bem escritas, como o finale do ato II, o trio antes do finale do III, e o dueto de Esmeralda e Phoebus no início do IV, o próprio autor tinha dela uma visão crítica (carta de 30.11.1859 a sua amiga L. Belenitsína):

A música não é excelente, chegando às vezes a ser vulgar, como em Meyerbeer e Halévy. Mas nas cenas dramáticas já aparece a língua da verdade e da força que, posteriormente, tentei desenvolver em minha música russa.

Dargomýjski tinha razão ao fazer esse julgamento severo: de fato *Esmeralda* ainda está longe de ter a originalidade que surgirá mais tarde e, além dos torneados melódicos banais, são de extremo convencionalismo os efeitos de *tremolo* ou de acordes *sforzando* de que ele abusa no acompanhamento orquestral. Mas nos recitativos já transparece o desejo de reconstituir com toda a naturalidade o ritmo da língua falada. A ópera nunca mais foi reapresentada. Em 1948, quando quiseram remontá-la, descobriu-se que a partitura tinha sido mal conservada: faltava um ato inteiro e havia grandes lacunas nos demais. O compositor V. Sibirski teve de reconstituí-la utilizando uma outra partitura incompleta, a redução para voz e piano feita pelo autor, as partes de orquestra e a redução utilizada pelo encenador na época. Isso faz com que só se possa ter, hoje, uma idéia aproximada do que era a primeira ópera completada por Dargomýjski.

Entre 1844-1845, desencorajado pela dificuldade em fazer aceitar *Esmeralda*, no momento em que a *Vida pelo Tsar*, de seu amigo Glinka, era delirantemente aclamada, Dargomýjski fizera uma viagem a Paris, onde conhecera Auber, Meyerbeer e Halévy. Esse contato pessoal permitiu-lhe colocar numa perspectiva mais objetiva a admiração irrestrita que antes sentira por eles. E a distância de casa o fez começar a valorizar a riqueza da tradição russa à qual, até então, não dera muita importância. As canções dessa fase demonstram cuidado cada vez maior com a clareza da declamação. E Dargomýjski prefere, aos textos líricos e sentimentais, favorecidos pelos autores de romanças, os que têm caráter narrativo e, por isso, lhe permitem criar verdadeiras pequenas cenas dramáticas.

Há um retrocesso, porém, em *Torjestvó Bakkha* (O Triunfo de Baco), com texto de Púshkin. Da versão original, de 1848, sob a forma de cantata, não se possui mais a partitura. Em 1852, Dargomýjski decidiu transformar a cantata em uma ópera-balé. Entusias-

mado com a voga que alcançara a dança em seu país, graças aos coreógrafos vindos da França, refundiu-a pensando no sucesso que poderia fazer junto ao público amante de balé. Para isso, tomou o modelo antiquado das cantatas cênicas de Verstóvski, dotando-a de uma música de gosto afrancesado. Em 1865, fez nova revisão, modificando ou acrescentando alguns números. Mas a estréia, no Bolshói, em 11 de janeiro de 1867, foi um fracasso absoluto.

Construída sobre o princípio do contraste entre partes vocais estáticas e trechos dinâmicos de dança, *O Triunfo de Baco* trai todos os maneirismos de escrita dos compositores especializados em balé (uma polca para a cena 2, dos sátiros e faunos; valsas para as cenas 4 e 6, com ninfas e bacantes, e assim por diante). Mas contém alguns traços originais, como a escala de tons inteiros utilizada na marcha de entrada de Baco, composta em 1865, num momento em que já estava em andamento a obra-prima da maturidade, *O Convidado de Pedra*. Ou o *leitmotiv* de Baco, com um contorno rítmico que lembra a batida do pandeiro. As asperezas harmônicas que vão caracterizar o estilo tardio de Dargomýjski elevam alguns raros momentos da ópera-balé acima da banalidade.

Em 1855, Dargomýjski começou a trabalhar na *Russalka*, baseada em um drama em versos que Púshkin deixara inacabado. Desde 1843 essa peça o atraía. Naquele ano, escrevera um dueto para soprano e contralto, com acompanhamento de piano, que integraria a ópera, como um coro das ondinas. O libreto, que encomendou a um certo Stiepánov, seu parente distante, não o satisfez. Acabou musicando o próprio texto de Púshkin, terminando-o de uma forma que imita habilidosamente o estilo do poeta. Em carta ao príncipe Odoiévski, descreveu o seu projeto:

> Quanto mais estudo os elementos de nossa música nacional, mais descubro a multiplicidade de seus aspectos. Na minha opinião, Glinka que, até agora, foi o primeiro a ampliar a esfera de nossa música, só abordou uma de suas faces: a lírica. Na *Russalka*, vou esforçar-me tanto quanto possível para colocar em evidência os elementos dramáticos e humorísticos de nossa música nacional. Ficarei feliz se o conseguir, mesmo que isso signifique um semiprotesto contra Glinka.

Estas palavras enfatizam seu espírito de independência pois, embora o modelo seja *Ruslán i Liudmíla*, ele será tratado com plena liberdade. A história da *Russalka* é comum a várias mitologias européias e gerou, com pequenas diferenças locais, várias óperas e balés: a *Ondine* de Hoffmann, a *Undine* de Lortzing, a *Giselle* de Adam, a *Russalka* de Dvořák, a *Loreley* de Catalani, *Le Villi* de Puccini. A camponesa Natasha é seduzida por um príncipe que, depois, a abandona, para casar-se com uma aristocrata. Desesperada, grávida, ela se atira no rio e transforma-se num espírito das águas. O príncipe, cheio de remorsos, vem todo dia à beira do rio para relembrá-la. Encontra-se com o pai dela, o Moleiro, que a morte da filha deixou completamente insano. Por ele, fica sabendo que Natasha se transformou na Russalka, a rainha das entidades aquáticas, e que ela e seu filho só terão sossego após conseguirem vingar-se dele. Aqui termina o poema de Púshkin. Mas na conclusão que Dargomýjski lhe dá, Natasha e o filho aparecem para o príncipe e este se joga no rio para ir ter com eles.

Stepán Aleksândrovitch Guedeônov, diretor do Maríinski, achava a opera "desagradável e sem futuro". Foi mesquinho na dotação de fundos para a confecção de cenários e guarda-roupas, confiou a interpretação a cantores de segundo time, e não permitiu que a encenassem na sala principal: relegou-a ao Teatro do Circo de São Petersburgo, onde foi cantada em 4 de maio de 1856. Ao escrever, logo depois da estréia, à sua aluna e amiga Karmálina, para queixar-se das condições em que a obra subiu ao palco, Dargomýjski não podia prever que, em dezembro de 1865, no Maríinski, o baixo Óssip Petróv eletrizaria a platéia cantando o Moleiro. Nem que, cinqüenta anos mais tarde, este seria um dos grandes papéis do repertório de Fiódor Shaliápin.

As mudanças históricas também contribuíram para o sucesso tardio da *Russalka*. As preocupações sociais de Dargomýjski encontraram acolhida bem maior junto ao público na reprise de 1866. Cinco anos antes, os servos tinham sido emancipados. E essa era a fase de plenitude da literatura realista, em que a poesia exaltada de Nikolái Niekrássov e Ivan Nikítin e a amarga prosa de Nikolái Gógol inflamavam os espíritos. Antes disso, porém, nem os críticos nem os aficcionados tinham conseguido reconhecer o talento do compositor, como ele próprio o afirma, em uma de suas cartas:

> Seus conceitos obsoletos os obrigam a procurar a melodia que agrada ao ouvido. Isso *não* é a minha preocupação primordial. Não tenciono encorajá-los a ver na música apenas um passatempo. Quero que a nota seja o equivalente da palavra. Quero a verdade e o realismo, e isso eles não conseguem compreender.

As modificações introduzidas na peça por Dargomýjski tornaram o libreto ainda mais dramático. Os coros do final do ato I reforçam a tensão entre pai e filha, antes do suicídio desta. E enquanto em Púshkin o Moleiro, embora esteja louco de dor com a morte da filha, comporta-se de forma submissa em relação ao príncipe, na ópera o confronto dos dois beira a agressão física. É tradicional, porém, a solução encontrada para o desenlace – inexistente em Púshkin – com coros e danças de caráter mais ou menos decorativo. Não se deve, com isso, pensar, porém, que a *Russalka* seja a repetição de formas estabelecidas pelas obras precedentes.

É nela que Dargomýjski rompe com o recitativo de tipo italiano, ainda praticado por Glinka, em que há um acompanhamento fixo e fórmulas rítmico-sintáticas predeterminadas, às quais o texto deve conformar-se (até mesmo porque Glinka sempre acabava começando a compor antes de o libreto estar pronto). Na *Russalka*, Dargomýjski começa experiências com um tipo novo de declamação que será de importância fundamental para a ópera do futuro no mundo inteiro: o que procura acompanhar as inflexões da frase falada, segundo o princípio de que a cada sílaba deve corresponder uma só nota, e de preferência em graus conjuntos, isto é, usando notas contíguas, sem grandes saltos de intervalo, para preservar a naturalidade do discurso. Afasta-se, portanto, do recitativo "à italiana", de moldes rítmicos restritos e acompanhamento orquestral elementar.

Tanta importância ele atribuía à clareza de enunciação desse recitativo que deu, ao maestro encarregado de reger a estréia, a instrução de que a orquestra "devia tocar baixinho, para que as vozes dos cantores possam surgir como se estivessem sendo oferecidas aos espectadores numa salva de prata". Ou, como o comenta Michel Maximovitch:

> A essa altura, o libreto tinha deixado de ser apenas um pretexto à exuberância musical, para transformar-se no centro de gravidade em torno do qual a partitura se constrói; em outras palavras, a música transforma-se em mais um dos componentes da representação dramática.

Tão forte é a preocupação com o recitativo, nesse estágio da obra de Dargomýjski, que ela impregna até as *Sanktpeterbúrgskie Serenádi* (Serenatas de São Petersburgo), coleção de peças para coro sobre poemas de Aleksandr Púshkin, Nikolái Iazýkov, Aleksêi Koltsóv, Mikhaíl Liérmontov, Antón Délvig e Ivan Timiufêiev. Nessas serenatas, ele emprega a escrita coral silábica de maneira absolutamente inusitada. A gravação de Grigóri Sandler (Melodya/Olympia, 1984) demonstra que elas nada têm em comum com o que, até então, se fizera na Rússia em termos de composição coral.

Mas este é, ainda, apenas um primeiro passo no sentido da renovação do estilo de canto, visando a aproximá-lo o mais possível da natureza peculiar da lingua russa. Por enquanto, na *Russalka*, muito ligada à tradição romântica do balé, Dargomýjski ainda não encontrou seu tom mais pessoal. As melodias são às vezes um tanto banais e têm recaídas constantes em um estilo afrancesado – como na canção de Natasha, do ato I, sobre um ritmo de *quadrille* – que não soa muito natural. A caracterização das personagens também é monótona. Dargomýjski nunca foi um melodista excepcional, o que torna muito pálidas as efusões líricas de suas personagens. Há uma comovente ária de tema folclórico cantada pela princesa, quando ela percebe que seu marido vai todos os dias para a beira do rio, porque não consegue esquecer Natasha. Mas as cenas de amor do príncipe com a Russalka são desalentadoramente convencionais.

A figura mais interessante é a do Moleiro, homem cínico, avarento, resignado a uma situação injusta, que o força a inevitáveis compromissos com o poder. Sua filosofia pragmática é a de que, se não se pode fugir à desonra,

que pelo menos tente-se tirar dela o máximo de proveito. E ele não é um tipo unidimensional: seu cinismo não o impede de sensibilizar-se com a dor de sua filha e de perder a razão. Musicalmente, o Moleiro se expressa com torneados melódicos típicos do folcore urbano, ritmos binários com ágeis colcheias, paralelismos de construção de matriz popular e efeitos de *staccato* no acompanhamento orquestral para imitar o som da balalaica. Essa personagem é historicamente importante, por trazer ao palco de ópera não mais o camponês idealizado, herói patriota como na *Vida pelo Tsar*, ou a figura bucólica de aldeão *à la Rousseau* que habitava os *opéras-comiques*, mas o tipo cru e plebeu do camponês "que cheira a *borshtch* e a vodca", como disse dele o diretor dos Teatros Imperiais, conde Vsievólojski. Na música que o acompanha, há um tom terra-a-terra que só iremos reencontrar na vulgaridade de Varlaam ou no cinismo de Shúiski e Rangôni, personagens do *Borís Godunóv*.

Da *Russalka*, existem três gravações no selo Melodya: a de Vassíli Niebólssin, da década de 1940; a de Ievguêni Svetlánov (1955) e a de Vladímir Fedossêiev (1983).

Na preferência visível que Dargomýjski manifesta pela personagem do Moleiro já se evidencia a vertente realista de seu temperamento, que vai desabrochar plenamente em sua obra mais importante: *Kámienny Gost* (O Convidado de Pedra). Antes dela, porém, houve dois projetos abortados, importantes, apesar de tudo, por terem servido para levar adiante a pesquisa sobre o recitativo acompanhado que confina com um arioso permanente, decalcado nos ritmos da fala.

Poltava baseia-se no poema homônimo de Púshkin, no qual, pouco tempo antes, Borís Fítingof-Schell se inspirara para um *Mazeppa* (Tchaikóvski comporá, mais tarde, uma ópera com o mesmo título – ver a sinopse no capítulo sobre esse autor). Sentindo-se incapaz de libertar-se do estilo de recitativos e ariosos entrelaçados, que já utilizara em sua ópera anterior, Dargomýjski abandonou *Poltava*, da qual sobreviveram apenas alguns fragmentos para canto e piano. Em 1959, Vissariôn Shebalín orquestrou a cena entre Kotchubêi – o pai de Maria, por quem Mazeppa está apaixonado – e o bobo Orlik, acrescentando a ele um breve prelúdio orquestral baseado num dos temas do compositor. Publicou também a versão para canto e piano de uma das árias de Maria.

Rogdana, baseada em uma peça de Weltman, foi uma tentativa de responder à *Rogneda*, de Aleksandr Seróv, que Dargomýjski considerava convencional demais. Mas a proximidade temática entre as duas óperas fez com que também desistisse dela, deixando apenas cinco números prontos, orquestrados em 1874 por Rímski-Kórsakov e, em 1959, por Shebalín. É muito forte a influência de *Ruslan i Liudmílla* sobre o *duettino* (nº 2) para Rogdana e seu namorado Ratibor. Interessante é o uso que Dargomýjski faz do folclore urbano numa cena cômica (nº 1) e da escala pentatônica no coro oriental (nº 5), que é o último dos trechos remanescentes.

Em 1868, Dargomýjski escreveu à sua amiga Karmalina:

> Este é o meu canto de cisne. Estou compondo *O Convidado de Pedra*. Coisa estranha: meu estado de nervos parece fazer as idéias nascerem em rápida sucessão. Já quase não tenho mais força física... Não sou eu quem escreve mas alguma força desconhecida de que sou o instrumento. A idéia do *Convidado de Pedra* entrou em meu espírito há cinco anos, quando eu gozava de boa saúde, mas recuei diante da enormidade da tarefa. Agora, doente como estou, escrevi três quartos da ópera em dois meses e meio. Não é nem preciso dizer que a ópera não agradará a todo mundo.

Ao comentar essa carta, disse o crítico Vladímir Stássov:

> Graças a Deus, Dargomýjski recuou, em 1863, diante de empresa tão colossal, pois ainda não estava preparado para ela. Sua natureza musical ainda estava crescendo e se expandindo, libertando-se gradualmente das angulosidades e asperezas, das falsas noções de forma, das influências italianas e francesas que predominam em suas obras de juventude e ainda aparecem nas da maturidade. Em cada uma de suas obras, Dargomýjski dava um passo em frente. Em 1866, sua preparação era completa. Um grande músico estava pronto a realizar uma grande obra. Tendo rejeitado todas as falsas noções musicais, tinha desenvolvido a sua inteligência tanto quanto o seu talento, e encontrou em si mesmo a força interior e a nobreza de caráter que o inspiraram para escrever essa obra enquanto estava deitado, às voltas com os assaltos terríveis de uma doença mortal.

O Convidado de Pedra é um dos mais ilustres tratamentos literários do tema do Don Juan, o libertino que, não contente em zombar das convenções humanas seduzindo todas as mulheres que encontra, desafia o próprio Deus ao convidar para jantar a estátua do homem que matou em duelo, quando este tentava defender a virtude de sua filha. A partir de *El Burlador de Sevilla y El Convidado de Piedra* (1630), de Tirso de Molina, o tema inspirou inúmeros escritores, entre os quais Púshkin. A mistura de paixões terrenas e terror sobrenatural fez dela um dos assuntos preferidos dos operistas, desde o *Empio punito* (1699), de Alessandro Melani, até as *Flammen* (Chamas, 1928), de Erwin Schuhlhof, obra banida pelo Nazismo e redescoberta na década de 1990. Gazzaniga, Mozart, Paisiello, Pacini, Alfano e Malipiero foram apenas alguns dos músicos que exploraram esse veio – e o *Don Giovanni* (1963) de Malipiero baseia-se, inclusive, na mesma peça de Púshkin usada por Dargomýjski.

No *Kámennyi Gost*, uma vez mais, Dargomýjski musicou diretamente o texto de Púshkin, o que era, diga-se de passagem, novidade absoluta. Naquela época, quando se queria usar uma peça de teatro como tema para a ópera, o normal era convertê-la em um libreto que obedecesse às regras convencionais da estrutura de números, prevendo árias, duetos, cenas corais ou de conjunto. Dargomýjski foi, possivelmente, o primeiro compositor a usar diretamente o texto de uma peça de teatro, fazendo-lhe apenas adaptações mínimas e pequenos cortes. Seu exemplo seria seguido, pouco depois, por Mússorgski, no *Casamento*, a comédia de Gógol. Mas só na virada do século esse procedimento se tornaria comum, com o *Pelléas et Mélisande* de Maeterlinck/Debussy, a *Salomé* de Wilde/Strauss, o *Guglielmo Ratcliff* de Heine/Mascagni, o *Wozzeck* de Büchner/Berg ou *O Caso Makrópulos* de Capek/Janácek. Esse fato, por si só, é o suficiente para caracterizar o aspecto revolucionário do *Convidado de Pedra*.

Iniciado em 1868, *Kámienny Gost* ficou inacabado quando Dargomýjski morreu, de um ataque cardíaco, em 5 de janeiro de 1869. A diferença excepcional, em termos técnicos e de ousadia formal, que existe entre ele e a *Russalka*, explica-se não só em termos do processo pessoal de evolução do artista, mas também em virtude do contato que teve, a partir de 1856, com a moçada exaltada e radicalmente nacionalista do Grupo dos Cinco. Depois da estréia da *Russalka*, desanimado com os obstáculos que se interpunham à execução de suas obras, houve uma fase em que Dargomýjski chegou a pensar em parar de compor. Retirando-se para a propriedade de sua família, perto da capital, dedicou-se a dar aulas de canto (apesar da voz de taquara rachada que tinha, era um professor excepcional). Com freqüência organizava saraus para os quais convidava jovens estudantes de música, cujas idéias novas estimulava. A um desses recitais domésticos veio, em 1856, Módest Mússorgski – e esse foi o início de estreitas relações entre Aleksandr Serguêievitch e o grupo de músicos que se formara em torno de Míly Balákirev.

Eles se entusiasmaram com a proposta da criação de um *rússkoie slôvo* (palavra russa), um recitativo pensado exclusivamente para o canto em vernáculo. Compraram integralmente a idéia da composição de uma ópera em estilo de declamação teatral. E estimularam, como puderam, o compositor veterano em seu trabalho. Nas *Lietopís Moiêi Muzikálnoi Jízni* (Crônicas de Minha Vida Musical), publicadas em 1909, Rímski-Kórsakov conta as visitas que o grupo fazia a Aleksandr Serguêievitch, nos fins de semana da primavera de 1868, em companhia do general Vieliáminov, um músico amador, e das irmãs Aleksandra e Nadiêjda Púrgold (esta última haveria de se tornar a sra. Rímski-Kórsakova).

> Cada trecho do *Kámienny Gost*, assim que ficava pronto, era imediatamente ensaiado. Dargomýjski escrevia sob o impacto de uma grande emoção e, apesar de sua voz de velho (ele tinha apenas 55 anos nessa época), interpretava esplendidamente o papel de Don Juan. Mússorgski fazia Leporello e Don Carlos; Veliáminov, o Frade e o Comendador. Aleksandra cantava as partes de Laura e Dona Anna, enquanto Nadiêjda sentava-se ao piano.

Depois da morte do compositor, César Cui – para o qual "o *Convidado* é o Evangelho que todos os compositores terão de consultar em matéria de declamação" – terminou a primeira cena do ato I. Rímski-Kórsakov fez a orquestração de toda a partitura, para a estréia no Teatro Maríinski, em 16 de fevereiro de 1872. Esta, como não podia deixar de ser, suscitou do público a mais perplexa das reações. Ópera tão ousada não tinha, naturalmente, condições de ingressar no repertório básico; e nos anos subseqüentes, foi muito pouco representada. Em 1902, Rímski-Kórsakov que, a essa altura, já perdera muito do radicalismo de seus anos jovens, e se tornara bastante conservador, fez nela uma revisão para, como ele próprio dizia, "suavizar a aspereza e as loucuras harmônicas do original". Usando temas ouvidos durante a ópera, incluiu também um prelúdio que não estava nos planos do autor e que é de um estilo muito tradicional. Essa é a versão atualmente ouvida, que existe em disco, nas versões gravadas por Borís Khaikin (década de 1960) e Mark Ermler (1979), para o selo Melodya. Não surgiu ainda, portanto, um musicólogo que, à semelhança do que foi feito com Mússorgski, se propusesse a restituir o *Convidado de Pedra* à sua forma primitiva.

As críticas, após a estréia, foram impiedosas. Para Tchaikóvski, a ópera era "o fruto melancólico de um processo criativo árido e racional". E o crítico Vassíli Lenz qualificou-a de "um longo recitativo em três atos". Não era inteiramente culpa deles: Dargomýjski estava muito à frente de sua época. O público de 1872, apaixonado pelo vocalismo exuberante do Verismo italiano, não tinha condições de entender uma ópera que, justamente por utilizar, sem alterações, o texto de uma peça de teatro, rompe radicalmente com a estrutura de números estanques à qual ele ainda estava habituado. Não há mais árias ou duetos, e o canto deixa de ser pretexto para exibições vocais suntuosas. Há apenas duas canções de estrutura fechada, entoadas por Laura, a amante madrilenha de Don Juan, durante a segunda cena do ato II; e elas são perfeitamente justificáveis do ponto de vista dramático, pois trata-se de trechos que, numa peça falada, teriam sido cantados.

Não há coro, pois não existe qualquer situação em que ele se encaixe. A música forma um fluxo contínuo sobre o qual desliza o recitativo, num estilo rítmico muito livre. E é apenas em alguns pontos mais enfáticos do texto que essa declamação espraia-se em *micro-ariosos* que ocupam apenas um número pequeno de versos, sem repetições ou ornamentação. A música torna-se, assim, *mais um* dos elementos que compõem a representação teatral, sem sobrepujar-se ao texto.

Mesmo estudiosos mais recentes questionam os resultados do "laboratório musical" dargomyjskiano. Em 1946, R. Hofmann escrevia, a respeito de sua fórmula de recitativo:

O que se pode perguntar é até que ponto a questão de princípio que ele propõe é musical. Dargomýjski começa por transformar seu texto em recitativo, em cantilena, e *só depois* procura para ele um acompanhamento. Se nos for permitido comparar *O Convidado de Pedra* a essa outra ópera "falada" que é o *Pelléas et Mélisande* de Debussy, veremos que as duas obras são a antípoda uma da outra. Em Debussy, a música só aparece nos momentos em que a palavra não é mais suficiente. Quando é preciso exprimir relações e afinidades secretas verbalmente inexprimíveis, produz-se uma *fusão*, uma síntese necessária de dois elementos: de um lado a poesia, representada pelos cantores, e do outro a música, concentrada na orquestra. Em Dargomýjski, é diferente: a orquestra, o elemento musical, é um complemento da palavra, algo que foi superposto, ficando a música relegada a um segundo plano, o que, em uma ópera, não se justifica.

Mas não era o radicalismo da declamação o único aspecto a desagradar os ouvintes e a crítica. Sua reação desfavorável foi também provocada pela iconoclastia harmônica de Dargomýjski, diante da qual o próprio Rímski-Kórsakov, anos mais tarde, se encheria de reservas. Quartas aumentadas, quintas diminuídas, terças aumentadas, escalas de tons inteiros são usadas sem interrupção, dando à música grande mobilidade. As personagens têm uma forma especial de se expressar, usando determinados intervalos que as identificam; e determinadas situações estão ligadas a certas tonalidades, o que as aproxima umas das outras. O problema desse expediente é que, a longo prazo, ele pode tornar-se monótono e previsível, a menos que o talento dos intérpretes consiga infundir-lhe variedade – e, para isso, não lhes basta serem bons cantores; têm também de ser excelentes atores. *O Convidado de Pedra* é a típica ópera que tem, no disco, um rendimento muitíssimo inferior ao do palco.

Outro risco é que a ópera pode tornar-se aborrecida para quem não compreende o texto, dado fundamental nesse tipo de espetáculo – razão pela qual é rarissimamente cantada fora da Rússia. Uma tradução é inviável, pois ela destruiria, ainda mais que em qualquer outra

ópera, a íntima relação que se pretende criar entre música e texto. Hoje em dia, em todo caso, esse problema pode ser minorado com o costume generalizado de projetar legendas com a tradução, numa tela colocada acima do palco.

Porém, desde que o ouvinte não-russo consiga familiarizar-se com o texto, a ópera pode ser uma experiência fascinante. Há passagens muito vivas, como a da primeira aparição de Don Juan ou a do duelo no ato I. Discutiu-se muito a música escrita para o Comendador, baseada numa escala de tons inteiros, vendo-se nela a prefiguração de alguns procedimentos contemporâneos. Dargomýjski lança mão, em longas passagens, dessa técnica de suspensão da tonalidade definida, para criar a sensação de desconforto e inquietação. A comparação da partitura para piano com a orquestrada mostra que, no original, esses achados eram muito mais numerosos do que Rímski-Kórsakov deixou chegar até nós.

Talvez o *Convidado de Pedra* seja menos importante por si mesmo do que pelo caminho que abriu. Partem dele as pesquisas sobre o estilo de declamação operística que, num futuro imediato, produzirão as obras revolucionárias de Mússorgski. E sua influência se exercerá sobre autores tão diversos quanto Leoš Janáček ou o Debussy do *Pelléas* – que entrou em contato com a música dos nacionalistas na época em que esteve na Rússia trabalhando como professor de piano dos filhos de Nadiêjda von Meck, a protetora de Tchaikóvski. Nesse sentido, apesar das reservas de R. Hofmann, podemos dizer que o *Pelléas*, filho do *Borís*, é neto do *Convidado de Pedra*.

Romantismo e Realismo: estas são as duas vertentes complementares da escola nacional russa do século XIX para as quais apontam a obra de Mikhaíl Glinka e de Aleksandr Dargomýjski. Os autores que virão a seguir estarão, de uma forma ou de outra, sob seu influxo e, não raro, farão a síntese dessas duas tendências.

Glinka tem a típica personalidade romântica, formada na leitura de Hoffmann, Hugo e Byron. Sua música vai marcar profundamente a de Tchaikóvski, Borodín, Cui, Rímski-Kórsakov e Rakhmáninov. Ele pertence à linhagem intelectual que, na literatura, corresponde a

Púshkin, Liérmontov, Fiódor Tiútchev e Liev Tolstói.

Dargomýjski, por sua vez, representa a tendência ao realismo, à objetividade, à superação das formas tradicionais, à abertura para as questões sociais e a denúncia das desigualdades. Músicos como Mússorgski e, mais tarde, Serguêi Prokófiev e Dmitri Shostakóvitch, serão seus herdeiros. E, em termos literários, ele se insere na tradição de Gógol, Ivan Turguêniev, Fiódor Dostoiévski, Antón Tchékhov e Máksim Górki.

SERÓV

A Rússia, como os demais países da Europa, não poderia escapar ao fascínio despertado nos compositores pelas teorias dramáticas e musicais de Richard Wagner. Em São Petersburgo, o mais apaixonado defensor do alemão foi o compositor e crítico musical Aleksandr Nikoláievitch Seróv (1820-1871), autor de bem elaborados ensaios sobre Glinka, Beethoven, Mozart e, naturalmente, o mestre de Bayreuth, cuja obra ajudou a divulgar em seu país.

Numa certa fase, Seróv aproximou-se dos jovens nacionalistas que integravam o Grupo dos Cinco. Mas não demorou a romper com eles, pois esses diletantes radicais, intransigentes em seu pan-eslavismo, rejeitavam a declarada admiração que ele professava pela música de Wagner e pelas formas suntuosas do *grand-opéra* de estilo meyerbeeriano. Rompeu também com o crítico V. Stássov, mentor espiritual dos Cinco e seu antigo colega na Escola de Direito, ao escrever uma resenha demolidora do *Ruslán i Liudmíla* – e na polêmica que se seguiu, saiu-se melhor, pois escrevia de forma brilhante e não tinha dificuldade em fazer os argumentos de seu opositor parecerem frágeis.

Stássov nunca o perdoaria por isso. Mesmo depois da morte de seu adversário, nunca perdeu uma só ocasião de fazer-lhe críticas devastadoras e de tentar obter, dos jovens nacionalistas que estavam sob sua orientação espiritual, a mesma atitude de repúdio à obra do inimigo. Diz Richard Taruskin, em *Musorgsky: Eight Essays and an Epilogue*:

> Até o fim de sua própria vida, o sangue de Stássov fervia e sua pena corria descontroladamente cada vez que pensava [em Seróv]. Parece que ninguém jamais o tinha feito sentir-se tão inferiorizado quanto esse ex-amigo, cujos crimes hediondos tinham sido, primeiro, levar a melhor no debate sobre *Ruslán* e, segundo, ter como compositor um sucesso retumbante.

Como Seróv tampouco se dava bem com Antón Rubinstéin, o líder dos compositores de tendência cosmopolita, ficou numa posição de isolamento, alienado das duas principais correntes da ópera russa no século XIX. Isso também concorreu para o esquecimento, na fase soviética, de que só agora começa a ser resgatado. Um resgate que é mera questão de justiça, pois não foi pequeno – como veremos no capítulo dedicado a Mússorgski – o papel desempenhado por ele como o precursor de algumas das características mais típicas do estilo desse grande revolucionário.

Como crítico, o conservador Seróv tinha idéias avançadas e renovadoras. Foi ele quem tirou a crítica musical russa da estagnação a que a tinham levado, no *Biespristrástnyi Khranítiel* (O Conservador Imparcial), e na *Sankt-Peterbúrgskaia Gaziéta* (A Gazeta de São Petersburgo), tradicionalistas como Aleksandr Dmítrievitch Ulýbishev ou o alemão naturalizado Wilhelm Fiódorovitch Lenz. Como compositor, entretanto, sua prática musical haveria de demonstrar ser mais cautelosa do que as teorias pelas quais se batia.

O primeiro projeto operístico de Seróv, uma adaptação das *Alegres Comadres de Windsor*, de Shakespeare, foi interrompido, em 1843, por sua remoção para Simferopol, na Criméia. Ali, fez amizade com Mikhaíl Aleksándrovitch Bakúnin que, depois da I Internacional (1868-1872), haveria de tornar-se o teórico do anarquismo. Foi esse revolucionário quem despertou nele o interesse pela filosofia alemã, em especial a de Hegel, Schopenhauer e, por extensão, Wagner. Nessa época também, a conselho de Stássov, aperfeiçoou seus conhecimentos teóricos com Iósif Kárlovitch Gúnke, respeitado professor de origem tcheco-germânica, que também contribuiu para iniciá-lo no conhecimento da música wagneriana.

Entre 1845-1860, diversos outros projetos não levados adiante demonstram sua insegurança, mas também a firme decisão de dedicar-se ao teatro. *La Meunière à Marly*, com libreto em francês, deveria ser um *vaudeville* com árias, duetos, diálogo falado e acompanhamento de piano e quarteto de cordas. Sobraram apenas duas árias de prosódia bastante defeituosa. Em 1847, Seróv pensou em transformá-la num *opéra-comique*; depois desistiu da idéia. À *Máiskaia Nôtch* (A Noite de Maio), baseada no conto de Gógol, ele se dedicou em 1848-1849 e 1850-1852, terminando-a praticamente. Mas destruiu-a, sobrando apenas vinte compassos do prelúdio, em redução para piano, e uma das árias do tenor, o que é muito pouco para que se tenha uma idéia do que a ópera seria. De *Poltava*, tentada em 1859, ficaram somente alguns compassos do coro final. Da *Russalka*, tirada de Jukóvski, sobreviveram dez compassos de um arioso do frei Lourenço.

Seróv já tinha 43 anos e fizera apenas algumas experiências isoladas de composição – um *Cântico de Natal*, um *Pater Noster* e uma *Abertura sobre Temas Ucranianos* –, ao escrever seu drama lírico mais famoso. Estreada no Maríinski em 16 de maio de 1862, *Iúdif* (Judite) combina as proporções de superespetáculo das produções parisienses de Meyerbeer e Halévy com algumas técnicas de escrita do Wagner

pré-*Anel*. A escolha do tema bíblico foi resultado da impressão causada sobre ele, em 1860, pela apresentação, em São Petersburgo, da *Giuditta* do dramaturgo italiano Paolo Giacometti, com a atriz Anna Ristori no papel-título.

Ele próprio escreveu o libreto, com a ajuda de intelectuais seus amigos: o poeta Apollôn Máikov e os libretistas Kiríl Zvântsiev e Dmítri Lobânov, que tinham traduzido para o russo as óperas de Wagner. Isso faz com que o texto esteja cheio de tentativas de transferir para o domínio sintático da língua russa, e em geral de modo muito artificial, os maneirismos típicos da poesia de Wagner: versos curtos, vocabulário raro, metáforas encadeadas e uso sistemático de aliterações, assonâncias e rimas internas. No entanto, curiosamente, a música soa muito mais como se fosse de Meyerbeer do que se tivesse saído da pena do autor do *Lohengrin* – como o demonstra a única gravação existente, feita em 1991 por Andrêi Tchistiákov e comercializada no Ocidente pela Harmonia Mundi.

Mas Meyerbeer e Wagner não são as únicas sombras que pairam sobre essa partitura prolixa. Sente-se também a imitação do Verdi do *Nabucco* na forma de trabalhar os corais dos hebreus; e de Glinka, na utilização de estilos musicais opostos para contrapor assírios e judeus. A cidade assediada de Betúlia é descrita com cores sóbrias, escuras, num estilo de oratório que denota familiaridade com a escrita coral haendeliana. O imponente fugato do povo hebreu que se lamenta impressionou muito Mússorgski que, em carta a Balákirev, disse ser este "o melhor momento da ópera".

Do outro lado, o universo bárbaro e feroz do acampamento assírio faz-se sentir desde a agressiva marcha da entrada de Holofernes em cena. Escrita para a orquestra no fosso e uma banda *sul palco*, ela é visivelmente inspirada na marcha de Tchernomôr, do *Ruslán e Liudmíla*. O mundo oriental é mostrado, em toda a sua lascívia, no coro das odaliscas ("No rio Eufrates"), de tonalidades bemolizadas; na sinuosa linha cromática da canção hindu ("Eu te amo, lua brilhante") entoada por Bagoás, ajudante de ordens de Holofernes; e nas voluptuosas danças que acompanham a orgia na tenda do general: nelas há acordes de quinta aumentada e a justaposição de um tom maior com seu relativo menor.

O problema da *Judite* é que, no conjunto, ela é musicalmente plana e com o mesmo baixo nível de inspiração melódica que aflige as óperas de Meyerbeer. Não lhe faltam, contudo, momentos convincentes, como o grande monólogo do ato I em que a personagem central, condoída do sofrimento de seu povo, decide-se a procurar o general assírio, e usar de sua grande beleza para seduzi-lo e assassiná-lo. Ou a canção guerreira de Holofernes ("Avançamos pela tórrida estepe"), que terá um eco longínquo, no *Borís Godunóv* de Mússorgski, com a narrativa de Varlaam sobre a tomada de Kazán pelo tsar Ivã, o Terrível.

Na cena da orgia, frases nervosas e entrecortadas fazem uma boa caracterização de Holofernes. Os trilos ameaçadores que Seróv usa, na orquestra, para representar seu temperamento explosivo, já anunciam procedimento análogo que reencontraremos em Mússorgski, na cena entre Borís e Shúiski (*Borís-II*, ato II); ou em Rímski-Kórsakov, na confrontação entre Ivã, o Terrível e os boiardos (*Pskovitiánka*, cena 4). O impacto da *Judite* sobre seus contemporâneos, de resto, foi bem maior do que eles próprios quiseram admitir. No folheto que acompanha a gravação Tchistiákov, Aleksêi Kandínski aponta as reminiscências dessa ópera que se pode encontrar em peças dos compositores russos da segunda metade do século XIX – mesmo os que mais severamente a criticaram quando foi estreada:

> Ecos da parte vocal da personagem-título reaparecem nos recitativos heróicos de Joana d'Arc na *Donzela de Orleãs* de Tchaikóvski. O canto hindu anuncia os torneados orientais e "marinhos" do mercador indiano, no *Sadkó* de Rímski-Kórsakov. A impressão produzida pela *Judite* incitou Mússorgski a escolher, para sua primeira ópera, o tema da *Salammbô*, e determinou o caráter bárbaro e guerreiro das cenas que pintam os exércitos sublevados contra a tirania de Cartago. [...] A canção de Holofernes influenciou igualmente o canto guerreiro de Kontchák, previsto por Borodín para o ato III do *Príncipe Ígor*, e terminado por Glazunóv com base nos esboços que ele deixou. Quanto à marcha polovitsiana, que abre esse mesmo ato do *Príncipe Ígor*, ela é a solução genial encontrada por Borodín para o problema análogo com que Seróv se confrontou em sua marcha de Holofernes. Por fim, o plano da *Judite*, em três partes simétricas, encontra sua analogia no *Príncipe Ígor*, e é muito claro o paralelo entre as cenas polovtsianas da ópera de Borodín e os atos assírios de Seróv.

Por mais desigual que seja essa primeira tentativa dramática de Seróv, seu papel histórico não pode ser ignorado: ela dá origem também à tendência russa à ópera de tema bíblico, que terá um representante típico em Anton Rubinstéin (*Os Macabeus, A Torre de Babel*), com ramificações que se prolongarão até o século XX, por exemplo em obras da última fase de Stravínski (*O Dilúvio*).

A pompa da montagem da *Judite* – que o próprio Wagner teve a gentileza de elogiar, quando esteve em São Petersburgo, em março de 1863, numa excursão devotamente organizada por seu admirador – foi em parte resultado da amizade de Seróv com a grã-duquesa Ielena Pávlova e o conde Ádelberg, ligado à administração dos Teatros Imperiais. O sucesso foi tão grande que logo o encorajou a escrever outro *grand-opéra*.

O libreto de *Rogneda* (1865) – tratando da luta entre cristãos e pagãos em Kíev, no século X, nos tempos do príncipe Vladímir, chamado de "o Glorioso Sol" – foi escrito por Seróv e Dmitri Averkiév, depois de boa parte da música já estar pronta. Isso explica sua forma descosida, com episódios soltos, que não se coordenam muito bem. O próprio compositor tinha declarado, em carta a seu colega F. Tolstói:

> Só escreverei uma ópera sobre tema russo quando achar que torneado pessoal dar à linguagem musical, pois a última coisa que quero é que me classifiquem entre os epígonos de Glinka.

Embora o cristão Ruald o tenha salvo do ataque de um urso, Vladímir não resiste à beleza de Olava, a noiva de seu benfeitor, e a seqüestra (essa personagem nunca aparece em cena). Vladímir mata também Ruald, que sublevou seus homens para libertar Olava. Com isso, atrai a fúria de Rogneda, sua mulher. Chega a pensar em repudiá-la quando ela tenta matá-lo durante o sono. Mas acaba convencido, pelos monges cristãos, que está sendo levado a agir de maneira irracional por seus instintos pagãos. Vladímir devolve a liberdade a Olava, reconcilia-se com Rogneda, converte-se e força seus súditos a também abraçarem o Cristianismo.

A influência de Wagner, sobretudo a do *Tannhäuser*, na escrita coral, é bem visível;

mas a presença de Meyerbeer ainda é muito forte. O próprio Seróv estava insatisfeito com o resultado do que, em carta a uma amiga, em 1866, chamou de "meras experiências, exercícios de estilo". O que não impediu *Rogneda* de ser um sucesso de público ainda maior do que a *Judite*. Ela estreou no Maríinski, em 8 de novembro de 1865, e a procura pelos ingressos era tão grande que, coisa nunca antes vista na Rússia, eles tinham de ser comprados com vinte dias de antecedência. Em seus *Diários*, Tchaikóvski anotou:

> O sucesso contínuo de *Rogneda* e o lugar que ela ocupa no repertório russo não se devem às suas belezas intrínsecas, e sim à maneira sutil como o compositor calculou seus efeitos [...]. Seróv sabia como cativar as multidões. *Rogneda* é pobre em inspiração melódica e não tem muito senso de continuidade em sua organização; os recitativos são fracos, a harmonia e a instrumentação, rudimentares e simplesmente decorativas. No entanto, que efeitos ele consegue obter com o amálgama de todos esses elementos! Máscaras representando gansos e ursos, cavalos e cachorros de verdade em cena, o tocante episódio da morte de Ruald, o sonho do príncipe que a encenação materializa diante de nossos olhos, os gongos chineses quase barulhentos demais para nossos ouvidos, tudo isso, que demonstra pobreza de inspiração, brilha e produz efeitos surpreendentes. Os dons medíocres de Seróv, unidos a grande experiência, notável inteligência e vasta erudição, são responsáveis, em *Rogneda*, por passagens – verdadeiros oásis no deserto – de música excelente. Quanto às que são as favoritas do público, seu valor real está na proporção inversa do sucesso que obtiveram.

Aos Cinco, *Rogneda* causou desagrado. Numa carta de 15 de julho de 1867 a Rímski-Kórsakov, em que o aconselha a eliminar de *Sadkó* uma melodia que lembra o tema da feiticeira, nessa ópera, Mússorgski não poupa seu autor:

> Meus amigos de São Petersburgo escrevem-me dizendo que saiu o sexto número do jornal de Seróv, no qual ele ataca Míly [Balákirev], dizendo que sua educação musical é insuficiente. E ele pode falar disso? Que músico educado é ele que enfia um sumo-sacerdote de Peruna dentro de um épico russo e planta peregrinos no meio do mato perto de Kíev? Quanto à música, do ponto de vista histórico, ela é inferior à de Verstóvski [no *Túmulo de Áskold*]: no festim de Vladímir, ele me arranja uma canção de taverna e umas dançarinas que fazem o príncipe ficar se parecendo com Holofernes.

Muito honestamente, porém, Nikolái Andrêievitch registrou, em sua *Crônica*:

> Todo mundo, em casa de Balákirev, zombava impiedosamente de *Rogneda*, negando-se a reconhecer qualquer uma de suas qualidades, a não ser o coro do sacrifício, no ato I, e alguns compassos do coro que é cantado nos aposentos do príncipe. Quanto a mim, não lhes pude esconder que *Rogneda* me interessava muito, e que eu gostava de certas passagens, como a da feiticeira, a dança dos bufões, o prelúdio da caça, o coro em 7/4, o final, e outros fragmentos. Gostei também da orquestra, às vezes meio pastosa, mas com belos efeitos de colorido.

Esse último julgamento, vindo de um dos maiores orquestradores do século XIX, não é de se desprezar. Mais adiante, Rímski-Kórsakov confessa que o tema em tercinas que usa no poema sinfônico *Antar* lhe foi inspirado por uma passagem de *Rogneda*. Não é um caso único. A cena na cabana da feiticeira parece-se com a abertura de *Sadkó*; e o próprio Rímski-Kórsakov reconheceria que o coral em 7/4 o encorajara a fazer experiências com metros irregulares na *Donzela da Neve* e na *Mlada*. Os acordes oscilantes de sétima dominante que surgem na seqüência da caçada são os mesmos que abrem a Cena da Coroação, do *Borís Godunóv*. E, na escrita coral de Seróv, já aparece a técnica de utilização de solos que se destacam dentro do coro, que Mússorgski vai utilizar. Incitado, decerto, por Stássov, era oficialmente de rejeição a atitude que Módinka assumia em relação a Seróv, nas reuniões da *Kútchka*. Mas, como diz ironicamente Taruskin:

> Para falar da rejeição de Mússorgski a Seróv, poderíamos pareafrasear a tirada maldosa de Erik Satie, de que Ravel recusava a Légion d'Honneur, mas toda a sua música a aceitava.

Basta, de resto, ouvir as cenas de *Rogneda* que Samuíl Samosúd gravou em 1949, para perceber as marcas que ele deixou na escrita dos Cinco. Mas é compreensível que essa ópera tenha agradado principalmente aos partidários do conservadorismo político, que viam, naquela exaltação do processo de cristianização da Rússia, reafirmar-se a ideologia nacionalista oficial, apoiada na idéia do fortalecimento conjunto da religião e do Estado. Foi o que fez o conde V. A. Sologúb chamar a ópera de "um feito cívico que merece a gratidão de todos, nesta era de dúvidas e hesitações". Ele se referia, principalmente, à mensagem muito clara contida no coro de encerramento:

Pokorís kriéstu, prosviáti národ,
viéru právuiu utviérdiv ziemliê.
I vrágam grozná, i na viek slavná,
Sviatorrússkaia búdiet jit ziemliá.

(Submetam-se à cruz, consagrem o seu povo, afirmando a verdadeira fé para toda a terra. Terrível para seus inimigos e eternamente gloriosa, para sempre há de viver a terra da Sagrada Rússia.)

"Atualmente", dizia Seróv na carta já mencionada a uma amiga, "sinto-me compelido a ir mais longe, a procurar novos caminhos". Foi o que fez com o projeto, logo abandonado, de um *Taras Bulba* (1866), inspirado no romance de Gógol, de que só restou a "Dança dos Cossacos Zaporojes". E em 1870, com *Vrájia Síla* (O Poder do Mal). Esta terceira ópera baseava-se em *Nie tak Jívi kak Khótchetsia a tak Jívi kak Bóg Vélit* (Não Vivas como Queres, mas como Deus Ordena, 1855), uma das "comédias sombrias" do realista Aleksandr Ostróvski.

A princípio, o libreto foi encomendado ao próprio autor do drama. Mas, insatisfeito com o resultado – pois não concordava com a idéia de Ostróvski de inserir no desenlace um episódio sobrenatural inspirado no *Freischütz*, de Weber – Seróv reteve apenas os três primeiros atos escritos por Ostróvski. E pediu a Piótr Kalashníkov e Andrêi Jókhov que escrevessem os dois últimos. Foram esses dois colaboradores quem sugeriram a troca do título e do final feliz um tanto forçado de Ostróvski por um desenlace sangrento. Ao iniciar a composição, Seróv escreveu:

Desejo adaptar as teorias wagnerianas a um drama musical de tema russo, de modo que elas sejam capazes de aderir às formas de nossa música folclórica, tal qual ela se conservou, inalterada, nas canções do povo.

E em sua *Nota Autobiográfica*:

Ao autor da peça declarei que chegou a hora de escrever uma música puramente russa, sem resíduo nenhum de influência ocidental. [...] O objetivo do autor nesta obra é a fidelidade às formas da música popular russa; isso é perfeitamente viável, mas não tem precedentes em nossa cena lírica. [...] É claro que foi necessário um estilo que nada tivesse em comum nem com os

procedimentos habituais da ópera nem com os procedimentos do próprio Seróv em suas obras anteriores.

A proposta é, em teoria, interessante; mas *O Poder do Mal* é uma opera híbrida, que concilia mal os wagnerismos com os traços herdados de Glinka. Tem um uso mecânico e pouco satisfatório da *potchviênnaia múzika* (música do solo), os temas folclóricos costurados de modo um tanto artificial aos recitativos e aos números cantados. E está cheia de sensacionalismos gratuitos. A história é descabelada: o mercador Piótr associa-se ao ferreiro Ieriômka para matar Datcha, sua mulher, pois está apaixonado pela jovem filha do taverneiro da aldeia, e quer ficar livre para poder casar-se com ela. A narrativa tem como pano de fundo a comemoração do Carnaval, uma idéia que Seróv tirou do *Benvenuto Cellini*. Como na ópera de Hector Berlioz, a intensidade da festa cresce à medida que aumenta a tensão psicológica.

De seus trabalhos, foi neste que Seróv utilizou, de modo mais sistemático, a técnica wagneriana do *leitmotiv*, sobre temas de folclore urbano autênticos ou reconstituídos. Na orquestra, o compositor tenta imitar o som de instrumentos populares, como a balalaica, a corneta ou a gaita de fole. E Gerald Abraham, em *The Operas of Serov*, chama a atenção para as ásperas harmonias em tons inteiros e os fragmentos de canção folclórica em tonalidades diferentes que, na cena da feira, colidem uns com os outros, antecipando o uso desse procedimento que Stravínski fará em *Petrúshka*.

O problema de *Vrájia Síla* são seus recitativos, inexpressivos e fiéis a um modelo convencional italianado que entra em choque com a intenção de aplicar à ópera russa a declamação wagneriana baseada em um arioso fluente. Com isso, o aspecto mais interessante da partitura é o papel que a festa desempenha gradualmente. No ato I, os festejos ainda se desenrolam fora de cena e só ouvimos falar deles; no II, são trazidos indiretamente por Ieriômka que, bêbado, incita Piótr ao crime; no III e IV, as festividades entram no palco, e atingem o apogeu, coincidindo com o auge da ferocidade na tentativa frustrada de assassinato; no V, só os coros mantêm sua presença, sugerindo a idéia de uma festa que agoniza lentamente, com os últimos farristas, em eco à derrocada na vida das personagens centrais.

Vrájia Síla poderia ter sido uma ópera melhor resolvida se não tivesse ficado incompleta. Seróv morreu subitamente, em 20 de janeiro de 1871, da ruptura de um aneurisma. Sua mulher, Valientína Semiônova Serôva, que era pianista e tinha pretensões à composição – era a autora de um medíocre *Iliá Murômietz* –, terminou-a com a ajuda de Nikolái Feopemptóvitch Solovióv, aluno de seu marido. Foi assim que a ópera estreou postumamente, no Maríinski, em 19 de abril de 1871, ficando longe de igualar o sucesso de público dos dramas anteriores. Em 1949, Borís Assáfiev e Iúri Striêmin reescreveram a música e o texto do ato V, alegando que o compositor, em seus escritos, afirmava estar insatisfeito com o que tinha sido feito até então; mas nada garante que tenham chegado a resultados melhores. O selo Melodya tem um álbum que reúne trechos da ópera cantados por artistas do Bolshói: são registros com vários regentes, feitos em épocas diferentes.

Em seus últimos meses de vida, Seróv estava trabalhando, paralelamente ao *Poder do Mal*, no projeto de uma *Notch Piêred Rojdiestvôm* (Noite de Natal), baseada no conto de Gógol. Com os esboços remanescentes, Valientína Serôva montou uma suíte para piano à qual acrescentou duas danças para orquestra que tinham sido escritas, em 1866, para uma pantomima inspirada no mesmo texto. Nessa suite, há páginas que se comparam às mais felizes da *Rogneda* ou do *Poder do Mal*.

Os imponentes dramas líricos de Seróv continuaram tendo público assegurado até a Revolução. Depois, caíram de moda e, por não corresponderem à política cultural soviética, reflexo que eram do gosto ligado ao antigo regime, nunca mais foram ressuscitados. Além dos discos de trechos mencionados, que estão há muito tempo fora de catálogo, a única ópera em gravação integral é a *Judite*/Tchistiákov, possibilitada por tempos pós-*pierestróika* com uma visão mais aberta do passado cultural. Pode-se, nesse caso, esperar que, com o tempo, as outras obras de Seróv venham a ser desenterradas.

Em um de seus últimos artigos, trinta anos após a morte de seu ex-colega de faculdade, Stássov escreveu:

Admirador fanático de Meyerbeer, Seróv conseguiu, entretanto, captar todas as características superficiais de Wagner; donde seu gosto pelas marchas, procissões, festivais, tudo o que é pomposo e faz efeito. Mas sempre ignorou o mundo interior, o mundo espiritual: nunca entrou nele, pois esse mundo não o interessava. Individualidade era o que faltava às suas *dramatis personae*, que não passavam de simples marionetes.

Cosmopolitas Contra Nacionalistas

Mais ou menos na metade do século XIX, a escola russa viu-se dividida em dois campos antagônicos – o cosmopolita e o nacionalista –, com objetivos e meios de expressão divergentes e, com freqüência, inconciliáveis. A escola cosmopolita era formada por músicos profissionais, diplomados no Conservatório e com cursos de especialização no exterior, que desejavam dar à música russa um desenvolvimento paralelo à do Ocidente, por acreditarem ser restritiva a prática de uma composição que não se abrisse às mais modernas aquisições internacionais. Já os integrantes da escola nacionalista eram diletantes: nenhum deles possuía educação formal, de Conservatório (embora Rímski-Kórsakov tenha chegado, mais tarde, a se profissionalizar como músico). Todos exerciam outras profissões e rejeitavam a influência estrangeira, defendendo com ardor os ideais pan-eslavistas. Cada um desses grupos reunia-se em volta de um mentor, que lhes ditava diretrizes estéticas e objetivos ideológicos.

O influente diretor do Conservatório de São Petersburgo, Antón Rubinstéin, era o mentor dos cosmopolitas. E os representantes mais importantes desse grupo foram Piotr Tchaikóvski, Serguêi Tanêiev e Eduard Naprávnik, de quem falaremos em detalhe mais adiante. Mas há outros tradicionalistas menores que merecem ser mencionados:

– Vladímir Níkititch Káshperov (1826-1894), autor de óperas sobre temas estrangeiros: *Maria Tudor* (1859) – tema mais tarde retomado por Carlos Gomes –, *Cola Rienzi* (1863) e *Consuelo* (1865), todas elas com libreto em italiano e estreadas na Itália sem maior sucesso. Em russo, Káshperov escreveu também *Grozá* (A Tempestade, 1867), baseada em Ostróvski – a mesma peça que inspiraria a Janáček a *Kátya Kabanová* –, e *Taras Bulba* (1893), adaptada da narrativa de Gógol.

– Anton Fiódorovitch Lvov (1798-1870), cuja *Bianca e Gualtiero* (1844) tem texto em italiano e é uma pálida imitação de Donizetti. Compôs também em russo *Stáriets Borís íli Rússki Mujítchok i Frantsúskie Marodiêry* (O Homem Santo Borís ou O Camponês Russo e os Saqueadores Franceses, 1847-1854), *Russalka* (1848) e *Várvara, Iaroslávskaia Krujevnítsa* (Bárbara, a Rendeira de Iaroslávski, 1848). A utilização que fez do folcore camponês é muito ocidentalizada, e seus números vocais nunca fogem à simplicidade da forma estrófica.

– Konstantín Petróvitch Vilboá (1817-1882) participou da expedição de Ostróvski e Engelhardt à região do Volga, em 1856, para a coleta de material folclórico. Durante os anos em que morou em Khárkov (1860-1870), dirigiu uma escola de iniciação musical para crianças. A sua ópera *Natásha íli Vóljskie Razbóiniki* (Natásha ou Os Bandoleiros do Volga), de 1861, tem tema popular e sofre alguma influência de Glinka e Dargomýjski na construção das árias e dos recitativos. Mas a estrutura geral é a do *singspiel* alemão e, no corte melódico, sente-se a simpatia do autor pelo melodismo superficial de um autor como von Flotow.

– Ótton Ivánovitch Diútch (1823-1863) era dinamarquês naturalizado. Depois de alguns *opéras-comiques* em francês – *Les Souliers Étroits* (1851), *Un Mariage Russe à la Fin du XVIème Siècle* (1852) e *A la Campagne* (1856) – obteve algum sucesso com *Kroátka íli Sopiérnitsy* (A Croata ou Os Rivais, 1860), claramente decalcada nas fórmulas melódicas e dramáticas de Auber, Gounod e Ambroise Thomas, apesar do tema russo.

– Borís Andrêievitch Fíttingov-Schell (1829-1901) explorava temas russos, mas tratava-os com uma linguagem em que se misturavam influências italianas e francesas. Foi o autor de *Mazeppa* (1859), tirado do poema *Poltáva*, de Púshkin (o mesmo que inspiraria Tchaikóvski); de *Diêmon íli Tamára* (O Demônio e Tamara, 1871), inspirado no poema de Liérmontov (que o próprio Rubinstéin musicou); de *Golofiérne* (Holofernes, 1883), imitado da *Judite* de Seróv; e de *Don Juan Tenorio* (1888), adaptado de Tirso de Molina. Deixou inacabadas *Maria Stuart* e *Gueliodór* (Heliodoro), a primeira praticamente um *remake* da ópera homônima de Donizetti, a segunda uma laboriosa tentativa de transposição para o palco russo das receitas meyerbeerianas do *grand-opéra*.

– Aleksandr Serguêievitch Fámintsin (1841-1896), conservador ao extremo, compôs *Sardanápal* (1875) sobre o modelo do *grand-opéra* francês, e *Uriel Acosta* (1883), imitando o estilo romântico italiano. Sua reação irritada a um concerto da Sociedade Livre de Música, em 10 de março de 1869, em que Rímski-Kórsakov regeu o poema sinfônico *Antar*, e a crítica indignada que publicou dessa peça fizeram dele o alvo de Mússorgski na canção satírica *Klassik*. Em versos extremamente sonoros, Módest o fulmina:

Iá prost, iá iásen, iá skrômien viéjliv, iá prekrásien
[...]
Iá zlêishii vrag novêishikh ukhishriênii,
zakliátyi vrag vsiêkh novovvediênii.

(Sou simples, claro, cortesmente discreto, eu sou maravilhoso [...]/ Sou inimigo declarado dos artifícios mais recentes,/ inimigo jurado de todas as novidades.)

As palavras impiedosas com que o pobre Fámintsin foi pulverizado poderiam, de resto, aplicar-se a qualquer um dos seguidores menores de Rubinstéin.

Míly Balákirev era o mentor dos nacionalistas e, por esse motivo, eles eram às vezes chamados de *Balákirievski krujôk* (o círculo de Balákirev). No Ocidente, ficaram conhecidos como o Grupo dos Cinco. Mas eles próprios chamavam-se de *Mogútchaia Kútchka* (O Poderoso Punhado), adotando a expressão forjada por seu amigo e encorajador, o crítico Vladímir Vassílievitch Stássov (1824-1906) – já citado no capítulo sobre Séróv. Estudioso e propagador da música de Glinka, Dargomýjski e dos jovens nacionalistas, Stássov foi também o responsável pela divulgação, na Rússia, da obra e das idéias dos nacionalistas ocidentais: Berlioz, Liszt, Schumann, Chopin, Grieg.

Em 12 de maio de 1867, no encerramento de um Congresso de Etnografia a que tinham comparecido delegados sérvios, croatas e boêmios, além de russos, houve um concerto com obras de Liszt, Berlioz, Moniuszko e dos jovens nacionalistas. Stássov terminava a sua resenha desse concerto dizendo:

Deus permita que nossos hóspedes eslavos nunca se esqueçam deste concerto; Deus permita que eles se lembrem sempre do tanto de poesia, sentimento, talento e habilidade artesanal existente neste pequeno mas já poderoso punhado de músicos russos.

Apesar dos adversários de Stássov – tendo Seróv à frente deles – nunca terem perdido a oportunidade de ridicularizá-la, a designação pegou. E a musicologia russa derivou dela expressões como "kutchkista" ou "kutchkismo", para referir-se à ideologia e às posturas estéticas dos nacionalistas.

Como veremos mais adiante, o papel de Stássov junto aos Cinco é de uma importância que não pode ser negligenciada. Ele os orientou e inspirou com seus extensos conhecimentos não só de música mas também da história e da literatura russas. Foi uma influência em tudo semelhante à do poeta, romancista e cineasta Jean Cocteau que, na França, será mais tarde o mentor de um grupo semelhante, *Les Six*. De início, porém, a *Kútchka* não contava apenas com cinco integrantes. Pertenciam a ela também:

- Aleksandr Gussakóvski (1841-1875), que morreu muito jovem, sem chegar a terminar seu *Boiardo Órtcha*;
- Nikolái Lodyjênski (1843-1916), que também largou pelo meio um *Dmitri o Impostor*, e trocou a carreira de músico pela de diplomata;
- Konstantín Liádov (1820-1871), que se desligou do grupo para fazer carreira a meio caminho entre as propostas dos nacionalistas e as dos cosmopolitas. Foi ele o pai de Anatóli Konstantínovitch Liádov (1855-1914), que haveria de se notabilizar como compositor e professor de Miaskóvski e Prokófiev.

Seróv e Tchaikóvski também flertaram algum tempo com a *Kútchka*. Mas bem depressa desentenderam-se com seus membros, cujo radicalismo desaprovavam. O autor da *Judite*, como já vimos, passou a hostilizá-los abertamente, principalmente nos artigos para *Múzika i Teatr* – publicados em 1957 nos seus *Ízbrannie Státi* (Artigos Selecionados). Tchaikóvski, apesar das divergências, manteve relações muito calorosas de amizade principalmente com Rímski-Kórsakov.

Os cinco que passaram à história como o núcleo da Escola Nacionalista foram:

- Míly Aleksêievitch Balákirev (1836-1910), o único a trabalhar como músico desde o início. Pianista e professor, fundou, em 1862, a Escola Livre de Música, onde apresentava as composições de seus companheiros e da vanguarda européia. Em 1833, foi nomeado diretor da Capela Imperial. Mas depois da dissolução do grupo, em 1862, ficou totalmente isolado. Embora, como mentor dos Cinco, Balákirev insistisse muito para que eles compusessem óperas, em cuja complexidade de meios de expressão via o veículo ideal para a expressão das propostas nacionalistas, ele próprio nunca chegou a terminar *Ogniênny Ânguiel* (O Anjo de Fogo), em que trabalhou de 1863 a 1870. O libreto, iniciado por V. Stássov, foi remanejado por diversos outros autores. Os dois primeiros atos chegaram a ser escritos (mas a partitura se perdeu). Restou apenas uma canção georgiana, em redução para piano. A contribuição mais importante de Balákirev para o palco foi a música incidental para o *Rei Lear*, de Shakespeare, composta entre 1859-1861.
- César Antónovitch Cui (1835-1918), professor de fortificações na Academia de Engenharia Militar e crítico de música em jornais, foi o mais permeável à simpatia por estilos musicais vindos do exterior. Na grafia de seu nome, conservei a forma francesa, para não desnortear o leitor brasileiro, a ela habituado; mas registre-se que a grafia e a pronúncia russas são *Kiuí*.
- Módest Petróvitch Mússorgski (1839-1881), o mais genial, ousado e desorganizado deles, era militar, oficial do regimento Preobajénski e, entre 1863-1879, foi funcionário público no Departamento Florestal.
- Aleksandr Porfírievitch Borodín (1833-1887) era filho natural do príncipe Luka Guedeônov com sua empregada Avdótia Konstantínova. Foi registrado como filho do servo Porfíri Borodín, mas o verdadeiro pai o sustentou e fez com que estudasse Química. Borodín era professor na Academia Médico-cirúrgica, autor de quarenta livros sobre a sua especialidade, e fez descobertas importantes sobre o uso do flúor. Encabeçou a luta pela modernização da Universidade, defendeu o direito da mulher à profissionalização, e sempre alinhou-se com os estudantes em suas reivindicações progressistas e democráticas.
- Nikolái Andrêievitch Rímski-Kórsakov (1844-1908) era oficial da Marinha até 1871 (em suas memórias, relata o encantamento que provocou nele a paisagem tropical quando, durante a longa viagem de formatura, o navio em que era cadete aportou no Brasil). Ao desligar-se da Marinha, à qual prestara serviço musical como Inspetor de suas bandas, Rímski-Kórsakov tornou-se professor de Composição no Conservatório de São Petersburgo. Embora a idade o fizesse ficar musicalmente muito conservador, também lutou, durante a revolução de 1905, pelos estudantes progressistas, razão pela qual foi demitido de seu cargo. Teve entre seus alunos Stravínski e Prokófiev, o que faz dele o elo entre a fase de formação da Escola Nacionalista e as modernas tendências da música russa.

A respeito do nome do autor da *Khovân-shtchina* e do *Borís Godunóv*, é necessário um esclarecimento. É comum, no Ocidente, ouvir-se a pronúncia Mus*sórg*ski, acentuada na segunda sílaba, mais fácil de dizer do que a forma proparoxítona *Mús*sorgski, usual entre os russos. Mas na própria Rússia essa questão prestou-se a polêmica. Na década de 1970, o jornal *Soviétskaia Kultúra* debateu-a acaloradamente depois que, na televisão, o compositor Tíkhon Khrenníkov, presidente da União dos Músicos da URSS, pronunciou como paroxítono o nome de Módest Petróvitch. Em 1975, no ensaio *Dúmii o Rússkom Slôvie* (Pensamentos Sobre a Palavra Russa), o etimologista Aleksêi Kúzmitch Iúgov defendeu a idéia de que a pronúncia correta seria *Mussórgski*. E entre outros argumentos, mencionou o testemunho da última sobrevivente da família, Tatiana Gueorguiévna Mussórgskaia, neta de Filarét Petróvitch Mussórgski, o irmão mais velho de Módest.

Em *Musorgsky: Eight Essays and an Epilogue*, o musicólogo inglês Richard Taruskin dedica todo um capítulo à discussão desse problema. Demonstra que o sobrenome original, *Musserskôi*, transformou-se, com o tempo, em *Mússorski*, sem o 'g'. Essa era a forma usada por Módest Petróvitch para assinar as suas cartas e documentos oficiais até o fim de 1862. O 'g' surge pela primeira vez em 14 de março de 1863, numa carta a Balákirev. Ao que tudo indica, tinha sido de Filarét Petróvitch a decisão de acrescentá-lo, *bem como de adotar a pronúncia paroxítona*, para desfazer a relação etimológica do sobrenome

com a palavra *mússor*, "lixo" (ou, em gíria, as secreções do nariz). Isso explica o testemunho de Tatiana Mussórgskaia, cuja família obedecia à modificação imposta pelo avô.

Módest Petróvitch teria, a princípio, aceitado essa mudança. Depois, reverteu à forma proparoxítona *Mús*sorgski porque, com sua eslavofilia intransigente, não gostava das assonâncias polonesas que o nome ganhava ao tornar-se paroxítono (esta é a explicação apresentada por M. D. Calvocoressi, em sua biografia do compositor). Ao defender a idéia de que era *proparoxítona* a pronúncia que o próprio compositor dava em seu nome, Taruskin apresenta alguns argumentos interessantes:

– num de seus poemas, o conde Goleníshtchev-Kutúzov, amigo íntimo de Módest Petróvitch, usa seu nome num verso jâmbico que fixa essa acentuação:

Skají mniê, Mússorgski, zatchém
porôi tomiát meniá somniênia...

(Diga-me, Mússorgski, por que as dúvidas às vezes me atormentam...)

– e na aldeia de Kariêvo, do distrito de Pskóv, onde Módest nasceu, é proparoxítona a forma como os habitantes se referem à *Mússorgskaia gorá* (colina de Mússorgski) ou ao *Mússorgskoie pólie* (campo de Mússorgski).

Toda esta digressão, que pode parecer ociosa ou preciosista, visa na verdade a explicar ao leitor, habituado a ouvir no rádio os locutores se referirem a Mus*sórg*ski, porque ele encontrará, aqui, o nome do compositor sempre acentuado na primeira sílaba.

Os Cosmopolitas

Os Cosmopolitas:
Rubinstéin, Naprávnik, Tanêiev

Pianista internacionalmente famoso, Anton Grigórievitch Rubinstéin (1829-1894) era rival de Liszt em termos de virtuosismo. Foi também professor rigorosíssimo, fundador do Conservatório de São Petersburgo (1862) e, juntamente com seu irmão Nikolái, do de Moscou (1869). Tchaikóvski foi seu mais brilhante aluno de composição e, também, aquele com quem, mais freqüentemente, entrou em choque, quando ele se rebelava contra o tradicionalismo de seus ensinamentos.

Essencialmente pianista, seu tratamento da orquestra ressente-se disso: sem riqueza polifônica, limita-se a amplificar o acompanhamento da melodia cantada, essa sim muito rica, pois Rubinstéin é um inspirado compositor de canções. O melhor de sua produção, aliás, não está nos cinco retóricos concertos para piano, de virtuosismo convencional, nem nas cinco sinfonias de grandes proporções mas de estilo um tanto neutro, e sim nas romanças, onde ele explora o nostálgico orientalismo de suas raízes judaicas; e nas delicadas vinhetas de uma coletânea como o *Álbum de Peterhof*, pequenas peças para piano que, além de denotarem prodigioso conhecimento dos recursos do teclado, ostentam invenção poética muito espontânea – como o demonstra a gravação de Josef Banowetz, feita em 1988 para o selo Marco Polo.

O polonês Jan Ignacy Paderewski observou, uma vez, que Rubinstéin "não tinha pa-

ciência suficiente para ser compositor". Referia-se, com isso, ao caráter desigual, apressado, insuficientemente desenvolvido de suas obras. Além disso, sua música ressente-se de demasiada influência de Meyerbeer, Mendelssohn e Gounod, com os quais entrou em contato, em Berlim, através de seu professor, Siegfried Dehn, com quem Glinka também estudara. Isso o levava a terçar armas, a todo instante, com Balákirev, que o fulminou com a frase: "Rubinstéin não é um compositor russo, é um russo que compõe".

As quinze óperas de Rubinstéin têm, na linha vocal, muita riqueza melódica. Ao lado disso, exibem certa ausência de gosto refinado, resultado da busca sistemática do efeito fácil, na linha meyerbeeriana do *grand-opéra*. Além de um conservadorismo que o fazia desconfiar de todas as inovações, o que dá a medida de seu desprezo pelas preocupações dos nacionalistas é o fato de que apenas quatro de suas óperas têm libreto em russo. Ele próprio afirmou, em escritos citados pelo compositor Iúri Arnóld em suas *Vospominánia* (Memórias, 1893):

> Nenhum compositor de bom-senso tentará compor uma ópera em persa, malaio ou japonês; por isso, querer escrever uma ópera em russo denota apenas desequilíbrio mental. Toda tentativa de criar uma música nacional só conduz a um resultado: o desastre.

Néron (Hamburgo, 1.11.1879), com libreto de Jules Barbier, é um dramalhão cantado em francês. As demais têm texto em alemão pois, cheio de senso prático, Rubinstéin estava sempre de olho na possibilidade de encenar as suas obras nos teatros do Ocidente, onde tinha livre trânsito graças a seu prestígio como concertista e animador cultural.

Com base nas teorias wagnerianas sobre o "festival sagrado", Rubinstéin tentou criar o que, num ensaio escrito em alemão, chamou de *geistliche Oper* (A ópera sacra). Ambicionou também, como Wagner em Bayreuth, construir um espaço teatral unicamente dedicado à encenação desse tipo de espetáculo. Mas seu prestígio internacional não foi suficiente para serem bem-sucedidas as tentativas de pôr em prática projetos nesse sentido, em Berlim, Paris ou na cidade americana de Westminster.

O fato de não escrever suas "óperas sacras" em russo explica-se também pelas objeções da censura tsarista, que se opunha ao aparecimento no palco de personagens ou assuntos bíblicos. Ainda assim, convencido de que a Bíblia era a maior de todas as fontes de inspiração, Rubinstéin produziu, com texto em alemão, várias óperas sacras: *Das Verlorene Paradies* (O Paraíso Perdido, 1856), *Der Thurm zu Babel* (A Torre de Babel, 1869), *Die Makkabäer* (Os Macabeus, 1874), *Sulamith* (1883), *Moses* (1891) e *Christus* (1893). Seu principal libretista, no exterior, foi Hermann Salomon Mosenthal, autor do texto de *A Rainha de Sabá*, a ópera mais conhecida do compositor austro-húngaro Carl Goldmark.

Mas a inspiração wagneriana, em Rubinstéin, restringe-se ao plano da idéia. Musicalmente, o resultado é obsoleto para a época em que viveu. Seus oratórios cênicos, muito estáticos e pomposos, são decalcados nos de Mendelssohn, escritos entre 1830-1840. Cenas de amor, desde que desenvolvidas como trama secundária, eram aceitáveis nessas "óperas sacras". Balés também, desde que de ambientação oriental, como um recurso para opor à virtude dos religiosos o desregramento dos pagãos. Não deixa de haver páginas felizes aqui e ali. A ária de vitória "Ressoai, tambores!", cantada por Lea, a mãe dos macabeus, tem um colorido hebraico fortemente primitivo. O coro "Baal fez um milagre", da *Torre de Babel* ou a cena final do *Paraíso Perdido* são imponentes e funcionam bem dramaticamen-

te. Mas esses lampejos de musicalidade não são suficientes para justificar que se exumem intermináveis oratórios que, em tamanho, rivalizam com o *Auto de Artaxerxes*, dos tempos do tsar Aleksis.

A ópera mais famosa de Rubinstéin tem libreto em russo, de Pável Viskovátov, baseado em *Diêmon*, o poema narrativo de Mikhaíl Liérmontov. Durante muito tempo, apenas dois trechos do *Demônio* eram conhecidos no Ocidente: a "Dança das Donzelas", do ato II, de melodia muito sinuosa, utilizada todas as vezes que se queria, nas trilhas sonoras de cinema mudo, sugerir a ambientação oriental; e o arioso da personagem titulo, "Nie pláshtch ditiá" (Não chore, criança), graças a gravações famosas feitas por F. Shaliápin e Titta Ruffo.

Para seduzir uma princesa caucasiana, o *Demônio* – na verdade um mortal dotado de poderes sobrenaturais – contrata bandidos que matam o noivo dela, o príncipe Sinodal. Fugindo desse perseguidor, por quem sente uma perturbadora mistura de atração e repulsa, a princesa Tamara esconde-se em um convento. Mas ele a segue ali, e está prestes a seduzi-la quando o príncipe, transformado em Anjo, interpõe-se entre os dois e a faz cair morta, libertando-a do Demônio que se vê, assim, condenado à solidão eterna.

Viskovátov deixou de lado as discussões metafísicas que há no poema de Liérmontov. Preferiu explorar certas semelhanças superficiais entre essa história e a de óperas alemãs como o *Vampiro* de Marschner ou o *Navio Fantasma* de Wagner – o tema da redenção, através da mulher, para o homem amaldiçoado e condenado à solidão –, mas sem extrair disso maiores conseqüências. A estréia no Maríinski, em 13 de janeiro de 1875, foi precedida de objeções do diretor da Ópera Imperial, que se alarmava com a idéia de que tema tão fantástico exigiria montagem muito onerosa; e do censor, que se opunha a que lâmpadas religiosas e ícones fossem usados no cenário, e exigia que o Anjo fosse substituído por um vago Gênio do Bem.

Mas a proteção da grã-duquesa Ielena Pávlova, de quem Rubinstéin era o pianista oficial, garantiu uma encenação luxuosa, com elenco de primeira, encabeçado pelo barítono Ivan Aleksándrovitch Miélnikov. Com isso, a ópera obteve grande sucesso de público em sua primeira récita. Mas a música de Rubinstéin, em que pese algumas melodias bem construídas, soa como um amálgama de maneirismos dos pré-wagnerianos alemães – Weber, Schumann, Mendelssohn, Marschner, Spohr –, com a inserção ocasional de temas do folclore ucraniano, que parecem ter entrado de contrabando na partitura.

Os recitativos são banais, a instrumentação pouco imaginativa (como sempre acontece, a orquestra de Rubinstéin não parece ter vida própria) e os coros de anjos têm um tom rançoso que lembra os piores oratórios da fase vitoriana. Para que a ópera funcione, no palco, é necessário uma regência forte, de andamentos bruscos e ritmos incisivos, como os que Aleksandr Anissímov obtém no registro ao vivo do Festival de Wexford, feito em 1997 para o selo Marco Polo. Apenas as confrontações do Demônio com Tamara são emocionalmente mais persuasivas; a melhor delas é a do ato III, cena 6: "Iá tot kotóromu vnimála ty v polunótchnoi tishiniê" (Sou aquele que te ouvia no silêncio da meia-noite). A respeito dessa cena, escreve Rosa Newmarch:

Há uma paixão real nesse grande dueto de amor, com seu acompanhamento enérgico, que parece ecoar o ruído do rio, selvagem, tumultuoso, correndo na ravina sob os muros do convento.

Esse dueto é realmente de construção dramática muito eficiente. À reação inicial de Tamara de rejeitar o Demônio – "Riêtch tvoiá opásna! Tiebiá prislál mniê ad il' rái?" (Tuas palavras são perigosas. Foi o inferno ou o paraíso quem te mandou?) – respondem suas declarações cada mais vez mais apaixonadas. Em "V dúshei moiá s natchála míra tvôi obráz byl napietchátlion" (Na minha alma, desde o início do mundo, tua imagem estava impressa), ele lhe diz:

Piêred mnôi nosílsa on,
v pustíniakh viétchnovo efíra.
Davnó trievója misl' moiú,
mniê ímia sládkoie zvutchálo;
v dni blajénstva v ráiu odnôi tibiá niedostóvalo!
O iésli-b ty moglá poniát
moiú pietchal, moí stradânia,
bórbu striemliênia e jelânia, –
vsió shto iá vnújdien skrivát!

Shto poviést tiágostnikh lishiênnii,
trudóv i bied tólpy liúdskoi,
griadúshtchikh, próshlikh pokoliênny,
piêred minútoiu odnôi moíkh niepriznánnikh mutchênii!

(Tua imagem estava diante de mim nos desertos de éter eterno. Há muito tempo, perturbando o meu pensamento, teu doce nome ressoava para mim; nos dias de felicidade no céu, só tu me fazias falta. Se pudesses entender a minha dor, meu sofrimento, a batalha entre as minhas aspirações e os meus desejos – tudo o que fui forçado a ocultar! O que é a crônica das dolorosas privações, dos trabalhos e dos infortúnios da humanidade, das gerações passadas e futuras, comparada a meus sofrimentos indescritíveis?)

O Demônio afirma que renuncia a tudo, à vingança, à sua antiga arrogância de querer a vitória do crime sobre a verdade eterna, e está pronto a reconciliar-se com o céu, pois só deseja o seu amor. Inebriada aos poucos com a intensidade de suas palavras, Tamara está prestes a ceder – "Iá v tvoíkh rukákh... No poshtchadí meniá" (Estou em tuas mãos... mas tem piedade de mim) –, quando o espectro luminoso do príncipe aparece e, ao chamado do coro angelical, Tamara cai morta e, dessa forma, liberta-se do Demônio. Apesar do bom rendimento teatral dessa página, não se pode deixar de registrar a influência sobre Rubinstéin de passagens análogas em óperas como o *Fausto*, de Gounod, ou o *Mefistofele*, de Boito.

Um traço original para a época é a escolha da voz de barítono para o papel do protagonista, um demônio que, além disso, recebe tratamento muito lírico. Desde seu primeiro monólogo, no Prólogo – "Prokliátyi mir! Priuezriênnyi mir!" (Mundo maldito! Mundo desprezível!) – a escrita da personagem está cheia de ondulantes cromatismos e do intervalo de segunda aumentada, típico dos cantos e danças do Cáucaso. É muito diferente do Diabo escarninho de Berlioz ou Boito, ou da figura elegantemente demoníaca de Gounod, o homem inquieto, amargurado, que se revolta:

Shto mniê siyánie viétchnoi vlásti,
shto rái sviatôi?
Khotchú svobodódi iá i strásti,
a niê pokôi.
Khvalíte vy ievô tvoriênia, –
vy vsiê ráby!
Iá jit khotchú, khotchú volniênia,
khotchy bórby!

(O que é para mim a radiação do eterno poder, o que é o divino paraíso? Desejo a minha liberdade e as paixões, não o repouso. Vocês [os anjos] louvam a criação dele – mas são todos escravos! Quero viver, desejo a agitação, desejo a luta!")

Esse lirismo é particularmente expansivo na primeira declaração do Demônio a Tamara, "Ditiá, v obiyátikh tvoíkh voskriésnu k novôi jízni iá" (Criança, em teu abraço ressuscitarei para uma nova vida); ou na célebre "Niê plátch ditiá" (Não chore, criança), que ele canta logo depois da morte de Sinodal, a ária celebrizada por Shaliápin fora da Rússia.

Como acontece em algumas das romanças de Rubinstéin, no *Demônio* também há bem realizadas páginas de sabor oriental:

– a canção georgiana "Khodím my k Arágvie svietlôi" (Vamos para o brilhante Aragva), entoada pelas amigas de Tamara (I,2);
– a melodia asiática que se ouve no ato II, no castelo de Gudal e, nesse mesmo ato, a cena da dança das mulheres e da passagem da caravana.

Funciona igualmente bem "Gdiê-j on?" (Onde está ele), o lamento de Tamara depois que Sinodal, no que deveria ser a sua festa de casamento, é assassinado pelo Demônio.

Além de antigos registros russos dessa ópera com Miélik-Pasháiev e Kondráshin (Melodya), a gravação de Aleksandr Anissímov (Marco Polo, 1994) inclui a participação, no papel título, de Anatóli Lôshak que, em 1995, esteve no Brasil fazendo, pela primeira vez em São Paulo, o *Ievguiêni Oniéguin* de Tchaikóvski. Existe também, em CD e vídeo, o registro de Fedossêiev no Festival de Bregrenz em 1998 (selo Koch-Schwann).

Outra das raras óperas de tema russo de Rubinstéin é *Kupiéts Kalashníkov*, de 1880. O libreto de Nikolái Kúlikov baseia-se num poema de Liérmontov cujo título quilométrico imita o das antigas bilinas: *Piésnia pro Tzariá Ivana Vassílievitcha, Molodôvo Oprítchnika i Udalôvo Kuptsá Kalashníkova* (A Canção do Tsar Ivã Vassílievitch [o Terrível], do Jovem Oprítchnik e do Ousado Mercador Kalashníkov). De tom exaltadamente romântico, o poema narra a história do mercador moscovita que mata a socos um *oprítchnik*, da guarda pessoal do tsar, porque este raptou e violentou

sua mulher; e depois é condenado à morte, da forma mais cruel, pelo sanguinário soberano.

O Mercador Kalashníkov estreou no Maríinski, em 22 de janeiro de 1880, depois de muitos problemas com a censura, que considerava desrespeitosa a forma como, no texto, surgia a figura do tsar. Rubinstéin teve de jogar com todo o peso de seu prestígio como virtuose internacional e diretor do Conservatório, para conseguir que a ópera fosse liberada. Dentro de sua produção totalmente ocidentalizada, o *Mercador* se destaca por ser uma tentativa de imitar a maneira dos Cinco, usando temas do folclore e da música litúrgica ortodoxa. E fazendo, ainda que à maneira desajeitada de quem não sabe muito bem o que são, o retrato dos costumes populares.

O aspecto mais interessante dessa ópera é o uso que Rubinstéin faz do conhecido tema da canção *Slava!* (Glória), a respeito da qual o leitor encontrará informações no capítulo sobre Mússorgski. Em carta a Stássov, ele procurou se informar sobre "as circunstâncias em que o povo a cantava antigamente" e se "ela podia ser usada como um hino". O mais interessante, nessa consulta, é constatarmos que, em 1880, Rubinstéin não conhecia a Cena da Coroação do *Borís Godunóv*, caso contrário saberia em que contexto Mússorgski citara *Slava!*. Na verdade, apesar dos esforços para se aproximar, com *Kalashníkov*, do ideário e das técnicas nacionalistas, o diretor do Conservatório vinha boicotando as produções do Grupo dos Cinco desde que, em 1871, eles tinham comentado *O Demônio* com muito desdém.

Também *Goriúsha* (Maríinski, 21.11. 1889), que Dmitri Averkíev tirou de seu próprio conto *Khmeliêvaia Nôtch* (A Noite da Embriaguez), é outro esforço para compor uma ópera "verdadeiramente russa". Mas esbarra em recitativos neutros e tediosos e num "estilo eslavo" que lembra o daqueles estilizados cromos que, no século XVIII, retratavam a vida nacional com todos os cacoetes das gravuras rococó francesas. Talvez mereça ser revivida *Feramors*, com libreto em alemão de Iúri Rodenberg, baseado no "romance oriental" *Lalla Rookh*, de Thomas Moore (o mesmo que já inspirara a ópera de Félicien David, inaugurador da voga francesa do orientalismo, e o balé de Ludwig Spohr – do qual Rubinstéin deve ter-se lembrado, pois há alguns pontos de contato entre as duas obras).

O interesse dessa ópera, estreada em Dresden em 24 de janeiro de 1863, prende-se menos à sua história, muito ingênua, do que ao sabor sensualmente asiático dos trechos que permaneceram no repertório de concertos sinfônicos e recitais de canto: a dança das baiadeiras, no ato I; a procissão com tochas em honra à Noiva de Cachemira, no ato II; e a ária da personagem-título, "Das Mondlicht träumt auf Persiens See" (O luar sonha sobre o lago da Pérsia). Ainda assim, comparado à naturalidade de Borodín no *Príncipe Ígor*, o orientalismo de Rubinstéin soa postiço.

Naprávnik

Dentre os seguidores menores de Rubinstéin, o único a merecer mais destaque é o tcheco naturalizado Eduárd Frántzevitch Naprávnik (1839-1916). Formado na Escola de Órgão de Praga, foi levado para a Rússia, em 1861, pelo príncipe Iussúpov, que o nomeou regente de sua orquestra particular. Naprávnik fez-se logo notar pela direção do Teatro Maríinski, onde começou a trabalhar em 1863, tornando-se regente titular seis anos depois. Era um homem de bom gosto que, durante seus cinqüenta anos nesse cargo, soube revelar ao público russo obras importantes do repertório internacional, em especial as de Verdi e Wagner, que dirigia com muita competência. Mas era também um ditador, que impunha cortes e revisões na orquestração a todas as obras que aceitava para apresentação em seu teatro, sem que o pobre compositor pudesse protestar. Podia também opor-se sistematicamente à encenação de obras que não aprovasse. E essa condenação prendia-se, às vezes, a questões puramente pessoais, como a ojeriza que tinha por Rímski-Kórsakov.

Num artigo publicado em 3 de janeiro de 1869, no *Sanktpeterbúrgskie Viedomósti*, e assinado apenas "N.", Nikolái Andrêievitch ousara demolir *Nijegórodtsy* (Os Habitantes de Níjni-Nóvgorod, 1868), a primeira ópera de Naprávnik, melodrama de tema histórico, que combina influências de Glinka e Seróv. Obra tradicionalíssima, com libreto de Piótr Kalashníkov, ela tem números fechados interligados por recitativos, e "todas aquelas repetições intermináveis e sem sentido de versos e palavras", de que Rímski-Kórsakov zomba impiedosamente. O aspecto mais interessante da ópera é a utilização, pela primeira vez no palco russo, da música litúrgica ortodoxa, um procedimento que, mais tarde, será amplamente retomado por Mússorgski e pelo próprio Rímski-Kórsakov. Mas a música de culto empregada por Naprávnik, que deveria relacionar-se ao estilo mais primitivo em vigor no século XVII, é harmonizada à maneira sofisticada de Bortniânski, ou seja, com forte influência da música sacra italiana do século XVIII.

O crítico não o perdoou tampouco pelo uso maciço que faz do coro, "desperdiçando magníficas oportunidades para criar cenas de agitação popular". Para ele, o excessivo respeito que Naprávnik demonstrara "pelas formas rotineiras de antigamente" viciavam as suas boas intenções, "pois os procedimentos surrados prejudicam irremediavelmente o efeito cênico". O regente nunca perdoou Rímski-Kórsakov por essas palavras, e sabotou o quanto pôde a apresentação de obras suas.

Dubróvski é a melhor das óperas de Naprávnik. E a única a ter obtido real sucesso junto ao público, a ponto de ainda ser reencenada ocasionalmente, hoje, na Rússia. Estreada no Maríinski em 15 de janeiro de 1895, a ópera deveu muito de sua aprovação ao grande tenor Nikolái Figner, que criou Vladímir Dubróvski, a personagem-título. O libreto de Módest Tchaikóvski baseia-se na narrativa homônima de Púshkin sobre um jovem nobre, apaixonado pela filha de um aristocrata mais poderoso, que o privou de suas terras. Artesanalmente competente, dentro dos moldes tradicionais, com certa facilidade melódica que torna a partitura acessível a todos os públicos – Napravník conhecia bem sua platéia do Maríinski e sabia o que lhe agradaria –, é a típica obra sem qualidades excepcionais mas sem qualquer defeito grave. A influência de Rubinstéin e a do Tchaikóvski de *Ievguêni Oniéguin* é, evidentemente, muito grande no recorte melódico. Mas percebe-se também a atração de Naprávnik pelo Verismo – naquela época, entrara na moda a *Cavalleria Rusticana*, de Mascagni.

Existe de *Dubróvnik*, no catálogo Melodya, uma gravação assinada por V. Niebólssin (1949). A romança "O, dái mniê zabviênie, rodnáia" (Dá-me o esquecimento, minha querida), em que Dubróvnik pede à alma da mãe que o console de seus sofrimentos, ainda é, hoje, um número muito apreciado pelos tenores russos para recitais. Vladímir Atlántov, por exemplo, a inclui na seleção de árias que complementava o álbum Melodya/CBS da *Francesca da Rimini*, de Rakhmáninov.

Naprávnik produziu ainda, para o palco: *Gárold*, com libreto de Piotr Véinberg, do drama de Emil Wildenbruch, passado na Inglaterra do século XI (Maríinski, 11.11.1886); e *Francesca da Rimini*, com libreto de Ievguêni Ponomarióv, da tragédia do inglês S. Philipps (Maríinski, 26.11.1902). Argumento e música, por serem estrangeirados, não atraíram a simpatia de uma platéia já conquistada, na época, pelo ideário nacionalista.

Tanêiev

Menino prodígio que, aos dez anos, já estudava no Conservatório de Moscou, Serguêi Ivánovitch Tanêiev (1850-1918) foi aluno de composição de Tchaikóvski. Substituiu-o nessa cadeira em 1878 e dirigiu a instituição de 1885 a 1889. Ao pedir demissão da cátedra, em 1905, em solidariedade a Rímski-Kórsakov – que tinha sido desligado do Conservatório, pois apoiara um protesto estudantil contra o governo –, passou a dedicar-se à regência de concertos sinfônicos.

Ao contrário de seus contemporâneos, Tanêiev não se interessava pelo nacionalismo, o realismo ou o acervo popular de lendas. Era o típico compositor de "música pura", fascinado pelos efeitos harmônicos e os mais intrincados jogos contrapontísticos. Não é de se estranhar que tenha sido basicamente o autor de música sinfônica e camerística, e tenha composto uma única ópera.

A trilogia *Orestéia* (Orestíada), que ele levou de 1887 a 1894 para escrever, estreou no Maríinski em 29 de outubro de 1895. O libreto de Aleksêi Aleksêievitch Venkstérn segue muito de perto o *Agamêmnon*, *As Coéforas* e *As Eumênides* de Ésquilo. Causou grande admiração essa obra de proporções ambiciosas, mesmo não tendo muito a ver com a índole nacional da ópera russa; tanto assim que existe dela, no selo Deutsche Grammophon, o registro feito por Tatiana Kolomíizeva (1979), na Ópera da Bielorrússia. Essa regente foi a responsável pela ressurreição, em 1964, de uma ópera que estava esquecida desde 1915.

Tanêiev não tem muito interesse nos incidentes da trama: os assassinatos de Agamêmnon, Clitemnestra e Egisto, por exemplo, acontecem fora do palco e são apenas narrados por uma das personagens. O que ele quer é discutir os temas do destino, da vingança, e da expiação que, em Ésquilo, estão no primeiro plano. Utiliza as formas clássicas – ária, dueto, quarteto, interlúdios sinfônicos entre as cenas – integrando-as mediante um recitativo acompanhado que freqüentemente evolui para o arioso.

A unidade da partitura é assegurada por *leitmotive* que se referem mais a sentimentos e idéias – a tristeza de Electra, o desejo de vingança de Orestes, o pressentimento da tragédia, a consciência da inevitabilidade do destino – do que a situações ou ao perfil das personagens. Ao contrário de Tchaikóvski, Tanêiev tem um senso muito rigoroso de construção, e enorme segurança na elaboração de trechos longos, com um nítido arco sinfônico, em que o contraponto desempenha papel fundamental. O seu problema – e isso ocorre também na obra sinfônica – é que não tem o gênio melódico de Tchaikóvski e, com isso, muito poucos de seus temas deixam lembrança realmente durável.

Todos os integrantes da Escola Cosmopolita empalidecem, porém, diante de Piótr Ilítch Tchaikóvski, um dos nomes mais controversos da História da Música russa mas, a despeito de tudo o que queiram seus detratores, um de seus mais autênticos criadores.

TCHAIKÓVSKI

Romântico tardio tanto na maneira de-compor quanto na escolha de seus te-mas, Piótr Ilítch Tchaikóvski (1840-1893) teve enorme fama em vida. Desde o início deste século, porém, começou a ser sistematicamente desdenhado por uma certa crítica, que o acusava de ser piegas, adocicado, superficial e cheio de soluções fáceis e melodramáticas (o que não afetou em nada, é bom que se o diga, a popularidade de que goza junto ao grande público e que, a partir de 1993, ano do centenário de sua morte, só tendeu a aumentar). Na década de 1950, entretanto, Ígor Stravínski fora um dos primeiros a pôr em andamento a reavaliação de sua obra, chamando a atenção para a inegável beleza de suas melodias e para a riqueza de sua invenção como orquestrador.

Os críticos não deixam de ter razão ao apontar o principal problema de Tchaikóvski como compositor: a falta de senso arquitetônico que lhe permita abordar, com desenvoltura, formas sinfônicas de proporções maiores. Raros músicos tiveram talento melódico tão generoso. E, ao lado de Rímski-Kórsakov, ele é o compositor russo do século XIX que melhor soube tirar, da combinação dos instrumentos, efeitos rebrilhantes. Mas está longe de possuir a arte de um compositor como Beethoven que, trabalhando com células melódicas amorfas, sem nenhum desenho definido – o tema do primeiro movimento da *Eroica*, por exemplo; as lacônicas quatro notas iniciais da *Quinta*; ou o motivo de abertura do *Concerto nº 4* –, sabe extrair delas desenvolvimentos infinitamente variados.

Tchaikóvski imagina motivos belíssimos. Pensem, por exemplo, no do primeiro movimento do *Concerto para violino*. Mas trata-se de temas fechados, de contornos demasiado precisos, que se prestam mal ao desenvolvimento (é o contrário exato de Tanêiev, sinfonista de temas bem menos memoráveis, mas dotado de grande habilidade contrapontística). Isso faz com que, nas peças longas – as sinfonias, certos poemas sinfônicos –, haja trechos redundantes e transições banais entre uma reaparição e outra da bela melodia fechada (razão que levou Arturo Toscanini à drástica decisão de eliminar, de sua gravação do poema sinfônico *Manfred*, mais de quinze páginas da partitura, que considerava repetitivas).

Ora, a ópera – e em especial a que tem a estrutura tradicional de números, relativamente breves e autocontidos, interligados por recitativos acompanhados – demonstra ser o gênero que melhor convém a esse talento peculiar, de fôlego curto. É nela, e também em suas belíssimas canções, que Tchaikóvski vai exibir alguns dos melhores momentos de seu gênio musical. As árias, os duetos, as cenas corais permitirão que explore esse mágico pendor para a melodia encantatória, sem exigir dele desenvolvimentos mais amplos que são seu calcanhar de Aquiles.

A Ópera na Rússia

E mais: nos recitativos, Tchaikóvski vai revelar extrema naturalidade para captar as emoções de suas personagens, dentro dos parâmetros tradicionais, e sem tentar o radicalismo da declamação moldada na frase falada, em moldes dargomýjskianos. Além disso, a ópera e o balé foram os gêneros em que ele conseguiu fundir, com mais felicidade, a mistura de temperamento eslavo, formação germânica e profunda atração pela música francesa que caracterizava o seu idioma musical.

A primeira experiência operística de Tchaikóvski, *Voiévoda* (O Governador de Província, 1867-1868), baseia-se em *Son po Vólguie* (Sonho à Beira do Volga), de Aleksandr Ostróvski. O próprio dramaturgo o ajudou a preparar o libreto dessa obra ainda insegura, com ranços de Conservatório, fortemente decalcada em Glinka e com muita influência do estilo europeizado de seu professor de composição, Anton Rubinstéin.

O rico mercador Diujôi combinou dar sua filha Praskóvia em casamento a Shalíguin, o voiévoda local. Mas este, ao conhecer a filha mais nova, Maria, acha-a mais bonita e é a ela que quer unir-se. Bastriúkov, o namorado de Maria, tenta raptá-la com a ajuda de Dubróvin, cuja mulher foi seqüestrada pelo voiévoda dois anos antes. Sua tentativa fracassa, mas eles são salvos pela chegada de um outro voiévoda, para substituir Shalíguin, cujos abusos de autoridade chegaram aos ouvidos do tsar.

Após a fria acolhida à estréia, no Bolshói, em 11 de fevereiro de 1869, houve apenas outras quatro récitas. Desanimado com o fracasso, Tchaikóvski destruiu a partitura. Mas a ópera foi reconstruída, a partir do material usado na execução, e publicada em 1940 na *Polnóie Sobránnie Sotchiniênii*, a edição de suas obras completas. Na gravação de trechos, feita por Kovalióv em 1952, já se percebe, de vez em quando, principalmente nos trechos líricos, o bom operista do futuro em embrião.

Parte do material do *Voiévoda* foi reutilizado no balé *Liebedínoie Ôzero* (O Lago dos Cisnes, 1876): o interlúdio do ato IV e a introdução à cena final. O resto tinha ido parar no *Oprítchnik* (1872-1873), de que falaremos logo adiante. Antes disso, porém, *Undine* fora outra tentativa fracassada. Vladímir Sologúb es-

crevera o libreto baseando-se na tradução que Vassíli Jukóvski fizera do conto de Friedrich de la Motte Fouqué (1811). A comissão dos Teatros Imperiais recusou-a, em julho de 1869, e Tchaikóvski também destruiu essa partitura. Mas salvou alguns trechos e os reutilizou. A marcha do casamento de Ondina com o mortal por quem se apaixona foi parar no movimento lento da *Sinfonia n° 2 op. 17 "Pequena Rússia"* (1972). E o dueto de amor, no "Pas d'action" com *obbligato* de violino e violoncelo, do *Lago dos cisnes*. A introdução ao ato I, a ária de Ondina, um coro, dueto e final foram restaurados a partir do material de execução de um concerto, em Moscou, em 28 de março de 1870. Mas não tenho notícia de que se tenha feito uma gravação desses fragmentos.

O Oprítchnik foi o primeiro sucesso de Tchaikóvski. Cantado quatorze vezes no Maríinski, de São Petersburgo, onde estreou em 24 de abril de 1874, foi apresentado também em Odessa, Kíev e Moscou. Mas, já durante os ensaios, o compositor tinha começado a sentir-se insatisfeito com a partitura. E ficou muito espantado quando ela ganhou os 300 rublos do Prêmio Mikhaíl Kondrátiev. No fim da vida, andou dizendo que pretendia revê-la; mas nada indica que tivesse realmente essa intenção. Esse era apenas o argumento que usava para convencer os Teatros Imperiais de que deviam incluí-la em seu repertório permanente.

A *oprítchnina* (palavra derivada de *oprítch*, "coisa à parte") foi criada por um decreto de 1565. Eram os domínios pessoais de Ivã IV, o Terrível, dentro da Rússia – por oposição à *zêmshtchina*, os territórios que pertenciam a proprietários hereditários. Essas terras eram administradas pelos *oprítchniki*, capatazes ligados ao tsar por um juramento especial de lealdade (motivo pelo qual são às vezes erroneamente descritos como a sua guarda pessoal). A vida quase monástica que levavam, o zelo e a violência com que cumpriam as ordens do soberano fizeram com que o historiador Nikolái Karamzín visse neles, não o instrumento da reforma política ou social, mas do terror que um soberano paranóico infligia ao povo inocente. Esse é também o ponto de vista assumido na tragédia de Ivan Lajetchníkov, de que o próprio Tchaikóvski extraiu o libreto.

Embora usando informações colhidas em Karamzín – cuja obra cita constantemente em notas de pé de página – Lajetchníkov trata muito livremente personagens históricas ligadas à família dos boiardos Morozóv, famosos por sua rebeldia. A mãe de Andrêi Morozóv, a personagem central, de fato o amaldiçoou, ao saber que ele se alistara na *oprítchnina*, pois o tsar fizera a família perder seus direitos feudais. A mais famosa representante da família foi a boiárina Fiodossía Morozôva que, em 1672, por ter-se aliado aos *razkólniki* – os "velhos crentes" cuja história será evocada por Mússorgski na *Khovânshtchina* – foi presa, torturada e emparedada num poço, na aldeia de Boróvsk.

A vertente inconformista e inquieta dos Morozóv é mantida na peça. Mas Lajetchníkov os retrata com a habitual liberdade da dramaturgia romântica. Andrêi torna-se *oprítchnik* como forma de obter justiça do tsar. Além de enganá-lo e à sua mãe numa questão de herança, o príncipe Jemtchújny, pai de Natália, sua namorada, está querendo casá-la com o milionário Moltchán Mítkov. O príncipe Viazmínski, antigo inimigo do pai de Andrêi, vê nisso sua chance de vingança e lhe diz que, ao tornar-se *oprítchnik*, renunciou à sua vida anterior, inclusive ao amor de sua mãe e de Natália. Andrêi consegue que o tsar o liberte desse voto e, irrompendo na casa do Jemtchújny, impede que Natália se case. Mas o tsar Ivan, ao ver a noiva, diz que quer ter com ela uma entrevista... sozinho. Andrêi recusa, amaldiçoa o soberano e dá, assim, a Viazmínski, a possibilidade de vingar-se de toda a família: ele o executa diante da boiárina, sua mãe, que cai morta ao vê-lo ser decapitado.

Bem aceito pelo público, o *Oprítchnik* foi demolido pela crítica. César Cui foi impiedoso:

A platitude das cantilenas do sr. Tchaikóvski, sua emoção falsa, a intrepidez com a qual mergulha de cabeça no trivial, a sua complacência em exibir a nossos olhos uma total ausência de bom gosto provocam a mais profunda comiseração, exceto nos momentos em que nos dão náusea pura e simples.

As gravações de Orlóv (1948) e Provatórov (1970) permitem-nos um olhar desa-paixonado. A vontade de usar em sua nova ópera o máximo possível de música escrita para o *Voiévoda* fez a partitura ficar descosida. E o medíocre interlúdio do ato II desequilibra muito a partitura – Tchaikóvski permitiu que ele fosse escrito por seu aluno Vladímir Shilóvski, jovem riquíssimo com quem, por muito tempo, manteve relações íntimas. Mas há momentos apreciáveis, entre eles a densa cena do juramento de Andrêi como *oprítchnik* (II,2); o lamento coral do ato III, "Vriémena nastáli zlíe" (Chegaram tempos ruins), de densidade quase mussorgskiana; e, principalmente, nesse mesmo ato, o longo dueto entre Natália e Morozôva, construído em diversas seções, no melhor estilo meyerbeeriano.

Não há dúvida que o *Oprítchnik* é, como o disse Richard Taruskin, "um monumento à convenção", um tributo pago ao princípio estético meyerbeeriano de que "não há necessidade alguma de refazer aquilo que já foi feito à perfeição". Mas não se pode negar, tampouco, que o libreto preparado pelo próprio compositor já dá mostras do senso dramático que se desenvolverá no futuro. Tchaikóvski soube condensar habilmente a peça enorme de Lajetchníkov, reduzindo para oito as suas 32 personagens e preservando os episódios principais, seguindo à risca as regras daquilo que Scribe chamava de *la pièce bien faite* – a tal ponto que Gerald Abraham chegou a dizer que "o *Oprítchnik* é Meyerbeer traduzido para o russo".

A amizade que tinha, na época, com os "Cinco" leva Tchaikóvski a inserir no comentário orquestral nove canções do folclore camponês e coros que ecoam o canto litúrgico ortodoxo. As cenas de conjunto não têm as texturas empastadas que, no *Voiévoda*, faziam as personagens sumirem em meio à massa sonora. E já é bastante natural a caracterização das personagens, principalmente a da boiárina, desenhada com traços claros e fortes. Em *Tchaikovsky: a Biographical and Critical Study*, David Brown diz que "o *Oprítchnik* está longe de ser uma grande ópera, mas é muito melhor do que o próprio Tchaikóvski pensava." E apesar do julgamento severo que formula a seu respeito, Taruskin admite, em *Eight Essays and an Epilogue* (1993):

Como a primeira tentativa deliberada de transpor para o domínio russo o método mais complexo e imponente que havia naquela época [o do *grand-opéra* parisiense], o *Oprítchnik* merece um exame muito mais detido e respeitoso do que já recebeu até agora.

Em 1875, a grão-duquesa Helena, fervorosa admiradora de Seróv, instituiu um concurso para a composição de *Kuzniéts Vakúla* (Vakúla, o Ferreiro), libreto que Iákov Polônski escrevera para ele, baseado na *Notch Pîêred Rodjestvóm* (A Noite de Natal), de Gógol, e que a morte o impedira de terminar. O prêmio seria a apresentação no Maríinski. Entendendo que o prazo para a entrega seria janeiro de 1876 – quando, na realidade, ele expirava em agosto, sete meses mais tarde – Tchaikóvski pensou em desistir. Mas como o texto o entusiasmava, acabou compondo a partitura em apenas seis semanas. Ao perceber o erro, fez várias tentativas infrutíferas de retirá-la para revisão, ou de recompô-la pensando em apresentá-la como independente à comissão dos Teatros Imperiais. Chegou a pôr em situação constrangedora um membro da banca do concurso, seu amigo Rímski-Kórsakov. O carinho de Piotr Ilítch por esse trabalho explica, inclusive – como veremos mais tarde –, os cuidados que Rímski-Kórsakov teve quando pensou em explorar, numa ópera, o mesmo tema.

Apesar de todas as impropriedades que cometeu, foi Tchaikóvski quem levou o prêmio. E *Vakúla, o Ferreiro* estreou em 6 de dezembro de 1876. O entusiasmo com que os cantores ensaiavam o deixou muito feliz. Mas o público, esperando uma obra cômica fervilhante, que correspondesse ao truculento humor de Gógol, espantou-se com o tom nostálgico da música. Depois dos aplausos à abertura e à cena inicial, em que aparece o Diabo, as reações tornaram-se cada vez mais gélidas, ignorando as qualidades reais de uma partitura cujo único pecado era não dar à história o tipo de tratamento esperado pela platéia. Uma vez mais, foi Cui quem, no dia seguinte, jogou a pá de cal:

Não conheço assunto mais vivo, saboroso e cheio de humor do que *Vakúla*, se excetuarmos as farsas e caricaturas de Offenbach. E é sobre esse assunto que o sr. Tchaikóvski achou de escrever uma música quase exclusivamente melancólica, elegíaca, sentimental. Quem acreditaria se lhe dissessem que o tom menor e o tempo moderato predominam nesta comédia? À exceção do Diabo e de sua comadre, a feiticeira Solókha, todo mundo passa o tempo todo se lamentando...

Cui, de resto, ecoava apenas a opinião de um dos amigos de Tchaikóvski que, num dos intervalos, ele ouvira comentando: "Piotr Ilítch nos enganou: vim aqui para me divertir e estou morrendo de tédio!" Só em 1885 ele se animou a rever *Vakúla* sob o título de *Tcherevítchki* (As Botininhas) – no Ocidente conhecida também como *Les Souliers de la Reine*. Reescreveu a maior parte da música, simplificando-a na tentativa de torná-la dramaticamente mais eficiente.

A história, nas duas versões, é basicamente a mesma. A personagem-título é o filho da feiticeira Solókha, a quem o Diabo vive fazendo a corte. Mas ele quer vingar-se de Vakúla que, na parede da igrejinha local, o pintou com uma cara tão ridícula que, desde então, ele vem sendo alvo das zombarias dos outros capetas. Para isso dispõe-se a atrapalhar o namoro do ferreiro com a bela Oksánna, filha de Tchub. Ela ama o rapaz, mas é coquete e não perde a ocasião de fazer-lhe ciúmes. Invejosa dos sapatinhos vermelhos que uma garota da aldeia ganhou de presente, Oksánna diz ao namorado que só se casará se ele lhe trouxer os borzeguins da própria imperatriz.

Vakúla passa a perna no Diabo, enfia-o dentro de um saco, monta em suas costas, e obriga-o a voar até São Petersburgo, onde consegue entrar de penetra num baile no palácio. Surpreendentemente, a tsarina tem pena dele, dá-lhe as botinas que pede e Vakúla volta triunfante. Oksánna, arrependida e morta de preocupação com seu desaparecimento, atira-se em seus braços dizendo que o ama e se casaria com ele até mesmo sem os sapatinhos.

Essas duas versões do conto de Gógol estão marcadas pelos contatos que Piotr Ilítch teve, a partir de 1868, com o Grupo dos Cinco, interrompidos quando se convenceu de que eram demasiado radicais as posturas nacionalistas dos seguidores de Balákirev. Professor no Conservatório, recusava-se a levar a sério audácias que considerava "primitivas". Mússorgski, em especial, com sua desordem, suas agressões à harmonia tradicional e sua crueza realista, lhe parecia indigesto. No *Diário*, escreveu:

> Mando sua música para o diabo de bom grado. É a mais incompetente, a mais aborrecida e a mais pobre das paródias musicais.

Mas em *Vakúla*, principalmente, sentiu-se a vontade para empregar as fórmulas observadas no trabalho da *Kútchka*: reconstituição de temas do folclore camponês ucraniano para dar cor local; uso de ritmos de dança na caracterização das personagens, que são identificadas, além disso, por meio de temas recorrentes ou tonalidades que as individualizam. Procedimentos que já pusera em prática na "*Pequena Rússia*", que suscitara o entusiasmo da *Kútchka*: "Eles quase me picaram em pedacinhos de tanto que me abraçaram", registra no *Diário*, ao descrever a noite em que, na casa de Rímski-Kórsakov, tocou para o grupo, ao piano, o último movimento da *nº 2*.

Na revisão de 1886, porém, já o encontramos, após a ruptura com os Cinco, avançando rapidamente rumo a um estilo mais pessoal. Modifica a orquestração para torná-la mais transparente e dar maior destaque às vozes; revê os ariosos e números cantados, o que torna o texto mais compreensível; escreve trechos novos, dando mais ênfase à vertente lírica da ação do que à de documentação de costumes – o que estava perfeitamente de acordo com o seu temperamento. Por outro lado, diverte-se em fazer pastiches da música de corte do tempo de Catarina, a Grande, pois isso já lhe permite compor à maneira de seu bem-amado Mozart, como fará, mais tarde, na suíte *Mozartiana* (1887) ou no divertimento inserido na cena do baile da *Dama de Espadas*. Em 1890, Tchaikóvski escreveu:

> Acredito que *Tcherevítchki* ainda encontrará seu lugar no repertório pois, musicalmente, é a minha melhor ópera daquela fase.

E não estava errado. Nela observamos uma capacidade de fixar musicalmente perfis de personagens que já é digna do *Oniéguin* ou da *Dama de Espadas*. Não só o casalzinho amoroso, ou a velha Solókha, que soube permanecer atraente a ponto de ainda seduzir o próprio Diabo. Também as figuras secundárias, o pai

de Oksánna, seu amigo Panás, o prefeito Golová são criados com traços muito vivos. E o grande compositor de música para balé sabe, inclusive, descrever instrumentalmente seus movimentos no palco.

Ao assinalar que *Vakúla/Tcherevítchki* "revela os formidáveis dons de Tchaikóvski para a comédia" – gênero que ele nunca mais tentou –, D. Brown não hesita em dizer que ela é "única entre (suas) obras, a mais calorosa, a menos afetada, a mais tristemente negligenciada". Para conhecê-la, em todo caso, existe a boa gravação de V. Fedosêiev (Melodya, década de 1970).

Tcherevítchki assinala, portanto, a chegada da maturidade como operista, mostrando que Tchaikóvski já está pronto para produzir a sua obra-prima. O que acontecerá a partir de 25 de maio de 1877, quando uma amiga, a cantora Elizaviêta Andrêievna Lavróvskaia, lhe sugere que adapte, para a cena lírica, um dos maiores monumentos da literatura romântica russa: o romance em versos *Ievguêni Oniéguin* (1833), de Aleksandr Púshkin. Na época, aos 39 anos, Piotr Ilítch já era o respeitado autor de três sinfonias, do *Concerto nº 1 para piano*, do *Lago dos Cisnes*, dos poemas sinfônicos *Romeu e Julieta* e *Francesca da Rimini*. A seu irmão Módest, ele escreveu, logo depois de começar o trabalho:

> Não tens idéia de quanto estou apaixonado pelo assunto, de quanto me sinto feliz em poder evitar os faraós banais, as princesas etíopes, as taças envenenadas e todo o resto da maquinaria teatral. Que riqueza de poesia existe no *Oniéguin*! Não ignoro os seus defeitos: sei muito bem que abre pouco espaço à música e que será pobre em efeitos cênicos; mas a riqueza da poesia, a humanidade e a simplicidade do assunto expresso nos versos inspirados de Púshkin compensam a falta de ação.

Farpas injustas contra Verdi e outros compositores românticos postas de lado, esse trecho da correspondência de Piotr Ilítch com o irmão demonstra claramente o quanto se identificava com a história de Tatiana, adolescente de delicada sensibilidade, de uma família de pequena aristocracia rural. Ela se apaixona por Ievguêni Oniéguin, o novo vizinho, trazido à sua casa pelo poeta Liênskii, noivo de sua irmã Olga. Embriagada pela descoberta do amor, cria coragem e lhe escreve uma carta em que

A cena do baile no ato III: montagem de Ígor Ivánov do *Ievguêni Oniéguin*, para o Kírov de São Petersburgo, em 1982.

Tatiana (Lídia Shtchérnikh) pede à Ama (Irina Bogatchôva) que entregue a carta a Ievguêni: montagem de Stanisláv Gaudassínski e Viátcheslav Okôniev; produção conjunta do Mússorgski-Óper de São Petersburgo com o Stadttheater Heilbronn, da Alemanha, em 1998.

Ievguêni rejeita Tatiana após ler sua carta: desenho de cenário de Gustav Wunderwald para uma encenação de *Ievguêni Oniéguin* na Deutsches Opernhaus Berlin, em 1913.

A cena do duelo: desenho de cenário de Heinz Heckroth para uma encenação do *Ievguêni Oniéguin* na Ópera de Frankfurt, em 1957.

confessa candidamente essa paixão. Mas Oniéguin, entediado com o que considera a estreiteza do mundo provinciano em que ela vive, desdenha os sentimentos da moça, e a rejeita pomposamente, com uma lição de moral em que critica o seu comportamento afoito.

À noite, no baile em comemoração ao aniversário de Tatiana, Ievguêni resolve, levianamente, provocar Liênskii, para vingar-se de ter sido levado ao convívio daquela gente interiorana insípida. Faz um joguinho de sedução com a noiva do poeta mas, sem querer, ofende o amigo. Este o desafia para um duelo, em que é morto. ("Pobre Liênskii", lamenta Púshkin no Canto VII, estrofes 8-12 do poema, "Olga nem chorou muito por ele". Isso não nos é mostrado na ópera; mas no poema, ficamos sabendo que bem cedo a moça se consolou nos braços de um galante ulano – membro do regimento de lanceiros do Exército Imperial –, "deixou que a levasse ao altar", e foi embora com ele quando seus superiores o convocaram de volta às fileiras).

Ievguêni, desgostoso consigo mesmo por ter matado o amigo, afasta-se da Rússia por longo tempo. Mas a insatisfação o persegue, e ele volta a São Petersburgo onde, em um baile, reencontra Tatiana. Ela está casada, agora, com o príncipe Griêmin, homem bem mais velho do que ela. Ao revê-la, Ievguêni dá-se conta de que sempre a amou e de que foi estúpido ao rejeitá-la, no passado. Procura-a, obtém que lhe conceda um encontro em sua casa e declara sua paixão. Mas só para ouvir dela que, embora ainda nutra por ele os mesmos sentimentos de outrora, agora pertence a um homem que a ama e respeita, e a quem não pretende trair.

A princípio, Tchaikóvski pediu ajuda a Konstantín Shilóvski, irmão de seu amante Vladímir. Shilóvski fez uma sinopse da ação que lhe agradou, e de que cortou apenas uma cena, em que se via Griêmin pedindo a mão de Tatiana. Decisão muito acertada, pois preserva o efeito de surpresa quando o general, durante a cena do baile, no último ato, conta a Ievguêni que está casado com a moça. Quando Shilóvski começou a escrever o texto, porém, seus versos lhe pareceram banais. Piótr Ilítch decidiu, então, montar o libreto usando o próprio texto de Púshkin, preenchendo as

lacunas, em certos lugares, com falas que escreveu imitando o estilo do poeta. Do que Shilóvski lhe preparara, reteve apenas os *couplets* em francês que, na cena do baile, em casa de Larina, são cantados por monsieur Triquet.

O resultado é excelente: a altíssima qualidade literária da poesia de Púshkin e o instinto cênico de que, neste caso, Tchaikóvski dá provas, selecionando e remontando os trechos do poema em função dos efeitos dramáticos que quer obter, fazem do libreto um dos melhores na História da Ópera russa. As opções de Tchaikóvski são boas até mesmo quando decide afastar-se da narrativa pushkiniana. O melhor exemplo disso é o tratamento que dá ao desentendimento entre os dois amigos. No poema, ao ver Olga dançando com Ievguêni, "não conseguindo suportar o golpe, amaldiçoando os joguinhos femininos, [Liênskii] saiu, pediu seu cavalo, montou, fugiu. Um par de pistolas, duas balas – nada mais – bastariam para fixar seu destino" (Canto V, estr. 45). Na manhã seguinte, Oniéguin recebe a visita de Zariétskii, um amigo comum, que lhe traz um cartão no qual, "de forma concisa, nobre, elegante [...], Liênskii o provocava polidamente em duelo" (Canto VI, estr. 8-9) – gesto, portanto, feito de cabeça fria, cheio de rancor, decisão tomada mesmo depois de o poeta ter tido tempo de avaliar a inconsistência da ofensa. Na ópera, ao contrário, o desafio, feito ali mesmo na festa, é fruto de um impulso de momento, muito mais de acordo com a personalidade imatura e instintiva do poeta. Além disso, permite que a primeira cena do ato II se encerre com um número de conjunto magistral, de efeito cênico grandioso.

Difere bastante do poema, também, o tratamento do final. Terminada a cena do baile, logo a seguir assistimos à entrevista de Oniéguin com Tatiana, em sua casa. São eliminadas as referências aos contatos sociais de Griêmin com Ievguêni que, "cego de amor, como um garoto, está apaixonado por Tatiana e passa os dias e noites pensando nesse amor, angustiado, surdo às advertências da razão" (canto 8, estr. 30). Quando Oniéguin procura Tatiana, encontra-a "sozinha, sem enfeites, pálida, lendo uma certa carta, deixando que as lágrimas rolem de mansinho sobre a sua face"

(8,40). O espectador russo, familiarizado com o poema, sabe que se trata da "carta apaixonada que, com mão febril, ele escreveu à princesa – logo ele que, em outros tempos, não via sentido algum nesse tipo de correspondência" (8,32). Carta que serve de contraponto à que, anos antes, ele recebeu de Tatiana; e que não obtém resposta – o que o faz, um dia, "como um louco espectro", ir à sua casa sem ser convidado. Da forma como a situação se apresenta na ópera, temos a sensação de que Tatiana aceitou corajosamente recebê-lo, para a confrontação final.

Nem sempre Tchaikóvski demonstraria ser tão cuidadoso ou ter gosto tão apurado na escolha dos textos que iria musicar – como o demonstra *A Feiticeira*. Mas neste caso, o clima geral da obra adaptada coincide perfeitamente com a fase emocional vivida por ele, o que explica a total adequação. O período de composição do *Oniéguin* corresponde à época mais atribulada na vida do compositor. Os rumores sobre seu homossexualismo, que se manifestara desde os tempos em que cursava a Escola Imperial de Jurisprudência, cresciam, ameaçando o escândalo. O sofrimento de Piótr Ilítch pode ser medido pela carta a seu irmão Módest – que compartilhava as mesmas preferências e era seu grande confidente –, na qual fala da muda reprimenda que acreditava ver nos olhos de Aleksandra, a irmã de ambos:

> Sei que ela sabe de tudo e me perdoa, mas podes ter a certeza de que é muito penoso provocar piedade e ser perdoado por algo de que, no fundo, não sou culpado e não depende de mim.

Aleksandra se dera conta do problema ao fracassarem as tentativas de interessar Piótr Ilítch por sua cunhada, Viéra Davýdova, com quem ela o fez passar férias em Peterhof, perto da capital. A tensão a que Piótr, cobrado por "não conseguir ter com essa moça mais do que uma amizade simples e comum", foi tão forte que ele sucumbiu a um esgotamento nervoso. Foi essa a primeira vez que Módest teve de intervir, levando-o para um passeio em Hapsal, na Estônia.

Talvez tenha sido para demonstrar a si mesmo ser capaz de um relacionamento "normal" que, em 1868, Piótr Ilítch acreditou ter-se apaixonado pela soprano belga Désirée Artôt, que estava excursionando pela Rússia com uma companhia italiana de ópera. Nas cartas a Módest, não esconde o fascínio com a graça da atriz e o talento da cantora – embora nunca se refira aos encantos da mulher. E em janeiro de 1869, escreveu ao pai pedindo-lhe conselho e falando-lhe a sério no projeto de casar-se com La Artôt. Chegou a pedi-la em casamento, mas o projeto não foi adiante por interferência de Nikolái Rubinstéin, irmão de Antón, o diretor do Conservatório de Moscou, onde Piótr trabalhava.

Rubinstéin estava convencido de que, se seu mais brilhante professor se casasse com La Artôt, cinco anos mais velha do que ele e internacionalmente muito mais famosa, haveria de converter-se em *"le mari de la cantatrice"*, condenado a acompanhá-la por toda parte em suas turnês triunfais, o que lhe prejudicaria a carreira como músico. Não hesitou, portanto, em procurar em segredo a mãe da moça, pedindo-lhe que imaginasse um estratagema para pôr fim ao noivado. Mme. Artôt não se fez de rogada: desejava para a filha melhor partido do que um desconhecido músico russo. Conseguiu que o compromisso fosse rompido e, pouco depois, Désirée casou-se com o barítono espanhol Manuel Padilla y Ramos.

Tchaikóvski ficou muito abatido, certo de que "não eram para ele as alegrias do casamento". A desilusão que esse episódio provocou pode explicar, em parte, a sua impensada atitude ao responder a uma ex-aluna, Antonína Ivánovna Miliukôva que, desde maio de 1877, vinha lhe escrevendo, declarando-se apaixonada por ele – e chegando até mesmo a ameaçar o suicídio, caso ele a desprezasse. A união com essa moça daria à rígida sociedade moscovita a satisfação por que ela esperava. Ou talvez Piotr Ilítch não tenha querido agir, em relação a Antonína, como Ievguêni fizera com Tatiana. A semelhança entre sua situação e a das personagens centrais da ópera em que estava trabalhando – sugere um biógrafo como Ewan West – "deve ter-lhe parecido um sinal direto do Destino, força a cujas advertências estava sempre pronto a dar atenção".

Ele estava trabalhando entusiasmadíssimo no *Oniéguin* quando, em 1º de junho, teve o primeiro contato pessoal com Antonína. Foi absolutamente honesto com a noiva. Revelou-lhe sua condição, disse-lhe que não estava apaixonado e sentia-se apenas grato pelo afeto que ela lhe demonstrava. Advertiu-a que nada deveria esperar dele, a não ser a mais pura amizade. Talvez imaginasse – com o egoísmo que era bem típico dele – que pudesse ter, com Antonína, um casamento semelhante ao do pai: passados os setenta anos, o engenheiro Iliá Petróvitch Tchaikóvski contraíra segundas núpcias com uma mulher mais jovem que era, para ele, mais uma governanta do que uma esposa.

Antonína Ivánova, loura, alta, de olhos azuis, mulher muito bonita e sensual, que já tinha 28 anos mas aparentava muito menos idade, cometeu a tolice de aceitar. Lisonjeava-a casar-se com músico tão famoso, homem bonito, adulado pela sociedade moscovita. Provavelmente imaginava que seus encantos seriam suficientes para cativá-lo e fazê-lo mudar de idéia. Apesar das advertências de seus amigos, e de seus irmãos Módest e Anatól, eles se casaram em 6 de julho de 1877, na Igreja de São Jorge, da rua Málaia Nikítskaia. A essa altura, dois terços do *Oniéguin* já tinham sido compostos, na propriedade rural de um amigo, para a qual Piótr se retirara.

Cinco dias depois da cerimônia, ao voltar de São Petersburgo, onde fora apresentar a mulher a seu pai, Piótr escrevia a Módest: "Fisicamente, minha mulher transformou-se, para mim, em um objeto de nojo. Um dia, talvez... mas, hoje, qualquer tentativa seria inútil." Embora lhe tivesse prometido aceitar a relação platônica, Antonína o assediava com tentativas de seduzi-lo que o deixavam em pânico. E o comportamento simplório da mulher o envergonhou, nas poucas vezes em que tentou apresentá-la a seus amigos. Após vinte dias de vida em comum, separaram-se e Tchaikóvski foi para o Cáucaso, onde ficou até setembro. Ao voltar, registrou em seu *Diário*: "Não posso mais viver com ela; eu a odeio, odeio a ponto de ficar louco". E foi, de fato, num estado próximo à demência que, na noite de 6 de outubro, entrou nas águas geladas do rio Moskvá, na esperança de morrer de pneumonia. Tendo fracassado um suicídio que não passava de um desesperado pedido de socorro, Piótr foi para a casa de Anatól, em São Petersburgo, e lá teve um violento colapso mental, que o fez perder a consciência por 48 horas.

O médico chamado recomendou que não tivesse mais qualquer contato com a mulher. Módest colocou-o numa clínica para doentes mentais e, depois, obtendo de N. Rubinstéin que lhe concedesse um ano sabático, levou-o para Clarens, na Suíça. Ali, a presença do jovem violinista Iósif Kôtek – que Piótr chamava de "môi kôtik" (meu gatinho), e para quem escreveu o *Concerto para violino* –, o consolou e fez amainar a insuportável tensão psicológica. Mas a *Sinfonia nº 4* ficou como testemunho desses dias trágicos. Nos esboços para essa peça atormentada, o compositor refere-se à "maldição do XXX" que o perseguia (essa é a forma cifrada com que, no *Diário*, ele sempre se referia às tendências homossexuais que em vão tentava reprimir).

"Estou disposta a suportar qualquer coisa se for pelo bem do meu marido", disse Antonína a Anatól e N. Rubinstéin, quando estes foram procurá-la. Essa condescendência, porém, era apenas o sintoma inicial de um grave desequilíbrio mental provocado pela frustração amorosa. Após uma fase de comportamento ninfomaníaco intensamente promíscuo, com o qual parecia querer compensar-se pelo fracasso conjugal, Antonína Ivánovna Tchaikóvskova mergulhou definitivamente na insanidade. Sua mãe internou-a num hospício, onde ela morreu em 1917, aos 68 anos. Em sua biografia do compositor, Edward Garden escreve:

> Que maldoso capricho do Destino ter deixado que se casassem duas pessoas desorientadas, cuja inversão sexual, de um lado, e obsessão sexual, do outro, eram sintomas de neuroses muito mais profundas.

Essa situação de crise explica que Tchaikóvski se sentisse tão identificado com a psicologia das personagens de Púshkin. E em especial com Tatiana, figura virginal e altiva, que permanece intocada por Oniéguin e, num certo sentido, num recesso muito íntimo de sua alma, até mesmo pelo marido, com quem tem um relacionamento mais de respeito e amizade do que de paixão sexual (segundo as indicações de Tchaikóvski na partitura, o general tem 45 anos e ela, no último ato, 21). Estudiosos de sua obra já sugeriram que essa "castidade simbólica", essa idéia da substituição da sensualidade pelo carinho, pode muito bem estar associada à repulsa do próprio Piótr Ilítch pelas relações físicas heterossexuais. Essa tese pode não estar equivocada, se pensarmos em "Liubví vsió vózrasti pokórny" (Todas as idades devem submeter-se ao amor), o monólogo com que, no *Oniéguin* (III,1), o príncipe Griêmin fala a Ievguêni do tipo de amor que sente pela mulher:

> *Liubví vsió vózrasti pokórny:*
> *ieió porívy blagotvórny*
> *i iúnoshe v rastsviéte liet,*
> *iedvá uvídevshemu sviét,*
> *i zakaliônnomu sudbôi*
> *boitsú s siedóiu golovôi.*
> *Oniéguin, ia skrivát niê stánu:*
> *biezúmno iá liubliú Tatiánu!*
> *Tosklívo jizn moiá tieklá...*
> *Oná iavílas i zajglá,*
> *kak sôntsa lutch sriedí nienástia,*
> *mniê jizn i mólodost,*
> *da, mólodost i stchástie,*
> *sredí lukávitch, malodúshnikh,*
> *shálnikh, balôvannikh ditiêi,*
> *zlodiêiev i smiéshnikh i skútchnikh,*
> *túpikh, priviáztchivikh sudiêi;*
> *sredí kokétok bogomólnikh,*
> *sredí kholópiev dobrovólnikh,*
> *sredí vsiedniêvnikh módnikh stsên,*
> *útchtivikh, láskovikh izmiên;*
> *sredí kholódnikh prigovórov*
> *jiestókosierdnoi suietí,*
> *sredí dosádnoi pustotí*
> *raztchiôtov, dum i razgovórov,*
> *oná bliztáiet, kak zviezdá vo mrákie nótchi,*
> *v niébie tchístom,*
> *i mniê iavliáietsa vsiegdá*
> *v syiánie ánguela,*
> *v syiánie ánguela lutchístom!...*

(Todas as idades devem submeter-se ao amor, pois seus impulsos são benéficos tanto para o jovem na flor da idade, que mal viu o mundo, quanto para o lutador grisalho temperado pelo destino. Oniéguin, não vou te esconder: amo Tatiana loucamente! A minha vida ia passando tristemente e ela apareceu e a iluminou como um raio de sol em meio ao mau tempo, trazendo-me vida e juventude, sim, juventude e felicidade, num mundo de crianças mimadas, covardes, levianas, caprichosas, de juízes estúpidos e aborrecidos, de coquetes carolas, de lacaios lisonjeadores, num mundo de modas que mudam todo dia, de amáveis e corteses traições, de julgamentos frios, de cruéis vaidades, de cálculos, pensamentos e conversas. Em meio a isso tudo ela brilha, no céu claro, como a estrela na escuridão da noite, e sempre me aparece como um anjo, radiante com um anjo brilhante.)

São sem dúvida alguma as palavras de um homem apaixonado. Mas revelam um sentido que foi trazido para a sua vida mais pela com-

preensão, a amizade, a pureza, o respeito mútuo, a solidez de caráter, do que pela paixão sensual.

Por outro lado, é bastante significativa uma outra modificação introduzida por Tchaikóvski na ópera. Em Púshkin, o príncipe conhece o passado da mulher e avalia perfeitamente o quanto será penoso para ela reencontrar o homem por quem ainda está apaixonada. Por isso, interrompe gentilmente a entrevista final dos dois, justo quando Tatiana está mais precisada de sua ajuda. Na cena final da ópera, Griêmin não aparece. E isso não só coloca nas mãos de Tatiana uma responsabilidade maior, exige dela uma maior força de caráter, como demonstra indiretamente a confiança que o príncipe tem em sua esposa.

Quanto a Oniéguin, no tratamento que Tchaikóvski lhe dá fica claro o quanto projeta nele sua crise pessoal. Em Púshkin, Ievguêni é a típica personagem byroniana, sarcástica, iconoclasta. Na ópera, é um homem amargo, desiludido, entediado, revoltado com a hostilidade da sociedade puritana em que vive. Isso está muito visível em sua reação aos comentários que as comadres, presentes ao baile em casa de Larina, fazem a seu respeito. É para desafiar os preconceitos dessa comunidade sufocantemente provinciana que ele comete o ato impensado de flertar com Olga. Como Piótr Ilítch, o Ievguêni da ópera é um marginalizado, sente-se rejeitado pelo mundo em que vive. Poderia ser dele a frase que encontramos em uma das cartas do compositor para o irmão: "Lamentando o passado e esperando o futuro, sem nunca satisfazer-me com o presente: foi assim que passei toda a minha vida". Num nível muito íntimo, a ópera constitui, portanto, uma tentativa do compositor de exorcizar suas angústias e frustrações. A seu aluno, o compositor Serguêi Tanêiev, ele confessou:

Procurei nela um drama íntimo forte, baseado em conflitos e situações que eu mesmo vivi e que, por isso mesmo, foram capazes de me perturbar. Por essa razão, a ópera literalmente saiu sozinha de dentro de mim: não há nela nada de consciente ou de deliberado, nenhum quebra-cabeças.

Do imenso painel da vida russa traçado por Púshkin em seu romance em versos, Tchaikóvski seleciona apenas a linha narrativa central – e chama a obra não de "ópera", mas de "cenas líricas", para deixar claro que ela não possui uma intriga estruturada, no sentido usual do termo. A história se articula sobre três pólos. No ato I, o drama de Tatiana; no II, o de Liênskii, ambos vítimas da forma leviana e egoísta como Oniéguin trata o amor e a amizade. O ato III, finalmente, mostra a solidão a que o comportamento de Ievguêni o condenou.

Nesse sentido, é muito significativo que, em "Ujél ta sámaia Tatiana...?" (Será a mesma Tatiana?), o arioso com que se encerra a cena do baile em São Petersburgo, Oniéguin reutilize o tema da Cena da Carta, de I,2. Ao compreender, tarde demais, que nutre hoje, por Tatiana, os mesmos sentimentos que a moça experimentara por ele no passado, o rapaz continua incapaz de exprimir seus próprios sentimentos. É por isso que tem de tomar de empréstimo as palavras (e a melodia) de Tatiana, que lhe voltam à memória ao cristalizar-se nele a certeza de que a ama.

Oniéguin caracteriza claramente Tchaikóvski como um representante do Romantismo tardio. É um produto da fase de transição entre o Romantismo "heróico" do início do século – com seus temas épicos, suas personagens desmesuradas e sentimentos expressos de maneira muito retórica – para um Romantismo "crepuscular", que já prenuncia a sensibilidade decadentista fim de século, e dá preferência a temas intimistas. E que – por estar convivendo com a renovação realista pós-*Traviata* e *Carmen* que, no domínio da ópera, prenuncia a virada verista de 1890 – já se sente atraído por personagens comuns, com emoções humanas reais tratadas no modo menor, e ênfase no patético, na melancolia, nas paixões desesperançadas.

Observa-se aqui também a persistência daquele sentimento indefinido que, no início do Romantismo – na prosa de Chateaubriand e Jean-Paul Richter, na poesia de Lamartine e Heine, de Tiútchev e Liérmontov – correspondia ao chamado *mal du siècle* (e que, durante o Simbolismo, vai renascer, chamado por Baudelaire de *spleen*). Esse sentimento traduz-se por uma insatisfação perene, um pessimismo incurável e a sensação de que a vida, como diz Tchaikóvski em uma de suas cartas, "é uma eterna viagem para dentro da noite".

Musicalmente, *Ievguêni Oniéguin* está na encruzilhada do nacionalismo do Grupo dos Cinco com o sinfonismo alemão pós-wagneriano e a tradição melodramática franco-italiana (Gounod, Bizet e Verdi). Sentem-se as reminiscências da cena do jardim, do *Fausto*, na seqüência em que os dois casais – Olga e Liênskii, Tatiana e Ievguêni – fazem um passeio e suas vozes entrelaçam-se em um quarteto formado por dois duetos paralelos. E do ato III da *Traviata*, no quinteto com coro, na cena do baile, em que Liênskii expressa sua desilusão com a ofensa que acaba de receber. "V váshem dômie, kak sný zolotýe, moí diétskie gódy teklí" (Em sua casa, como sonhos dourados, passaram-se os anos de minha infância), diz ele, enquanto Oniéguin se recrimina: "Naiediniê s svôiei dushôi, iá niedovôlien sam sabôi" (No fundo de minh´alma, estou insatisfeito comigo mesmo: zombei levianamente desta paixão tímida e delicada).

A formação de origem germânica, que Tchaikóvski recebeu das mãos de Rubinstéin no Conservatório, transparece em sua forma elaborada de escrever para a orquestra. E a lição nacionalista deixa resquícios nos elementos folclóricos dos coros e danças populares: o cântico dos camponeses que vêm oferecer a Lárina os frutos da colheita (I,1); e a canção das moças, que Tatiana ouve quando vai ao encontro de Oniéguin no jardim (I,3). O tom desenvolto e confiante desse trecho, que fala dos joguinhos com que as moças atraem e seduzem seus namorados, contrasta com a decepção que a espera: é justamente nessa cena que ela será rejeitada por Ievguêni.

Mas o elemento predominante, na linha do *"journal intime"*, é o da confissão de sentimentos, através de uma linha vocal apaixonada e extrovertida. Nesse sentido, o mais belo momento, o centro focal das emoções, é a Cena da Carta, na cena 2 do ato I:

Puskái poguíbnu iá, no priêjde iá,
v osliepítielnoi nadiêjde,
blajênstvo tiômnoie zovu,
iá niegu jízn uznáiu!
Iá piú volshébnyi jelánii,
meniá prieslíéduiut mietchtí:

*viézdie, viézdie piéredo mnôi
môi iskussítiel rokovôi,
viézdie, viézdie piéredo mnôiu!
[...]
Zatchém, zatchém vy posetíli nas!
V glushí zabýtovo seliênia
iá b nikogdá nie znála vas,
niê znála b górkovo mutchênia.
Dúshi nieopýtnoi volniênia
smíriv só vriémeniem (kak znat),
po siérdtsu iá nashlá by drúga,
bylá by viérnaia suprúga
i dobrodiételnaia mat...
Drugôi?! Niet, nikomú na sviétie
nié otdalá by siérdtsa iá!
To v výshniem sújdeno soviétie,
to vólia niéba: iá tvoiá!
Vsiá jizn moiá bylá zalógom
svidánia viérnovo s tobôi;
iá znaiu, ty mniê póslan Bógom,
do gróba ty khranítiel môi!*

(Deixem-me morrer mas, primeiro, cheia de resplandecente esperança, faço um apelo à felicidade secreta, conhecerei a volúpia de viver! Bebo o mágico veneno do desejo, sou assediada pelos meus sonhos: por toda parte, por toda parte, diante de mim, está o meu fatal sedutor, por toda parte, por toda parte ei-lo diante de mim! [...] Por que, por que vieste visitar-nos? Nesta aldeia esquecida no fundo dos bosques, eu não teria te conhecido, eu não teria conhecido o amargo sofrimento. As ânsias de uma alma inexperiente teriam – quem sabe – se apaziguado com o tempo, e eu teria encontrado um companheiro de acordo com o meu coração, e teria sido uma esposa fiel e uma mãe virtuosa... Um outro?! Não, eu não entregaria meu coração a ninguém mais no mundo! Isso é o que foi decretado nas alturas, essa é a vontade dos céus: sou tua! Toda a minha vida não passou da espera do verdadeiro encontro contigo; agora sei que me foste mandado por Deus para ser meu guardião até a morte!)

Nesse extenso monólogo, Tatiana abre seu coração de forma tão completa diante do espectador, que este se sente na desconfortável situação do *voyeur* que se intromete nos mais íntimos segredos do ser humano. Esse intimismo coloca Tchaikóvski na mesma linhagem de outros compositores que trabalham brilhantemente com a exploração do lado sentimental da natureza humana, e em especial da alma feminina, como Massenet ou Puccini. O que lhe valeu, aliás, ter sido chamado de "o Puccini russo".

E haveria, de fato, comparações interessantes a serem feitas entre Liênskii, o Rodolfo da *Bohème* e Werther; entre Olga e as duas Manons; e sobretudo entre Tatiana, Mimì e Charlotte, personagens que têm muito em co-

mum. Da mesma forma que o francês e o italiano, Tchaikóvski sente-se muito mais à vontade trabalhando em chave intimista, com personagens urbanas, burguesas, que vivem problemas prosaicos, do que com os grandes temas históricos. É por essa razão que suas óperas mais perfeitas são *Oniéguin e A Dama de Espadas*, ambas baseadas em Púshkin, que se encaixam nessa descrição.

Tchaikóvski é perfeito, inclusive – dentro de uma tradição que é a do romance de sua época – ao retratar o ambiente frívolo e superficial dos salões aristocráticos. Ele os sabe distinguir com as danças que utiliza – mazurca e quadrilha no campo, em casa de Lárina; *polonaise* e valsa no baile citadino –, mas também com o sardônico retrato de seus maneirismos um tanto ridículos. É o caso, na cena da festa de aniversário de Tatiana, de uma vinheta pitoresca. Está presente um tal de M. Triquet a quem pedem que cante uns *couplets* em homenagem à aniversariante. No poema, Púshkin descreve Triquet como "um francês pândego, de topete ruivo e óculos, trazido de Támbov pela família Panfila Kharlikôva" (Canto V, 27). Ele é o típico "arroz de festa" que explora o fato de a sociedade interiorana achar chique ter "o seu francês" e exibi-lo aos amigos. A melodia para os versinhos em francês que ele entoa é deliberadamente medíocre, para acentuar o artificialismo do elogio encomendado. Sua aparição traz à lembrança aquelas passagens de *Guerra e Paz* ou *Anna Karênina*, em que Liev Tolstói satiriza os hábitos de uma sociedade pedante, que achava mais elegante falar francês do que russo.

Ievguêni Oniéguin é uma ópera tradicional, de números interligados por recitativos. O que não resulta, entretanto, numa estrutura fragmentária, dada a espontaneidade com que Tchaikóvski escreve esses recitativos, quase ariosos, assegurando a fluência e a continuidade dramáticas. As árias também têm formato muito variado. A de Liênskii antes do duelo – "Kudá vy udalílis, viesný moiêi zlatýe dni?" (Para onde vocês fugiram, dias dourados de minha juventude?) – é de origem nitidamente instrumental, com o texto acomodando-se à bela melodia. Mas o monólogo da carta tem forma ampla e livre, totalmente aberta, em que a organização musical emerge da própria evo-

Três intérpretes de Tatiana no *Ievguêni Oniéguin*; no sentido horário: Maria Nikoláievna Klimêntova-Muromzêva, a criadora do papel em Moscou; Berta Försterová-Lautererová, em Praga (1888) e Mirella Freni na década de 1980.

Mirella Freni (Tatiana) e seu marido, o baixo búlgaro Nicolai Ghiaurov (príncipe Griêmin), numa encenação vienense de *Ievguêni Oniéguin* (década de 1980).

Monsieur Triquet canta seus *couplets*: cena da montagem Gaudassínski-Okôniev em Heilbronn (1995).

lução do texto e acompanha as flutuações emocionais que ele sugere. Em contraste, a ária com que, no dia seguinte, Oniéguin responde a Tatiana, tem estrutura e estilo melódico deliberadamente convencionais, que traem o discurso solene previamente ensaiado:

Kogdá by jizn domáshnim krúgom
iá ogranítchit zakhotiél
kogdá b mniê byt ótsom, suprúgom
priátnyi jriébyi povielél,
to, viérno b, krômie vas odnôi
neviésti niê iskál inôi.
No iá niê sozdán dliá blajênstva,
iemú tchújda dúsha moiá;
naprásny váshi soviérshenstva;
ikh vóvsie niedostóin iá.

(Se eu quisesse limitar minha vida ao círculo familiar, se um destino agradável decretasse que eu devesse ser pai e esposo, então não há dúvida de que eu não procuraria outra noiva, a não ser você. Mas não nasci para a felicidade, ela é estranha à minha alma; suas virtudes são inúteis, não as mereço.)

E como se isso não bastasse, Oniéguin une a ofensa à injúria dando-lhe conselhos num tom paternal extremamente ofensivo:

Poslúshaite j miniá, biez gniéva,
smiénit niê raz, mládaia diêva,
miétchami liegkíe mietchtý.
Utchíties vlsástvovat sobôi:
niê vskáyi vas, kak iá, poimiét;
k biêdie nieopýtnost viédiet!

(Ouça-me sem rancor: mais de uma vez uma jovem muda seus doces sonhos. Aprenda a controlar-se. Nem todo mundo há de te compreender como eu, e a inexperiência pode te levar ao desastre.)

Persistência de um procedimento aprendido com os compositores nacionalistas do Grupo dos Cinco é o uso de tonalidades para caracterizar as personagens: o mi maior ou menor para Liênskii, dependendo de seu estado de espírito; o si bemol maior ou o fá maior para Oniéguin, e assim por diante. Para a estréia, Tchaikóvski queria cantores diferentes daqueles disponíveis nos Teatros Imperiais. Ao irmão, ele escreveu:

Onde encontrarei a Tatiana que Púshkin imaginou e que tentei recriar musicalmente? Como ficará vulgar o cativante retrato de Tatiana se for levado para o palco com as convenções da ópera, suas tradições sem sentido, seus veteranos de ambos os sexos fazendo, sem constrangimento algum, o papel de garotinhas de dezesseis anos e de rapazinhos imberbes.

Por isso, teve a impressão errônea de que estudantes do Conservatório de Moscou, sem os vícios dos cantores profissionais, teriam melhores condições de interpretar a ópera "de forma simples e natural". Não levou em conta, porém, as imensas dificuldades de sua escrita. Nikolái Rubinstéin regeu uma versão abreviada, em forma de concerto, em dezembro de 1878, e a estréia, em 17 de março do ano seguinte, no Mály Teatr, do Conservatório de Moscou. A ópera não agradou porque a execução dos alunos de canto, que penaram enormemente com seus papéis, era muito deficiente. Mas também porque o público considerou uma ousadia levar ao palco lírico a obra-prima de Púshkin. A estréia profissional no Bolshói, em 11 de janeiro de 1881, sob a regência de Enrico Bevignani, teve melhor resultado.

Mas a consagração definitiva foi a primeira apresentação no Maríinski, de São Petersburgo, regida pelo compositor Eduard Naprávnik. Dela participaram alguns dos maiores nomes do canto russo na época: Emília Pavlóvskaia e Ippolít Priánishnikov, Mária Slávina e Mikhaíl Mikháilov. Dessa vez, o sucesso foi tão grande, e tão depressa *Ievguêni Oniéguin* tornou-se uma das favoritas do público que, em 1884, o tsar Alexandre III recompensou o compositor condecorando-o com a Ordem de São Vladímir de 4ª classe. No exterior, a ópera foi revelada, em 1892, pela montagem de Hamburgo, regida por um jovem maestro que, em carta ao irmão, o exigente Tchaikóvski descreveu como "nada mal". Seu nome era Gustav Mahler.

Ievguêni Oniéguin reflete o que o gênio de Tchaikóvski tem de melhor. O próprio músico, sempre neuroticamente inseguro quanto à sua obra, nunca teve dúvidas: nela estava o que de mais importante escrevera para o palco. Isso fica claro na dedicatória da partitura "aos ouvidos capazes de compreender uma ópera que nada tem a ver com a tragédia, é privada de efeitos dramáticos, mas está cheia de sentimentos comuns, simples e humanos". De fato, comenta Ewan West:

Esta é uma ópera que faz mais do que meramente apresentar uma série de acontecimentos através da música: seu verdadeiro objetivo é o retrato de seres humanos genuínos, para que a platéia possa identificar-se com seus sentimentos e ações. Nesse sentido, pode-se dizer que

Tchaikóvski tornou muito mais acessível o texto de Púshkin, pois grande parte das sutilezas do poema escapa a quem não estiver muito familiarizado com a tensão existente entre cidade e província, na sociedade russa do século XIX, enquanto a ópera tem atrativos para todas as gerações e nacionalidades.

Esta é uma ópera várias vezes gravada. Existem em disco:

Melodya, 1936 – G. Júkovskaia, B. Zlatogórova, S. Lémeshev, P. Nórtsov/V. Niebólssin;

Melodya, 1936 – E. Krúglikova, E. Antônova, I. Kozlóvski, Nórtsov/A. Miélik-Pasháiev e A. Orlóv;

Decca/London, 1955 – V. Heybalová, B. Cvejic, D. Starc, D. Popovitch/Oscar Danon;

Melodya, 1956 – G. Vishniévskaya, L. Avdêieva, Lémeshev, I. Biélov/Borís Kháikin;

EMI/Angel, 1970 – Vishniévskaia, T. Siniávskaia, V. Atlántov, I. Mazurók/Mstislav Rostropóvitch;

Decca/London, 1974 – T. Kubiak, J. Hamari, S. Burrows, B. Weikl/sir Georg Solti;

Melodya, 1979 – T. Mláshkina, Siniávskaia, Atlántov, Mazurók/Mark Ermler;

Philips, 1984 – Novikova, Diádkova, Marúsin, Léiferkus/Valiéry Guérguiev;

DG, 1987 – M. Freni, A. S. von Otter, N. Shicoff, Th. Allen/James Levine;

Sony, 1990 – A. Tomowa-Sintow, R. Troeva-Mircheva, N. Gedda, Mazurók/Emil Tchakárov;

Philips, 1992 – N. Focile, Pekova, Shicoff, V. Hvorostóvski/Semiôn Býtchkov;

EMI, 1994 – K. Te Kanawa, P. Bardon, N. Rosenshein, Th. Hampson/sir Charles Mackerras (em inglês).

Em vídeo, além das versões de Guérguiev e Býtchkov acima mencionadas, há também a versão de palco do Lyric Opera de Chicago em 1985 (Freni, Brendel/Silvio Varviso). Existem ainda três filmes. Em dois deles, atores dublam os cantores:

– o russo, de 1958, regido por B. Kháikin, com as vozes de Vishniévskaia, Kibkalo e Grigóriev;

– e o tcheco, de Petr Weigl (1988), que usa a gravação de Solti como trilha sonora.

Há finalmente o filme feito em 1972, na Ópera da Baviera, com T. Stratas, J. Hamari, W. Ochman, H. Prey/Václav Neumann.

Em sua autobiografia *Galina: a Russian Story*, Vishniévskaia fala do filme de 1958 e conta que, nele, deveria ter atuado também como atriz. Mas a emperrada burocracia soviética atrasou a produção e, quando as filmagens começaram, ela estava no sétimo mês de gravidez, esperando sua primeira filha. Foi necessário, então, usar uma atriz – jovem e muito bonita, mas bastante inexpressiva – para dublá-la. Perdeu-se, assim, a possibilidade de termos um documento inestimável do desempenho de Vishniévskaia no maior papel de seu repertório.

Há ainda gravações em vídeo e áudio da primeira apresentação de *Ievguêni Oniéguin* no Teatro Municipal de São Paulo, em setembro de 1995. A TV Cultura filmou o elenco A: Galina Kalínina e Anatóly Lôshak, Regina Elena Mesquita e Eduardo Álvares como os dois casais e Nicola Ghiuselev como o príncipe Grêmin. A encenação foi de Francisco Medeiros, a cenografia de Flávio Inserra. A Rádio Cultura FM gravou o elenco B: Thelma Badaró e Vassíly Guerello, Sílvia Tessuto e Juremir Vieira, Vladímir de Kanel. A regência, em ambos os espetáculos, era de Isaac Karabtchevsky.

Muito afastada da área onde melhor se exercia a sensibilidade de Tchaikóvski foi o trabalho seguinte: *Orleânskaia Diêva* (A Donzela de Orleãs, 1881), da peça de Friedrich von Schiller. Ao ler a tradução de Vassíli Júkovski logo após o término do *Oniéguin*, o compositor apaixonou-se pela personagem. Procurou outras fontes sobre a santa francesa: uma peça de Jules Barbier, a biografia escrita por Henri Wallon e o libreto das óperas que Giuseppe Verdi e Auguste Mermet já tinham escrito sobre ela. E durante as férias de dezembro de 1878, em Florença, usando a tradução de Júkovski, começou a musicar a cena do final do ato II. Fez uma viagem a Paris, em 1879, para pesquisar a vida da personagem histórica.

Não querendo esperar até encontrar um libretista, escreveu ele próprio o texto, incorporou idéias tiradas de outros autores à peça de Schiller, e criou versos novos para os coros. Terminou a partitura em Paris, em março de 1879. Mas demorou muito a orquestrá-la, revendo-a incessantemente até a véspera da es-tréia, em 25 de fevereiro de 1881, no Maríinski, sob a regência de Naprávnik – a quem a ópera foi dedicada. O público reagiu bem, apesar de o teatro não ter tido recursos para fazer a mon-tagem suntuosa que a história requeria. Exce-tuando remontagens nas duas temporadas se-guintes e uma apresentação em Praga, em 1882 – a primeira ópera de Tchaikóvski a ser cantada fora da Rússia –, A Donzela nunca mais foi levada ao palco em vida do compositor. E, mes-mo hoje, é raramente encenada. Em abril de 1990, quando estreou no Bolshói a montagem de Borís Pokróvski regida por Aleksandr Lázarev – gravada em vídeo três anos depois –, havia sessenta anos que a Rússia não a via, pois às autoridades soviéticas não agradava uma peça cujo conteúdo religioso é muito forte.

A insistência de Tchaikóvski em trabalhar com a forma do *grand-opéra* meyerbeeriano, que nada tinha a ver com sua sensibilidade, numa época em que estava espiritualmente exausto, após as atribulações pessoais e criati-vas do *Oniéguin*, é a responsável por *A Donzela de Orleãs* ser sua ópera mais aborrecida e de-sigual. Quando quer ser grandioso, Piótr Ilítch consegue ser apenas barulhento. A cena da coroação (III,2) é um pequeno desastre. E Tchaikóvski não parece entender as intenções de Schiller, fazendo de sua Joana mais uma vítima do que um instrumento do destino. Na peça alemã, grande humanidade é conferida à personagem quando ela repudia a oportunida-de que lhe é oferecida de se retratar, e prefere ir para a fogueira. Essa cena poderia ter rendido um monólogo poderoso. Mas é muito superfi-cial a forma como é tratada.

Há páginas de lirismo envolvente, é cla-ro, apesar da escrita quadrada. O Prelúdio, a marcha fúnebre que serve de introdução à úl-tima cena e algumas das transições instrumen-tais entre os números cantados são orquestra-dos com a habitual delicadeza e transparência do compositor. Os coros da cena inicial, em que os camponeses franceses são retratados com um "sotaque" inequivocamente russo, têm encanto melódico inegável. A ária "Druziá lugá, driêva" (Minhas amigas a campina, as árvores), com que Joana despede-se do bos-que antes de partir para sua missão, tem uma melodia cativante, que lhe garante o lugar em

recitais de meio-soprano. A cena do rei Carlos com sua amante Agnès Sorel (II), ou o dueto "Stói, stói, ty poguíb" (Pára, pára, estás perdi-do), de Joana com Leonel, o oficial inglês por quem, na versão de Schiller, ela se apaixona (III), são convincentes. Mas, para chegar a eles, é preciso atravessar marchas e coros pesados e rebarbativos, de efeito apenas decorativo.

Quanto à acusação de que Tchaikóvski vulgarizou a figura de Joana, enfatizando – ainda mais do que em Schiller – as suas paixões terrenas e atenuando o conteúdo místico e visio-nário de sua figura, em sua defesa lembre-se que, em 1878, o processo de canonização ainda não tinha começado. Joana d'Arc foi declarada venerável em 1904, beata quatro anos depois, e só em 1920 feita santa e padroeira da França.

Embora coletâneas de *highlights* sejam, em princípio, condenáveis – pois destroem a unidade dramática fundamental que a obra tea-tral precisa ter – chego a dizer que, no caso da *Donzela*, o disco de trechos da gravação de Guennádi Rojdéstvienski (Melodya/HMV, 1971) é preferível à integral. Essa, pelo me-nos, tem em Irina Arkhípova um fortíssimo papel-título, vantagem que não socorre as duas versões canadenses da ópera em vídeo (Toron-to/ 1974 e 1978, ambas sob a regência de Ma-rio Bernardi), em que Joan Vernon não conse-gue dar o mesmo destaque à personalidade de Joana. Bem melhor é o desempenho de Nina Rautio no já mencionado vídeo do Bolshói (1993), regido por Lazárev.

O *grand-opéra* é também o ponto de par-tida para *Mazeppa*, estreada no Bolshói em 15 de fevereiro de 1884. Mas a temática russa, a ambientação ucraniana, de que Tchaikóvski gostava, a possibilidade de combinar as gran-des formas francesas com moldes melódicos e rítmicos que lhe eram familiares fazem com que os resultados sejam melhores. O tema ti-nha sido escolhido pela comissão dos Teatros Imperiais, que encomendara o libreto ao jor-nalista Víktor Burênin, colaborador de Cui. O candidato inicial a compor a ópera era o vio-loncelista Karl Davýdov. Mas como este acaba-ra de assumir a direção do Conservatório de Moscou, não teria tempo de desincumbir-se da missão. Ao sabê-lo, Tchaikóvski pediu a Bu-rênin que o indicasse para substituir Davýdov.

É muito contraditória, na literatura – dependendo do lado em que se encontre o artista – o retrato que se faz de Ivan Stepánovitch Mazeppa. Ele era, desde 4 de agosto de 1687, o *hetman* da Ucrânia – o representante do tsar nessa região dominada pela Rússia. Quem o escolheu para o cargo, devido às demonstrações de fidelidade ao trono que dera enquanto oficial do Exército cossaco, foi o príncipe Vladímir Golýtsin, amante da regente Sofia – personagem da *Khovânshtchina*, de Mússorgski. No princípio, Mazeppa conquistou a confiança de Pedro, o Grande que, em reconhecimento pela tomada da fortaleza de Azóv (1696), durante a campanha contra os turcos, deu-lhe considerável grau de autonomia como governador da Pequena Rússia. O *hetman* mandou construir igrejas e escolas num estilo muito ornamentado que, até hoje, é chamado, na Ucrânia, de "Barroco Mazeppa". Em 1704, ao irromper a Grande Guerra do Norte contra a Suécia, Pedro I o mandou à Ucrânia Ocidental, para sufocar os focos de rebelião pró-sueca. Em vez disso, Mazeppa iniciou conversações secretas com o rei sueco Carlos XII e, em troca da promessa de independência para a Ucrânia, apoiou-o quando este invadiu sua região em 1708.

Pedro I ficou tão indignado com essa traição que mandou executar todos os correligionários do *hetman* em quem conseguiu botar as mãos. Fez a Igreja Ortodoxa excomungá-lo e ordenou que seu nome e efígie fossem retirados de todos os prédios públicos. Os suecos foram derrotados em 8 de julho de 1709, na Batalha de Poltava, perdendo para os russos as cidades de Vyborg, Reval e Riga, no Báltico. Mazeppa cruzou o rio Dniester, com o que sobrou das tropas de Carlos XII, e refugiou-se em Bendery, na Bessarábia – parte da Romênia então sob controle otomano. Ali morreu no fim desse mesmo ano.

Sua personalidade foi cercada de várias lendas, que inflamaram a imaginação romântica. A mais célebre é a de seu caso com a condessa Falbowska, de quem teria sido pajem na corte polonesa, e do castigo a que o marido dela o submeteu: amarrá-lo nu em cima de um cavalo bravo e soltá-lo na estepe, onde foi salvo por camponeses ucranianos. Esse episódio inspirou poemas de Lord Byron (1819) e

Victor Hugo (1829), o quadro de Delacroix (1824) e, entre 1826-1851, as quatro versões do estudo para piano de Franz Liszt que, em 1854, formaria a base para o seu *poema sinfônico nº 6*.

Em todas essas obras, Mazeppa aparece como uma personagem positiva, símbolo do rebelde de proporções prometéicas, patriota, libertador. Curiosamente, depois de tê-lo retratado, na *Vie de Charles XII* (1731), como o herói que queria unificar e emancipar o seu povo, Voltaire fez dele, na *Histoire de l'Empire de Russie sous Pierre le Grand* (1763), um oportunista que buscava poder, fama e fortuna. O anti-monarquista Kondráti Rilêiev – cognominado "o André Chénier" russo, por ter sido decapitado como o poeta francês, acusado de participar da conspiração decembrista contra Nicolau I – celebrou sua revolta separatista numa *duma*, tipo de poema narrativo comum na Ucrânia. E no drama *Mazeppa* (1839), o polonês Juliusz Slowacki faz dele quase um santo, uma espécie de Messias ucraniano.

No extremo oposto, o conservadorismo pró-regime é representado pelo texto em que se baseia a ópera de Tchaikóvski – curiosamente escrito por um poeta que não passou à História como um defensor da monarquia. Mas isso se explica por motivos pessoais: o panegírico que Alexandr Púshkin faz de Pedro, o Grande, no poema narrativo *Poltava* (1828), é uma resposta a Rilêiev, em agradecimento ao tsar Nicolau I. Este assinara a libertação do irmão mais velho de Púshkin, exilado por Alexandre I sob a acusação de ser um "livre pensador". Para dar mais substância a uma narrativa tênue – e, provavelmente, para distrair um pouco a atenção do aspecto bajulador do texto –, Púshkin desenvolve um episódio sentimental paralelo: a ligação de Mazeppa com sua afilhada Matriona Kotchubiêievna. Esse é um fato real: Púshkin o encontrou na *Istória Máloi Rossíi* (História da Pequena Rússia, 1822), de Dimitri Bántish-Kemiênski. Mas trata-se de um fato que se passou em 1704, quatro anos antes da Batalha de Poltava; e Matriona – a quem o poeta dá o nome de Maria – já tinha morrido quando Mazeppa aliou-se a Carlos XII.

Duas cenas do *Mazeppa* no Hélikon-Óper de Moscou, em 1999: montagem de D. Bértman, I. Niêjny e T. Tulubiêva.

Na ópera, irritado com a sedução de sua filha por um homem mais velho, Kotchubiêi, o pai de Maria, vinga-se de Mazeppa denunciando ao tsar a sua aliança com o inimigo. Por essa traição, Mazeppa manda prender e executar o sogro. Após a derrota, consegue fugir e ir ao encontro de sua amada. Mas esta enlouqueceu por não ter sido capaz de salvar a vida do pai. No libreto, Burênin, que achava importante haver um tenor na ópera, desenvolve uma trama secundária a partir da referência mínima, no Canto I, a um jovem cossaco encarregado por Kotchubêi de levar ao tsar as informações sobre Mazeppa.

Como esse rapaz aparece de novo, de raspão, no Canto III, em meio à épica descrição da Batalha de Poltava, o libretista transformou-o em Andrêi, o namorado que Maria abandonou ao apaixonar-se por Mazeppa. Na última cena, ferido por Mazeppa, a quem tentou matar, Andrêi morre nos braços de Maria que, completamente tresloucada, já não o reconhece mais. A idéia para esse final foi do próprio Tchaikóvski. Além de lhe permitir escrever duetos para Maria e os dois homens, a cena lhe ofereceu o pretexto para a sinistra canção de ninar "Spi mladiênets, môi priekrásnyi" (Dorme meu lindo menininho), que a moça enlouquecida entoa, embalando nos braços o cadáver de Andrêi, achando que ele é uma criança adormecida.

No ato II, Tchaikóvski decidiu incluir também o monólogo "Tikhá ukraínskaia nótch" (É tranqüila a noite ucraniana), em que Mazeppa expõe seu conflito:

> No mrátchni stráshnie mietchtý
> v dushiê smushtchiônnoi zviózdi nótchi,
> kak obvinítielnie ótchi,
> za mnói nasmiéshlivo gliadiát...
> [...]
> Umriót biezúmny Kotchubiêi!
> Spastí nielziá ievô. Tchem blíjie
> tsiel gétmana, tiém tviórje on
> byt dóljien vlástiu obletchôn
> tim piéred nim sklonítsa níjie doljná vrajdá.
> Spasiênia niet!

(Mas minh'alma perturbada se enche de visões sinistras, e as estrelas noturnas, como olhos acusadores, lançam-me um olhar zombeteiro... [...] Que morra o insensato Kotchubiêi! Não se pode salvá-lo. Quanto mais perto o objetivo do hetman, mais firme deve ser o poder em suas mãos, e mais profunda a inclinação de seus inimigos diante dele. Não há salvação!).

Essa prova de férrea decisão contrasta logo a seguir com a doçura do arioso "O María, María!", que mostra o outro lado de sua personalidade, o do homem maduro sinceramente apaixonado por uma mulher mais jovem (e não é gratuita a semelhança entre o texto e a melodia deste arioso e os da ária do príncipe Grêmin, no Oniéguin):

> Na sklónie liet moíkh
> ty, kak viesná, mniê dúshu ozivíla,
> i v strástnom liépiete rtechiêi tvoíkh
> dliá stariká bylá tcharúiushtchaia síla!

(No declínio de meus anos, tu, como a primavera, reanimaste a minha alma, e o murmúrio apaixonado de tuas doces palavras teve a força de um encantamento sobre este homem envelhecido!).

Como o libreto já estava pronto, essa cena foi escrita às pressas por Vassily Kandaúrov, o diretor de cenotécnica dos Teatros Imperiais, e seu texto é levemente inferior ao do resto da ópera. Mas a beleza da música não a impediu de se tornar um número de predileção no repertório de baixo-barítono.

Em Mazeppa, a forma do grand-opéra é contaminada por características do drama de tema histórico mussorgskiano, o que dá à obra aspecto um tanto híbrido. A criação da cor local é feita através da extensa utilização de temas originais ou inventados do folclore ucraniano. No entreato sinfônico "A Batalha de Poltava", há duas citações: o tema de uma oração que os militares russos rezavam antes de cada combate; e "Slava", a mesma melodia usada na Cena da Coroação do Borís Godunóv, no coro de glorificação ao tsar (sobre a origem e as transformações desse tema, ver o capítulo sobre Mússorgski). Isso demonstra o quanto, em determinados momentos, Tchaikóvski sentia-se dividido entre sua formação cosmopolita e o fascínio que ainda exerciam, sobre ele, certos aspectos da atividade criadora dos Cinco, em especial de Mússorgski – o que é paradoxal, pois este era, justamente, o compositor da Kútchka que ele considerava mais incompetente.

A partitura tem seus momentos. O monólogo de Kotchubiêi, na Cena da Prisão (ato II), "Tak vot nagráda za danós" (Eis a recompensa de minha denúncia), tem uma força dramática que lhe garante, até hoje, a presença em recitais de canto. São cheias de coragem as palavras do homem que não teme "o sono por tanto tempo desejado" e está pronto a "deitar-se num ataúde ensangüentado". Só o angustiam a imagem de desonra e traição que deixará de si e a certeza de que nem sequer terá quem o vingue:

K nogám zlodiéia móltcha past,
kak biessloviésnoie sozdánie,
tsarióm byt ótdanom vo vlast
vragú tsariá naporugánie,
utrátit jizn – i s niéiu tchest,
druziêi s sobôi na plákhu viest,
nad grôbam slýshat ikh prokliátia,
lojás nievínim pod topór,
vragá vesiólyi vstrétit vzor
i smiérti kínutsia v obiátia,
niê zavieshtcháia nikomú
vrajdý k zlodiêiu svoiemú!...

(Cair em silêncio aos pés do vilão, como uma criatura muda, ser entregue pelo tsar ao poder do inimigo para ser castigado, perder a minha vida – e com ela a minha honra, arrastar meus amigos comigo para o cadafalso, ouvir suas maldições à beira do túmulo e, enquanto me deito, inocente, sob o machado, encarar o olhar triunfante de meu inimigo, e atirar-me nos braços da morte sem deixar atrás de mim alguém que seja o inimigo de quem me fez mal!...)

Na cena da execução, contraste interessante é obtido entre o tom sombrio do acontecimento e a intervenção de um cossaco bêbado que entoa uma canção irreverente: "Ôi, gôi, tchumandrá, tchumandríkha molodá!" (Ôi-hôi garota, garotinha novinha!). E a longa seqüência final, do reencontro de Mazeppa com Maria, é de um tom patético eficiente. Só a cena da execução, no ato II, conforma-se à *grande manière* meyerbeeriana, inclusive com a utilização da banda *sul palco*. O restante da ópera tem um realismo intimista que a aproxima mais do *Oniéguin* do que da *Donzela de Orleãs*.

Richard Taruskin assinala a semelhança que existe entre o *Mazeppa* e a *Traviata* – a mais notável precursora do realismo operístico – na forma como cantábile e quase *parlato* são misturados nas cenas dialogadas do ato II: em especial aquela em que Liubôv, a mulher de Kotchubiêi, vem anunciar a Maria a execução do pai. No capítulo sobre Seróv, mencionamos também a cena da feira, de *O Poder do Mal*, onde parece ter sido encontrada a idéia do cossaco bêbado. E o hino "Slava" não é, decerto, a única dívida em relação a Mússorgski. Kotchubiêi, muitas vezes, se expressa como Pímen, o cronista do *Borís*. E a canção de ninar de Maria ecoa o canto do Bobo que, no final dessa ópera, lamenta o triste destino da nação russa.

Puramente tchaikovskiana, porém, é a melancolia, a tendência à morbidez, à inconsolável tristeza, que permeia até mesmo as cenas entre Mazeppa e Maria, nas quais já se pode prever o fim infeliz que os amantes terão. Naprávnik, que regeu a estréia, comentou: "Que maneira de empilhar uma cena sobre a outra, cada uma mais horrível do que a outra: rivalidade, traição, tortura, execução, assassinato, loucura. Não há lugar algum onde o espectador possa relaxar". E, no entanto, foi tão bem recebida a estréia no Bolshói que, três dias depois, a ópera era também montada, às pressas, no Maríinski, para satisfazer ao público da capital, que pedia para vê-la.

O registro de V. Niebólssin, da década de 1950, tem bom elenco, mas é mono e de técnica superada. O pirata, do Maggio Musicale Fiorentino, tem Borís Christoff e Magda Olivero no elenco, mas é cantado em italiano e seu som é precaríssimo. Para conhecer a ópera, prefira as gravações de:

– A. Juraítis (Melodya, 1970);
– de Neeme Järvi (DG, 1994) – com um excelente elenco: Serguêi Leiferkus e Galina Gortchakôva, Anatóli Kotchérga e Serguêi Lárin;
– ou a de Valéry Guérguiev (Philips, 1994), com Nikolái Putilin no papel-título, que está disponível também em vídeo, já exibido no Brasil pela TV a cabo.

No início de 1885, Módest tinha chamado a atenção de Piótr para *Tcharodêika* (A Feiticeira), a peça de Ippolít Vassílievitch Shpajínski. Tendo gostado dela, Tchaikóvski pediu ao autor que lhe preparasse o libreto. Mas a gênese da nova ópera foi lenta, pois Shpajínski trabalhava muito devagar e, incapaz de sacrificar seu próprio texto, entregava cenas demasiado longas, que exigiam cortes e remodelagens.

A partitura vocal estava pronta em 30 de agosto de 1866. Mas, ao começar a orquestrá-la, Tchaikóvski deu-se conta de que ainda estava muito longa, e recomeçou um processo de compressão, que se estendeu até a véspera da estréia, no Maríinski, em 1º de novembro de 1887. A primeira apresentação pareceu ter agradado ao público mas, lá pela sétima récita, a casa estava pela metade, a crítica reagia com desapontamento e, depois de doze espetáculos, a opera foi tirada de cartaz. Em dezembro daquele mesmo ano, Ippolítov-Ivánov regeu-a em Tíflis; em fevereiro de 1890, ela foi ouvida no Bolshói. Depois disso, *A Feiticeira* nunca mais foi montada em vida de seu autor e é, hoje ainda, na Rússia, a menos encenada das óperas de Tchaikóvski.

O príncipe Nikíta vai averiguar as denúncias de que coisas estranhas ocorrem na hospedaria de Nastásia, a quem o povo chama de "Kumá" (mexericos). Ao conhecer a moça, porém, apaixona-se por ela, e fica para assistir às danças que ela organiza em sua homenagem. Ordena, inclusive, que o diácono Mamírov, que o acompanhou, participe das danças. Sentindo-se ridicularizado e frustrado em sua intenção de castigar a "feiticeira", Mamírov vinga-se dizendo à princesa Evpráksia que Kumá usou de artes mágicas para tornar-se amante de seu marido. A discórdia entre marido e mulher contrista seu filho, príncipe Iúri. Ao descobrir a causa da disputa, ele resolve matar Nastásia. Mas, ao procurá-la em sua hospedaria, fica também deslumbrado com sua beleza. A moça acabou de rejeitar a declaração de Nikíta, dizendo-lhe que ama outro homem. E revela a Iúri estar apaixonada por ele desde que o viu, pela primeira vez, passando diante de sua casa de volta da caça. Sentindo, a princípio, pena dela, Iúri acaba dando-se conta de que a ama também. Combinam, então, encontrar-se à beira do rio Oká, e fugir juntos.

Evpráksia, convencida de que Kumá enfeitiçou pai e filho, disfarça-se de peregrino e vai pedir ao mago Kúdma que lhe forneça um veneno. Consegue fazer com que Nastásia o beba e a moça morre nos braços de Iúri, quando este chega para buscá-la. O príncipe, reconhecendo a mãe, a amaldiçoa; e acusa o pai, que veio tentar impedir que eles fujam, de ser a verdadeira causa da morte de Nastásia. Nikíta, fora de si, o apunhala. Ao som da tempestade que se avizinha, e das gargalhadas cavernosas

do mago, Evpráksia atira-se desesperada sobre o cadáver do filho, e o príncipe enlouquece.

Lendo o resumo do libreto, dá para entender por que seria difícil fazer da *Feiticeira* um sucesso. Em 1887, à beira da eclosão do Verismo, esse tipo de história descabelada já estava totalmente fora de moda. Se pelo menos a música tivesse força para resgatar do ridículo esse dramalhão, o mal não seria tão grande (a de Verdi, por exemplo, consegue a proeza de nos fazer esquecer como são estapafúrdias as peripécias do *Trovatore*). Mas *Tcharodêika* é a partitura em que mais se sente a influência, sobre Tchaikóvski, do *opéra-lyrique* francês no que ele tem de mais meloso, tom que responde mal às necessidades de uma trama cheia de emoções fortes e desmedidas.

Além disso, o jeito estrangeirado de escrever, sobretudo nas passagens mais líricas, não convive bem com as tentativas de sugerir a ambientação de Níjni-Nóvgorod através do colorido folclórico camponês. Na partitura, Tchaikóvski trança temas usados pelos cantores satíricos (como os nossos repentistas) para as suas improvisações; canções religiosas, cantigas de roda e de trabalho. Na cena do ato I em que aparece um grupo de *skomorókhi*, por exemplo, chega a recuperar algumas de suas canções tradicionais, conservadas pela tradição oral. Mas os dois níveis de escrita não se fundem: ficam, no fundo, como água e azeite.

É paradoxal que resultados tão desiguais sejam o saldo do único libreto que Tchaikóvski encomendou e ao qual dedicou tanto tempo e esforço. O que o atraiu, na peça, foi o tema da redenção pelo amor. Os sentimentos de Iúri abrem para Kuma a perspectiva de ser purificada, saindo da vida dúbia que leva, como dona de uma hospedaria que é quase um bordel. Como em suas óperas anteriores, é a heroína, jovem e frágil, quem suscita a inspiração de Tchaikóvski. O melhor momento da ópera, muitos pontos acima de todo o resto, é o longo dueto do final do ato III, em que a música, de maneira luminosa, descreve a evolução psicológica, os sentimentos que se criam entre Iúri e Nastásia, da atração física à compaixão e, daí, ao amor.

Há uma única gravação, a de Guennádi Provatórov (Melodya, 1977), desse novo "desvio de rota" – após o qual Piótr Ilítch decidiu voltar à linha do *Oniéguin*, que era capaz de tratar com maior desenvoltura. Mas, a princípio, deprimido com o desastre da *Tcharodêika*, nem sequer considerou a possibilidade de arriscar-se de novo no palco. Prova disso é ter, a princípio, recusado a proposta de Ivan Vsievólojski de que musicasse um libreto de seu irmão Módest.

O diretor dos Teatros Imperiais encomendara a Vassíly Kandaúrov um libreto baseado na peça de teatro de muito sucesso que o príncipe Aleksandr Shakhovskôi extraíra de *Píkovaia Dama* (A Dama de Espadas), a novela escrita por Púshkin em 1834. Vsievólojski pensava em Nikolái Klenóvski (1857-1915), regente e autor de música para balé, para escrever a música. Mas como este demorava muito para se decidir, Kandaúrov desistiu de fazer o trabalho, e Módest foi encarregado de redigir o poema. Quando ficou claro que Klenóvski não cumpriria o contrato, Vsievólojski, que não queria desistir do projeto, pelo qual se entusiasmara, pediu ao libretista que convencesse seu irmão compositor a assumir a tarefa.

Piótr Ilítch alegou não gostar do livro em que o libreto se baseava. E pretextou estar muito ocupado com a composição da *Sinfonia nº 5*. Na realidade, sentia-se inseguro demais para aceitar esse tipo de compromisso. De outra forma não deve ser interpretada a observação "Só escreverei uma nova ópera quando tiver encontrado um assunto que me inspire", vinda de um compositor que, em Púshkin, achou seus melhores estímulos. Em 1890, porém, após novo e retumbante fracasso – o do balé *Spiáshtchaia Krasávitsa* (A Bela Adormecida), hoje imensamente popular –, Piótr Ilítch foi passar férias na Itália, para espairecer e, na bagagem, levou o libreto do irmão. Lendo-o, sentiu-se imediatamente atraído pelas mudanças que Módest fizera na história, a começar pelo deslocamento da ação do início do século XIX para meados do XVIII, época que Vsievólojski achava "muito mais faustosa, diferente dessas óperas russas que sempre cheiram a *borshtch* e a vodca".

Em Púshkin, a busca das três cartas que permitirão à personagem ganhar no jogo está relacionada com sua ambição desmedida. Para Guérmann, ficar rico é uma obsessão ligada à sua necessidade de ascensão social, e ele só se aproxima da jovem Liza porque ela significa a possibilidade de alçar-se ao mundo dos aristocratas. No libreto, esse eixo é deslocado para o terreno dos sentimentos. Enriquecer deixa de ser um fim em si: torna-se o meio para que Guérmann seja aceitável aos olhos da família de Liza, por quem está genuinamente apaixonado. Para isso, foi necessário modificar também o status da moça. Na novela, ela é uma simples protegida da Condessa; na ópera, passa a sua neta, o que a coloca num nível inacessível para o jovem militar e, por isso, desejável em dois níveis diferentes: o da conquista amorosa e o da ascensão social.

Tchaikóvski logo percebeu a possibilidade de explorar, na *Dama de Espadas*, temática muito afim à do *Oniéguin*: a impossibilidade de escapar de um destino adverso; a dificuldade em atingir a felicidade; a ambigüidade das relações sentimentais entre pessoas predestinadas ao sofrimento. A frustração com os fracassos profissionais recentes, a solidão e profunda tristeza fizeram com que as condições envolvendo a criação da *Dama de Espadas* fossem muito semelhantes às do *Oniéguin*. Cheio de excitabilidade nervosa, sofrendo de crises de insônia e pesadelos, Piótr Ilítch trabalhou freneticamente na ópera, terminando-a em 44 dias, e escrevendo ao irmão:

> Ou me engano terrivelmente, ou *A Dama de Espadas* será o meu *chef d'oeuvre*. Algumas passagens do ato IV enchem-me de tanto medo, terror e emoção que *it is impossible* que os espectadores não sintam também um pouquinho a mesma coisa.

Como acontecera com Tatiana, Tchaikóvski não pôde deixar de identificar-se com Guérmann, que tem a mesma impotência para o relacionamento amoroso "normal" – embora se declare a Liza, ele se sente inseguro diante dela por motivos sociais e pessoais; e encontra no jogo a mesma função de sucedâneo do erotismo que a criação artística tinha para ele próprio. É o que explica a reação, descrita em carta a Módest, após escrever a cena de sua morte:

> Senti tanta pena dele que comecei a soluçar violentamente. E o choro continuou por muito tempo, tranformando-se *numa crise muito agradável de histeria* [o grifo é meu]. Como acho Figner atraente e, todo o tem-

A ÓPERA NA RÚSSIA

po, imaginei Guérmann com seu rosto, compartilhei sentidamente seu triste destino.

Raras vezes Piótr Ilítch externou tão claramente, em sua correspondência, os seus impulsos homossexuais. O tenor Nikolái Figner, que já criara Liênskii e seria o primeiro Guérmann, era um homem bonito, cantor versátil e ator muito convincente. Naquela época, ele e sua mulher, Medea Mei-Figner, tinham-se tornado o tenor e o soprano mais importantes do Maríinski.

Guérmann é um homem estranho, de temperamento sombrio, obcecado pelo jogo: passa as noites assistindo às partidas de seus companheiros, mas nunca senta-se à mesa. Está apaixonado por Liza, noiva do conde Ielétski, oficial seu conhecido (na novela, uma personagem secundaríssima, sem relação alguma com a moça). Guérmann sabe também que a velha condessa, avó de sua amada, fôra uma jogadora imbatível nos tempos de juventude, passada em Paris, onde sua beleza a fizera ser conhecida como "a Vênus moscovita". Ela ganhava sempre, no faraó, com a mágica combinação de três cartas que lhe fora confiada por um de seus amantes, o conde Saint-Germain (personagem real, famosa por suas práticas esotéricas).

Guérmann consegue entrar à noite no quarto da condessa mas, ao tentar arrancar-lhe o segredo, aterroriza-a de tal forma que ela sofre um colapso e morre. Mais tarde, seu fantasma aparece para ele, na caserna, e revela-lhe que as cartas são o três, o sete e o ás. Ao perceber o quanto o namorado está possuído pela idéia de ganhar no jogo, Liza ainda tenta, num encontro noturno, no Canal de Inverno, à beira do Nevá, dissuadi-lo de ir ao cassino. Desesperada por não conseguir detê-lo, suicida-se atirando-se no rio. Foi Tchaikóvski quem decidiu dar-lhe esse destino trágico, paralelo ao do namorado (no epílogo da novela, Púshkin limita-se a informar, laconicamente, que sua personagem "casou-se com um jovem muito amável", depois que Guérmann morreu). Ao fazê-lo, não estaria Piótr Ilítch identificando-se com a personagem, relembrando a noite em que, desesperado como Liza, atirou-se no Moskvá, querendo morrer?

Tendo destruído o que mais ama, Guérmann vai para a mesa de faraó, onde ganha as duas primeiras mãos, jogando o três e o sete contra Ielétski, de quem tomara Liza (na novela, o jogo é contra Tchekalínski, o que não tem o mesmo significado, ligado à antiga superstição do "feliz no jogo, infeliz no amor"). Na terceira mão, porém, em vez do ás, que lhe daria a vitória, o que sai é a dama de espadas e, com ela, a aparição da condessa, que vem buscá-lo. Perdendo a razão, Guérmann se mata. O instinto romântico de Módest o faz preferir esse desenlace. Púshkin poupa a sua personagem, internando-a num asilo, completamente insana.

Este drama é de um romantismo quase tão desabrido quanto *A Feiticeira*. A diferença, porém, é que a identificação de Tchaikóvski, num nível muito profundo, com os sentimentos e as dores das personagens motiva-o para dar, uma vez mais, a plena medida de seu gênio como dramaturgo, e para escrever uma música que tem força elementar. O recitativo, na *Píkovaia Dama*, é ainda mais flexível do que no *Oniéguin*, e avizinha-se – embora sem a mesma intencionalidade, e sem perder o estilo cantábile que lhe é bem peculiar – do ideal do "*rússkoie slôvo*" proposto pelos Cinco.

Os números líricos são de empolgante extroversão. É difícil dizer qual das árias é de maior impacto em sua exata caracterização psicológica e em sua realização melódica. São impressionantes de convicção as de Guérmann:
– "Krasávitsa, boguínia, ânguiel" (Minha bela, minha deusa, meu anjo), em que se declara a Liza;
– ou "Shto násha jizn? Igrá!" (O que é a nossa vida? Um jogo!), que canta antes de morrer, constatando amargurado que "o bem e o mal não passam de sonhos, trabalho e honra não são mais que lorotas de comadres!".

E é de extrema força o torturado monólogo de Liza à beira do Neva, "Uj pólnotch blizítsa" (Já se aproxima a meia-noite) – cujo texto é do próprio Tchaikóvski –, em que a jovem se angustia com a suspeita de que o amante tenha sido o causador da morte da avó:

Iá znáiu, on pridiót,
razsiêiet podozriênie.
On jiórtvaia slútchaia
i priestupliénia niê mójet,
niê mójet sovershít!

(Eu sei que ele virá esclarecer minhas suspeitas. Ele é a vítima das circunstâncias e nunca seria capaz de cometer um crime.)

Cartaz de uma apresentação de *Pique Dame* na Komische Oper de Berlim, na década de 1960.

Guérmann (G. Grigorián) aterroriza a Condessa (A. Filátova) ao lhe pedir o segredo das três cartas: *A Dama de Espadas* montada por Iúri Temirkánov e Ígor Ivánov, no Maríinski Teatr de São Petersburgo, em 1993.

A Dama de Espadas: a cena no cais do Nevá (ato III, 3); montagem de Ígor Ivánov no Maríinski, 1993.

Desenho de figurino de Günter Walbeck para a Governanta da *Dama de Espadas*; montagem de Nikolaus Sulzberger na Deutsche Oper de Berlim, em 1977.

Guérmann assedia a velha Condessa: desenho de cenário de Eduard Löffler para uma encenação da *Dama de Espadas* dirigida por Alexandre d'Arnals na Staatsoper de Berlim, em 1924.

A cena do Jardim de Inverno, no ato I da *Dama de Espadas*, montada por Kurt Horres e Andréas Reinhardt na Wiener Staatsoper, em 1982.

Mas ela se sente exausta, desesperançada, certa de que uma fatalidade absurda está prestes a roubar a felicidade com que a vida lhe acenava – e os pesados acordes da introdução não deixam dúvidas quanto ao destino que a espera.

Parece fora de dúvida, porém, que uma das mais belas melodias concebidas por Tchaikóvski é a de "Iá vas liubliú, liubliú biezmiérno" (Eu te amo loucamente), em que Ielétski, à beira de perder Liza para Guérmann, lhe confessa a profundidade de seu afeto:

> *Biez vas niê mýsliu dniá projít,*
> *iá podvíg síly biezprimiérnoi*
> *gotóv seitchás dliá vas sviershít,*
> *no znáitie: siérdtsa váshevo svobódu*
> *nitchém iá niê khotchú stiesniát,*
> *gotóv skrivátsia vam*
> *i pyl riévnivikh tchúvstv uniát,*
> *na vsió, na vsió vas gotóv iá!*

(Não concebo um só dia sem ti, estou pronto a fazer, por ti, um ato heróico que exija uma força sem par. Mas fique tranqüila: não quero de forma nenhuma restringir a liberdade de teu coração, estou pronto a esconder meus sentimentos para te agradar e a controlar os impulsos do ciúme. Estou pronto a fazer qualquer coisa por ti!)

Esta ária é uma daquelas páginas que confirmam o que foi dito no início deste capítulo: a estrutura curta e autocontida dos números operísticos é a que mais convém ao tipo peculiar de inspiração de Tchaikóvski, fértil em melodias encantadoras mas de fôlego curto para desenvolvimentos mais amplos. E ela tem um evidente parentesco com o monólogo do príncipe Griêmin, no *Ievguêni Oniéguin*: ambas são confissões de amor de um homem mais velho a mulheres que, de formas diferentes, não têm como retribuir a esse sentimento.

Pela primeira vez, de resto, Tchaikóvski entrega-se a um trabalho temático complexo. Há, na partitura, três *leitmotive* nitidamente caracterizados: o das cartas, o de Guérmann e o da Condessa. A melodia com que Guérmann canta seu amor por Liza confunde-se com a das cartas, como uma forma de expressar sua idéia fixa e predestinação. Esse tema desdobra-se de duas formas: uma é doce, cantábile, confiada aos violoncelos; a outra brusca, fortemente escandida sobre um intervalo de sexta descendente. O tema da Condessa, um dissimétrico si-sol sustenido-si-sol-fá sustenido-si, coxeia como a

personagem que caracteriza, e soa às vezes como uma risada escarninha. Mas muda totalmente de aspecto quando o espectro da velha aparece a Guérmann: é como se, na morte, ela tivesse encontrado a paz. O segredo das cartas é revelado a Guérmann num recitativo sereno, sobre um *tremolo* das cordas, e sua melodia ecoa o tema da morte no quarteto *A Morte e a Donzela*, de Schubert. Há ainda um eficiente recurso dramático a ressaltar: cada ato é mais curto do que o precedente, o que faz com que a ação se acelere gradualmente e, no final, dê a impressão de se precipitar para a inevitável destruição das personagens.

A Dama de Espadas oferece perfeito equilíbrio entre as passagens intimistas e as cenas de efeito, usadas para dar contraste à linha central da ação. A ópera se inicia num dia de primavera, no Jardim de Verão de São Petersburgo, com um animado quadro das babás, enfermeiras e governantas que passeiam e conversam enquanto as crianças se divertem à sua volta. É ali que assistiremos aos amigos de Guérmann comentando seus estranhos hábitos no cassino; e ao encontro do protagonista com Liza, que passa em companhia da Condessa e de Ielétski. O coro dos meninos, que brincam de soldadinho na cena inicial, é uma citação consciente do ato I da *Carmen*, que impressionara muito Tchaikóvski quando assistira a essa ópera em Paris, em 1876. Ele ficara fascinado com a graça e a clareza da música de Bizet, e com a força com que ela descreve um amor capaz de destruir os amantes.

O gosto de Tchaikóvski pela citação, aliás, está amplamente ilustrado na partitura. No dueto que Liza canta com sua prima Paulina, na cena 3 do ato I – retratando o hábito aristocrático dos saraus vespertinos, em que as moças da alta roda recebiam suas amigas –, ele usa o texto da "Inscrição sobre o Túmulo de uma Pastora", do poeta clássico Konstantín Batiúshkov: "Uj viétcher... oblákov pomierknúli kráia" (Já é noite... a crista das nuvens se desfaz). Reconstitui, assim, as romanças de salão, comuns na transição do século XVIII para o XIX, da mesma forma que, no ato I do *Oniéguin*, fizera Tatiana e Olga entoarem uma canção desse mesmo gênero.

A crítica a uma sociedade que vive trancada dentro de uma redoma está implícita na reação da governanta francesa, indignada com a vulgaridade da canção folclórica "Nu-ká, sviétik Máshenka" (Vamos, Mariazinha de olhos claros), que Paulina e suas amigas cantam e dançam, em seguida, para alegrar Liza. O que Tchaikóvski não conseguira na *Feiticeira*, aqui é obtido com a maior naturalidade: a fusão da música russa autóctone com a de gosto estrangeiro, típica de uma sociedade que posa de cosmopolita. Basta, aliás, prestar atenção ao "Shto násha jízn?", de Guérmann, para ver como nela ressoam reminiscências da "Ária das Cartas" ou do "La fleur que tu m'avais jetée", da *Carmen*.

Na seqüência passada no quarto da Condessa – que, tendo chegado cansada do baile, prepara-se para dormir e, sentada num canapé, rememora nostalgicamente os tempos em que era jovem e bela –, ela canta "Je crains de lui parler la nuit", a ária de Laurette no *Richard Coeur de Lion* (1784), de Grétry. A Condessa diz que a ópera era muito popular, na época em que morava em Paris. Isso é, decerto, um truque para sugerir a memória fraca da mulher idosa, pois *Richard* é de um período anterior ao mencionado por ela Condessa. E Tchaikóvski transpõe a melodia uma terça abaixo, em tom menor, num andamento consideravelmente mais lento, como se a velha senhora não fosse mais capaz de recordá-la corretamente.

Na cena do baile (II,1), insere uma *polonaise* de Óssip Antônovitch Kozlóvski (1757-1831), sobre o tema do hino "Ressoe o trovão da vitória". De origem polonesa, Józef Kozlowski foi descoberto entre seus soldados pelo príncipe Grigóri Potiômkin, favorito de Catarina, a Grande, que o nomeou diretor de sua orquestra privada. Tendo russificado o seu nome, compôs música incidental para peças de teatro e números de dança para os bailes em casa de seu patrão ou no palácio imperial, como esta *polonaise*, comemorativa de uma vitória militar em 1791. As palavras do hino, de resto, são cantadas triunfalmente pelo coro, no final da cena, de grande impacto, quando a imperatriz chega à festa. Como nenhuma personagem da casa real podia ser mostrada no palco, o pano tem de cair antes que ela apareça, o que acaba sendo de efeito dramático muito especial.

No trecho da aparição da Condessa a Guérmann, na caserna, há outra citação, feita pelo coro interno, que é de efeito sinistro: a de um dos salmos de Davi, "Gospodú moliúsia iá shto by vniál On pietcháli moiêi" (Rogo a Deus para que tire de mim este peso), comum na liturgia ortodoxa. A melodia do salmo é pontuada soturnamente pela repetição do nome das cartas reveladas pelo espectro – "Tróika... semiórka... tuz!" –, que soam como as inescapáveis batidas do destino na porta de Guérmann.

A canção de Tômski, em III, 3 – "Iésli-b mília diévitsy tak moglí lietát kak ptítsy" (Se as meninas bonitas voassem feito pássaros) – usa um poema de Gavríil Derjávin. E desempenha, no lugar onde aparece, a mesma função mundana dos *couplets* de M. Triquet no *Oniéguin*. Lugar de destaque, na cena do baile, cabe à seqüência de teatro-dentro-do-teatro: a apresentação do *divertissement* "A Sinceridade da Pastora", reconstituição das pastorais alegóricas, de tema mitológico, exibidas nas festas de corte do século XVIII. O texto é de Piótr Mikháilovitch Karábanov, *poeta cesareo* de Catarina, a Grande. Mas sua função não é apenas decorativa. Da história de Dafnis e Cloé, encenada durante o baile, Liza tira uma lição aplicável à sua vida: a de que é melhor preferir o jovem apaixonado ao velho rico, pois o amor é a única verdadeira riqueza. Aqui situa-se o real ponto de virada, o momento em que ela opta por Guérmann em vez de Ielétski, embora este lhe tivesse feito, na entrada do baile, uma linda declaração de amor.

Apaixonado pela música do período clássico, Tchaikóvski fez, para esse pastiche, pesquisas históricas detalhadas. Imitou o estilo de Monsigny, Martín y Soler, Salieri e Grétry; e citou textualmente um dos temas do *Filho Rival de seu Pai* (1787), de Bortniânski. Mais do que isso, no dueto entre o pastor e a pastora, homenageou o bem-amado compositor a quem dedicou as *Mozartianas*: a página é construída sobre o segundo tema do primeiro movimento do *Quinteto KV 406* e sobre o motivo do *Concerto em dó menor KV 503*, para piano e orquestra.

Stravínski dizia que a mistura especial de ingredientes franceses, italianos, alemães e

A Ópera na Rússia

eslavos era o que dava à música de Tchaikóvski o seu caráter tipicamente russo. Ela reflete, de fato, o caráter cosmopolita da classe culta russa do século XIX, de que há ecos em Púshkin e, até mesmo, num autor como Glinka que, deliberadamente, queria edificar um idioma nacional. O próprio elemento sobrenatural que, nesta ópera, é muito forte, tem proveniência ocidental, enraizando-se num autor como o alemão Theodor Hoffmann, por exemplo. Mas responde também a um gosto pelo fantástico, comum no homem russo, comprovado pela quantidade de vezes que os operistas desse país inspiraram-se no repertório dos contos de fada.

Certos temas da *Dama de Espadas* aparecem de maneira nova. O drama de Guérmann, em última instância, é o da renúncia ao imperativo natural do amor, em favor da riqueza – tema antigo, que sempre traz consigo a idéia complementar da maldição (vide Alberich e sua opção pelo ouro, na tetralogia wagneriana). Na *Píkovaia Dama*, além disso, esse tema está ligado a um outro que sempre fascinou o ser humano: o do jogo, tríade que se complementa com a idéia inevitável da morte. Embora pudesse ser resgatado pelo amor, após provocar a morte da Condessa, Guérmann perde sua última chance ao ser responsável pelo suicídio de Liza. É natural, portanto, que perca a partida para Ielétski, o ex-noivo de Liza, para quem se transfere o poder mágico da última carta. Observemos, de passagem, a vitória suplementar do nobre sobre o plebeu, sintetizando os dois níveis em que a história se passou: o social e o dos poderes ocultos.

Em *La Dame de Pique: Divertissement et Drame*, no folheto que acompanha a gravação Rostropóvitch, ao falar da função dramática do *divertissement* na cena do baile, o musicólogo André Lischke faz reflexões que vale a pena citar extensamente:

O elemento cósmico, inseparável da concepção romântica só aparece episodicamente na *Dama de Espadas*. Mas o faz sob um aspecto que reforça a antítese Guérmann-Liza. Ao fazer, no ato I, seu juramento de que há de conquistar a moça, Guérmann toma como testemunha a tempestade, que se desencadeou bruscamente, perturbando a serenidade de um dia de primavera. Como a Agathe do *Freischütz*, Liza confia à "noite serena" o seu segredo e a sua emoção. Cenicamente, é sobre esse jogo de antíteses que toda a ópera se constrói. É nele que se deve buscar a justificativa e o sentido profundo do *divertissement*. A

herança mozartiana de Tchaikóvski, centrada sobretudo no *Don Giovanni*, revela-se aqui em toda a sua riqueza. Ao mesmo tempo que dá ao espectador a possibilidade de recuperar o fôlego, o *divertissement* regenera a ação, pois é muitas vezes no centro de uma festa que se desata o nó de uma nova fase da ação. Desse ponto de vista, a cena do baile é particularmente marcante, pois é nela que se produz a transmutação no espírito de Guérmann e a obsessão do amor dá lugar à idéia fixa das cartas.

Mas a importância da aproximação com o *Don Giovanni* atinge ainda um outro plano. Existem paralelos evidentes entre os dois heróis, Don Juan e Guérmann. Capazes, um e outro, de transgredir as leis humanas em nome da paixão, ambos vão até o crime, direto ou indireto. Em virtude de sua própria vontade, ou de circunstâncias cúmplices, colocaram-se além do Bem e do Mal, mas abriram, assim, o caminho para que, do mundo sobrenatural, venha a retribuição por seus atos. Pelo seu alcance moral e emocional, essa retribuição deve-se acompanhar de uma "festa devastada". Don Juan prepara para si mesmo uma festa musical interrompida pelas batidas do Comendador na porta. Guérmann ganha com as duas primeiras cartas, numa atmosfera em que se misturam a embriaguez do vinho e a do jogo; mas o espectro da Condessa surge, arruinando suas esperanças e empurrando-o para o suicídio. E, no entanto, é o Eterno Feminino quem triunfa. Não há saída possível para Don Juan, que é arrastado para o fundo do Inferno. Mas o amor de Liza assegurará a Guérmann o perdão e a redenção.

Para conhecer a *Píkovaia Dama*, eis as gravações existentes:

Melodya, 1946 – K. Dierjínskaia, N. Khanáiev/ Samuíl Samosúd;

Melodya, 1952 – E. Smólenskaia, G. Nélepp/ Aleksandr Miélik-Pasháiev;

Decca/London, 1955 – V. Heybalová, D. Petróvitch/Kreshimír Baránovitch;

Melodya, 1967 – T. Mláshkina, Z. Andriaparídze/Borís Kháikin;

Philips, 1974 – Mláshkina, V. Atlántov/Mark Ermler;

DG, 1977 – G. Vishniévskaia, P. Gúgalov/ Mstislav Rostropóvitch;

Sony, 1990 – S. Evstátieva, W. Ochmann/Emil Tchakárov;

Philips, 1992 – M. Guleguína, G. Grigorián/ Valiéry Guérguiev;

RCA, 1992 – M. Freni, Atlántov/Seiji Ozawa.

Em vídeo, além da montagem do Kírov, com Valiéry Guérguiev, mencionada acima, há também:

– a do Bolshói (década de 1980), com Atlántov e Mláshkina;

– a da Ópera de Philadelphia (1983), com Evstátieva e Popóv, regida por Voldemar Nelsson (na qual vale a pena destacar a excepcional Condessa interpretada por Régine Crespin);

– e de Glyndebourne (1992), com Gustafsson/Marússin, regida por Andrew Davis.

A estréia da *Dama de Espadas*, no Teatro Maríinski, em 7 de dezembro de 1890, foi o maior triunfo colhido por Tchaikóvski na primeira apresentação de uma de suas obras. Mas o reconhecimento como um dos principais músicos de seu país foi comprometido por um acontecimento inesperado, que o encheu de amargura para o resto da vida: a ruptura com uma das poucas pessoas com quem, a vida toda, soubera realmente abrir-se. Em novembro de 1876, Nikolái Rubinstéin o apresentara a uma rica mecenas, admiradora de sua música. Após um casamento extremamente infeliz, que lhe deixara onze filhos – sete dos quais sobreviveram – Nadiêjda Filarétovna von Meck viu na possibilidade de ajudar o jovem músico uma forma de consolar-se de suas frustrações. De início, encomendou-lhe arranjos para piano e violino, que lhe pagava regiamente. Depois, a partir de outubro de 1877, começou a dar-lhe uma pensão anual de seis mil rublos, e a hospedá-lo em sua propriedade de Bráilov ou – quando ela ali estava – na casa que possuía na aldeia vizinha de Simáki. Impunha-lhe uma única condição: a de que nunca se encontrassem pessoalmente. "Quanto mais me sinto fascinada por sua música, mais medo tenho de conhecê-lo", disse-lhe.

Eles só se comunicavam por carta – o que, para o retraído Tchaikóvski, para quem o relacionamento com mulheres sempre fora penoso, era o arranjo perfeito. E o que, para os estudiosos de sua biografia, é precioso, pois a copiosa correspondência que trocou com Mme. von Meck é um repositório de informações sobre seus sentimentos. A ninguém mais, a não ser a Módest, ele conseguiu abrir-se tanto quanto à sua protetora e confidente.

E, no entanto, em setembro de 1890, sem maiores explicações, Nadiêjda Filarétovna lhe escreveu para Tíflis, onde estava passando as férias com o irmão Anatól, dizendo-lhe que atravessava dificuldades financeiras e não poderia mais garantir-lhe a pensão.

"Adeus, amigo incomparável", dizia, "não se esqueça de quem sente por você um amor infinito." A essa altura, os direitos autorais que recebia já não o faziam mais depender tanto da pensão que Mme. von Meck lhe pagava. Mas à carta em que lhe assegurava que a interrupção da ajuda em dinheiro em nada abalaria a sua amizade, ela nunca respondeu. Piótr Ilítch logo deu-se conta de que a ruptura era definitiva, e por razões que nunca ficaram claras para ele. Houve quem adiantasse a hipótese de que a mecenas ficara escandalizada ao descobrir seu homossexualismo. Rostislav Hofmann acredita nisso:

> Na opinião de parentes do compositor, essa decisão brusca e brutal fora provocada pelo fato de terem informado Mme. von Meck sobre a enfermidade (sic) de Tchaikóvski, o que lhe provocou profundo asco.

Esse é o ponto de vista encampado por Ken Russell em *Delírio de Amor* (The Music Makers), o filme de 1972 em que fez uma fantasiosa biografia do compositor. Esta é, porém, uma versão que nunca pôde ser comprovada. Em *Tchaikovsky*, da coleção *Music Masters*, Edward Garden comenta:

> O que Piótr Ilítch não podia suportar era a idéia de que não passara de um brinquedo nas mãos de uma mulher rica, cujos presentes lhe davam uma espécie de direito sobre ele. Direito esse que, como aconteceria com qualquer outro dos músicos que ela empregava, deveria cessar a partir do momento em que ela parasse de lhe pagar um "salário". Tchaikóvski sempre achara que o relacionamento entre os dois transcendia esse tipo de coisa, e a atitude dela abalou muito a sua fé na natureza humana.

Principalmente depois que ele se deu conta de que, ao contrário do que sua ex-protetora lhe escrevera, sua situação financeira nunca fora melhor. Em carta a Jurgenson, seu editor, ele desabafou:

> Minhas relações com Mme. von Meck foram sempre de tal natureza que nunca senti o menor constrangimento em receber os subsídios que ela me oferecia generosamente. Hoje, retrospectivamente, isso me pesa: ela feriu meu amor próprio. [...] Afinal, tudo não passou de uma questão de dinheiro, que acaba de forma banal e estúpida? Sinto nojo... Que vergonha!

Comentando o episódio, E. Garden escreve:

Não temos como saber se Tchaikóvski tinha razão em suas suspeitas mas, mesmo que tivesse pleno conhecimento dos fatos reais, era provavelmente demasiado egocêntrico para encarar o episódio de um ponto de vista que não fosse o seu. Havia alguns anos que Mme. von Meck estava física e mentalmente doente. Sua tosse insistente faz crer que ela sofresse de tuberculose; e sua completa dedicação à família era um sintoma dessa misantropia e agorafobia de que o próprio Tchaikóvski, a essa altura, tinha conseguido se livrar. O filho mais velho dessa senhora, Valdemar von Meck, tinha-se transformado em um destroço físico e mental, e ia aos poucos definhando diante de seus olhos. Não é improvável que ela tivesse desenvolvido um poderoso complexo de culpa, acusando-se de devotar a um estranho o amor e o dinheiro que deveriam ter sido exclusivamente reservados a seu filho e à sua família. Além disso, estava sendo chantageada pelo genro, o príncipe Shirínski-Shikhmátov, que descobrira a condição de filha ilegítima de Mílotchka von Meck, com quem se casara. Talvez Mme. von Meck achasse ser seu dever pôr um fim ao relacionamento com Tchaikóvski. E se não abriu mais as cartas que Piotr Ilítch lhe mandou, foi porque provavelmente não confiava em si mesma. Mme. von Meck sobreviveu apenas uns poucos meses a Tchaikóvski. É uma pena que ele não tivesse podido avaliar o real estado de saúde dela, pois isso teria aliviado parcialmente o sentimento de amargura que carregou consigo em seus últimos anos de vida.

A família von Meck tentou, posteriormente, desmentir a versão de Módest Ilítch – relatada por R. Hofmann em seu livro – de que, delirando, no leito de morte, Piótr chamava Nadiêjda Filarétovna de *prokliátia* (maldita). Garden cita o livro de memórias *As I Remember Them*, publicado em Londres, em 1973, por Galina von Meck, filha de Nikolái von Meck e de Anna Davýdova, sobrinha de Tchaikóvski. Ela garante que, no outono de 1893, sua avó e seu tio-avô tinham-se reconciliado e que, portanto, esse ressentimento já não tinha mais razão de ser. Mas nenhuma prova convincente de que isso é verdade surgiu desde então. As cartas que, na década de 1980, a revista francesa *Le Monde de la Musique* anunciou terem sido descobertas, demonstrando que Piótr e Nadiêjda voltaram a ter contato no fim da vida, não passavam de falsificações grosseiras, provenientes, decerto, da vontade que tinha a família von Meck de pôr fim a uma discussão constrangedora. O mais certo é que as razões reais dessa intempestiva ruptura permaneçam para sempre no terreno da conjectura.

Tchaikóvski comporia ainda uma ópera artesanalmente bem construída, mas que nada acrescenta de substancial à sua obra. Em abril de 1891, durante uma excursão aos Estados Unidos – onde descobriu, com surpresa, ser tão conhecido e admirado quanto na Rússia –, começou a trabalhar em *Iolanta*, um libreto de Módest baseado em *Kong Renés Dåtter* (A Filha do Rei René), drama do dinamarquês Henrik Herz traduzido por Vladímir Zótov. Ele a lera em 1883, sem que lhe chamasse a atenção. Mas ficou bem impressionado, ao vê-la encenada, em 1890. Escolheu-a como um complemento, em um ato, para o balé *Tchielkúntchik* (O Quebra-nozes), que lhe fora encomendado pelo Maríinski.

Iolanta, personagem real, aqui tratada de forma fictícia, era a filha do rei René do Anjou e da Lorena, cuja corte foi um dos grandes centros culturais da Provença no século XV. René foi um homem tão popular que passou ao folclore com o nome de "le bon roi René". Na peça de Herz, o rei proibe a todos os seus súditos de contar a Iolanta que ela é cega de nascença. O médico mouro Ibn Khakia diz ao rei que a moça pode ser operada e recuperar a visão se souber de sua enfermidade e desejar ardentemente ser curada. Mas o soberano, temeroso de que a operação fracasse, prefere esconder da filha que é possível ser diferente do que sempre foi. O cavaleiro de Vaudemont, que se apaixonou por Iolanta e não sabe da proibição, conta-lhe que ela é cega e, por isso, é condenado à morte. Iolanta, que deseja salvá-lo, submete-se com tal fé à operação, que passa a enxergar. O rei, então, abençoa a união dos dois jovens. E a ópera termina com um radioso hino em louvor à luz.

Entusiasmava a Tchaikóvski poder trabalhar de novo com os Figner, que criaram o par central. Mas a ópera obteve apenas acolhida respeitosa do público, ao estrear em 6 de dezembro de 1892. A crítica considerou a música fraca, demoliu o libreto de Módest, e o programa duplo, apesar da instantânea popularidade do balé, não sobreviveu à 11ª récita. Paradoxalmente, a estréia em Hamburgo, dezesseis dias depois, foi um sucesso e, durante algum tempo, *Iolanta* foi melhor recebida no exterior do que na própria Rússia. Só na década de 1960, quando foi realizado um filme em que jovens alunos de canto do Bolshói dublavam as vozes de cantores mais experimentados, é

Duas cenas de Iolanta: produção conjunta das óperas de Dresden e Chemnitz, de sir Peter Ustinov e Josef Svoboda — na primeira foto aparecem, da esquerda para a direita, Thomas Mätger (Bertram), Ielena Ievsêieva (Iolanta), Nikita Storóiev (o rei René), Gueórgui Rússev-Iordánov (Almerich) e Monika Straube (Marta); na segunda foto, a princesa aparece cercada de suas damas de companhia: Brigitte (Cornelia Strelow), Marta (M. Straube) e Laura (Regine Lehmann-Köbler).

que a ópera tornou-se mais popular dentro da URSS. Existem quatro gravações da *Iolanta*:

- a de Mark Ermler (Melodya/Columbia, 1978);
- a de Mstislav Rostropóvitch (Erato, 1984); a de Hans Rotman (CPO, 1993);
- e a de Valiéry Guérguiev (Philips, 1996).

A segunda é o registro ao vivo de um concerto, em Paris, com Galina Vishniévskaia e Nicolai Gedda, ambos numa fase de declínio vocal mas resplandecentes de musicalidade e inteligência interpretativa. A de Rotman também ao vivo, feita em Gand, na Bélgica, durante o festival anual do European Center for Opera and Vocal Arts (Ecov), em homenagem ao centenário da morte do autor, padece do fato de ter um elenco esforçado mas menos experiente; a condução orquestral, porém, é bastante satisfatória. A mais recente, com elenco muito equilibrado, conta com o excelente desempenho de Galina Gortchakôva e Gegam Grigorián, na época dois talentos em ascensão. Além disso, em vídeo, dispõe-se de uma montagem do Colón, de Buenos Aires, em 1993, regida por Bruno d'Astoli.

Do ponto de vista estrutural, não há novidade alguma em relação às óperas anteriores, embora o artesanato seja da melhor qualidade. Um arioso livre, semelhante ao da *Píkovaia Dama*, forma a base na qual se inserem alguns números fechados, árias ou duetos. O mais interessante deles é o monólogo do médico, "Dva míra, plótskii i dukhóvnyi" (Dois mundos, o da carne e o do espírito), único exemplo do uso, em Tchaikóvski, de melodias sugerindo o exotismo oriental, na linha do *Ruslán i Liudmíla*.

Não há temas recorrentes propriamente ditos e, sim, o que Michel Maximovitch, em *L'Opéra Russe*, chama de *leittimbre*, ou seja, a utilização sistemática das madeiras, principalmente a clarineta e o corne inglês, para descrever o mundo de Iolanta, enclausurada nas trevas. Isso fica muito claro no *Prelúdio*, escrito apenas para os sopros: a ausência das cordas sugere tudo o que a falta de visão faz a jovem princesa perder. Mas *Iolanta* é, no dizer de R. Hofmann, "uma obra de mestre no sentido pejorativo do termo: a técnica ocupa, nela, o lugar da inspiração."

Na verdade, Tchaikóvski, aqui como na *Feiticeira*, não parece ter sido capaz de extrair tudo o que o tema da regeneração e da cura pelo amor poderia propiciar. Ele se sente mais à vontade com os elementos realistas – tanto assim que os retratos do médico e do rei, cujas preocupações têm caráter prático, são os mais bem-sucedidos. Seja como for, a juventude e a vulnerabilidade da princesinha cega mobilizam a sensibilidade tipicamente feminina do compositor, e as melodias que escreve para ela são de uma beleza radiosa. São particularmente felizes o arioso "Otchevô eto priêjdie niê znála?" (Por que, antes, eu não sabia?), em que Iolanta sente obscuramente haver algo de errado em sua natureza; ou o dueto "Vy mniê pietstáli kak vidiênie" (Você surge diante de mim como uma visão). Da melhor qualidade é também "Kto mójet sravnítsa s Matíldoi moiêi" (Quem pode comparar-se à minha Matilde?), a ária em que o companheiro de Vaudemont, Robert duque da Borgonha, oficialmente noivo de Iolanta, a quem não conhece, declara o amor que sente por Matilde da Lorena. É uma página que se insere na mesma linhagem das declarações de amor de Griêmin e Ielétski.

Piótr Ilítch Tchaikóvski morreu em 6 de novembro de 1893 – segundo a versão oficial, por ter bebido um copo de água não fervida durante a epidemia de cólera que grassava em São Petersburgo. Quis-se ver nisso uma atitude suicida, atribuindo-a à depressão causada no compositor pelo fracasso de sua *Sinfonia nº 6 "Pathétique"*. Mas as circunstâncias dessa morte sempre estiveram envoltas em mistério. Hofmann frisa o fato de que, ao chegar a São Petersburgo, em 10 de outubro de 1893, para reger a "Patética" seis dias depois,

seu estado de espírito era excelente e, embora tivesse sabido da morte de vários amigos na epidemia de peste, sentia-se cheio de vida, de juventude, repetindo a seus parentes que tinha a certeza de ainda viver muito tempo. Mesmo no dia 20, depois do quase fracasso da *Pathétique*, sentia-se em ótima saúde.

No dia seguinte, teria ocorrido o estranho episódio do copo d'água não fervida, que o fez contrair o cólera. Essa história, entretanto, seria contestada, em 1978, pela musicóloga soviética Aleksandra Orlôva. Baseando-se em pesquisas que teria feito na casa de Klin, perto de Moscou, onde Piótr Ilítch passou o fim da vida – hoje transformada em museu –, Orlôva apresentou uma versão inteiramente diferente dos fatos. Afirmou que Tchaikóvski teria sido submetido ao julgamento de um tribunal de honra formado por ex-colegas da Escola de Direito, pois viera à tona a ligação homossexual que mantinha com um jovem aristocrata da família imperial. Para evitar o escândalo, que seria enorme se ele fosse preso por corrupção de menor, esse tribunal lhe teria imposto a "saída honrosa" do suicídio, que ele aceitou.

Além de basear-se em testemunhos de pessoas que assistiram a seus últimos momentos, para afirmar que os sintomas pareciam mais de envenenamento por arsênico do que de morte por cólera, Orlôva apresenta um argumento forte: segundo a tradição ortodoxa, o corpo foi exposto à visitação numa igreja (apesar dos tempos difíceis por que a capital passava com a epidemia, seu funeral mobilizou os mais diversos setores da cidade). Ora, as medidas sanitárias exigiam, se ele realmente tivesse morrido de cólera, que o caixão estivesse selado, para evitar a contaminação – e isso não aconteceu.

A tese de Orlôva foi esposada, no plano da ficção, pelo romancista francês Dominique Fernandès, que nela se baseou para construir a trama de *Tribunal d'Honneur* (Grasset e Fasquelle, 1996) – lançado em tradução brasileira, três anos depois, pela Record. Mas esse último enigma nunca será resolvido. As cartas onde Piótr Ilítch mencionava, ainda que indiretamente, seus problemas com o homossexualismo foram censuradas por Módest na hora da publicação de sua correspondência. E em 1923, quando saíram os seus diários – *Dniévniki Piótra Ilítcha Tchaikóvskovo* –, constatou-se que o irmão dileto arrancara dele várias páginas, justamente as que continham referência aos conflitos íntimos do irmão.

Tendo as mesmas preferências que Piótr e sendo seu mais íntimo confidente, Módest certamente sabia a verdade. Mas o peso do poder e da moral eram tamanhos que nunca poderia revelá-la. Além disso, o puritanismo soviético varreu decididamente o problema para debaixo do tapete. Num filme russo da década de 1960, em que o papel do compositor é feito pelo notável ator Innokiênti Smok-

tunóvski, não há a mais tênue alusão a seu homossexualismo, e não dá para entender por que o casamento com Miliukôva é tão desastroso. Na verdade, a queda da URSS nada fez para mudar essa postura. Em 1997, a Limbus Press, de São Petersburgo, reeditou o *Tchaikóvski* de Nina Berberôva, publicado em Paris em 1937. Ao apresentar essa biografia pioneira, o editor A. Vieselóv chamou a atenção para o fato de que a autora, "ao invés de explorar o lado escandaloso da vida do grande compositor", preferiu "fazer o retrato do homem de gênio". Não que haja sentido na mera exploração sensacionalista desses aspectos íntimos; mas eliminá-los, pura e simplesmente, é renunciar a um elemento fundamental para a compreensão da personalidade conflituosa do músico e de muitas motivações de sua criação.

No dossiê especial sobre Tchaikóvski, publicado pela revista *Diapason* (nº 389, janeiro de 1993) na época do centenário de sua morte, Catherine Steinegger comenta:

> Este enigma dá à vida de Tchaikóvski uma coloração trágica. A *Sinfonia Patética* permanece como o testamento de um compositor que não era apenas um criador de música ligeira, mas um músico sincero que deixou, com força e talento, um testemunho singular sobre as angústias da existência humana.

A posição muito especial de Tchaikóvski, dividido entre uma sensibilidade tipicamente eslava e a atração pela linguagem musical ocidentalizada em que se enraizava sua formação, é discutida por René Leibowitz em *L'Histoire de l'Opéra*:

> No autor do *Ievguêni Oniéguin* e da *Dama de Espadas*, não há nenhum sinal daquele desejo de romper com a tradição ocidental que deu à ópera russa o seu impulso original. Ele procura, em vez disso, aproximar-se da ópera italiana, francesa, alemã, pelas quais nutre a mais declarada admiração. Deve-se, portanto, deduzir daí que renega as suas origens eslavas, rejeitando as conquistas de seus predecessores russos? Não acredito, pois, em primeiro lugar, ele revela nítida predileção pelos assuntos russos; para ele, também, Púshkin permanece como a fonte favorita de inspiração, como o demonstram essas duas óperas que acabamos de citar.
>
> Além disso, o *melos* de Tchaikóvski apresenta freqüentemente o colorido próprio do folclore eslavo, assimilado, todavia, à sua própria linguagem e mais profundamente transformado do que em qualquer outro compositor russo. Por outro lado, nele, tanto a harmonia quanto a orquestração vinculam-se mais claramente aos

compositores ocidentais do que aos mestres russos. No entanto, Tchaikóvski seria inconcebível, como compositor, sem a plêiade de inovadores que o precederam.

Com Tchaikóvski, portanto, a ópera russa retorna àquelas tradições que, em um primeiro momento, ele próprio tinha tentado repudiar. Realiza-se, assim, o curioso destino de uma experiência lírica entre as mais singulares apresentadas pela História da Ópera. Depois de ter cortado todos os vínculos com uma arte da qual tinha extraído todos os meios que lhe permitiram chegar à ruptura, essa tentativa se reabsorve através de uma espécie de retorno cíclico sobre si mesma, e acaba por reinserir-se na grande tradição operística mundial, enriquecendo-a com uma contribuição de altíssimo valor.

Os Nacionalistas

MÚSSORGSKI

A instabilidade era a característica fundamental da personalidade do maior compositor dramático russo do século XIX – e um dos grandes gênios de toda a História da Ópera. A necessidade constante de se renovar, de se impor novos desafios, gerava nele insatisfação permanente com o que fazia, levando-o a abandonar um projeto para dedicar-se a outro. Essa inconstância, aliada ao alcoolismo crônico, que lhe abreviou a existência, fez com que deixasse inacabada a maior parte de sua obra. O que acarretou sério problema musicológico, pois seus companheiros, apesar da boa-vontade com que editaram suas partituras para que pudessem ser estreadas, não estavam em condições de compreender uma escrita tão à frente de seu tempo, e a remanejaram de forma a freqüentemente deturpar suas intenções.

As primeiras ambições operísticas de Módest Mússorgski datam de 1856: aos dezessete anos, acabando de ingressar no regimento Preobajênski, e totalmente ignorante das técnicas de composição – embora já fosse hábil pianista –, planejou, provavelmente inspirado pelo exemplo da *Esmeralda* de Dargomýjski, uma ópera baseada no *Han d'Islande*, de Victor Hugo. Mas não é de se espantar que o projeto não tenha ido adiante. Dois anos depois, já tendo estreitado a amizade com Balákirev, embarcou num *Édipo em Atenas*, outra aventura que teve o mesmo destino. Dessa, pelo menos uma cena chegou a ficar pronta e foi executada em 1861.

Em 1863, Mússorgski ficou muito irritado com a *Judite* de Seróv. Em carta de 10 de junho de 1863 a Balákirev, acusou-a de ter libreto muito ruim, recitativos italianados que não se adaptavam à natureza da língua russa, e melodias que denotavam falta de imaginação. Na verdade, a esses sentimentos misturava-se uma pontinha de inveja pelo enorme sucesso obtido por um crítico cujos postulados ideológicos eram tão diversos dos seus. Mais adiante, veremos como foi forte, sobre sua obra, a influência desse compositor que ele tanto rejeitava.

Seja como for, Módest decidiu responder à *Judite* com outra ópera, de assunto igualmente oriental. Escolheu, para isso, *Salammbô*, de Gustave Flaubert, que acabara de ser publicada em russo e o impressionara muito. No libreto, que ele próprio preparou condensando o romance, ou acrescentando-lhe desenvoltamente episódios (a cena que se passa na prisão; a tempestade durante o holocausto a Moloch), deu menos importância ao envolvimento amoroso da sacerdotisa com o guerreiro líbio Mathô do que à revolta dos escravos líbios contra seus senhores cartagineses – o que é indicativo de suas tendências políticas liberais e da atração que já demonstrava por uma temática contestatória. Mas *Salammbô* nunca chegou a ser terminada. Vladímir Kompaniêiski, amigo de Módest, conta que ele perdeu a vontade de seguir adiante, por achar que estava trabalhando com um orientalismo de pacotilha e criando uma Cartago que era mais engraçada do que nobre.

Essa é uma manifestação típica da rigorosa autocrítica que, muitas vezes, mais tarde, o levaria a desistir de projetos em andamento, por se convencer de que não tinha condições de realizá-los. Sobraram apenas a primeira cena do ato I, a segunda do II, a segunda do III e as duas primeiras do IV, ainda assim em estado fragmentário, ora semi-orquestradas, ora em *particella* ou em redução para piano com algumas indicações de instrumentação. No fim da década de 1970, os trechos existentes foram orquestrados pelo regente húngaro Zoltán Peskó, para uma apresentação na Arena de Verona, em 1981, que foi gravada ao vivo. Para tanto, Peskó baseou-se em tentativas anteriores, de Rímski-Kórsakov, Vladímir Senílov e Vissariôn Shebalín, de montar esses fragmentos dando-lhes certa seqüência.

Mesmo em estado de torso, essa primeira experiência dramática de Mússorgski já denota a extraordinária liberdade que tinha em relação à estrutura das cenas, afastando-se inteiramente das receitas tradicionais – o que fez com que a crítica conservadora o acusasse de "não ter senso de forma". Sente-se também, em trechos como o monólogo de Mathô, na prisão, a originalidade de uma escrita vocal que não leva em conta nenhum dos preceitos do belcanto. Isso é particularmente verdade em relação aos monólogos da personagem-título, que já prenunciam as linhas incisivas da Marfa na *Khovânshtchina*. Essa originalidade manifesta-se também no plano harmônico, em que há dissonâncias e transições cromáticas inesperadas até mesmo para os hábitos de escrita dos Cinco, nessa fase bem pouco convencionais. Mas há, em *Salammbô*, os mesmos defeitos que Mússorgski recriminava em Seróv: despreocupação em criar uma ambientação oriental exata, o que resulta em certa descaracterização musical; e anacronismos como o de usar temas da música litúrgica ortodoxa para os coros dos sacerdotes de Moloch.

Além da gravação já citada de Peskó, existe, dessa primeira tentativa inconclusa, um vídeo de 1991, com a apresentação regida por Valiéry Guérguiev, na Arena de Mérida, du-

rante uma excursão do elenco do Teatro Kírov à Espanha.

Em 1868, ano em que estava acompanhando ativamente o processo de composição do *Convidado de Pedra*, entusiasmado com as idéias de Dargomýjski, Mússorgski fez também sua experiência de tirar uma ópera diretamente de uma peça de teatro. Mas levou um passo adiante a ousadia de Aleksandr Serguêievitch: escolheu uma comédia em prosa e em "estilo vulgar", que leva às últimas conseqüências o coloquialismo naturalista. Foram justamente a aspereza e a falta de "poesia" que o atraíram em *Jenítba* (O Casamento), de 1834, a que Nikolái Gógol dera o subtítulo de "um acontecimento absolutamente inverossímil em dois atos". E ao fazê-lo, dava aplicação muito pessoal às idéias sobre emoção e forma, e sobre a necessidade de encontrar, para a ópera russa, uma "maneira natural de cantar", que encontrara em *Estetítcheskie Otnoshênia Iskússtva k Deistvítielnosti* (As Relações Estéticas da Arte com a Realidade, 1855), de Nikolái Gavrílovitch Tchernishévski – a bíblia do Realismo russo.

Rímski-Kórsakov que, na época, dividia com Módest um apartamento, conta ter ouvido dele: "Será uma ópera dialogada, e de diálogos que não se envergonham do jeito como são." Mais importante ainda foi o que o próprio compositor escreveu, em 3 de julho de 1868, à sua amiga Liudmíla Shestakôva, irmã de Glinka:

> Gostaria que minhas personagens falassem no palco como as pessoas falam na vida real; mas de tal maneira que o caráter e a força dessas personagens, sustentados pela orquestra, que compõe a moldura musical de suas palavras, atingissem diretamente o seu objetivo – ou seja, que a minha música fosse uma reprodução artística da palavra humana em suas inflexões mais refinadas; isto é, que os sons da linguagem humana, como manifestações do pensamento e das emoções, pudessem transformar-se em verdadeira música, exata e altamente artística. Com o *Casamento*, estou atravessando o Rubicão. É a prosa de verdade posta em música. Não é o desprezo dos músicos e dos poetas que os leva a revesti-las com uma ação heróica. É a reprodução da linguagem humana como uma manifestação de estima por ela.

Essa carta tem o valor de um verdadeiro manifesto. E já contém em germe idéias que serão mais claramente expressas, em 1880, no *Esboço Autobiográfico* que Módest escreverá, a pedido do enciclopedista alemão Hugo Riemann, para ser incluído no *Musik-Lexikon* que este estava preparando. Ali, o músico dirá, falando de si mesmo na terceira pessoa:

> Partindo da convicção de que o discurso humano é estritamente regulado por leis musicais (Virchow, Gervinus), ele [Mússorgski] considera que o objetivo da arte musical é não só a reprodução sonora dos modos de sentir (*nastroiênia tchúvstva*) mas, principalmente, a reprodução dos modos humanos de falar (*nastroiênia riétchi tcheloviétcheskoi*).

Nesse texto aparecem citados dois intelectuais alemães que forneceram os alicerces teóricos para as suas opções realistas de composição: o antropólogo positivista Rudolf Virchow e, principalmente, o historiador de música e literatura Georg Gottfried Gervinus. Este último é o autor de *Händel und Shakespeare: zur Aesthetik der Tonkunst* (Haendel e Shakespeare: Para uma Estética da Arte Musical), publicado exatamente na época em que Mússorgski estava começando a trabalhar no *Casamento*. Nesse livro, em que defende o ideal anti-romântico do retorno ao conceito aristotélico de mimese – para ele, a grande arte é a que imita a natureza –, Gervinus formula, a respeito da técnica de recitativo, idéias em que reconhecemos os princípios que Mússorgski porá em prática a partir do *Casamento*. Para Gervinus, "Bettonung is die Mutter der Musik" (o acento é a mãe da música). Além do acento gramatical ou silábico, e do retórico, o teórico alemão distingue o que chama de "patetische oder Empfindungsaccent" (o acento patético ou afetivo) que, "mediante os mais sutis matizes da voz, dota os sentimentos de quem fala de uma língua própria e muito especial" – acrescentando: "se se quiser expressar graficamente esse acento emotivo, *será necessário recorrer à notação musical*" (o grifo é meu).

Pode-se facilmente imaginar o efeito sobre Mússorgski da leitura de uma passagem como:

> O *Empfindungsaccent* introduz, por trás da linguagem da lógica, uma nova linguagem, na qual o discurso ordinário se transforma com a tonalidade mais aguda ou mais grave, com o aumento ou a diminuição do volume, com o andamento mais rápido ou mais lento, a

intensificação ou o enfraquecimento, a abertura ou o fechamento das vogais, que se destaca para que sobre elas incida a acentuação emocional. Isso possibilita não só compreender o que se fala, mas também ter empatia com o que está sendo dito. Acontece freqüentemente de acentos nervosos internos, que se erguem na alma sob a influência de vivas impressões externas, procurarem uma forma mais precisa de se manifestar do que a que lhes é fornecida pelo conteúdo verbal da frase. Nesse caso, a caixa de ressonância das emoções será não a substância estritamente delimitada da palavra, mas o acento musical, que pulsa elasticamente e é ilimitadamente flexível.

Ao contrário dos musicólogos do século XIX, que viam no recitativo melódico da Camerata florentina uma forma ainda muito tosca de expressão musical, Gervinus considerava a monódia da origem da ópera uma grande realização. A descrição que faz do recitativo de Jacopo Peri na *Euridice*, de 1600, pode perfeitamente ser usada para falar do que Mússorgski pretendeu fazer em suas óperas. Gervinus torna-se, assim, o elo entre o músico russo e o antigo ideal de *recitar cantando*, formulado desde os primórdios do gênero:

> Observando os acentos naturais das emoções de alegria ou tristeza, e providenciando para que a emissão dessas palavras fosse feita num discurso corretamente enunciado, [Peri] era capaz de basear as suas melodias na entonação da frase. [...] O recitativo, tal como foi trabalhado por Peri, corresponde ao ideal de poesia proposto por escritores clássicos como Martinus Capella: um gênero a meio caminho entre a fala e a música, que transcende o poder individual de cada uma delas ao uni-las em uma só coisa.

Basta comparar essa citação a um trecho da carta que Módest escreveu a César Cui, em 3 de julho de 1868, para compreender o efeito do livro de Gervinus sobre ele:

> No meu *opéra dialogué*, estou tentando representar com exatidão as mudanças de entonação que ocorrem quando as pessoas estão conversando, aparentemente pelas razões mais triviais, incidindo sobre as palavras mais insignificantes. E é nisso que se esconde, eu acho, o poder do humorismo de Gógol.

Transcendendo a preocupação de Dargomýjski com a *palavra*, Mússorgski vai se dar conta de que ela não possui um significado imutável. Animado por um espírito "cienticista", típico do século XIX, ele vai querer ir além do método empírico e subjetivo do *Con-*

vidado de Pedra, encontrando de maneira objetiva, em termos musicais, a forma que as impressões exteriores fazem as emoções assumirem e se expressarem pela fala. Para isso, animado pelo zelo experimentalista, e trabalhando numa partitura que nunca chegou a pensar seriamente em ver encenada, tratou o texto de Gógol com muito mais liberdade do que Dargomýjski o fizera com o de Púshkin. Encurtou e mudou ligeiramente algumas frases, mas sem nunca alterar seu sentido. Abriu, sobretudo, largo espaço a um jogo paraléxico, ao acrescentar ao texto uma série de interjeições e expletivos, muito típicos do jeito russo de falar.

O recitativo contínuo do *Casamento* abole de uma vez por todas as barreiras entre os números – até mesmo de maneira mais radical do que no *Convidado de Pedra*, pois não há sequer as canções inseridas na trama que essa ópera exigia. Na ópera de Dargomýjski há um impulso lírico que vincula a ação, ainda que de maneira tênue, à arte tradicional do canto operístico. Em *Jenítba*, não: o contornos melódicos e rítmicos aderem de tal forma aos padrões da fala, que perdem todo o significado e coerência se separados das frases em que foram moldados. Na verdade, *O Casamento* não tem melodias vocais e sim células muito lacônicas, que o próprio Mússorgski descreverá, mais tarde, como "o exercício enriquecedor do músico, ou melhor, do não-músico, que deseja estudar e, finalmente, compreender os meandros da fala humana em toda a sua urgência e verdade, tal como ela foi capturada pelo gênio de Gógol". Esta frase estará numa carta de 15 de agosto de 1877 a seu amigo, o poeta Arsêni Arkádievtch conde de Goleníshtchev-Kutúzov – autor dos poemas em que se baseiam os ciclos de canções *Biez Sóntse* (Sem Sol) e *Piésni i Pliáski Smiérti* (Cantos e Danças da Morte), de 1875-1877.

O recitativo do *Casamento* se desenvolve ao longo de modulações cambiantes e intervalos muito irregulares, evitando todos os torneados conclusivos, de modo a reproduzir os ritmos variáveis da frase falada, e a criar a permanente sensação de instabilidade harmônica – pois Mússorgski tem perfeita consciência de que a harmonia funcional tende a uniformizar a estrutura das frases. Com isso, *Jenítba* cons-

titui-se num divisor de águas da história da "palavra cênica" operística: com ela, Mússorgski abre caminho para as formas maduras de declamação a que chegará no *Borís Godunóv*. E os mais diversos compositores, de Debussy a Janáček, do Ravel de *L'Heure Espagnole* ao Richard Strauss de *Intermezzo*, admitirão a dívida que têm em relação a essa obra-prima inacabada.

A ação da peça é de grande simplicidade. Podkolióssin é um funcionário público que está pensando em se casar e manda seu criado, Stiepán, tomar uma série de providências enquanto espera impacientemente pela chegada de Fiókla Ivánovna, a casamenteira. Ela vem, finalmente, descrevendo pela enésima vez as qualidades de Agafía Tíkhonovna, a filha de um comerciante, com quem pretende casá-lo. Insiste principalmente no valor do dote que ele receberá. Mas os hábitos de solteirão fazem com que Podkolióssin hesite, apesar dos protestos da casamenteira. É seu amigo Kotchkarióv, que vem visitá-lo, quem decide tomar em mãos a empreitada: mandando embora Fiókla, acaba conseguindo convencê-lo a ir fazer uma visita à moça.

Liberdade de construção não significa ausência de unidade. Ela é obtida através de *leitmotive* ligados a cada uma das personagens, cujo retorno organiza e articula os diversos estilos próprios com que cada uma delas se expressa. O acompanhamento tem claves de tonalidade específicas para cada personagem, que intervêm até mesmo quando elas mencionam umas às outras. Só há um ponto onde o acompanhamento desempenha papel unificador ou generalizador: no longo monólogo em que Fiókla descreve o dote da noiva, um trecho *parlando* que se desenrola sobre uma seqüência rápida de trinados construídos como um *moto perpetuo*. Como a casamenteira tem de declamar num ritmo fiel à fala, isso resulta numa série muito complexa de relações voz/acompanhamento, com superposições de ritmos dois-contra-três ou quatro-contra-três.

No restante, voz e acompanhamento são independentes; o que não exclui o uso da orquestra para obter efeitos cômicos. Melodias deliberadamente açucaradas acompanham a descrição da noiva, feita por Fiókla, e o elogio das alegrias da vida conjugal com que Kotc-

Pímen e Otrépiev no *Borís Godunóv*: encenação de Herbert Wernicke para o Festival de Salzburgo de 1994.

Ivan Aleksándrovitch Mélnikov no papel de Borís Godunóv.

Óssip Petróv (Varlaam) e V. Dúshtchikov (Missaíl), numa encenação de 1874 do *Borís Godunóv*.

A mezzo Julia Platónova como Marina Mníshek, no "ato polonês" do *Borís Godunóv*, numa encenação de 1874.

karióv tenta convencer Podkolióssin a se casar. A menção a uma banheira faz surgir, nos instrumentos, um ruído semelhante ao de alguma coisa caindo dentro d'água; uma batida nas percussões vem quando Kotchkarióv fala das botas do amigo, como se fosse o barulho do par caindo no chão; ao se falar de rapé, ouve-se na orquestra uma imitação de espirro.

Num dos fins de semana de 1868, em que os kutchkistas se reuniam em casa de Dargomýjski para ouvir os trechos já prontos do *Convidado de Pedra*, foi feita também uma leitura do *Casamento*, cantada pelo próprio Módest (Podkolióssin), Aleksandra Púrgold (Fiókla) e o general Vieliâminov (Stiepán). Nas *Crônicas*, Rímski-Kórsakov conta que Dargomýjski "copiou pessoalmente a parte de Kotchkarióv e a interpretou com grande entusiasmo, às vezes sendo obrigado a parar de cantar porque estava morrendo de rir". Mas relata também ter ouvido Dargomýjski murmurar que "desta vez Módinka tinha ido longe demais". Balákirev e Cui foram da opinião que a ópera "não passava de uma curiosidade, com um ou outro momento interessante". E Borodín escreveu à sua mulher (25.9.1868):

> *O Casamento* é uma ópera extremamente curiosa e paradoxal, cheia de inovações e, às vezes, de humor genuíno. Mas, no conjunto, *é une chose manquée*, impossível de ser encenada.

Mússorgski só compôs a música do ato I que, mais tarde, reviu e orquestrou. Quando morreu, entretanto, essa orquestração tinha-se perdido e o que existia era só a redução para canto e piano. Em 1908, Rímski-Kórsakov resolveu orquestrá-la, "corrigindo-a" de acordo com sua maneira pessoal de compor naquela primeira década do século. Mas também morreu antes de terminar esse trabalho. Quatro alunos de Nikolái Andrêievitch tentaram terminar essa orquestração: Aleksander Gauk (1917), Nikolái Harcourt (1928), Dmitri Riúinemann (1930) e Ippolítov-Ivánov (1931). Mas este último, estranhamente, optou por compor o ato II num estilo de recitativo melódico diferente do de Mússorgski, o que resultou numa mixórdia incomparável. A primeira edição crítica séria foi a de Pável Aleksándrovitch Lamm (1882-1951), o grande musicólogo que, em 1933, reverteu ao estudo

do manuscrito do compositor. Com base nesse trabalho foi feita, em 1935, por Nikolái Nikoláievitch Tcherepnín, uma orquestração muito mais confiável. Mas ele tampouco resistiu à tentação de compor um último quadro, usando o texto de Gógol, que não se sabe se Mússorgski pretendia aproveitar.

Existem, hoje, três versões que são consideradas corretas, por se basearem na edição Lamm, sem nada acrescentar ao que está no manuscrito, e respeitando escrupulosamente o estilo do compositor. A de Antoine Duhamel (1950) usa orquestra completa (existe dela um antigo registro regido por René Leibowitz, grande divulgador da música russa na Europa Ocidental). Um conjunto de câmara é utilizado tanto por Olivier Knussen/Colin Matthews (1981) quanto pelo regente Guennádi Rojdéstvienski (1982) – que preparou a sua versão para um disco do selo Melodya, que inclui também *Mozart e Salieri*, de Rímski-Kórsakov. Stravínski relata ter sido feito por Maurice Ravel – admirador de Mússorgski e autor da orquestração famosa das *Kartínki s Výstavki* (Quadros em uma Exposição) – um arranjo do *Casamento* para uma apresentação privada em Paris. Mas infelizmente não subsistiu nenhum manuscrito desse trabalho. O retrospecto das idas e vindas dessa partitura dá razão a Gógol: a ópera também transformou-se num "acontecimento absolutamente inverossímil" em um ato só. E este é apenas o primeiro capítulo da complicada história das edições da obra mussorgskiana.

Em 1868, durante uma reunião em casa de Liudmíla Shestakôva, o historiador Vladímir Nikólski sugeriu a Mússorgski que compusesse uma ópera baseada no *Borís Godunóv*, de Púshkin. Nikólski era professor de história russa no Colégio Imperial de Jurisprudência e uma autoridade na obra do poeta. A tragédia, escrita em 1825 mas publicada apenas em 1831, retrata o *Smútnoie Vriêmia*, o "tempo dos distúrbios" que se seguiu à morte de Ivan, o Terrível. E baseia-se nos volumes 10 e 11 da monumental *Istória Gossudárstva Rossíiskovo* (História do Estado Russo), de Nikolái Mikháilovitch Karamzín, publicados em 1824. Essa vasta obra, de importância seminal – cujo primeiro volume é de 1816, e o último, póstumo, de 1827 –, teve efeito eletrizante sobre a intelectualidade russa e contribuiu de maneira fundamental para a consolidação da consciência nacional e a formação de um pensamento histórico russo.

Optando deliberadamente pelo molde shakespeareano de tragédia histórica, numa peça que concebeu para ser lida, mais do que para ser encenada, Púshkin visava a combater as rígidas tragédias imitadas do Neoclassicismo francês, que predominavam no teatro da corte. O período abordado por Púshkin é tão intrigante, e seu texto tão marcante, que uma verdadeira enxurrada de peças sobre o mesmo tema se seguiu, escritas tanto por dramaturgos importantes como Liev Mey, Aleksandr Ostróvski e o conde Aleksêi Tolstói, quanto por dramaturgos menores: Nikolái Tcháiev ou Dmitri Averkíev. Por outro lado, essa predileção do teatro de prosa e da ópera pelo *Smútnoie Vriêmia* tem outra explicação: como a censura proibia a aparição no palco de qualquer membro da família Románov, esta era a última fase da história russa que podia ser abertamente explorada no teatro. Além disso, na década de 1860, em que romances como *Crime e Castigo* atestavam o crescente interesse pela especulação psicopatológica, figuras perturbadoras como Ivan ou Godunóv ofereciam aos dramaturgos campo riquíssimo de exploração.

Antes de nos referirmos às circunstâncias relatadas na peça, observemos porém, a título de curiosidade, que esse episódio histórico – hoje intimamente associado à própria idéia de ópera russa – fora rejeitado por Seróv, que o considerava "inadequado para o drama lírico". Gózenpud cita uma carta de agosto de 1866 em que ele explicava à sua amiga Olga Novíkova por que recusara um libreto baseado no *Falso Dmitri*, de Ostróvski:

> É um assunto brilhante, não há dúvida, mas na essência é antimusical. A política desempenha nele o papel principal e a música, em virtude de sua natureza cândida e extrovertida, não serve para elucidar os meandros da política e da intriga diplomática. Para ele são necessárias coisas mais simples, que venham do coração.

Mússorgski demonstraria o quanto Seróv estava errado, ao trazer para o palco os tortuosos episódios ocorridos após a morte de Ivan

IV, o Terrível, em 1584. O sucessor, Fiódor Ivánovitch (1584-1598), era frágil, doentio, e seu reinado foi muito breve. Fiódor deixou um filho ainda criança, o tsarévitch Dmitri Fiódorovitch, que morreu durante as lutas pela sucessão que se seguiram. Houve assim um vazio de poder, e quem subiu ao trono foi Borís Godunóv, o cunhado de Ivan. Mas logo surgiram rumores de que, para chegar ao poder, Borís mandara assassinar Dmitri. Essa é uma questão controversa. Uma comissão de inquérito presidida pelo príncipe Vassíly Shúiski chegou à conclusão de que, no meio da luta das facções opostas – da qual Borís não participara –, o tsarévitch tinha-se suicidado. Karamzín, porém, não tinha dúvidas quanto à culpa de Godunóv: não hesitava em afirmar que o relatório de Shúiski tinha sido uma fraude, encomendada pelo candidato a tsar. Seja como for, essas suspeitas enfraqueceram o poder do tsar e favoreceram a invasão da Rússia pelos poloneses.

Apoiados por alguns boiardos – senhores feudais cujo poder fora diminuído por Ivã IV, quando este unificou a Rússia –, os poloneses pretendiam colocar no trono um títere que poderiam manipular: o "falso Dmitri", um monge alucinado cujo verdadeiro nome era Grigóri Otrépiev. Partindo do fato de que tinha a mesma idade de Dmitri se ele estivesse vivo, Otrépiev pusera na cabeça a idéia de que era o tsarévitch, escondido num convento, desde menino, para escapar dos esbirros de Borís. Perseguido pela polícia do tsar assim que começou a fazer a sua pregação "sebastianista", Otrépiev cruzou a fronteira para o território da Polônia-Lituânia e obteve asilo, em Cracóvia, junto à família Mniszek. Esta viu nele o fantoche desejado, que poderia utilizar como pretexto para invadir a Rússia. Essa invasão foi facilitada pelo fato de Borís Godunóv, cujas faculdades mentais se alteraram com o remorso pelo assassinato do jovem príncipe, ter-se recolhido a um convento, onde terminou os seus dias.

Quando Borís morreu (1605), o tsarévitch Fiódor Borísovitch subiu ao trono com o nome de Fiódor II. Mas ficou no poder alguns meses apenas: os poloneses logo o derrubaram e, em seu lugar, entronizaram o "falso Dmitri". Este, por sua vez, foi deposto por Shúiski, que governou de 1606 a 1610. Após sua morte, começou o período caótico conhecido como o Interregno – a que já nos referimos ao falar da *Vida pelo Tsar* – e que só teve fim, em 1613, com a ascensão ao poder de Mikhaíl Románov, reunificador do país e fundador da dinastia que permaneceu no trono até a Revolução Comunista.

Para contar a história da coroação de Borís até a sua morte, no momento em que a Rússia começa a ser invadida pelo inimigo e o caos já está prestes a se instalar, Púshkin elabora o vasto material histórico em 23 cenas independentes, destacando-as umas das outras, em vez de dar-lhes uma seqüência unitária, com transições entre um segmento e outro. Mússorgski conservou essa estrutura que já era, de resto, a da *Vida pelo Tsar*, e é comum a outros tipos de manifestação narrativa russa do século XIX – por exemplo, *Guerra e Paz*, de Liev Tolstói, assim mantida por Serguêi Prokófiev na ópera que tirou desse romance imenso.

O compositor manteve também a mistura de prosa e verso que Púshkin utiliza, segundo o clima, prosaico ou elevado, que quer criar em cada cena. É em versos, por exemplo, a seqüência que se passa na cela do monge Pímen, em que este conta solenemente a Grigóri a história do assassinato do tsarévitch. É o momento em que Otrépiev, dando-se conta que o menino, àquela altura, teria a mesma idade que ele, decide tentar a sorte como impostor. Mas a cena seguinte, na taberna perto da fronteira com a Lituânia, para onde Grigóri, com a cabeça posta a prêmio, está tentando fugir, é em prosa, devido a seu caráter descontraidamente popular.

Mússorgski fez três versões diferentes dessa ópera. A primeira, de 1868-1869, utilizava apenas dez das 23 cenas originais, rearranjando-as em sete quadros; e concentrava toda a ação no conflito entre o tsar regicida e seu povo – provavelmente para tornar sua ópera bem diferente do *Dmitri o Impostor*, de Lodyjênski. Mas essa versão foi recusada pelo Comitê de Leitura do Teatro Maríinski, sob a alegação de que não havia papel feminino nem balé, de que os coros eram demasiado numerosos, e de que a orquestração era "muito esquisita". Diante disso, Mússorgski decidiu preparar uma segunda versão que fosse mais digerível para os grão-senhores do Maríinski.

Entre 1871-1872, ampliou a parte III do *Borís I*, que se transformou no atual ato II. Nele, desenvolveu mais:

– a cena entre Xênia, a filha do tsar, que deplora a morte de seu noivo, e seu irmão, o tsarévitch Fiódor;
– a conversa de Borís com seu filho sobre a geografia do império e o significado do poder (incluindo, mais adiante, o episódio do papagaio que assustou as damas de companhia da princesa);
– a entrevista do tsar com o boiardo Shúiski, que vem lhe falar de um impostor que surgiu na Polônia e afirma ser o tsarévitch morto;
– e a seqüência final em que Borís, corroído pelo remorso, delira sentindo-se perseguido pelo menino que mandou matar e acaba sucumbindo a uma crise epiléptica.

De modo geral, todos esses elementos já estavam presentes no *Borís I* mas, aqui, são tratados de forma muito mais espaçosa e aprofundada.

O *Borís II* contém ainda algumas inovações. Foi incluída a "canção do ganso", número fechado de caráter folclórico, que a taberneira entoa no início de I,2. Foi composto um ato novo, desenvolvendo esboços abandonados durante a realização do *Borís I*: é o atual III, chamado de "ato polonês", pois passa-se no palácio da família Mniszek, onde Grigóri foi acolhido. É o momento da sedução do impostor por Marina, a filha do magnata polonês que subvencionará a campanha de invasão da Rússia. A moça, por sua vez, é industriada pelo jesuíta Rangoni, que manipula sua fé, orgulho e calculismo, fazendo com que conquiste o falso Dmitri em nome dos interesses da Igreja Católica (a conversão dos ortodoxos ao Catolicismo era a principal justificativa para a campanha expansionista polonesa). Marina Mniszek chegou realmente a casar-se com Otrépiev e acompanhou-o a Moscou, reinando a seu lado como tsarina; quando ele foi deposto, Shúiski condenou-a à prisão perpétua em uma das torres do Krêmlin que, devido a isso, passou a chamar-se Marínkina.

O "ato polonês" é brilhante, virtuosístico, de estilo deliberadamente estrangeirado, para estabelecer o contraponto entre o universo austero da velha Rússia e o mundo corrompido do inimigo exterior – retomando, portanto, o procedimento já utilizado por Glinka na *Jizn zá Tsariá*. Na escolha do modelo estrangeiro em que basear-se, papel importante cabe à *Forza del Destino*, de Giuseppe Verdi, cuja primeira versão estreara em São Petersburgo em 10 de novembro de 1862, e contra a qual os nacionalistas tinham feito acirrada campanha.

Mas a mudança mais importante no *Borís II* foi operada no último ato. Mússorgski cortou o primeiro quadro do ato IV, que se passava diante da catedral de São Basílio. Mas reteve dele o monólogo do Bobo sobre as eternas desditas da Mãe Rússia, transferindo-o para a segunda cena do ato IV, ambientada na floresta de Krômy, nos arredores de Moscou, onde o povo fica sabendo que o inimigo se aproxima. Desta vez, a ópera foi aceita pelo Maríinski que, no entanto, montou apenas três de suas cenas, num espetáculo de caridade, em 17 de fevereiro de 1873.

Depois disso, ainda haveria um *Borís III*, revisão feita pelo compositor em 1874, para dar alguns retoques harmônicos e efetuar pequenos cortes nos atos II e III. Foi essa a forma como o *Borís Godunóv* finalmente estreou, em 8 de fevereiro de 1874, regido por Naprávnik – que fez as habituais manipulações na partitura, sem o menor respeito pela opinião do autor. O papel-título foi criado por Ivan Melníkov, velho conhecido dos Cinco. Já tendo estreado o Don Juan do *Convidado de Pedra*, Melníkov faria, mais tarde, o papel principal do *Demônio* e do *Príncipe Ígor*, e participaria da estréia de todas as óperas de Tchaikóvski, à exceção da *Iolanta*. Esse apoio prestigioso, porém, não impediu a ópera de ser retirada de cartaz após 25 récitas, para nunca mais ser apresentada durante a vida do compositor.

É muito importante frisar a mudança efetuada pelo compositor no ato IV. Colocar *depois da morte de Borís* a cena que se passa na floresta de Krômy desloca o centro da ação, fazendo com que essa se encerre com uma reflexão não sobre o *drama individual* (o arrependimento do tsar por seu crime), mas sobre o *drama coletivo* (o sofrimento do povo, sempre manipulado, primeiro por Godunóv, depois pelo falso Dmitri). Em tom profético, Mússorgski escrevia a Stássov, em junho de 1872, palavras infelizmente válidas até hoje:

> Enquanto o povo russo não puder verificar por si mesmo o que fazem com ele, enquanto não puder escolher o que deseja que façam com ele, nada vai mudar neste país.

Essas preocupações sociais e políticas, de cunho já nitidamente pré-socialista, ficam muito claras quando se lembra que Mússorgski ainda tinha dado ao *Borís I* o nome de *ôper* (ópera); mas o *Borís II* já recebeu a designação de *naródnaia muzikálnaia drama* (drama musical popular). Essa mudança torna totalmente absurda a revisão de Rímski-Kórsakov – felizmente cada vez menos usada hoje –, em que a ópera termina com a cena da morte de Borís, porque ela é de maior efeito e garante ao intérprete do papel-título um final brilhante. Um dos pontos fundamentais, nas modernas montagens que querem resgatar as reais intenções do compositor, é restabelecer o final original, na floresta de Krômy.

O elemento político da ópera, fruto dos ideais democráticos que fermentavam na Rússia entre 1860-1880, expressa-se com uma força elementar através da massa coral (o povo, a personagem coletiva). E a situação de desamparo dessa gente, usada e abusada pelos poderosos, desses rostos anônimos que são os verdadeiros protagonistas do drama, se consubstancia nas palavras do Bobo – que Mússorgski queria que fossem as últimas a serem ouvidas, pois é nelas que está sintetizada a sua mensagem:

> *Liêities, liêities sliôzy górkie,*
> *platch, platch dushá pravoslávnaia!*
> *Skóro vrag pridiót, i nastániet tma*
> *tiêmen tiômnaia, nieprogliádnaia.*
> *Górie, górie Russí,*
> *platch, platch rússki liud, golódnyi liud!*

(Corram, corram, lágrimas amargas. Chora, chora, alma devota! Logo o inimigo virá e há de cair a treva, a treva mais espessa e impenetrável. Ó Rússia infeliz! Chora, chora, povo russo, povo esfaimado.)

O recitativo do *Borís* é menos sistemático do que o do *Casamento*: é uma declamação dramática semi-melódica, que visa a reproduzir o fluxo do russo falado. Mas nele, com mais freqüência, Mússorgski frisa algumas idéias importantes do texto através da técnica do micro-arioso. E enfatiza alguns pontos climáticos da ação resvalando decididamente para uma ou outra frase cujos contornos são os da típica cantilena da ópera tradicional. Nesse sentido, *Borís* está mais próximo da *Salammbô* do que do *Convidado de Pedra*. E o resultado dessa técnica é que os segmentos de frase que, pelo tratamento cantábile recebido, se destacam do conjunto do recitativo, produzem efeitos dramáticos de grande eficiência.

Mas a fluência da ação nunca é interrompida pelos *morceaux de bravoure* característicos da ópera romântica, mesmo quando, deliberadamente, Mússorgski adota formas italianadas, como é o caso do "ato polonês". Mesmo ali, as formas fixas não precedem o texto, como acontece tantas vezes na ópera do século XIX (e como acontecia, aliás, nas duas óperas de Glinka, em que o pé do libreto teve de acomodar-se como pôde ao sapato estreito de uma música que já estava pronta). Os números, no *Borís*, são construídos de modo a coincidir com as situações dramáticas, e não são unidades estanques, pois integram-se numa seqüência de acompanhamento musical contínuo. No ato polonês, tampouco são gratuitas as danças – componente decorativo obrigatório no *grand-opéra* parisiense, cujo estilo sofisticado imita para caracterizar a opulência e superficialidade do mundo exterior à Rússia. Como a ação se desenrola durante um baile, elas são uma necessidade natural.

Existem, no *Borís Godunóv*, inserções de alguns temas autênticos. A mais notável é a do *Slava* (Glória), o hino de exaltação ao tsar que enquadra o monólogo de Borís no prólogo. A letra e a música foram extraídas da pioneira *Sobránie Naródnikh Rússkikh Piésen s ikh Golósami* (Coleção de Canções Folclóricas Russas com suas Melodias), que o etnógrafo amador Nikolái Aleksándrovitch Lvov recolheu em 1790, pedindo a seu professor de música, Johann Gottfried Pratsch, de origem boêmia, que as harmonizasse. Citado por Beethoven no scherzo do *Quarteto Razumóvski op. 59 nº 2*, é provavelmente o tema folclórico russo mais conhecido no Ocidente durante o século XIX. Hummel, Weber, Rossini e o guitarrista Fernando Sor o utilizaram. E naturalmente ele aparece também em muitas composições de autores russos: Tchaikóvski, Rímski-Kórsakov, Glazunóv, Gretchanínov, Rakhmáninov e Stravínski.

O curioso é que, na origem, era totalmente outra a função desse tema famoso. É fascinante a reconstituição de sua história, feita por Richard Taruskin em *Mussorgsky: Eight Essays and an Epilogue*. Surgindo, nos jogos rituais femininos do ciclo de Natal e Ano Novo, como uma *pobliúdnaia* (canção de adivinhação do futuro), a conhecida melodia do *Slava* transfere-se para o teatro, em fevereiro de 1800, ao ser utilizada, dentro de seu contexto original, na comédia *Starínnie Sviátki* (Os Antigos Jogos de Fim de Ano), do compositor Franz Xaver Blyma, de origem boêmia. A censura, porém, não aceitou que as divindades pagãs fossem mencionadas; e exigiu que o nome do tsar Alexandre I as substituísse, no refrão em que elas eram glorificadas. Foi o primeiro passo para que, em 1817, Titóv desse definitivamente à canção um significado cívico: em *Mújestvo Kievliânina íli Vot Kakóvie Rússkie* (A Coragem dos Habitantes de Kíev ou Assim São os Russos), transformou-a num coro de exaltação do príncipe Sviátoslav. Comenta Taruskin:

> O uso que Mússorgski faz dessa canção na Cena da Coroação continua essa linha de transformações. Ela se enraiza, não na tradição do folclore idealizado, representado pela coleção de Lvov-Pratsch, à luz da qual só poderia ter parecido incongruente e anacronística, mas na tradição igualmente significativa das celebrações cívicas teatrais representadas por Blyma e Titóv. Considerando, além disso, que Blyma e Titóv tinham usado a canção para afirmar a legitimidade da coroa russa em um de seus santuários oficiais, podemos ler a apropriação que Mússorgski faz dela, numa ópera cujo tema são as trágicas conseqüências do poder ilegítimo, como um toque irônico de gênio.

O ciclo de conversão dessa melodia camponesa num hino patriótico se completa, de resto, no interlúdio da "Batalha de Poltava", do *Mazeppa*, em que ele é colocado a serviço do mais agressivo nacionalismo (ver o capítulo sobre Tchaikóvski).

É muito criteriosa também a escolha das canções utilizadas na cena da taberna. Ao erguer-se o pano, vemos a dona do lugar cantarolando enquanto trabalha. A situação é das mais plausíveis e torna muito natural a inserção da "Canção do Ganso", em estilo folclórico: "Poimála iá síza, séleznia" (Apanhei um ganso cinza). Pouco depois, Grigóri, fugindo das autoridades, chega em companhia de

Varlaam e Misaíl, dois monges que encontrou pelo caminho. Eles vão de porta em porta pedindo esmolas. A entrada do grupo é anunciada pela melodia de uma antiga bilina intitulada *O Vólguie i Mikúlie* (Sobre o Volga e Mikúla), que o etnógrafo Aleksandr Fiódorovitch Hilferding recolhera, em dezembro de 1871, com o velho bardo Trofím Ribiânin, na região de Oniéga.

Quando Varlaam começa a beber, lembra-se de uma típica canção do folclore militar, "Kak vo górodie býlo vo Kazáni" (Quando estávamos diante da cidade de Kazán). Pela natureza heróica do relato que faz – da vitória de Ivã, o Terrível, contra os tártaros, que ocupavam a cidade –, a canção aceita a construção virtuosística, com um silabato diabolicamente vertiginoso, que dá ao cantor a chance de uma grande exibição vocal. O texto dessa canção, fornecido a Mússorgski por Stássov, tinha sido publicado em 1860 no *Sbórnik Velikorrúskikh Naródnikh Istorítcheskikh Piésen* (Coleção das Grandes Canções Populares Históricas Russas), do folclorista Ivan Khudiákov.

Pouco depois, a bebida começa a fazer efeito e Varlaam passa da euforia a um resmungo pastoso. "Kak iêdet on" (Lá vai ele andando), que o monge mastiga pesadamente, é uma canção folclórica autêntica. Rímski-Kórsakov a aprendera de sua mãe, quando era pequeno, e a ensinara a Módest Petróvitch na época em que moravam juntos. Esse canto arrastado vai-se entrelaçando à conversa de Grigóri com a estalajadeira, que lhe diz como chegar dali até a fronteira com a Lituânia. Esse diálogo é num estilo de recitativo livre que contrasta com a melodia simétrica e pausada da canção. À exceção do canto de Varlaam, que já estava especificado na peça de Púshkin, todas as inserções de trechos folclóricos autênticos ou reconstituídos pertencem à versão revista, mais "operística", de 1872, e não ao original radicalmente realista de 1869.

Na primeira cena do ato II, passada no apartamento do tsar, justifica-se também a inclusão de números fechados. Primeiro é a "Canção do Mosquito", que a Ama canta numa tentativa de distrair Xênia, filha de Borís, deprimida com a morte recente do noivo. Depois, a abilolada "Kak kúrotchka býtchka rodilá" (Como a galinha chocou um vitelo), que o tsarévitch, achando tristonha a canção da Ama, entoa em seguida. Os textos foram extraídos da vasta compilação dos *Russkíe Naródnie Piésnie* (Canções Populares Russas), publicadas entre 1868-1870 por Pável Vassílievitch Shêin. A música, reproduzindo o estilo folclórico, é do compositor. Se pensarmos em termos de teatro de prosa, estes seriam números realmente cantados, por oposição ao restante do texto, que seria falado – o que justifica sua forma fechada, em contraposição aos recitativos de estrutura aberta. Além disso, a cena, muito descontraída – interrompida bruscamente pela chegada de Borís, que assusta a empregada e os filhos –, cria um envolvente quadro da vida íntima no interior do palácio, que contrasta com o tom solene, "oficial", do afresco histórico.

Quando o boiardo Shúiski vem falar a Borís dos rumores de que o tsarévitch Dmítri ainda está vivo, a técnica do micro-arioso comparece sob a forma de uma melodia muito insinuante que retorna, a intervalos regulares, nas réplicas do tsar. Ela representa o elemento obsessivo, do remorso, que o persegue, a idéia fixa de que ele não consegue se livrar. Um remorso que se acentua à medida que Godunóv submete-se ao ritual masoquista de fazer Shúiski evocar, com as cores mais cruéis, a imagem do menino e de seus partidários assassinados.

A técnica de finalizar as cenas ou atos é outro ponto que mostra, em Mússorgski, a recusa da convenção. Um bom final apoteótico não é enjeitado quando faz sentido: é o caso dos sinos no Prólogo, encerrando a Cena da Coroação. Mas há episódios em que a música se interrompe bruscamente, terminada a última frase do texto. A primeira cena do ato I, que se passa na cela de Pímen, não tem cadência conclusiva: a música simplesmente pára de repente – e esse quadro, de escrita revolucionariamente "antioperística", já tinha a forma definitiva desde a primeira versão. Há momentos, também, em que a coda é discretíssima, fugindo à banalidade dos fortíssimos habituais e obtendo, por isso mesmo, maior força dramática.

A revisão que Rímski-Kórsakov fez no "ato polonês", encerrando-o com uma reprise triunfal do coro festivo, pode até ser de efeito teatral mais imponente. Mas destrói, infelizmente, o tom sardônico do original, que acaba em pianíssimo, com um cínico comentário de Rangoni. Escondido, ele se alegra ao constatar que Marina está fazendo, com o falso Dmitri, o jogo de sedução que ele lhe tinha sugerido: "O golúbki moí..., s tômnym vzórom, v járjikh obiátiakh, dobýcha viérnaia moiá" (Minhas pombinhas..., com esses olhares amorosos, esses abraços apaixonados, vocês se tornam minhas presas).

Mas essa sobriedade, essa recusa do bombástico, não exclui uma enorme variedade de escrita, tanto no que se refere ao coro – que constantemente se fragmenta em naipes isolados, ou do qual, a todo momento, emergem solistas para rápidas intervenções – quanto à individualização das personagens. Cada uma delas tem seu estilo próprio de recitativo. O de Borís é uma solene declamação entrecortada por micro-ariosos, que aumentam em número à medida que cresce a sua tensão psicológica. O de Grigóri repete certas notas que lhe servem de eixo, sugerindo seu caráter obsessivo, a idéia fixa de que está possuído. O de Pímen assume a forma pausada e sobriamente melismática da música litúrgica ortodoxa. O de Marina usa ritmos folclóricos poloneses; o de Varlaam e Misaíl também é de caráter folclórico, mas tipicamente russo; o de Shúiski possui contornos marciais; e assim por diante.

Só existe um *leitmotiv* em toda a partitura, relacionado com a obsessão de Grigóri Otrépiev em personificar o falecido tsarévitch. Ele é repetido 28 vezes ao longo da ópera. Outros temas que reaparecem são meras reminiscências de fragmentos melódicos ligados a Varlaam, Pímen, Shúiski, Marina e Rangoni. Além de seu estilo de declamação, Borís é caracterizado por certas tonalidades: mi bemol maior é a predominante; sua relativa, dó menor, e as tonalidades vizinhas, ré bemol, lá bemol e sol bemol, são utilizadas à medida que o tsar, torturado pelo sentimento de culpa, sai "fora de seu centro", tem bruscas oscilações de temperamento. Um exemplo admirável dessa técnica está no ato II: primeiro no monólogo que encerra a conversa com o filho, em que Borís lhe fala do poder ilimitado que possui e do ódio que o povo sente por ele; depois, no final do ato, quando, sentindo-se perseguido pelo espectro do menino que mandou matar, sufoca e sucumbe a uma espécie de ataque epiléptico. O efeito se repete na segunda cena do ato IV, em que o tsar morre aconselhando seu filho e herdeiro a não confiar nos sediciosos boiardos e pedindo perdão a Deus por seus crimes.

No plano harmônico, Mússorgski cria choques constantes entre a escrita tradicional e os modos tirados ou da música litúrgica ortodoxa ou dos folclores camponeses russo e polonês, geralmente recriados. São poucos os temas genuinamente folclóricos; mas Mússorgski consegue, de forma muito mais espontânea do que Glinka antes dele, fazer com que o sistema musical clássico e as linguagens folclórica e litúrgica eslavas coexistam de modo perfeitamente natural. Em sua *Short History of Opera*, Donald Jay Grout comenta:

> O estilo melódico de Mússorgski, com seus intervalos muito peculiares, a repetição obsessiva de certos esquemas rítmicos, a estrutura irregular da frase e a base modal arcaica, nasce diretamente da canção popular russa. A harmonia tem por função dar sustentação à linha melódica, mas o faz de uma forma marcadamente pessoal, na qual se fundem vários elementos: sensibilidade modal, gosto pelas combinações sonoras inusitadas, experimentações harmônicas que são o fruto de suas constantes improvisações ao piano.

Esse tipo de construção harmônica terá grande influência não só sobre os músicos russos seus contemporâneos e de épocas seguintes, como também sobre compositores estrangeiros. O primeiro e mais ilustre deles é Claude-Achille Debussy, que entrou em contato com a sua obra e a de outros autores russos, entre 1879-1883, ao trabalhar na Rússia como professor de piano dos filhos de Mme. Nadiêjda Filarétovna von Meck, a protetora de Tchaikóvski. *Pelléas et Mélisande* está cheia de sinais do impacto que Mússorgski causou nele (ver *A Ópera na França*, desta coleção). Mas essa influência manifesta-se, ainda hoje, na obra de autores contemporâneos: *Thérèse* (1979), de John Tavener, sobre a vida de Santa Teresa de Lisieux, deve-lhe muito; e a deliciosa ópera infantil *Where the Wild Things Are* (1980), de Olivier Knussen, tem uma Cena da Coroação que parodia carinhosamente a do *Borís*.

A orquestra originalmente usada por Mússorgski era muito menor do que a de Rímski-Kórsakov em suas revisões. Além das cordas usuais, ela comportava três flautas, dois oboés (o segundo dobrando o corne inglês), quatro trompas, dois pistons, três trombones, tuba e percussões; uma harpa no ato III e sinos para a cena da Coroação. Suas texturas se organizam de forma a nunca encobrir as vozes; e as expansões orquestrais só ocorrem antes ou depois das intervenções solistas (este é um exemplo que Debussy saberá seguir muito bem no *Pelléas*). No original, a orquestra está sempre estreitamente articulada à voz e, com freqüência, cala-se assim que a frase cantada termina. Não há abertura nem comentários sinfônicos intermediários. A preocupação constante é em evitar que o espectador se disperse com elementos exteriores ao drama. Nesse sentido, *Borís Godunóv*, tal como Mússorgski o concebeu, é um dos mais bem acabados exemplos de música colocada a serviço do teatro, a perfeita realização do ideal de *recitar cantando* da Camerata Florentina; e uma realização mais rica das propostas de Gervinus do que *O Casamento*.

Resta um aspecto particular a destacar – e um ato de justiça a ser feito: a menção ao débito que Mússorgski tem, no *Borís*, à obra de Seróv, pela qual sempre nutriu, desde os tempos da *Salammbô*, um misto de atração e repulsa. O crítico Hermann Laroche, num artigo publicado no nº 29 da revista *Gólos* (Voz), de 1874, foi o primeiro a perceber o que Módest herdara do conservador tão condenado pela *Kútchka*. Já nos sinos da Cena da Coroação, Laroche enxerga um eco da introdução ao ato I da *Rogneda*. Mas as aproximações mais interessantes são as que faz entre a cena em que vemos Borís com seus filhos, no Krêmlin, e algumas passagens não só de *Rogneda* mas também da *Força do Mal*. Embora esse tipo de análise desagradasse muito à *Kútchka*, ela não é infundada: a revisão do *Borís* foi feita em agosto de 1871, menos de seis meses depois de Módest ter assistido à estréia póstuma da *Força do Mal*.

Laroche compara o monólogo de Borís, no centro da Cena da Coroação, com o recitativo do Peregrino no ato III da *Rogneda*; e o coro de monges, na cena que se passa na cela de Pímen, com as lamentações por Ruald, acrescentando maldosamente:

A crueza de estilo do sr. Mússorgski e seu gosto pelos metais e as percussões parecem ter sido tomados de

empréstimo a Seróv. Mas nem mesmo as obras mais rudes do modelo igualam a ingênua aspereza de seu imitador.

Descontada a incapacidade que tinha Laroche de compreender as intenções de um músico muito à frente de seu tempo, ele tinha razão em assinalar semelhanças que, apesar de tudo, apontam para afinidades de personalidade criativa entre Mússorgski e Seróv. Não fosse assim e a cena da alucinação de Borís – um episódio da primeira versão da ópera que *não vem* de Púshkin – não teria vínculos tão visíveis com o delírio de Holofernes no ato IV de *Judite*. Só que "retratada principalmente na orquestra", com enorme concentração dramática, como se fosse a resposta à crítica que o próprio Módest formulara ao melodrama de seu predecessor:

Holofernes, caindo de bêbado, começa a ter alucinações. [...] Que campo rico para um músico, esse déspota sensual no meio de uma orgia. Que interessante seria se as suas alucinações tivessem sido descritas pela orquestra. Mas não há nada disso: é apenas o melodrama francês mais banal, com alguns ganidos wagnerianos vindos dos violinos.

Ou seja, a originalidade de Mússorgski está inclusive em escolher um modelo que considerava dramaticamente eficiente, complementando-o com aquilo que acreditava lhe faltar: a substância musical. É o que acontece também com o monólogo de Pímen, na cena que se passa em sua cela. Nele, Módest parece "corrigir" uma boa idéia mal realizada de Seróv. Numa carta a Balákirev, referindo-se à introdução ao ato I da *Judite*, ele elogiara a melodia que acompanha o cortejo dos anciãos; mas observara em seguida:

Essa frase, que retrata os sofrimentos do povo, que jaz exausto no palco, é abandonada assim que o recitativo dos anciãos começa. Eu a teria prolongado, acrescentado algum molho e, sobre o desenvolvimento dessa frase, teria construído a declamação dos anciãos.

É exatamente o que faz com Pímen, no *Borís*. E se ainda for necessário outro argumento para situar o negligenciado Seróv como uma fonte constante de inspiração para Mússorgski – ainda que, com freqüência, pelo método do absurdo –, basta lembrar a peça coral *Porajénie Sennakhériba* (A Destruição de Sennacherib), de 1867, com texto de lord Byron. A melodia ouvida em "Kak stáia volkóv golódnikh, nas vrági nabiejáli" (Como um rebanho de lobos famintos o inimigo nos atacou) é, com pequenas modificações, a da canção de guerra de Holofernes: "Znóinoi mi stiépiu idióm! V vózdukhie díshiet ogniôm!" (Cruzamos a tórrida estepe! O ar respira fogo!). Uma semelhança que tinha tudo para passar despercebida, devido ao esquecimento em que, por muito tempo, a ópera de Seróv caiu. Falando desses dois compositores, Borís Assáfiev chamou a atenção para o fato de que

o caminho de ambos não era tão afastado quanto parece [...], pois nele predomina o gosto do que é *característico* sobre o generalizador ou o harmonioso.

Com essa observação, publicada em seus *Ízbrannie Trúdi* (Papéis Selecionados), de 1957, Assáfiev queria dizer que tanto em Seróv quanto em Mússorgski há o mesmo desprezo pela "beleza" como um fim em si, e a mesma preocupação com os estados psicopatológicos e a sua representação crua – o que faz de Seróv, ao lado de Dargomýjski, uma das fontes do realismo mussorgskiano. Nele está o embrião de algumas características típicas do estilo de Mússorgski: a fragmentação do coro; uma deliberada "feiura" harmônica (e às vezes vocal) em favor da expressividade; e o gosto pela austeridade, o ascetismo quase, em termos de plano dramatúrgico. Nesse sentido, é interessante observar que o "ato assírio" destaca-se, em relação ao resto da *Judite*, da mesma forma que o "ato polonês" em relação ao resto do *Borís*: ambos descrevem mundos estrangeiros caracterizados pelo luxo, a corrupção, a sensualidade, crenças religiosas e cultura diferentes.

Borís Godunóv foi a única de suas óperas que Mússorgski realmente terminou. Deixou-a totalmente escrita e orquestrada. Não haveria a menor necessidade de revisá-la. Rímski-Kórsakov, entretanto, considerava-a "inepta" do ponto de vista da instrumentação e da concepção harmônica. Para "melhorá-la" e conseguir que se tornasse aceitável para os teatros oficiais, submeteu-a a retoques que mutilaram sensivelmente o estilo revolucionário de seu autor. Em 1896, fez cortes numerosos; tornou tonal a maior parte da escrita modal; fez simé-

trico o desenho irregular de várias frases melódicas; abrandou as soluções harmônicas mais angulosas, conformando-as às regras da gramática tradicional; e refez a orquestração para torná-la mais brilhante.

Com isso, a escrita ficou mais pesada e, para não serem encobertos, muitas vezes os cantores têm de declamar a plenos pulmões, o que compromete o estilo desenvolto de conversação visado por Mússorgski – traição, portanto, a um dos aspectos mais inovadores da obra: o tom intimista, não-retórico, que ele quis dar ao drama épico. Finalmente, como já se disse, Rímski-Kórsakov inverteu a ordem dos dois quadros finais, pondo a ênfase no conflito individual em vez do coletivo, ao contrário do que Módest Petróvitch queria.

Foi assim que a ópera reestreou, em São Petersburgo, em 10 de dezembro de 1896, passando a integrar os repertórios oficiais como um dos maiores exemplos da escola nacionalista. Em 1906, Rímski-Kórsakov abriu a maioria dos cortes que fizera; mas rearmonizou-os segundo os mesmos princípios de dez anos antes. Em 1907, acrescentou à Cena da Coroação dois novos episódios orquestrais de sua autoria, para torná-la mais brilhante. A versão *RK-II* foi ouvida pela primeira vez em Paris, em 19 de maio de 1908, e em Moscou em 17 de outubro do mesmo ano. Nos últimos anos, graças principalmente ao trabalho de um regente como Valiéry Guérguiev, já é comum na Rússia reverter-se à versão original; mas ainda hoje, no Bolshói, com número maior ou menor de cortes, costuma-se encenar a versão tradicional.

A *RK-II* existe em vídeos gravados nesse teatro, em espetáculos regidos por Borís Kháikin (1978) e Dmitri Lazárev (1987), ambos tendo Ievguêni Nesterenko no papel-título. Foi a usada também por Viera Stróieva no filme que rodou em 1954: embora muito cortada, essa versão documenta a interpretação de Aleksandr Pirogóv, um dos maiores baixos russos dos anos 1940-1950, e a empolgante regência de Vassíli Niebólssin.

Há outros registros, em disco, da versão *RK-II*. Nikolái Golovánov gravou-a com Pirogóv e, depois, com Mark Reizen no papel-título. Os de Issay Dobrowen (Seraphim, 1952) e André Cluytens (Angel, 1962) trazem o baixo

Três grandes intérpretes do tsar Borís: os búlgaros Boris Christoff e Nicolai Ghiaurov e o russo Mark Réizen.

Borís Godunóv: montagem de Herbert Wernicke no Festival de Salzburgo de 1994.

Apresentação do *Borís Godunóv* durante a excursão do Maríinski Teatr a Heilbronn, na Alemanha, em 1996.

A ÓPERA NA RÚSSIA

búlgaro Borís Christoff fazendo o triplo papel de Borís, Pímen e Varlaam (proeza só possível em disco, onde ele tem de contracenar consigo mesmo, no ato IV, quando o monge e o tsar se defrontam). Há ainda duas gravações de Mark Ermler (a mais recente, com Nesterenko, documentada também em vídeo); a de Herbert von Karajan (Decca, 1970) com N. Ghiaurov e G. Vishniévskaia; a de Assen Naidênov (Harmonia Mundi, 1975); e a da excursão do Bolshói a Londres (Sony, 1993).

O álbum da Columbia, comemorando a aplaudida interpretação que o baixo americano George London fez de Godunóv no Bolshói, tem uma estranha peculiaridade: a gravadora tomou a matriz do registro que Aleksandr Melík-Pasháiev fizera para a Melodya, em 1960, com Ivan Petróv no papel-título, e substituiu a voz do russo pela do americano – o que é possibilitado pela escrita dialogada de Mússorgski, onde não há números de conjunto nem superposições de vozes. Existem, portanto, duas gravações idênticas, em selos diversos, mas com artistas diferentes no papel-título.

Em 1927, Ippolítov-Ivánov orquestrou, no mesmo estilo de seu professor, a cena da catedral de São Basílio, do *Borís I*, de 1869, que só existia em redução para piano (ela está incluída na gravação von Karajan). A primeira edição integral da partitura original foi feita em 1928, por Pável Lamm e Borís Assáfiev; mas eles reagruparam numa só as três versões sucessivas – 1869, 1872 e 1874 –, embora apontassem, em notas, a proveniência de cada trecho; essa, entretanto, foi uma edição da redução para piano. Antes de Lamm/Assáfiev, e sem possibilidade de acesso aos manuscritos originais, o compositor letão Emil Melngalis tinha preparado, em 1923, para uma apresentação na Ópera de Riga, uma orquestração a partir da redução para voz e piano. O mesmo aconteceu, em 1952, com Karol Rathaus, a pedido do Metropolitan de Nova York (desse espetáculo, soberbamente regido por Dmitri Mitrópulos, existe uma gravação). Mas ambas não apresentam maior interesse, no processo de resgate do *Borís* original.

Em 1939, Dmitri Shostakóvitch preparou, para o Teatro Kírov, de Leningrado, uma versão revista da orquestração, a partir da edição de Lamm e Assáfiev. Fez um trabalho criterio-

síssimo, respeitando as intenções do compositor, de que era profundo conhecedor, e restituiu todos os trechos cortados por Rímski-Kórsakov em 1896. Há quem discorde de detalhes desse trabalho, acusando-o de ter feito uma orquestração um tanto pesada, com muito reforço nos sopros, usando instrumentos que, naquela fase do século XIX, não eram comuns nas orquestras russas. Ainda assim, a edição Shostakóvitch é um dos pontos positivos numa das mais belas versões em vídeo do *Borís Godunóv*: a do Maríinski (ex-Kírov) de São Petersburgo, regida por Valiéri Guérguiev. A encenação documenta a montagem, no palco russo, de um espetáculo originalmente concebido para o Covent Garden, de Londres, pelo cineasta russo Andrêi Tarkóvski – já nessa época sofrendo do câncer de que morreria logo após terminar, na Suécia, seu último filme, *O Sacrifício*. A inspiradíssima direção de Tarkóvski, a apresentação integral da partitura, a regência de Guérguiev e um elenco em que brilham Olga Borodína (Marina) e Serguêi Léiferkus (Rangoni) faz dessa gravação um marco na história da ópera filmada. Em Londres, o papel-título tinha sido feito por Robert Lloyd, convidado para repeti-lo na Rússia. Do ponto de vista tanto vocal quanto cênico, esse Borís é um dos pontos altos na carreira do baixo inglês.

Finalmente, em 1975, David Lloyd-Jones publicou uma versão revista da Lamm/Assáfiev, baseando-se no *Borís II*, que é a edição mais completa da ópera, sem levar em conta os cortes operados pelo próprio Mússorgski em 1874. Esta é a forma mais próxima de como era o *Borís* ao sair das mãos de seu autor. Para conhecê-la, há a gravação de Jerzy Semkow (Angel, 1977), com Martti Talvela no papel-título (prejudicada pela regência letárgica do maestro polonês); e a de Claudio Abbado (Sony, 1994), de grande dramaticidade, revelando em Anatóli Kotcherga um grande Borís da nova geração. A de Vladímir Fedosséiev (Philips, 1983), em que o tsar é feito por Aleksandr Vederníkov, está calcada na edição Lamm/Assáfiev.

Lugar muito especial está reservado ao álbum que a Philips lançou no final de 1998, indispensável para quem quer ter do *Borís Godunóv* um conhecimento em profundidade.

Valiéry Guérguiev optou por fazer duas gravações completas diferentes das versões de 1869 e de 1872, variando também os elencos para deixar clara a mudança de inflexão da escrita vocal, de uma revisão para a outra. O Borís da primeira é o barítono grave Nikolái Putílin; o da segunda, o baixo cantante Vladímir Vanêiev. O tenor heróico Víktor Lútsiuk, que faz Grigóri na redação de 1869, é substituído pelo tenor lírico spinto Vladímir Galúsin na de três anos depois. Borodína repete em ambas a sua soberba caracterização de Marina Mníshek.

Complementando esta lista de opções, há ainda alguns vídeos:

– o de 1980, no Opéra de Paris: Raimondi, Blanc, Cortez/Ráitchev;

– o de 1987, no Bolshói: Nesterenko, Atlántov, Siniávskaia/Lázarev;

– o filme de 1989 (com cortes) realizado na Polônia: Raimondi, Riegel, Vishniévskaia/Rostropóvitch;

– o de 1993 no Grand Théâtre de Genebra: Ramey, Johnson, Zorova/de Waart.

Cabe aqui uma palavra final a respeito do tão discutido trabalho de Rímski-Kórsakov. Deixemos o comentário a cargo de Louis Biancolli, em *Boris Godounov: its Genesis, its Versions*, no folheto que acompanha o álbum Columbia da gravação de Melík-Pasháiev (aquela a que foi acrescentada a voz de George London):

Devemos aceitar o fato de que Rímski-Kórsakov não era nem tolo nem hipócrita. *Borís Godunóv* apenas nada tinha a ver com ele. Artesão meticuloso, mestre da orquestração, sentia-se repelido pelo que chamava de "o obstinado amadorismo" de Müssorgski. Não podia levar inteiramente a sério esse gênio diletante; apesar disso, reconhecia que ele era um gênio e não hesitava em dizê-lo abertamente. Por trás de todas as suas cruezas e banalidades – ou pelo menos era isso que ele achava –, percebia os verdadeiros delineamentos de um poder criador único.

Suas próprias palavras expressam bem essa ambivalência: "Eu odiava o *Borís* e o venerava". Não nos esqueçamos disso, nem de que, por mais errático, negligente, indeciso e beberrão que Müssorgski fosse, Rímski-Kórsakov gostava dele. Basta pensar na hipersensibilidade de Rímski-Kórsakov quanto às tonalidades, para perceber como devia torcer o nariz às desgraciosas harmonias de Müssorgski. Uma vez, ele disse a Müssorgski que usasse um acorde de mi maior, em vez de sol maior, acompanhando a palavra "cidades". Em sua cabeça meticulosamente organizada, sol maior seria aceitável para a palavra "rios", mas não para "cidades". Pois foi exatamente a esse homem, esteticamente tão dividido a respeito da obra-prima de Müssorgski, que incumbiu a tarefa de salvá-la do esquecimento e, ao fazê-lo, fornecer ao mundo uma fonte a mais de controvérsia a respeito do *Borís Godunóv*.

E esse é um fato que, apesar de todas as reservas que possamos ter, a respeito do trabalho de Rímski-Kórsakov com as óperas de Müssorgski, é necessário admitir. Se não fosse seu empenho em editá-las e fazê-las representar, talvez elas não tivessem, para a História da Ópera, a importância que têm hoje. Acabariam redescobertas no século XX, certamente, mas teriam deixado de marcar indelevelmente a obra de um Debussy, de um Janáček.

Em 1871, Stepán Aleksándrovitch Guedeônov, diretor do Maríinski, propôs aos Cinco que escrevessem uma obra coletiva, *Mlada*, com argumento seu e libreto do poeta Víktor Aleksândrovitch Krylóv (que não se deve confundir com o fabulista Ivan Andrêievitch Krylóv, morto em 1844). O ato I dessa ópera-balé deveria ter sido composto por Cui; o II e o III, a quatro mãos, por Müssorgski e Rímski-Kórsakov (embora não se consiga imaginar como duas pessoas tão diametralmente opostas poderiam trabalhar juntas); e o IV, por Borodín. A música do balé ficaria a cargo do austríaco naturalizado Ludwig Fiódorovitch Minkus, especialista do gênero (seus *Don Quixote* e *La Bayadère* são encenados até hoje) – o que deveria resultar numa combinação heterogênea, pois seu estilo, adocicado e ultra-romântico, situa-se no extremo oposto ao da *Kútchka*. Essa legítima "salada russa", porém, estava destinada a nunca ficar pronta.

Em maio de 1872, Müssorgski já se tinha desligado do projeto. Mas terminara três trechos. Com música reaproveitada da *Salammbô*, escrevera uma cena de mercado que, anos mais tarde, iria parar na *Feira de Sorótchintsi*. Compusera uma *Marcha dos Príncipes* que, posteriormente, seria convertida no poema sinfônico *Vziátie Kársa* (A Tomada de Kars). E orquestrara, pensando em inseri-la na *Mlada,* uma peça para piano escrita em 1867: *Ivánova Nôtch na Lisôi Goriê* (A Noite de São João no Monte Calvo). Esta última acabaria sendo igualmente transplantada para a *Feira de Sorótchintsi* mas, ao que tudo indica, de forma diferente da pretendida pelo autor, como veremos mais adiante, ao falar dessa ópera.

Na verdade, desde o início, Módest Petróvitch estava muito pouco interessado na *Mlada*, pois já pensava seriamente numa idéia que lhe tinha sido sugerida por Stássov. Queria compor uma ópera sobre a revolta dos *striéltsi*, o regimento de atiradores de elite que, no século XVII, sublevara-se contra Pedro, o Grande, e fora violentamente reprimido (a tela famosa de Vassíli Súrikov, *A Execução dos Striéltsi*, de 1881, mostra as viúvas dos conspiradores gritando de desespero diante dos muros do Krêmlin, onde mais de dois mil deles foram enforcados). É de 22 de junho de 1872 a carta em que Mússorgski confirma a seu amigo crítico a intenção de converter em drama lírico a história da conspiração liderada por Ivan Khovânski.

Khovânshtchina não é um título fácil de traduzir. Em russo, o sufixo *-shtchina* designa um acontecimento ou fase histórica dominados por uma personalidade muito forte. A repressão aos rebeldes do regimento Semiônovski, em 1820, por exemplo, ficou conhecida como *Araktchêievshtchina*, do nome do general Araktchêiev, que a comandou. Da mesma forma, *Jdânovshtchina* é o nome que se dá à fase de imposição, na década de 1930, pelo comissário da Cultura Andrêi Jdánov, das opressivas diretrizes do "Realismo Socialista", que fizeram da arte soviética um instrumento de propaganda do governo. *Khovânshtchina* refere-se, portanto, à sua personagem principal, e costuma ser livremente traduzida como *A Conjuração dos Khovânski* ou *A Rebelião dos Khovânski*. Como nenhuma dessas traduções é satisfatória, prefiro sempre me referir a ela com seu título russo.

Há, de saída, originalidade na escolha do tema. Ao contrário dos hábitos da época, o libreto não se baseia numa obra literária. É diretamente pesquisado em documentos históricos, a partir de um argumento redigido por Stássov. Mas Mússorgski, ao escrever o texto, eliminou todos os elementos supérfluos desse roteiro, reduzindo-o a um esqueleto dramático essencial. E ao longo da composição, ainda suprimiu muita coisa que estimava desneces-

sária. Em suas *Crônicas*, Rímski-Kórsakov conta que Módest Petróvitch cortou, por exemplo, uma cena que se passaria no subúrbio dos estrangeiros, em Moscou, e que, para efeito de contraste com a ambientação russa, projetava escrever em estilo italianado.

Para compreender a ação da *Khovânshtchina*, é preciso reconstituir seus antecedentes históricos. Eles estão ligados à recusa da facção religiosa dos *razkólniki*, os "velhos crentes", em aceitar a reforma da Igreja Ortodoxa ordenada, durante o reinado de Aleksêi Mikháilovitch (1645-1676), pelo patriarca Nikôn, que tomou posse em 1652. Muitos desses fanáticos integravam o corpo pretoriano dos *striéltsi* e sua oposição às mudanças litúrgicas era apenas a ponta do iceberg de uma luta muito mais ampla pelo poder na capital.

No século XVII, a Rússia vivia o conflito do velho contra o novo, o choque entre os partidários do isolacionismo e os defensores da abertura para o Ocidente. Em 1649, o *Zêmskie Sobôr*, a assembléia dos representantes do povo, foi levada pelos conservadores a votar o *Sobórnie Ulojênie*, um código de leis que consolidava a servidão e proibia o comércio com os estrangeiros dentro do país. E em 1652, para neutralizar a crescente influência luterana, o clero ortodoxo conseguiu que os cidadão de origem alemã fossem relegados a um gueto, a *Nemiétskaia Svóboda* (Liberdade alemã), num dos subúrbios de Moscou.

Paralelamente, os boiardos reformistas começavam a aprender línguas estrangeiras, a promover a tradução de obras literárias da Europa Ocidental, e a introduzir na Rússia vestimentas e mobiliário de origem italiana e francesa. No capítulo sobre as origens da ópera na Rússia, falamos de um desses senhores, o boiardo Matvêiev, que desempenhou importante papel na vida cultural russa, durante o reinado de Aleksêi Mikháilovitch. A filha desse soberano, a tsarevna Sofia, tinha por amante o príncipe Vassíli Golítsin, líder e inspirador dos reformistas, principal responsável pela abertura da Rússia para o exterior.

Essa abertura permitiu ao patriarca Nikôn (1605-1681) o acesso ao original grego dos textos religiosos, que antes não circulavam na Rússia; e ele constatou ter havido uma série de distorções nos manuais eslavos. De comum acordo com os patriarcas de Alexandria e Antióquia, preparou então nova edição dos textos religiosos ortodoxos, para eliminá-las. Por trás de detalhes aparentemente secundários – como fazer o sinal da cruz com três dedos em vez de dois, ou repetir três vezes o "aleluia", em vez de duas, em determinadas cerimônias – havia uma atitude crítica em relação às tradições, e o reconhecimento implícito de que, como os contatos com o mundo exterior estavam aumentando, uma mudança em todos os comportamentos seria inevitável. Esse foi, basicamente, o motivo dos tradicionalistas para repudiar a revisão e proclamar o cisma (*razkól*).

No Concílio da Igreja Ortodoxa de 1667, todos os *razkólniki*, os cismáticos, também chamados de "velhos crentes", foram excomungados, e começou a perseguição a eles. Nessa época, o sucessor de Aleksêi, Fiódor III, tinha apenas quatorze anos e uma saúde muito frágil. O poder passou, então, a ser efetivamente exercido por Golítsin, como uma espécie de regente oficioso. Quando o tsar menino morreu, em 1682, seu irmão, Ivan Aleksêievitch, também estava com quatorze anos, era quase cego e mentalmente retardado. Isso levou a Igreja a apoiar a idéia de que o trono coubesse a seu meio-irmão Piótr Aleksêievitch, filho do segundo casamento do tsar Aleksêi com Natália Naríshkina, a filha adotiva do boiardo Matvêiev.

Mas Sofia, que não queria entregar à madrasta o cargo de regente, apoiou-se em um golpe dos *striéltsi* para tomar o poder, e impôs a divisão do trono entre Piótr e Ivan V. Os partidários de Piótr foram massacrados e ele próprio viu-se obrigado a ir refugiar-se, com a mãe, no mosteiro do subúrbio de Preobajênskoie, vizinho à Nemiétskaia Svóboda. Com isso, desde muito cedo, foi influenciado pela cultura alemã.

Com habitantes desse bairro, Piótr formou uma guarda pessoal, os *petróvtsi*, que lhe eram fanaticamente devotados. Era a *Preobajênskaia milítsia*, da qual, dois séculos depois, o próprio Mússorgski faria parte (1856-1858). Mas o poder desmesurado do comandante dos *striéltsi*, Ivan Khovânski, que conspirava com os "velhos crentes" para pôr no trono seu filho, Andrêi Ivánovitch, tornou-o perigoso demais. Denunciados como traidores pelo boiar-

do Fiódor Shaklovítky, pai e filho foram presos e decapitados. Sofia fez a paz com os *striéltsi*, colocou Shaklovítky em seu comando e, ao lado de Golítsin, continuou no poder.

Mas em 1689, quando Sofia tentou novo golpe, para afastar Piótr definitivamente, este, na época com apenas dezessete anos, deu a primeira demonstração da fibra extraordinária que possuía. Saiu à frente dos *petróvtsi*, conseguiu a adesão da ala dissidente dos *striéltsi*, que não concordava com a rebelião, condenou Shaklovítky à morte, forçou Ivan V a renunciar, exilou Golítsin, mandou Sofia para um mosteiro, e colocou Naríshkina como regente. Posta a ordem em casa, viajou em 1697 para o Ocidente, onde aprendeu táticas militares e técnicas de construção naval, como parte de seu plano de modernização compulsória da Rússia.

Mas os *striéltsi* ainda não se tinham acalmado de todo: em 1698, rebelaram-se novamente. Dessa vez, voltando do Ocidente, Piótr não teve meias medidas: massacrou não só os militares como os "velhos crentes" – muitos dos quais, refugiados no mosteiro de Paleostróvski, na Carélia, preferiram imolar-se na fogueira a serem presos e executados. Piótr nomeou conselheiros os técnicos estrangeiros que trouxera consigo. Assumiu o poder absoluto e iniciou a campanha de abertura da Rússia para o exterior, dizendo: "assinarei os decretos com o chicote se for preciso".

Depois de uma longa fase de guerra contra a Suécia pela hegemonia no noroeste da Europa – a que já nos referimos ao falar do *Mazeppa*, de Tchaikóvski –, Piótr recebeu, para comemorar a assinatura do Tratado de Nystadt (10.9.1721), através do qual anexara as províncias suecas no Báltico, o título de *Imperátor Piótr Piérvyi Velíkii* (imperador Pedro I, o Grande). Os *raskólniki*, a princípio duramente perseguidos, acabaram sendo tolerados, pois já não representavam mais nenhuma ameaça política. Em 1709, Pedro, o Grande permitiu que o grupo exilado no Báltico voltasse para Pskóv e recompensou os que, na Ucrânia, tinham lutado ao lado de suas tropas contra o invasor sueco.

Esta longa digressão não é gratuita. Conhecer os fundamentos históricos é fundamental não só para compreender certos aspectos da ação da *Khovânshtchina* que, de outra forma, ficariam obscuros, como também para entender o tratamento que Mússorgski deu a seu libreto. E mais do que isso: a forma como ele se colocava em relação ao controverso episódio da história russa de que nasceu o império criado a ferro e fogo por Piótr Velíkii. Em junho de 1882, foi comemorado o bicentenário de nascimento do criador da Rússia moderna, e ficaram famosos discursos como o do historiador oficial Serguêi Mikháilovitch Solovióv, que celebrou "o grande objetivo de construir o Estado", apresentando-o como "a única justificativa para a eliminação forçada de grandes massas da população". Nessa mesma época, Mússorgski escreveu a Stássov:

> Quando alguém diz *"Andamos para a frente"*, está mentindo. *Não nos mexemos!* Papéis, livros avançaram – nós *não nos mexemos.* Enquanto as pessoas não puderem verificar *com seus próprios olhos* o que está sendo feito delas, enquanto elas não desejarem aquilo que se está fazendo com elas, *não nos teremos mexido!* Os benfeitores públicos de todos os tipos hão de querer se glorificar, construindo a sua glória com documentos, mas as pessoas resmungam e, para não ter de resmungar, bebem até morrer e, aí, resmungam mais do que nunca porque *não se mexeram!*

Esta carta, em que fica clara a visão que Mússorgski tem daquela fase na história russa, se inicia com a frase "Estou grávido de alguma coisa. Sinto que estou prestes a dar à luz." É nela também que se encontra o lema do compositor: "O passado no presente – esta é a minha tarefa." Nos dias seguintes, Stássov e ele estariam envolvidos em uma tarefa sem precedentes: extrair, diretamente dos documentos históricos, um libreto que seria não apenas um melodrama convencional, mas uma verdadeira meditação sobre a história em forma de ópera. Em 13 de julho de 1872, Mússorgski escreveu a seu amigo:

> Estou me afogando em informações. Minha cabeça parece uma chaleira com o fogo ardendo debaixo. As coisas se amontoam: já tirei o essencial de Jeliáburski, Kriétchkin, do conde Matvêiev, de Medvédev, Shtchebálski e Semiônovski; agora, estou esgotando Tíkhonravov e, depois dele, entrarei de cabeça no protopope Avvakúm. Há alguns dias, mergulhei num verdadeiro abismo e, numa carta de Myshétski, descobri onde ficava o refúgio dos dissidentes.

Para não se perder, em meio às informações que garimpava na obra de todos esses cronistas e historiadores, preferiu transformar as três revoltas em uma só, a de 1689. E deu grande destaque às figuras dos "velhos crentes", com os quais simpatizava instintivamente, por identificar neles um sentimento que compartilhava: o do pan-eslavismo e da desconfiança contra o estrangeiro. Nesse sentido, insurgia-se contra o ponto de vista oficial, que encarava os *razkólniki* como o símbolo de tudo o que era antiquado e retrógado na Rússia: o espírito conservador de Moscou obrigado a ceder o passo às inovações de São Petersburgo; a velha *Rus* isolacionista e medieval morrendo nas chamas, para que pudesse nascer a *Rossía* cosmopolita e moderna.

Mússorgski inspirou-se em *O Ataque do Demônio Contra a Raça Humana*, um panfleto em que os *razkólniki* tentavam demonstrar que Pedro I era o Anticristo prometido pelo Apocalipse. Nesse manuscrito, narra-se como Lúcifer escolheu o demônio Teut para chefiar a hoste de criaturas infernais que viriam espalhar pela Rússia a desobediência e a corrupção, mediante a embriaguez, a blasfêmia e as danças obscenas. Os discípulos de Teut, naturalmente, são os teutônicos, pois os velhos crentes viam nos estrangeiros – sobretudo os de origem alemã, que existiam no país em maior número – a encarnação do mal. É uma mulher grávida dessa comunidade que Teut escolhe para, beijando-lhe o ventre, fazer surgir o Anticristo: o tsar Pedro I, que foi educado na Alemanha. Quando ele nasce, o sol se apaga e uma terrível tempestade se abate sobre Moscou.

Para organizar de forma mais clara essa história carregada de episódios, Mússorgski condensou-a em torno de três figuras emblemáticas – que, como o Pímen, o Borís ou o Grigóri do *Godunóv*, além de possuir estrutura complexa como personagens, assumem também caráter simbólico. Ivan Khovânski representa a classe retrógrada dos boiardos, contrários às mudanças, e que ainda não se conformaram de terem perdido, desde os tempos de Ivan IV, seus poderes feudais. Golítsin, admirador da cultura ocidental, quer ver a Rússia progredir; mas é, ao mesmo tempo, intrigante, supersticioso e dominado pelas forças obscuras que sustentam a regente. Conspira com Khovânski porque teme a ascensão de Piótr, sabendo que ela significará, inevitavelmente, a queda de Sofia e a sua própria.

Quanto a Dosifêi, o líder dos *razkólniki*, ele não é o fanático tacanho, avesso a todas as mudanças, ligado ao passado de forma ferrenha. Mússorgski estudou a fundo os ensaios publicados em 1870, em que Afanássi Prokófievitch Shtchápov dava dos "velhos crentes" uma visão diferente da tradicional, demonstrando que eles não eram uma seita de iletrados decididos a rejeitar qualquer noção de progresso. Percebeu então que o cisma era de origem mais sócio-política do que religiosa. Na verdade, se os "velhos crentes" opunham-se aos "novos ortodoxos", era por darem-se conta de que estes dispunham-se a tornar-se cúmplices conscientes de um poder autocrático, que estava se esboçando com Golítsin e chegaria ao apogeu com Pedro I. A visão do "passado que ressurge no presente", proposta por Dosifêi era, portanto, uma alternativa, de raízes autóctones puras, ao modelo de sociedade importado do Ocidente que acabaria sendo imposto à Rússia a ferro e fogo.

Mússorgski chamou a *Khovânshtchina*, como o *Borís*, de "drama nacional popular". Embora não haja personagens populares – e Stássov ficou muito irritado ao constatar que as figuras principais eram aristocratas –, nela também os destinos individuais interessam menos do que o conflito entre a velha e a nova Rússia, simbolizado pelo embate entre Khovânski, Golítsin, Dosifêi. E uma quarta personagem que nunca aparece em cena, mas é a sombra a pairar constantemente sobre a ação: o tsar Pedro I. Dele depende o gesto que desequilibrará definitivamente a balança em direção à abertura e à modernização (e também, parece lamentar Mússorgski, nostalgicamente, nas entrelinhas, rumo à desagregação de certos valores tradicionalmente eslavos).

Na *Khovânshtchina* também, como no *Borís*, o povo desempenha papel fundamental. E nisso detecta-se a modernidade de enfoque de Mússorgski, muito influenciado pelas idéias de seu amigo Nikolái Ivánovitch Kostomárov, fundador da escola russa de historiografia populista. Autor do monumental *Smútnoie Vrémia Moskóvskovo Gossudárstva v Natchálie XVII Stoliétia* (O Tempo dos Distúrbios no Estado Russo no Início do Século XVII), publicado em fascículos pela revista *Viéstnik Ievrópi* a partir de 1866, Kostomárov propunha a crônica dos acontecimentos baseada "na vida das massas", e não na "mera enunciação dos gestos de estadistas e generais ilustres, indiferentes ao povo". Esse revolucionário autor, para quem o povo é "não uma escória, mas uma massa de humilhados e ofendidos, com a qual ele simpatiza profundamente" (Taruskin), foi naturalmente reinvindicado pela historiografia socialista como um de seus mais nítidos precursores.

No *Esboço Autobiográfico* de 1880, encomendado por Hugo Riemann, Módest Petróvitch afirma que Kostomárov "contribuiu de forma definitiva para despertar a atividade mental do jovem compositor, dando-lhe a inclinação séria e científica que tem hoje". Mais adiante, informará que, ao lado de Stássov e Nikólski, o historiador participou ativamente na discussão do roteiro da *Khovânshtchina*. Na verdade, sinais seguros de sua influência já se percebem desde a fase das revisões do *Borís*. A esse respeito, comenta Taruskin:

> Quando Kostomárov disse do *Borís* que ele era "uma página da história", estava na realidade querendo dizer "uma página da *minha* história". E nem é preciso dizer que estava se referindo à Cena da Floresta de Kromy, com que a ópera se encerra. A diferença entre a forma como Mússorgski trata o povo na cena de Kromy e no resto do *Borís* é exatamente a diferença que existe entre Karamzín e Kostomárov.

De resto, a influência desse pensamento impregnado de *narodnitchestviénnie* (populismo) não se exerce, na década de 1860, apenas sobre Mússorgski. A elegância do estilo de Kostomárov, e a facilidade que tinha para falar em público, tornavam as suas conferências na Universidade de São Petersburgo muito procuradas. Os artigos que escrevia nas revistas *Viéstnik Ievrópi* e *Gólos* tornaram-se muito populares junto a toda a intelectualidade russa. E como ele se interessava particularmente pelo teatro e as artes plásticas como instrumentos para veicular lições sobre a história, Guedeônov costumava convocá-lo como consultor, cada vez que era necessário decidir questões de verossimilhança histórica nas montagens dos Teatros Imperiais.

Confirma-se, na *Khovânshtchina*, a visão pessimista da história russa que já se podia sentir no final do *Borís*. A ópera se encerra com uma profunda sensação de perda, ao vermos desaparecer o único grupo de personagens que se recusou a participar do jogo de denúncias, traições, violência e depravação em que todos os outros mergulharam. Está claro para que lado pendem as simpatias do dramaturgo, já que os *razkólniki* são os únicos a terem demonstrado ser capazes de perdão, tolerância e resignação. Numa ópera em que todos conspiram e todos, de alguma forma, saem perdendo – pois o único vitorioso é uma figura que nunca pisou no palco –, é sombria a imagem final, em que "as únicas personagens moralmente intocadas saem resolutamente da história, e refugiam-se na eternidade, onde não poderão mais ser atingidas por Pedro I" (Taruskin).

Comentando a estrutura dessa ópera em quadros destacados, escreve Rubens Tedeschi:

> Concebida como um enorme afresco, a *Khovânshtchina* é a negação das convenções melodramáticas. Os conflitos operísticos entre bons e maus, entre amantes e traidores, exigem um início, um centro trágico e uma conclusão. A *Khovânshtchina*, ao contrário, evolui como aquelas séries de quadros sobre a vida dos santos, pintadas pelos artistas medievais, nas quais cada episódio está contido dentro dos limites da tela, e vai-se unindo aos outros com uma técnica de desenvolvimento que tem por fronteira apenas o tamanho da parede. É como se fosse uma imensa balada em que as estrofes vão-se juntando umas às outras, os fatos vão-se sucedendo e as personagens aparecem e desaparecem à espera de que surja o seu momento épico.

Aos amigos da *Kútchka* desagradava, porém, que a ópera não reservasse lugar algum à intriga amorosa, o que a tornaria, em sua opinião, muito impopular. Pressionaram Módest para que desse mais destaque à história secundária de Andrêi Khovânski, que está noivo de Marfa, do grupo dos "velhos crentes", mas apaixonou-se pela alemã Emma. Chegaram a sugerir que a garota do bairro alemão fosse raptada pelos *striéltsi*, o que permitiria uma cena interessante entre ela e o jovem Khovânski, tipo Romeu e Julieta, no balcão do mosteiro para onde teria sido levada. A essas sugestões, Módest respondia com uma passividade que enfurecia ainda mais os seus críticos.

As pesquisas do musicólogo inglês Malcolm Hamrick Brown, feitas em 1981, por ocasião do centenário da morte do compositor, com base em estudos prévios de Richard Taruskin (1964) sobre a gênese da obra, permitiram ordenar e situar a seqüência da composição. Mússorgski começou a escrever a música, em julho de 1873, de trás para diante: a primeira cena que compôs foi a final, em que Marfa arrasta Andrêi para a fogueira. Entre agosto de 1875 e maio de 1876, produziu a maior parte da partitura. Mas tinha crises freqüentes de asma, sentia-se frustrado com o fracasso do *Borís*, insatisfeito com o seu emprego público e, por isso, bebia cada vez mais, negligenciando a composição. Seu amigo, o pintor Iliá Iefímovitch Riépin, dá o testemunho, em suas *Vospominánia* (Memórias), da influência que Stássov exercia sobre ele, e da paciência com que tentava ajudá-lo:

> É difícil de acreditar, mas aquele homem educado e culto, cortês, atraente, inteligente e, de um modo geral, bem-humorado, perdia completamente o controle quando Stássov não estava por perto. Vendia seus móveis e suas melhores roupas para arranjar dinheiro, que gastava em tavernas vagabundas, onde se afundava no meio da ralé a ponto de não se poder mais distingui-lo dela, o nariz vermelho e inchado tornando irreconhecível o seu rosto de traços infantis. Quantas vezes Stássov, depois de longas buscas, foi encontrá-lo todo esfarrapado, num boteco no fundo de um porão, apalermado de tanto beber.

Em janeiro de 1880, seus amigos passaram a pagar-lhe uma pensão de 180 rublos mensais, para que tivesse condições de terminar essa ópera e a *Feira de Sorótchintsi*, iniciada desde 1874. Numa reunião, em 4 de novembro de 1880, em casa do conselheiro Tértyi Ivánovitch Fillípov, um alto funcionário público que também contribuía para a pensão, Módest Petróvitch executou toda a música da *Khovânshtchina* que já estava pronta até ali. E garantiu aos presentes que só faltavam alguns fragmentos, que já tinha de memória. Mikhaíl Berman, regente de coro na Escola Livre de Música, deixou dessa noite uma descrição que demonstra como já era oscilante, àquela altura, a dinâmica interna do outrora "poderoso punhado":

> Era uma pena observar como todos os presentes (Cui especialmente) caíam em cima dele com pedidos inces-

santes de cortes, mudanças, condensações, e assim por diante. Por mais estranho que isso possa parecer, levando em conta a sua personalidade bem intencionada mas despótica, Balákirev era o que se comportava de maneira mais equilibrada. Criticar uma peça recém-nascida daquele jeito, e não privadamente mas em público, não é apenas o cúmulo da falta de tato, mas também um ato deliberado de crueldade. Mas o pobre compositor, sempre muito humilde, ficava calado, concordava, fazia os cortes pedidos...

Mússorgski ficara muito magoado com as críticas que Cui fizera ao *Borís*. Mas temia esse veterano dentro do círculo de Balákirev. E respeitava Rímski-Kórsakov, que não hesitava em lhe dizer abertamente: "Meu Deus, que libreto! Sem a menor lógica. Não há nada nele que ligue uma cena à outra!" A Nikolái Andrêievitch caberia, mais tarde, a missão de "corrigir" as "imperfeições" da *Khovânshtchina*. Antes mesmo que a ópera estivesse pronta, já se tinha disseminado a idéia, que vigoraria por muito tempo – e é fruto justamente da incapacidade de compreender o que ela tem de mais revolucionário –, que essa ópera mais parece um rascunho do que uma obra acabada. Ninguém parecia se dar conta de que ela é o resultado deliberado e refletido de uma proposta criativa originalíssima.

Quando Mússorgski morreu, em 16 de março de 1881, aos 42 anos, destroçado pelo alcoolismo – como o demonstra o impressionante retrato inacabado que seu amigo Riépin estava fazendo, no hospital –, os fragmentos ouvidos em novembro do ano anterior ainda não tinham sido todos passados para o papel. Na verdade, seus companheiros deram-se conta de que muita coisa ainda estava por fazer. Certas passagens tinham sido anotadas em versões diferentes, sem que houvesse a indicação do que era definitivo. Embora a Cena da Imolação tivesse sido a primeira a ser escrita, ainda estava inacabada. E à exceção de algumas páginas – como as danças persas, que são executadas, no início do ato IV, em casa de Khovânski, para distraí-lo de suas preocupações – nada tinha sido orquestrado.

A partitura, terminada por Rímski-Kórsakov em 1881 – trabalho de que falaremos mais adiante –, foi recusada pelos Teatros Imperiais e só estreou, em 9 de fevereiro de 1886, no Teatro Konônov, de São Petersburgo, com uma companhia amadora, sob a regência de Ievguê-ni Goldshtéin. As apresentações subseqüentes, em São Petersburgo (8.9.1893) e Moscou (1897), também foram realizadas por companhias independentes (embora, na última, Dosifêi fosse cantado por Fiódor Shaliápin, então em início de carreira). A primeira apresentação no circuito oficial só ocorreu em 7 de novembro de 1911, no Maríinski. O espetáculo, regido por Albert Coates, tinha três dos maiores cantores russos da época: Shaliápin (Dosifêi), Vladímir Sharônov (Khovânski) e Ivan Ershóv (Golítsin).

Na *Khovânshtchina*, a dissolução dos números tradicionais é ainda mais radical do que no *Borís*. Em carta a Stássov, Mússorgski dizia que "seria uma grande conquista para a arte" se ele conseguisse realizar o que chamava de *osmísliennaia oprávdannaia melódia* (a melodia justificada e pensada de forma contínua), "capaz de abranger todas as possibilidades da fala". Para isso, evita conscientemente dar a cada trecho autonomia em relação ao conjunto, fazendo-os assim perder o aspecto de estrutura estanque. Mesmo quando é necessário, por razões dramáticas, destacar certas passagens, elas não adquirem feição de ária, porque são entrecortadas por recitativos, interrupções de outras personagens ou intervenções do coro (esse tipo de procedimento prenuncia uma forma de construção da cena solista que, na ópera ocidental, só vai se impor depois de 1890, com o Verismo).

Assim é, no ato II, o monólogo "Sílyi potáinie" (Forças misteriosas), em que Marfa, chamada por Golítsin a palácio, lê sua sorte, e prevê sua próxima queda em desgraça (essa música Mússorgski aproveitou dos esboços para um *Camponês sem Terra* que lhe fora sugerido, em 1870, por Stássov, mas não fora adiante). Cabe, em todo caso, ressaltar aqui a semelhança de tratamento vocal entre Marfa, nesta cena de adivinhação, e a feiticeira Ulrica, no ato II do *Ballo in Maschera* de Verdi – aproximação não de todo descabida, pois o *Bal Maskarád* verdiano foi cantado pela primeira vez na Rússia em 1861, por uma companhia italiana; e Mússorgski pode tê-lo visto quando foi incorporado pelo Maríinski a seu repertório, em 1892.

Há outros exemplos desse tipo de técnica. Um deles é "Spit strieliétskoie gniezdô"

Cena da montagem de F. F. Fiódorovski da *Khovânshtchina,* no Maríinski Teatr de São Petersburgo, em 1992; no centro, Búlat Mindjiélkiev no papel do príncipe Vassíly Golítsin.

O início do ato I da *Khovânshtchina,* na montagem de F. F. Fiódorovski para o Maríinski Teatr de São Petersburgo.

Dois desenhos de Konstantín Korovín para uma montagem da *Khovânshtchina* em 1911: o do uniforme dos striéltsi e o da vestimenta dos *raskólniki*, os "velhos crentes".

Nicolai Ghiaurov no papel de Ivan Khovanski, em 1962.

A mezzo Sofia Preobajênskaia como Marfa, numa montagem da *Khovânshtchina* no Kírov de Leningrado, em 1928.

(Dorme o refúgio dos striéltsy), a ária do ato III em que Shaklovíty lamenta os sofrimentos por que a Rússia passou, e pede a Deus que proteja seu país. O outro é "Zdiés, na étom miéstie" (Aqui, neste lugar), do ato V, o discurso em que Dosifêi faz o balanço de seus anos de pregação, e convida os seus seguidores a se imolarem, para não cair nas mãos dos *petróvtsi*.

No uso das tonalidades como recurso recorrente, há uma novidade: elas não estão mais ligadas a personagens específicas mas a sentimentos; ou seja, mudam de uma pessoa para outra em função das emoções que elas estão experimentando. Só Ivan Khovânski tem tonalidades fixas – si menor e fá sustenido menor –, a forma encontrada por Mússorgski para sugerir que seu caráter é rígido, arrogante, monolítico. A unidade rítmica é assegurada pela constância com que são utilizados os moldes típicos do folclore urbano e camponês. A preferência pelos andamentos lentos – com nítida predominância de *largos* e *allegrettos* – dá à música uma dimensão épica, acentuando a sensação de que a tragédia se encaminha para um desenlace inevitável.

Só há um *leitmotiv* temático, ligado a Ivan Khovânski, e que se modifica de forma muito maleável, a cada reaparição. Mas esse motivo está também ligado aos *striéltsi*, toda vez que eles surgem como o instrumento da vontade de poder de seu líder. As outras personagens, como no *Borís*, são caracterizadas por seus estilos diferentes de canto. As linhas vocais de Dosifêi procedem da música litúrgica eslava; as de Marfa são melodias do folclore camponês; já as de Golítsin têm formas típicas do folclore urbano: romanças populares, marchas, danças de salão.

Mas todos os temas são reconstituídos. Há apenas quatro autênticas melodias populares. A primeira é a da canção de Marfa em III,1, "Izkhodíla mladiêshenka vsió lugá i bolóta" (Andei, quando jovem, pelos prados e pântanos), em que ela confia a Dosifêi seu desejo de imolar-se na fogueira junto com Andrêi, a quem ainda ama apesar de ele a ter trocado pela moça alemã. Recolhida pelo ator Ivan Gorbúnov, ela foi incluída por Rímski-Kórsakov, em 1876, em sua coletânea de cantos populares, onde foi localizada por Tchai-

kóvski, que também a usou em sua abertura *A Tempestade*, inspirada na peça de Ostróvski.

A cena 1 do ato IV inicia-se com a canção folclórica "Vózlie riétchki na lujótchkie" (À beira do rio, no prado), entoada pelas camponesas que costuram enquanto Khovânski está jantando. Como ele protesta que aquela melodia é muito lúgubre, elas lhe propõem a *Gáidutchka*, que atacam logo a seguir: "Pózdno vietcherôm sidiéla" (Sentei-me, tarde da noite). E na cena final, o tema do hino "Góspodi slávy" (Senhor da glória), com que os "velhos crentes" se preparam para o holocausto, é o de um autêntico cântico litúrgico *raskólnik*.

No resto, Mússorgski constrói seus próprios temas, inspirando-se em diversos modelos folclóricos – *bilinas* medievais, canções de trabalho com ritmo dançável, sátiras e anedotas cantadas, cantos de glorificação –, reconstituídos de um modo que enraíza a partitura nas mais remotas tradições populares da música dramática eslava. Exemplo típico de melodia composta em estilo popular é, no ato III, o de "Zavodílas v zakúlkakh" (Uma vez, numa viela), a balada sobre a velha mexeriqueira, com que Kuzka tenta convencer as assustadas esposas dos mosqueteiros a não dar ouvidos a boatos pessimistas – e que se choca, logo em seguida, com a narrativa do Escriba: tropas estrangeiras, com o apoio da guarda do tsar Pedro, atacaram o quartel-general dos *striéltsi* e os dizimaram.

À exceção do já mencionado, os demais hinos decalcados na liturgia ortodoxa também foram inventados por Mússorgski. Na escrita do coro, observa-se variedade ainda maior do que no *Borís*, e a mudança de estilo corresponde à evolução sofrida pelos grupos de personagens. A princípio, os *striéltsi* cantam usando agressivos ritmos de marcha militar ou de dança popular; mas no final, derrotados e resignados a morrer, trocam-nos por linhas melódicas austeras, típicas da liturgia ortodoxa. Os "velhos crentes", no início, entoam hinos estáticos, monorrítmicos, com linhas vocais paralelas, para mostrar a sua passividade. Mas quando nada mais têm a perder e passam a agir com determinação suicida, cantam energicamente, a duas vozes e em contraponto. O povo é sempre inerte, incapaz de reagir: o andamento lento de suas melodias, que imitam o folclore camponês, descreve seu comportamento apático e resignado. Só há um momento em que o coro recebe tratamento livre, com recitativos solistas intercalados, como no *Borís*: na cena de abertura da ópera, quando a multidão quer forçar o escrivão público – o único entre eles que é letrado – a ler-lhe uma proclamação que os *striéltsi* afixaram numa coluna, no meio da Praça Vermelha.

Há outra novidade em relação ao *Borís Godunóv*, a presença de duas páginas puramente orquestrais: o prelúdio ao ato I, uma série de cinco variações sobre um tema portador de trágicos pressentimentos, intitulado *Alvorada Sobre o Rio Moskvá*; e as Danças Persas de IV,1, escritas no convencional estilo "exótico" dos Cinco. Esse último foi um dos trechos executados em vida de Mússorgski. Rímski-Kórsakov o regeu em 27 de novembro de 1879, num concerto da Escola Livre de Música, de Balákirev. E ao fazê-lo, retocou vários detalhes da orquestração com a aquiescência do compositor. O outro foi a canção de Marfa, no ato III, cantada por Dária Leônova num concerto, em 8 de abril de 1880. Ao morrer, Mússorgski deixou uma redução para piano do que já tinha escrito, e três trechos orquestrados: as Danças Persas, a canção de Marfa e o coro dos *striéltsi* no ato III.

Começa aqui uma complicada história de mutilações e de tentativas subseqüentes de remediá-las. Em 1881, Rímski-Kórsakov alterou a *Khovânshtchina* ainda mais do que o fizera com o *Borís*. No ato I, cortou a cena do povo com o escrivão, e reduziu a passagem após o retorno de Ivan Khovánsky. Seus cortes afetam, de modo geral, as intervenções do povo; com isso, diminuiu a importância do enfoque histórico e político, enfatizando, de forma melodramaticamente convencional, a intriga amorosa, a que Mússorgski reservara um plano secundário.

No ato II, omitiu "Ty, sviet môi" (Tu, minha luz), a cena em que Golítsin lê a carta de sua mãe, cheia de maus pressentimentos; e a conversa do príncipe com o pastor luterano, que vem lhe pedir a autorização para construir mais uma igreja protestante no bairro alemão. E encurtou a cena da audiência que o príncipe dá, logo depois da adivinhação, a Khovânski e

Dosifêi, momento essencial da confrontação de três concepções diferentes do mundo e do poder. Terminou o ato com uma reprise da música do prelúdio e acrescentou cadências conclusivas onde Mússorgski não as usara, destruindo, assim, um dos traços mais distintivos de sua maneira de compor. E restabeleceu trechos que Módest Petróvitch decidira eliminar por achá-los banais. Não contente com isso, compôs páginas novas: um entreato sinfônico, no fim do ato II, e um monólogo para Dosifêi, no ato V, sobre um texto que sabia ter sido descartado pelo compositor.

Rímski-Kórsakov transpôs tessituras vocais e a armadura de tonalidades, comprometendo a rigorosa relação que Mússorgski estabelecia entre a evolução dramática e a escolha de claves. Todo o fim do ato III, por exemplo, era em mi bemol maior; mas, "para introduzir variedade", Rímski-Kórsakov transpôs a segunda metade da cena para ré menor. O colorido harmônico, logicamente, foi o que mais sofreu. A revisão transformou as quintas paralelas, típicas da música litúrgica eslava, em quartas paralelas. E atenuou ou suprimiu todas as irregularidades harmônicas, rítmicas ou métricas, fazendo-as reverter às regras acadêmicas. Em suma, converteu uma ópera originalíssima e revolucionária no que Michel Maximovitch chama de "o típico trabalho de um pedante professor de conservatório do século passado". O próprio César Cui que, anos antes, tinha sido tão rigoroso com o *Borís*, reconheceu:

> É fácil corrigir as irregularidades de Mússorgski. Mas o problema é que, quando se faz isso, a personalidade e a originalidade da música também se perdem.

A primeira tentativa de remediar essa situação foi feita por Serguêi Diáguilev em 1913. Para uma apresentação em Paris, encomendou uma nova edição a Maurice Ravel e Ígor Stravínski. Por maior que fosse o respeito deste último por seu antigo professor, ele lamenta, na série de entrevistas que concedeu a seu secretário Robert Craft, que Rímski-Kórsakov não tivesse deixado "uma única pedra intacta no edifício erigido por Mússorgski". Mas faz uma autocrítica: "Infelizmente, a nossa nova versão acabou ficando com um aspecto ainda

MÚSSORGSKI

mais disparatado do que a de Nikolái Andrêievitch" (*Conversations with Igor Stravinsky*).

E é a pura verdade! A parte orquestrada por Ravel lembra muito o seu popular trabalho com os *Quadros de uma Exposição*, ou seja, é muito mais Ravel do que Mússorgski. E a de Stravínski é um híbrido da fase *Pássaro de Fogo*, em que os ensinamentos de seu mestre deixaram marca inequívoca, e das transformações por que passava na época, em que estava se preparando para começar o *Rossignol*, típica obra de transição. Para complicar as coisas, Diáguilev fez, na apresentação, cortes por sua própria conta. Para economizar um cantor, eliminou todo o ato II, o que fez desaparecer o papel de Golítsin. "Nem Rímski-Kórsakov teria sonhado em tomar as liberdades que Diáguiliev tomou ao produzir a *Khovânshtchina* para Paris*", escreve, em seu *Musicians Gallery*, o musicólogo M. D. Calvocoressi que, naquela época, era assistente do diretor dos Ballets Russes.

Para uma apresentação no Bolshói, em 1950, o regente Nikolái Golovânov fez nova orquestração; mas seguiu o plano de Rímski-Kórsakov, sem diferir muito dele em estilo. Mais importante é o trabalho de Dmitri Shostakóvitch, encomendado em 1958 por Viéra Stróieva, para um filme de que existe a cópia em vídeo. Ela o escolheu não só por ser um grande conhecedor de Mússorgski, de quem editara também as *Danças e Cantos da Morte*, mas por já ter, dois anos antes, orquestrado algumas cenas para um concerto regido por Borís Kháikin. Em *Shostakovitch: A Life Remembered*, de Elizabeth Wilson, há um precioso depoimento do maestro sobre esse trabalho. Para a trilha sonora do filme, o grande sinfonista tomou por base a edição crítica da redução para piano publicada, em 1931, por Pável Lamm e Borís Assáfiev. Estes tinham aberto todos os cortes feitos por Rímski-Kórsakov, em especial o ato II em sua forma integral, o que fez com que o elemento político readquirisse plena importância.

Antes que avaliemos o resultado desse trabalho, é preciso registrar que, a partir dessa revisão crítica, Assáfiev orquestrou o que faltava. Seguindo o modelo dos trechos orquestrados pelo próprio Mússorgski, e executados esparsamente durante sua vida, reproduziu as mesmas características, buscando dar unidade à partitura. O mesmo argumento de que essa atitude visava a desmoralizar Rímski-Kórsakov foi usado pela censura stalinista para proibi-la, e ela continua à espera de que a exumem: mesmo com a pierestróika e a dissolução da URSS, não havia, até o momento do fechamento deste livro, a informação de que isso houvesse ocorrido.

Quanto à orquestração de Shostakóvitch – encenada, pela primeira vez, no Kírov, de Leningrado, em 25 de novembro de 1960 –, ela é completa, mas não tem a preocupação de imitar os trechos deixados por Mússorgski. Por mais que conhecesse o compositor, Shostakóvitch não parece ter-se dado conta de que, à *Khovânshtchina*, ele pretendia dar colorido orquestral bem diferente do de *Borís*. Compôs trechos novos de transição, para satisfazer certas exigências cinematográficas: por exemplo, a fanfarra com que se encerra o ato II, na qual retoma o tema do prelúdio. Adicionou cadências conclusivas em pontos onde elas não existiam, e deu texturas tão espessas à música que, às vezes, o texto fica incompreensível – o que é, por definição, antimussorgskiano. Mas com todos esses problemas, a sua versão ainda é nitidamente preferível à de Rímski-Kórsakov. Diante de nossos olhos, ela faz surgir o universo sombrio da Rússia de Pedro, o Grande de forma tão vívida quanto Einsenstéin e Prokófiev o conseguiram com Ivã, o Terrível no filme homônimo.

Num apêndice a seus ensaios, intitulado "The *Khovanshchina* Manuscript", Richard Taruskin apresenta um quadro sinóptico – a que remeto o leitor interessado no detalhamento desse processo –, em que descreve a ação de cada cena, informa a data do manuscrito (quando esse dado é conhecido), e mostra de que forma ela é tratada em cada edição. A título de exemplo, transcrevo o que ele escreve sobre a cena final:

Ato V, cena 3: Dosifêi conduz seus fiéis para o eremitério (o coro final não chegou a ser escrito) – agosto de 1880. Deveria ter-se baseado em uma melodia dos "velhos crentes" que Mússorgski recolhera com sua amiga Liubôv Karmálina. Rímski-Kórsakov acrescenta, à melodia tencionada, figuras orquestrais representando as chamas da fogueira, e faz a reprise da marcha Preobajênski; Shostakóvitch mantém o coro de Rímski e acrescenta a ele uma reminiscência do tema da aurora; Stravínski baseia o seu coro na melodia pretendida e em mais dois outros temas associados aos "velhos crentes".

A edição de Rímski-Kórsakov é a usada por A. Margarítov (s/d), K. Baranóvitch (1946) e B. Kháikin (1972) nas gravações da Melodya; e num vídeo do Bolshói, de 1975, com Nesterenko, Arkhípova/Símonov.

A edição Golovânov foi gravada por V. Niebólssin (Melodya, 1951).

Claudio Abbado utilizou a edição Shostakóvitch, acrescentando a ela as cenas orquestradas por Mússorgski e o final de Stravínski, no espetáculo de 1989, na Ópera de Viena, lançado pela Sony em CD e vídeo.

Emil Tchakárov (Sony, 1988) e Valiéry Guérgiev (Philips, 1992) usam a partitura preparada por Shostakóvitch, eliminando todos os acréscimos feitos visando à filmagem de Viéra Stróieva.

Em 1874, quando já tinha começado a *Khovânshtchina*, e estava compondo o ciclo de canções *Biêz Sôntsa* (Sem Sol) e a versão original para piano das *Kartínki s Výstavki*, Mússorgski voltou ao projeto de uma ópera cômica que, provavelmente, já tinha na cabeça havia muitos anos. Ela se baseava no primeiro conto das *Vietcherá na Khutórie bliz Dikânki* (Serões na Fazenda Perto de Dikanka, 1831), de Nikolái Gógol, que se passam na Ucrânia. Na época em que morava no mesmo apartamento com Nikolái Andrêievitch, este recebera de sua noiva, Nadiêjda Púrgold, uma carta (20.12.1871) em que ela dizia:

Hoje, li outra das historias de Gógol, *Sorótchintsiaia Iarmárka* (A Feira de Sorótchintsi). Essa também é muito boa e, provavelmente, adequada para uma ópera, mas não para você; em linhas gerais, não tem nada a ver com você, como *A Noite de Maio* tem, por exemplo. Mas o que é que eu posso fazer? Ela se alojou de tal forma em minha cabeça que nada consegue tirá-la de lá.

Era, evidentemente, em Módinka e em seu gosto pelo humor negro e o grotesco que Nadiêjda estava pensando. E a prova disso parece ser a resposta de Mússorgski, pouco depois (3.1.1872), a uma carta de Aleksándra, a outra irmã Púrgold, que durante algum tempo andou considerando a hipótese de namorá-lo, sem conseguir despertar nele maior interesse:

Conheço bem o conto de Gógol. Cheguei a pensar nele uns dois anos atrás. Mas não combina com o caminho que tracei para mim, pois carrega, em seu amplo fôlego, muito pouco da verdadeira Rússia.

Tudo indica, portanto, que já era na *Feira de Sorótchintsi* que ele pensava, anos antes. Em abril de 1875, contudo, desistira da idéia, como explicou em carta à sua amiga Liubôv Karmálina:

A razão para essa renúncia é a futilidade de um grande-russo tentar fingir que é um pequeno-russo e, conseqüentemente, tentar dominar todas as nuances e peculiaridades de contorno musical do recitativo em língua pequeno-russa. Prefiro mentir o menos possível e dizer a verdade sempre que posso. Numa ópera da vida quotidiana, deve-se estar mais atento ao recitativo do que nas óperas históricas, pois não há grandes acontecimentos que ajam como cortina de fumaça para encobrir qualquer tipo de negligência ou desmazelo. Portanto, um músico que não tenha bom domínio do recitativo deve evitar cenas de costumes nas óperas históricas.

Pôs-se, em vez disso, a pensar em outro drama histórico, com o qual, ao lado do *Borís* e da *Khovânshtchina*, pretendia formar uma trilogia. O tema escolhido foi a *Pugatchóvshtchina*: a crônica da rebelião de Iemelián Ivánovitch Pugatchóv que, entre 1773-1774, sublevou cossacos e camponeses contra o despotismo de Catarina, a Grande. Derrotado por seus exércitos, foi executado. Mas o projeto não foi adiante porque, nesse meio tempo, ao saber que Módest se interessara pela *Feira de Sorótchintsi*, o baixo Óssip Afanássievitch Petróv, que era ucraniano, oferecera-se para ajudá-lo. Dispôs-se ainda a usar seu prestígio para que, uma vez pronta, a ópera fosse aceita pelos teatros oficiais.

Um dos cantores mais famosos de seu tempo, Petróv (1806-1878) era um velho conhecido dos nacionalistas. Criara os papéis de Sussânin e Ruslán, de Leporello no *Kámiennyi Gost*, de Varlaam no *Borís*, e de Ivan, o Terrível, na *Pskovitiánka* (A Donzela de Pskóv), de Rímski-Kórsakov. Petróv e sua mulher, a respeitada contralto Anna Iakovliêva Vorobiôva-Petrôva, estimavam muito Módest, e tinham-se empenhado para que fosse feita a primeira apresentação, fragmentária, do *Borís*. Essa amizade se fortalecera, em 1876, quando Módest participou ativamente da organização da festa para comemorar o jubileu de ouro de Petróv como cantor.

Quem não ficou nem um pouco satisfeito foi Stássov, que detestava a idéia de Módest abandonar, por causa de uma banal comédia, a composição da *Khovânshtchina*. Uma carta de 22 de agosto de 1877 a Goleníshtchev-Kutúzov o mostra furioso com essa "bobagem pequeno-russa" a que Mússorgski estava sendo "incitado pela tolice de Óssip e Anna", que ele não hesita em ofender chamando-os de "os Roscius russos" – referência a um casal famoso de palhaços romanos. Entusiasmadíssimo, o compositor fazia ouvidos de mercador a seus apelos. A partir de 19 de maio de 1877, no apartamento dos Petróvi, redigiu um roteiro detalhado dos três atos da ópera, dividido em dezessete números, dos quais chegaria a compor oito.

A colaboração com Petróv ia muito bem. Mas este morreu, em 27 de fevereiro de 1878. Chocado com a perda do amigo, desanimado, prejudicado pelo alcoolismo, Mússorgski deixou *Sorótchintsiaia Iarmárka* de lado. Só voltou a desengavetá-la após o sucesso dos trechos já prontos, durante a excursão que fez à Ucrânia (junho a outubro de 1879), em companhia da soprano Dária Mikháilovna Leônova. Quando morreu, os atos I e II estavam praticamente completos; mas o III estava em estado fragmentário.

Tcherevík e a mulher, a megera Khívria, acompanhados da filha Parasha, vão à feira, na cidade de Sorótchintsi, para vender seus bois. O jovem Gritsko, que se apaixonou por Parasha, pede a ajuda de um cigano para vencer a hostilidade de Khívria contra ele. E o cigano descobre que a mulher está muito interessada em Afanássi Ivánovitch, filho do pope da Igreja local. Durante a noite, aproveitando que Tcherevík e seu amigo Kum se embebedaram, Khívria recebe o amante. Mas é desmascarada pelo cigano que, disfarçado de diabo, obriga-a a concordar com o casamento de Parasha e Gritsko.

Percebe-se, analisando as duas partituras – e em especial a forma como é trabalhada a personalidade azeda de Khívria e como são tratadas as suas cenas com o marido – que Mússorgski tinha conhecimento da obra que o precedera no empenho de criar uma comédia enraizada no folclore pequeno-russo. *Zapo-*

rójetsi za Dúnaiem (Os Cossacos Vindos do Outro Lado do Danúbio), do baixo-barítono Semiôn Stepánovitch Gúlak-Artiômovski, é um *singspiel* de tema ucraniano estreado no Maríinski em abril de 1863. Na figura de Ivan Karas, o protagonista – criado pelo próprio compositor –, e na de sua mulher Odarka, há muitos traços que reaparecerão no casal da *Feira*. Isso coloca a ópera de Mússorgski numa perspectiva muito significativa: a da valorização da cultura regional do império.

Curiosamente, *Zaporójetsi za Dúnaiem* nunca foi encenada em Kíev durante a vida de seu autor. Em compensação, no período soviético, conta Abram Gózenpud, foi elevada ao status de clássico nacional ucraniano. Traduzida para a língua local, foi designada como a ópera que deveria, oficialmente, abrir a temporada da Ópera de Kíev, assim como se fazia em Moscou e Leningrado com as de Glinka. Só depois da Revolução, portanto, assumiu seu significado pleno uma comédia que era a celebração implícita do *národnost* (o sentimento patriótico) ucraniano.

Sorótchintsiaia Iarmárka é a culminação das pesquisas no terreno da comédia – por oposição aos grandes dramas históricos – que Mússorgski iniciara com o *Casamento*. Ambas baseiam-se em Gógol e exploram situações banais do quotidiano e personagens comuns, usam texto em prosa escrito em tom coloquial, e recorrem, para a caracterização musical, ao folclore – urbano num caso, camponês no outro. Mas na *Feira*, talvez porque Mússorgski se sentisse inseguro quanto às reais inflexões do ucraniano, ele usou um número bem maior de melodias populares autênticas como tema para as canções, ou como célula melódica para o acompanhamento dos recitativos. Inversamente, nas danças, que não estão ligadas à declamação, sente-se mais livre para criar temas originais. E busca deduzir, da forma como as canções folclóricas os registram, os ritmos naturais dos *gopáks* executados na cena do mercado.

Cada personagem tem um jeito bem próprio de cantar. O temperamento estável de Tcherevík é simbolizado pela repetição de ritmos e andamentos moderados, e suas melodias são calmas. Khívria opõe aos ritmos de dança, de quando está irritada com o marido, as cantilenas lentas de sabor folclórico com que demonstra ternura por Afanássi. Parasha oscila entre os ritmos de *gopák*, em 2/4, sempre *scherzando*, para expressar a alegria juvenil por estar apaixonada, e os temas cromáticos, de ritmos dissimétricos e harmonia instável, quando está triste com a proibição de seu namoro. Quanto ao filho do pope, sua parte está cheia de irreverentes paródias de música litúrgica.

Dos três atos, o que mais entusiasmou Mússorgski desde o início foi o II, como o demonstra a já citada carta de 15 de agosto de 1877 a Goleníshtchev-Kutúzov. E isso é compreensível, pois o ato II, em que predomina o diálogo praticamente ininterrupto, é o que mais se aproxima da estrutura do *Casamento* – ou da Cena da Taverna no *Borís* – que ele sempre tinha encarado como suas máximas realizações. É ali que está

o exercício enriquecedor do músico, ou melhor, do não-músico que deseja estudar e, finalmente, compreender os meandros da fala humana em toda a sua urgência e verdade, tal como ela foi capturada pelo gênio de Gógol. [...] A partir de um amplo palco, é preciso que as falas das personagens – cada uma delas de acordo com a sua própria natureza, hábitos e "inevitabilidade dramática" – atinja a platéia com todo o destaque. [...] O que você lê, nas falas das personagens de Gógol, as *minhas* personagens devem te transmitir sob a forma de discurso musical, *sem qualquer distorção* das palavras de Gógol.

Isso é particularmente verdade em relação à cena do ato II em que Khívria conversa com o filho do pope. Literalmente transcrita do conto, ela assume o mesmo estilo da comédia inacabada de anos antes – por exemplo, ao ironizar a forma cerimoniosa e desajeitada como as duas personagens, ainda constrangidas em seu primeiro encontro amoroso, se cumprimentam usando o nome e o patronímico um do outro: Afanássi Ivánitch e Khavrônia Nikíforovna. Mas a apimenta com elementos novos. A "assinatura" de Khívria é uma melodia associada a seu talento como cozinheira (é com guloseimas que ela pretende conquistar o estômago e o coração do rapaz). E a cadência que acompanha o nome de Khívria foi extraída do manual de cânticos litúrgicos de Nikolái Bakhmiétev – o que faz com que a fala de Afanássi seja uma paródia da de Pímen no *Borís*.

No roteiro inicial, ainda não estava previsto um dos números que mais se destacam no ato II: "Otkóli iá Brudéusa vstrietíla" (Desde que eu me encontrei com Brudeus), que encerra o longo monólogo de Khívria, enquanto ela espera Afanássi e prepara guloseimas para ele. Terminada em 10 de julho de 1877 e dedicada a Aleksándra Purgold – a essa altura já casada e chamando-se A. Molás –, essa canção de andamento acelerado foi construída sobre trechos folclóricos autênticos, recolhidos por Vsiévolod Krestóvski. Mas, estranhamente, recebe o tratamento harmônico convencional que, em carta de outros tempos a Karmálina, Módest condenara chamando de "folcore adulterado". Ei-lo, portanto, optando por formas mais populares de folclore "romantizado", talvez por ter percebido, pela experiência do *Borís*, que a austeridade do recitativo realista é mais difícil de impor e, especialmente no domínio da comédia, a canção chega mais fácil ao público.

O compositor preocupa-se, em todo caso, em justificá-la dramaticamente. A personagem está irritada com a demora do amante e, para se acalmar, exclama: "Vamos, Khívria, chega de resmungar; fique alegre, cante uma canção." É verdade que, ao querer escapar de uma situação artificial, o canto gratuito, Mússorgski caíra num outro clichê: aquilo que, em 1872, o crítico Hermann Laroche chamara de *priglashiênie piet* (convite ao canto), os momentos – como a "Canção sarracena" do *Don Carlos*, de Verdi – "em que uma personagem pede à outra para cantar, ela passa a mão na guitarra, e encanta o mundo com sua arte".

Stássov, já irritadíssimo com a "perda de tempo" que a *Feira* significava, detestou essa "concessão". Escreveu a Goleníshtchev-Kutúzov, em 22 de agosto de 1877, que Módest "tinha composto um monte de bobagens terrivelmente medíocres e pálidas" para Khívria, acrescentando: "Mas espero que, depois dos ataques de todo mundo (especialmente os meus) ele se decida a jogar isso fora." Não foi o que aconteceu pois, durante a excursão com Dária Leônova à Criméia e à Ucrânia, em 1879, a canção de Khívria foi um dos números de maior sucesso – e "os ucranianos o reconheceram como totalmente *národnim* (nacional)", disse Módest em carta a Stássov. Tanto assim que, na volta, entusiasmado com esse resultado, hospedou-se na datcha de Leônova, em

Péterhof, e compôs a *dumka* de Parasha no ato III. Comentando-a, diz Taruskin:

> Na realidade, formalmente a *dumka* refaz a canção de Khívria, sem os recitativos de ligação; na expressão é até mais convencionalmente sentimental e, no estilo, é virtualmente anônima. Não se descobriu nela nenhuma fonte folclórica, embora haja alguns maneirismos poloneses e pequeno-russos. Se foi Mússorgski quem escreveu esta melodia, bem como o seu acompanhamento açucarado, dele pode-se dizer o mesmo que Lávrin escreveu a respeito de Gógol: "Perfeito para retratar pessoas velhas e feias, ele era estranhamente fraco quando se tratava de pintar mulheres bonitas e normais".

Em compensação, é encantador o pequeno trio que se forma, no ato I, quando Gritsko flerta com Parasha enquanto o Velho Cigano canta a sua cavatina. O antecedente, óbvio, é do *Borís*: a Cena da Taverna, em que Gríshka Otrépiev conversa com a hospedeira enquanto Varlaam entoa a sua canção de bêbado. Mas no *Borís*, havia o contraste entre o recitativo de duas personagens que estão "falando" e a cantilena da outra que está "cantando". Aqui, as três personagens realizam o antigo ideal de "falar cantando" – o que significa que, na *Feira*, em vez de ter uma recaída em modelos convencionais, Mússorgski estava na realidade aprendendo a dominar as formas operísticas com extrema naturalidade. Esta comédia poderia ter sido a porta aberta para uma nova fase em sua carreira se, infelizmente, ele não tivesse morrido tão cedo.

No primeiro projeto da *Feira* (1877), Mússorgski pensara em reaproveitar, como interlúdio sinfônico entre os atos I e II, a música da *Ivânova Nôtch na Lisôi Goriê*, que planejara inserir, em 1872, no projeto inacabado da *Mlada*. Mais tarde, contou a Rímski-Kórsakov ter mudado de idéia: o interlúdio ficaria entre os atos II e III. Mas na edição de Vissariôn Shebalín (1932), de que falaremos mais adiante, ela foi transformada em um episódio coral-sinfônico, entre a primeira e a segunda cenas do ato III, com texto que mistura ucraniano e "língua infernal", de forma que parece inspirada na *Damnation de Faust*, de Berlioz. A *Noite no Monte Calvo* é conhecida, hoje, como um poema sinfônico puramente instrumental, adaptado por Rímski-Kórsakov em 1886, com orquestração que destoa completamente dos fragmentos deixados prontos por Mússorgski. Ainda assim, tornou-se uma página favorita no repertório de concertos sinfônicos, a ponto de ter sido adaptada por Walt Disney no episódio final de seu desenho animado *Fantasia*.

O Grupo dos Cinco sempre desprezou a *Feira*, para grande mágoa de Módest Petróvitch, que a confessou em nova carta, de 11 de novembro de 1877, a Goleníshtchev-Kutúzov. Queixava-se de que seus amigos pareciam não querer perceber que a *Feira* não era "uma palhaçada, mas a primeira verdadeira ópera cômica dentro do campo da música folclórica russa". E tinha razão: era a primeira vez que uma comédia russa, em vez de seguir o modelo francês do *opéra-comique*, com diálogos falados e números estanques, tinha recitativos contínuos e canções eventuais trançadas em sua textura. A declamação permanente já fora experimentada antes, no terreno da comédia, em *O Casamento*. Mas, nesta, não existem as cantilenas inseridas no fluxo musical ininterrupto que, na *Feira*, substituem as árias tradicionais.

Desta vez, Rímski-Kórsakov sequer se interessou em editar a partitura, alegando que fora deixada em estado demasiado fragmentário. Em 1903, transferiu o encargo a seu aluno Anatól Konstantínovitch Liádov, que chegou a orquestrar cinco trechos. Mas parou ao dar-se conta de que estava deformando o estilo de Mússorgski – o que é muito mais do que se pode dizer a respeito de Nikolái Andrêievitch. Dois anos depois, Vladímir Aleksêievitch Senílov instrumentou, a seu modo, a cena do sonho de Parasha, com olímpico desprezo pelas anotações que o próprio Mússorgski deixara sobre esse trecho.

A publicação dos manuscritos da *Feira* foi feita em 1910, pelo musicólogo Viátcheslav Gavrílovitch Karatýguin que, em 16 de março de 1911, organizou, em casa do mecenas barão Riesen, em São Petersburgo, uma encenação acompanhada por dois pianos e sem coro. Tendo assistido a essa apresentação, Iúri Serguêievitch Sakhnóvski, diretor do Teatro Livre de Moscou, encorajou-se a encená-la, em 8 de outubro de 1913. Foi uma montagem das mais híbridas, pois utilizava os trechos já orquestrados por Liádov e Senílov, as passagens em redução para piano editadas por Karatýguin, e completava o resto com diálogos falados, diretamente extraídos do conto de Gógol. Ainda assim, essa mixórdia fez tanto sucesso que provocou a entrada, no circuito, de uma personagem inesperada: César Cui, que nunca apreciara a música de Mússorgski e, a essa altura, já tinha 79 anos.

Em 1916, reutilizando o trabalho de Liádov e Senílov, Cui orquestrou os trechos do manuscrito publicados por Karatýguin. Em seguida, compôs o que faltava em seu próprio estilo, a léguas de distância do de Módest Petróvitch. O resultado não podia deixar de ser um saco de gatos; mas não impediu a ópera de ser muito bem recebida pelo público em 13 de outubro de 1917. São Petersburgo, agora, chamava-se Petrogrado. Quinze dias antes, a república fora proclamada por Aleksandr Fiódorovitch Kerênski que, em 2 de fevereiro, assumira provisoriamente o poder, após forçar a abdicação do tsar Nicolau II. Mas Kerênski ficaria no cargo 24 dias apenas, após essa mudança do regime. A Revolução de Outubro se avizinhava. Com a ascensão dos bolcheviques, todos os teatros do país foram fechados. E a *Feira* de Mússorgski-Cui nunca mais voltou em cartaz.

Nova tentativa seria feita em 1922, por Nikolái Nikoláievitch Tcherepnín, outro aluno de Rímski-Kórsakov. Voltando a usar os trechos já orquestrados, ele completou o resto com música retirada de outras obras de Mússorgski, sem nem se preocupar em dar uma olhadinha nos cadernos de apontamentos que o compositor deixara, nos quais indicava como pretendia fazer a orquestração. Monte Carlo viu e aplaudiu essa versão em 17 de março de 1923. Mas ela ainda estava muito longe de ser satisfatória.

Finalmente, em 1923, o compositor Vissariôn Iakovliêvitch Shebalín, em colaboração com Pável Lamm, retomou a edição dos manuscritos feita por Karatýguin, associando sua leitura à do plano original de encadeamento das seqüências, que encontrara no argumento da ópera, redigido pelo próprio Mússorgski e datado: "aos 19 de maio de 1877, em casa de A. V. e O. A. Petróv, em Petrogrado". Até que enfim, alguém se lembrava de fazer o óbvio:

abrir o caderno de anotações do compositor e cientificar-se de como ele desejava que os instrumentos fossem usados. Shebalín seguiu as indicações desse caderno para os trechos que Mússorgski deixara escritos, e compôs música para o resto tentando seguir esse estilo. Sua versão, de que existem gravações feitas por I. Aranóvitch, S. Hubad (Melodya) e V. Iessipóv (Olympia), não permite que se saiba exatamente o que seria a ópera se seu autor tivesse chegado a completá-la. Mas, comparada às anteriores, realizadas sem nenhum critério, é pelo menos uma solução viável e um trabalho feito com amor e inteligência.

Na *Histoire de la Musique Occidentale*, obra coletiva dirigida por Brigitte e Jean Massin, assim escreve Michèle Reverdy:

> A profissão de fé de Mússorgski é a de que a arte é um meio de comunicação entre os homens, e a de que a música representa um modo de expressão tão perceptível quanto a palavra. Mas, para isso, a arte, prodigiosamente viva, nutrida por uma perpétua pesquisa, não pode merecer, em momento algum, a recriminação que Mússorgski fazia à música que a sociedade de seu tempo aceitava: "dois fatores essenciais governam a música russa: a moda e a escravidão ao passado". Mússorgski observa, com muita justeza, que as leis criadas pelos grandes inovadores – Palestrina, Bach, Gluck, Beethoven, Berlioz, Liszt – estão submetidas a uma constante evolução, como todo o universo espiritual do homem. Eis porque ele considera convencional e repressiva uma técnica musical determinada de uma vez por todas por cérebros ocidentais (ou ocidentalizados) de um período histórico limitado, e congelada no manuais de ensino. "Não sou da opinião", escrevia ele, "que todo estudo seja, necessariamente, obscurantista; no entanto, o livre desenvolvimento, a expansão sem obstáculos dos dons naturais que conservam suas raízes sadias e vigorosas, é infinitamente mais simpática para mim do que um treinamento escolar ou acadêmico". Essa declaração tem mais de um século e, no entanto, é de uma surpreendente atualidade! Se ainda há quem se permita – em nome das sacrossantas leis harmônicas, admitidas pelos tratados – criticar certos encadeamentos de acordes nos *Quadros de uma Exposição*, com um sorriso de indulgência para com o "autodidata", uma coisa eles não podem negar: a grandeza de uma obra que escapa à análise "burocrática". Mússorgski deu a seus sucessores o direito de reivindicar a liberdade de formas e de linguagem. Suas idéias foram apanhadas no ar por Debussy ou por Stravínski que, por sua vez, transmitiram ao século XX a sua febre de pesquisa.

BORODÍN

Ao contrário do que se pensa, Borodín não é o autor de uma única ópera. Aleksandr Porfírievitch acabava de voltar, em outubro de 1862, de uma longa viagem que fizera à Europa Ocidental, para aperfeiçoar os seus conhecimentos de Química, quando Mússorgski, a quem já fora apresentado em 1856, o levou a conhecer Balákirev e Stássov, César Cui e Rímski-Kórsakov. A identidade de pontos de vista o fez aderir prontamente ao círculo, tornando-se um dos cinco membros da *Kútchka*. Como seu mentor fazia questão de que os jovens nacionalistas escrevessem para o palco, Borodín optou, para começar, pelo gênero mais descomprometido da opereta, que lhe pareceu constituir boa forma de aprendizado. E pediu a Víktor Krylóv, amigo e libretista de Cui, que lhe preparasse um texto desse gênero.

Entre 1866-1867, escreveu *Bogatyrí* (Os Cavaleiros), com 22 números intercalados a diálogos falados e melodramas. Mas apenas um trecho, o Hino a Peruna, a deusa do Trovão dos primitivos povos eslavos, que se canta no ato II, tem melodia original do compositor. Todo o resto é uma gigantesca colagem de temas tomados de empréstimo a Rossini, Offenbach, Meyerbeer, Verdi, Cavos, Seróv e a canções do folclore urbano. A orquestração, muito tradicional, foi feita por E. Merten e F. Büchner, dois músicos alemães que tocavam na orquestra do Teatro Bolshói. Moscou assistiu, em 6 de novembro de 1867, à única apre-

sentação dessa opereta, que foi um fracasso retumbante.

Em 1935, Pável Lamm publicou a partitura em redução para piano, e Aleksandr Kárlovitch Medtner – irmão do compositor Nikolái Medtner – reorquestrou as partes perdidas. O poeta Dêmian Biédny reviu o libreto de Krylóv. Reapresentada uma única vez, no Kámierny Teatr, de Moscou, em 20 de outubro de 1936, sob a direção de Táirov, a opereta desagradou profundamente à censura stalinista, que a considerou "formalista" e a acusou de "deformar o passado heróico da nação" ao tratar de forma cômica os temas épicos. Retirada de cartaz no dia seguinte, nunca mais se ouviu falar dela. Numa fase pós-URSS em que até o irreverente *Moskvá: Tcheriomúshki* – o musical em que Shostakóvitch faz a impiedosa sátira da sociedade soviética – está sendo tirado do fundo da gaveta, resgatar esta *Bogatyrí* é simples questão de justiça.

Em 1871, Borodín escreveu oito números para o ato IV da *Mlada*, a criação coletiva dos Cinco que não foi para a frente. Quando o projeto abortou, adaptou-os em diversas partes do *Príncipe Ígor*. Depois de sua morte, Rímski-Kórsakov transformou os números de 5 a 8 em uma suite orquestral. Em 1923, o musicólogo V. Zander reconstituiu o ato IV e o fez encenar.

Quanto à principal obra de Borodín, deixada inacabada quando morreu, ela se baseou numa sugestão de Stássov, o mentor do grupo:

Capa da primeira edição de *Kniaz Ígor* (O Príncipe Ígor), 1880.

Therese Waldner no papel de Iaroslávna, do *Príncipe Ígor*, numa montagem de Günther Könemann para o Badisches Staatstheater de Karlsruhe em 1995.

Desenhos de figurino de Konstantín Korovín para Ígor e Kontchák, do *Príncipe Ígor*, em 1909.

a de que compusesse uma ópera sobre o *Slôvo o polkú Ígorieve* (A narrativa da batalha de Ígor)[1]. Esse poema épico anônimo do século XII faz o relato de um fato real: a luta, em 1185, do príncipe Ígor Sviatoslávitch, de Nóvgorod-Seviérski, contra os invasores polovitsianos, povo nômade aparentado aos turcos, que se estabelecera nas estepes do sul da Rússia e começava a atacar as cidades fortificadas do principado de Kíev. Nessa primeira expedição, em que se concentra o poema, Ígor foi derrotado; mas os polovitsianos acabaram sendo expulsos por seu irmão Vsiévolod, príncipe de Kurk e Trúbtchevsk.

Stássov deu a ler a Borodín as bilinas do ciclo igoriano e os escritos dos antigos cronistas: o *Póviest Vriémennikh Liet* (Crônica dos Tempos Antigos), atribuída ao monge Nestor; a *Ipátievskaia*, versão desse texto assim chamada por ter sido encontrada no mosteiro de Ipátii; e a cópia ampliada desse manuscrito feita em 1377, para o príncipe Dmitri Konstantínovitch, pelo monge Lavriénti. Stássov fez também uma sinopse do libreto, dividindo-o em três atos e doze quadros. Borodín começou a trabalhar em cima desse roteiro em abril de 1869, entusiasmado com a mensagem, subjacente à história, de que os principados russos deveriam superar a desunião política e espiritual e empenhar-se no ideal pan-eslavista de uma Rússia unitária. Mas o grande problema foi Borodín ter decidido escrever o libreto ele mesmo, em vez de confiar esse trabalho a um dramaturgo experimentado. E o que é pior: em vez de só começar a compor depois de terminar o poema, escreveu-o aos pedacinhos, à medida que a música ia sendo concebida. O resultado é uma colcha de retalhos desengonçada.

A composição não demorou muito, em todo caso, a ficar paralisada. Em carta de 4 de março de 1870, ele perguntava à sua mulher:

> Onde é que vou arranjar tempo para escrever uma ópera? É um esforço enorme e uma grande perda de tempo. Nem tenho a certeza de que algum dia a encenem; mas se chegasse a ser montada, eu ainda teria de me ocupar com toda aquela trapalhada de providências

1. Em português, há a tradução desse texto feita por Maria Apparecida Soares, lançada em 2000 pela Editora Franciso Alves com o título de *Príncipe Ígor ou O Canto da Campanha de Ígor*.

a serem tomadas com o diretor, os artistas, os ensaios. E não estou convencido de que o assunto, por mais qualidades que tenha para ser musicado, vá agradar ao público. Há poucos elementos dramáticos, quase nenhum movimento cênico. Enfim, escrever um libreto que satisfaça as exigências musicais e cênicas não é coisa muito fácil. Para isso, não tenho experiência, nem jeito, nem tempo suficiente. Nada garante o sucesso dessa ópera. [...] Além disso, o que me atrai mais mesmo são as formas sinfônicas.

Dessas formas sinfônicas Borodín deixou, aliás, algumas belas realizações: as três sinfonias e o poema-sinfônico *V Sriêdniei Ázii* (Nas Planícies da Ásia Central). Por que, então, decidiu retomar, em 1874, a ópera interrompida? Provavelmente porque se entusiasmou com a estréia do *Borís Godunóv* que, apesar de tudo, tinha tanta coisa em comum com suas próprias idéias, a ponto de ele ter defendido a ópera quando Cui a atacou, num artigo de jornal. No inverno daquele ano, decidiu modificar radicalmente o roteiro que Stássov lhe preparara. Entre 1874 e 1881, diversos planos diferentes apareceram em cartas que escreveu a Balákirev, Tanêiev ou a seu amigo Serguêi Diânin.

De março de 1876 a janeiro de 1886, diversos trechos isolados do *Kniáz Ígor* (O Príncipe Ígor) foram estreados isoladamente, em forma de concerto. Entre 16 de janeiro e 13 de novembro de 1879, foram apresentadas, em ocasiões diferentes, a ária de Kontchák, as danças polovitsianas, o coro final, o lamento de Iaroslávna, a ária de Galítski e a cena de Iaroslávna com sua dama de companhia. Depois que o coro de "Glória", do Prólogo, agradou muito ao público de um concerto em março de 1876, Borodín comentou filosoficamente, em carta a um amigo:

> Agora, todo mundo já sabe que estou compondo uma ópera. Fico na posição da garota que perdeu a virgindade e que, com isso, adquire um certo tipo de responsabilidade. Daqui para a frente, *bon gré mal gré*, vou ter de dar conta do recado.

Mas a carreira de professor de Química tomava-lhe todo o tempo. E as condições de trabalho do compositor eram as mais difíceis. A Liubôv Karmálina, amiga dos Cinco, ele contava, em uma carta de 1º de junho de 1876:

> Só posso compor durante as férias de verão, ou no inverno, quando estou doente o suficiente para não po-

der ir dar aula ou trabalhar no laboratório, mas não o bastante para ter de ficar de cama. O problema é que nunca fico doente! É por isso que meus amigos nunca me desejam boa saúde. Sempre que se encontram comigo, dizem-me: "Espero que você pegue logo um bom resfriado!" [...] Além disso, lembre-se de que sou um compositor que busca o anonimato, que se sente embaraçado em ter de admitir a sua condição de compositor. É compreensível: para os outros, a composição é a atividade principal, o dever, o objetivo último de suas vidas; já para mim, é um descanso, uma distração, uma mania que me afasta de minha verdadeira atividade profissional: o ensino e a ciência.

As duas paixões, entretanto, o absorviam fazendo com que se sobrecarregasse. Desgastado pelo excesso de trabalho, Aleksandr Porfírievitch morreu em 15 de fevereiro de 1887, aos 54 anos. Sofreu um enfarte fulminante enquanto ajudava seus alunos a decorar o salão para um baile de máscaras na Academia Médico-cirúrgica. E a ópera ficou inacabada.

A partitura do *Kniáz Ígor*, que Naprávnik regeu na estréia, em São Petersburgo, em 4 de novembro de 1890, tinha sido preparada por Rímski-Kórsakov e seu aluno Aleksandr Konstantínovitch Glazunóv (1865-1936). Mas não é possível ter uma idéia exata do que Borodín pretendia, pois até hoje seus manuscritos estão dispersos: alguns foram emprestados ao músico belga Mercy d'Argenteau e não se tem idéia de onde foram parar; a maior parte estava no espólio de Serguêi Diânin, e só muito recentemente o seu arquivo pessoal começou a ser organizado. A edição de Mitrofán Beliáiev, publicada em 1888 e revista em 1890, não tinha quatro trechos do ato I, encontrados entre os papéis do compositor e publicados por Andrêi Néfedov em 1977.

A técnica que Borodín usou, de improvisar o texto à medida que imaginava a música para cada trecho, significa uma dificuldade suplementar para o estabelecimento da edição crítica. Borodín adaptou livremente a história, cruzando as personagens do *Slôvo o Polkú Ígorieve* com outras, tiradas de várias bilinas ou de crônicas medievais, o que dá feição muito pessoal à saga igoriana. Com isso, faz a intenção original perder-se pelo meio do caminho: o próprio Ígor, de personalidade corajosa e impulsiva mas, no fundo, indecisa, acaba se transformando num anti-herói.

Em companhia do filho Vladímir, o príncipe parte de seu feudo, em Putívl, acreditando poder dar uma lição aos tártaros polovitsianos, que devastavam o sul da Rússia. Mas seu exército é aniquilado e ambos são capturados pelo cã Kontchák. Em sua ausência, o príncipe Galítski, seu cunhado, governa de forma arbitrária, e deixa os beberrões Skúla e Ieróshka sublevarem o povo contra seu soberano. Este, no cativeiro, está sendo tratado como um rei: Kontchák admira e respeita o adversário, a quem propõe uma aliança – que Ígor recusa. Ainda assim, o tártaro organiza uma festa em sua homenagem, durante a qual são executadas as famosas danças polovitsianas. Com a ajuda do traidor tártaro Ovlúr, Ígor consegue fugir. Mas Vladímir que, nesse meio tempo, apaixonara-se por Kontchákovna, a filha do cã, fica no acampamento para casar-se com ela. Quando chega a Putívl, Ígor é acolhido por sua mulher, Iaroslávna, que espera por ele. Skúla e Ieróshka viram casaca mais que depressa, e vão anunciar a volta de seu senhor, que aclamam, celebrando também a perspectiva da queda iminente de Galítski. É difícil dizer se a ópera terminaria realmente aí, pois os diversos planos que Borodín elaborou não permitem decidir que desenlace formal lhe daria.

Tal como a conhecemos hoje, *O Príncipe Ígor* apresenta sérios problemas dramáticos. A personagem-título fica, no total, muito mal caracterizada. E o príncipe Galítski, depois de uma aparição teatralmente promissora, desaparece sem deixar vestígios. O esperado choque entre os dois, quando Ígor volta, não acontece. O conflito entre russos e polovitsianos fica irresolvido, inexplicado e, certamente, dramatizado de forma insuficiente para agir como um trampolim verossímil para o único ponto da ópera em que há ação verdadeira: o momento em que Ígor foge do acampamento em que está preso.

No *Príncipe Ígor*, Borodín reutilizou não só as páginas escritas para a *Mlada*, mas também os esboços para uma *Tsárskaia Neviésta* (A Noiva do Tsar) que não levou adiante. Por outro lado, em suas peças sinfônicas, empregou temas originalmente concebidos para a ópera: a entrada dos mercadores reaparece na

A ÓPERA NA RÚSSIA

Sinfonia nº 3; um tema que se destinava aos polovitsianos foi parar no primeiro movimento da *Sinfonia nº 2*; a melodia da ária de Galítski reaparece em uma de suas romanças, e assim por diante. Isso confere à ópera posição singular dentro da obra do autor: ela é o cadinho no qual se derramam e se fundem vários de seus trabalhos anteriores; mas também o repositório no qual Borodín vai buscar inspiração para composições paralelas.

Suas concepções operísticas, por mais identidade que ele sentisse com Mússorgski, não chegam a ser tão revolucionárias. Numa carta de 1º de junho de 1876 a Karmalina, ele dizia:

> No que diz respeito à ópera, sempre discordei muito de meus colegas. O estilo puramente recitativo não me convém e não tenho afinidade com ele. Sinto-me atraído pelo canto, a cantilena, e não pelo recitativo; se bem que, a julgar pelas opiniões das pessoas que entendem do assunto, eu o domine bastante bem. Além disso, sinto-me atraído pelas formas mais acabadas, mais perfeitas, mais amplas. A própria maneira de tratar o material da ópera tem de ser diferente. Na minha opinião, na ópera, como nas artes decorativas, as pequenas formas, os detalhes, não têm lugar: tudo deve ser escrito com traços largos, claros, vivos e, se possível, de um modo que seja prático para a execução tanto instrumental quanto vocal. As vozes devem estar em primeiro plano, a orquestra em segundo. Em que medida serei bem-sucedido em minhas intenções, é coisa que não sei dizer. Mas eu te garanto que a minha ópera estará mais próxima de *Ruslán i Liudmíla* do que do *Convidado de Pedra*.

Fiel a essas convicções, Borodín utiliza as formas clássicas – árias, duetos, coros, marchas, danças –, mas bastante ampliadas e com ligações temáticas que fazem com que a ópera seja constituída de grandes blocos de modo geral ricos em contrastes e musicalmente muito variados. Um exemplo de recurso à tradição, mas com a aplicação a ela de técnicas renovadoras, é a cavatina de Kontchákovna, construída como um improviso em três partes, cheia de acordes de sétima e de nona alterados, que fazem com que, no conjunto, a tonalidade fique imprecisa. Mas o uso das formas fechadas faz com que os atos sejam uma série de quadros fechados justapostos. O II, por exemplo, é uma seqüência de árias para Kontchákovna, Vladímir, Ígor e Kontchák. A força da música, em todo caso, redime a ópera de seu caráter estático.

Esses números fechados são ligados ou entrecortados por recitativos acompanhados tradicionais, mas de uma riqueza musical maior do que a dos tempos de Glinka. No diálogo muito cheio de contrastes que liga a cena da briga de Iaroslávna e Galítski (I,1) ao dueto que se segue, sente-se a influência do recitativo melódico do *Convidado de Pedra*. E também do *Borís Godunóv*, pelo qual, como já foi dito, Aleksandr Porfírievitch tinha grande admiração.

Borodín não usou nenhum tema folclórico autêntico, mas fez extensas pesquisas de folclore camponês russo e das melodias populares orientais: canções cabiles e tunisianas, da Ásia Central, de onde os polovitsianos tinham vindo, e do leste da Hungria, onde viviam seus últimos descendentes. Amalgamou esses diversos elementos numa música de sabor oriental, de cunho próprio, marcada por cromatismos, intervalos exóticos e ritmos ímpares dissimétricos, muitas vezes chegando aos efeitos polirrítmicos – por exemplo, em I, 1, quando o coro dos seguidores de Galítski, cantando em 3/4, superpõe-se ao das donzelas, que cantam em 2/4.

É natural que, numa ópera dessa natureza, o coro exerça papel de grande importância – em especial o masculino. Ora ele é utilizado em grupos bem individualizados (os boiardos, as donzelas, os partidários de Galítski), ora em grandes massas (no prólogo, nas danças polovitsianas, no finale do ato IV). São freqüentes os coros *divisi* de grande riqueza: a oposição dos sopranos aos contraltos na introdução ao Prólogo, por exemplo; ou o efeito obtido com a divisão dos baixos no coro de encerramento. Reprises temáticas, que não chegam a ser *leitmotive* no sentido wagneriano do termo, asseguram a unidade da partitura. O mais notável é o dos sinos tocando a rebate, que reencontramos ao longo de todo o segundo quadro do ato I, no final do arioso de Iaroslávna, em seus recitativos, no coro dos boiardos, no finale. Reaparecem também, no decorrer da ópera, temas ligados a Galítski, a Iaroslávna, a Kontchák e ao desejo de liberdade de Ígor, além dos bruscos intervalos de quinta característicos dos polovitsianos. Seu emprego, porém, é limitado, funcionando mais como reminiscência do que como um recurso deliberado para amarrar estruturalmente a partitura.

Se nos basearmos nas peças sinfônicas que Borodín chegou a terminar, e nas poucas páginas da ópera que deixou prontas, podemos inferir que a orquestração do *Príncipe Ígor* se destacaria pela transparência e pela preocupação em impedir que texturas muito espessas encobrissem as vozes (no que há identidade de propósitos muito grande com Mússorgski). Mas a maior parte do que escreveu ficou em redução para piano. Sabe-se que alguns trechos tinham sido orquestrados, mas eles desapareceram. E outros estavam compostos em sua cabeça, mas não chegaram a ser postos no papel. É o caso da abertura, que Glazunóv reconstituiu de memória por tê-lo ouvido muitas vezes tocando-a ao piano; mas o ocupado Aleksandr Porfírievitch nunca achara tempo para anotá-la.

O material que deixara estava, na verdade, num estado caótico. Havia notas rabiscadas a lápis em vários tipos de papel diferentes, com novas idéias escritas a tinta por cima do lápis e, não raro, revisões a lápis por cima da tinta. Em muitos dos manuscritos, há temas anotados nas margens, ou nas pautas dos instrumentos que não estão tocando naquele momento – temas que nada têm a ver com o que está acontecendo naquele instante, mas pareciam estar sendo reservados por Borodín para a utilização em um outro ponto não-indicado da ópera. E para piorar as coisas, freqüentemente ele deixava de escrever as claves e acidentes, usava abreviaturas indecifráveis e quase nunca datava seus manuscritos.

Em suas *Crônicas*, assim Rímski-Kórsakov descreve o trabalho que Glazunóv e ele empreenderam sobre a parte dos manuscritos do *Kniaz* a que tiveram acesso:

> Depois do enterro de Aleksandr Porfírievitch no cemitério do Mosteiro Niévski, examinei com Glazunóv todos os manuscritos e decidimos terminar, orquestrar e organizar tudo o que A. P. tinha deixado, preparando as partituras para que M. P. Beliáiev pudesse publicá-los, como decidira. O *Príncipe Ígor* inacabado era o primeiro da lista. Alguns de seus números, como o primeiro coro, a dança polovtsiana, o lamento de Iaroslávna, o recitativo e a canção de Galítski, a ária de Kontchák, as árias de Kontchákovna e do príncipe Vladímir Ígorievitch, bem como o coro final, estavam prontos e orquestrados pelo autor. Quanto ao resto, muita coisa existia sob a forma de redução para piano terminada; uma parte, porém, só existia sob a forma de esboço fragmentário; faltava muita

música. Para os atos II e III, que se passam no acampamento dos polovitsianos, não havia um libreto adequado e nem mesmo um roteiro, apenas versos isolados, esboços musicais, ou números terminados mas sem nada que os ligasse uns aos outros. Eu conhecia bem o conteúdo desses atos devido às conversas ou às discussões de nosso grupo com Borodín, embora ele modificasse muito os seus projetos, suprimindo ou incluindo a todo momento esta ou aquela passagem. O ato III era o que tinha menos música escrita. Combinei com Glazunóv que ele comporia o que estava faltando para o ato III e reconstituiria de memória a abertura, que tinha ouvido o autor tocar freqüentemente. Eu a orquestraria, daria os retoques finais e unificaria aquilo que ainda não tivesse sido orquestrado pelo próprio Borodín.

A esse texto, junta-se a detalhada *Nota Explicativa* que, a pedido de Stássov, Glazunóv publicou, em 1889, na *Rússkaia Muzikálnaia Gaziêta* (Jornal Musical Russo):

> Não houve mudanças no prólogo. No primeiro quadro do ato I também não. No segundo quadro, Rímski-Kórsakov compôs um pequeno recitativo de ligação entre a saída de Vladímir Galítski e a entrada dos boiardos. O toque de sinos, nós o encontramos sob a forma de esboço, e Rímski-Kórsakov lhe acrescentou pequenos detalhes, por exemplo os gritos que se ouvem nos bastidores. Compus alguns acordes no princípio do ato II pois, na partitura do compositor, esse ato começava diretamente com a intervenção das vozes. [...] Na dança nº 8, algumas coisas receberam um acabamento técnico. Na cavatina de Kontchákovna, introduzimos um coro que não existia em Borodín...

E assim por diante. Essa "versão oficial" do trabalho de reconstituição – a orquestração, por Rímski-Kórsakov, do que Borodín deixara pronto, e a composição, por Glazunóv, do que faltava no ato III – é o que se vê na página de rosto da primeira edição, publicada por Mitrofán Beliáiev em Leipzig, em 1888. Foi essa a partitura usada na estréia – Maríinski, 23 de outubro de 1890 – em que o baixo Fiódor Stravínski, pai do compositor, fez Skula. E também na versão muito cortada que Diáguilev encenou em Paris, em 1909, com Shaliápin no papel do príncipe Galítski.

Mais tarde, Pável Lamm demonstrou, com provas documentais, que a realidade tinha sido muito diferente. Nikolái Andrêievitch não resistira à tentação de agir, com o *Kniáz Ígor*, da mesma forma que fizera com as óperas de Mússorgski. Cortou cerca de um quinto do material deixado por Borodín (949 compassos só na segunda cena do ato I). Retocou a linha vocal, modificou harmonias, ritmos e marcações dinâmicas. Transpôs tonalidades, até mesmo nas páginas onde a orquestração era definitiva, para conformá-la a seu senso de "variedade" de colorido. Nos trechos corais, dobrou vozes, trocou registros e inverteu entradas dos naipes de cantores. De um modo geral, alterou indicações de andamento e suprimiu ou trocou notações de dinâmica. Por querer dar um tom mais "heróico" à música, alterou um dos traços mais originais de Borodín: a visão essencialmente lírica que tinha dos episódios épicos da História russa.

Tudo ficou mais óbvio e convencional nas mãos de Rímski-Kórsakov. No dueto de Iaroslávna com o marido, quando ele volta a Putívl, a ternura que havia no *allegretto sempre cantabile e molto legato* foi trocada por um extrovertido *allegro animato*. A marcação *pianissimo*, na palavra *Slava* (glória, viva), no fim do prólogo, cedeu lugar – é claro! – a um *fortissimo*, com o mesmo tipo de concessão ao tradicional que presidira à mudança feita na coda do "ato polonês", do *Borís*. No fim da cena de Iaroslávna com Galítski, Nikolái Andrêievitch cortou a coda *adagio*, com a reprise do tema do príncipe tirano, pondo em seu lugar um *allegro animato* em 4/4. No lamento de Iaroslávna, que se pergunta por quanto tempo ficará separada do marido, suprimiu a indicação *poco più mosso più animato*, fazendo com que o andamento se tornasse estável, sem as flutuações de tempo que sugeriam, de forma tão apropriada, o conflito emocional vivido pela personagem. E assim por diante: seria inviável enumerar todos os passos em que os ritmos irregulares de Borodín tornaram-se simétricos e regulares. Mas remeto o leitor interessado ao extensíssimo levantamento feito por Michel Maximovitch (*L'Opéra Russe*, pp. 179-185), que teve acesso a escritos de Pável Lamm, na época ainda não publicados.

Na orquestração, Rímski-Kórsakov reforçou o uso dos metais: além de introduzir trombones e tubas, dobrou as trompas, tornando as sonoridades mais compactas. Será que teria feito alguma diferença se ele tivesse lido aquele trecho da carta a Karmálina em que Borodín dizia: "As vozes devem estar em primeiro plano, a orquestra em segundo"? Quando se ouve,

hoje, as óperas do Grupo dos Cinco, tem-se a impressão de que elas foram uniformemente concebidas para vozeirões estentóreos, de porte wagneriano; mas nada está mais longe da verdade. Tanto Mússorgski quanto Borodín tinham uma preocupação com a naturalidade da declamação que se perdeu ao longo das edições e revisões arbitrárias.

Em *Piátsat Liet Russkôi Múziki v Moíkh Vospominâniakh* (Minhas Lembranças de Cinqüenta Anos de Música Russa), publicado em 1934, Ippolítov-Ivánov conta que Borodín reagia com impaciência – ou, na melhor das hipóteses, com total indiferença – cada vez que Stássov, Cui ou Rímski-Kórsakov tentavam convencê-lo a revisar alguma coisa em sua música. E acrescenta que o próprio Nikolái Andrêievitch, numa carta de 9 de outubro de 1880 ao crítico Semión Krúglikov, admitiu que Borodín recusava-se terminantemente a aceitar a sua opinião de que o finale do ato I era demasiado longo e, por isso, monótono, devendo sofrer um corte – que ele se apressou a fazer assim que Aleksandr Porfírievitch já não estava mais vivo para impedi-lo. Aliás, em outra carta a Krúglikov (23.2.1884), antes da morte de Borodín, Rímski-Kórsakov já tinha anunciado: "Se eu sobreviver a ele, ainda hei de acabar esse *Príncipe Ígor*."

De modo geral, Glazunóv foi muito mais criterioso com o ato III, tentando preservar ao máximo as indicações de Borodín. Mas também adotou soluções gratuitas. E visivelmente não conhecia o último plano que o autor estabelecera para esse ato, um manuscrito de 1883 que Pavel Lamm, e seu colaborador Árnold Sokhôr, encontraram entre os papéis a que puderam ter acesso. Glazunóv tinha, pelo menos, consciência das limitações de seu trabalho. Conta-se que, no ensaio geral para a estréia de 1890, teria dito a Stássov: "De nós três, sabe quem fez a melhor orquestração? O próprio Borodín!" A Borís Assáfiev, ele disse, mais tarde: "O *Príncipe Ígor* poderia ser apresentado de diversas outras formas. Mas já que a nossa versão é boa e garantiu a sobrevivência da obra nos palcos, para quê mudá-la?"

Sobre a abertura, reconstituída de memória, ele escreveu, na *Nota Explicativa* já mencionada:

Desenho de cenário de Heinz Grete para o *Príncipe Ígor*, numa encenação de 1925 no Nationaltheater de Mannheim.

Encenação de 1993 do *Príncipe Ígor*, no Mariinski Teatr de São Petersburgo.

No alto: Fiódor Ivánovitch Shaliápin como o príncipe Galítski, do *Príncipe Ígor*, e abaixo, em 1930 como o khan Kontchák.

Eu a compus mais ou menos de acordo com o plano de Borodín. Dos números correspondentes da ópera, copiei os temas que o compositor escolhera. Para a abertura, modifiquei um pouco as fanfarras. O movimento dos contrabaixos, no meio, eu encontrei anotado em um pedaço de papel; o mesmo aconteceu com a ponte entre os dois temas, antes do final. Também encontrei a conclusão do segundo tema (o da ária de Ígor) entre os papéis do compositor. Na coda, compus cerca de dezesseis compassos usando a escala de tons inteiros.

Nenhum desses documentos – nem o plano e nem as anotações a que Glazunóv se refere – foi localizado. Não há garantia alguma de que a abertura, tal como a conhecemos, reflita aquilo que Borodín realmente desejava fazer. E não há como saber onde termina aquilo de que Glazunóv se lembrava e onde começa a sua interferência pessoal.

Em 1944, Lamm coligiu todos os manuscritos que não se encontravam em espólios embargados, como o de Diânin, e reeditou a partitura, conservando das revisões apenas aquilo que não existia do próprio punho do compositor, abrindo os cortes, e restabelecendo as características próprias de sua escrita. Mas a essa altura seu "formalismo" era muito mal visto pelas autoridades. E a censura stalinista o acusou de "querer desmoralizar um grande nome da arte russa" (Rímski-Kórsakov). Essa edição nunca foi publicada; e a enciclopédia musical de Shteinpréss e Iampólski (1966), que credita a importância do trabalho musicológico de Lamm em relação a Mússorgski, nem sequer menciona que ele se ocupou também do *Kniáz Ígor.*

O musicólogo Iúri Fortunátov uniu-se, em 1976, ao compositor Valientín Lievashóv, ao poeta Vladímir Tcherednitchiênko e ao diretor de teatro Borís Pokróvski, do Moskóvski Kámerny Teatr, para uma nova revisão, que tornasse mais lógico o texto padrão de Rímski-Kórsakov/Glazunóv. Suprimiram tudo o que manifestamente não era de Borodín – com um rigor na seleção que sacrificou até a abertura, por mais popular que ela tenha se tornado nas salas de concerto. E tentaram reorquestrar o resto imitando o modelo do que o músico deixara pronto. Apesar dos cuidados críticos de que se cercaram, o resultado ainda é híbrido e dificilmente reflete o que Borodín teria querido que sua ópera fosse.

A melhor edição existente do *Príncipe Ígor* é a que o maestro Valiéry Guérguiev encomendou à musicóloga Marina Málkiel, para uma encenação no Kírov (Maríinski) de São Petersburgo, em outubro de 1993. A dra. Málkiel combinou a edição NRK/AG com a partitura vocal de Lamm e encarregou Iúri Fáliek de orquestrar, imitando o estilo de Borodín, os trechos cortados na edição de 1888. Fez também o óbvio: reordenou os números de acordo com o manuscrito de 1883, encontrado por Lamm e Sokhôr, dando finalmente às cenas a seqüência desejada por Borodín. No folheto que acompanha a gravação do selo Philips, o leitor encontrará a lista completa – extensa demais para ser reproduzida aqui – dos 29 números, com a indicação do que foi orquestrado pelo próprio Borodín, por Rímski-Kórsakov, Glazunóv ou Fáliek. Isso é o mais perto que se pôde chegar, até hoje, do que teriam sido as reais intenções de Aleksandr Porfírievitch.

Todas as gravações antes existentes seguiam a versão NRK/AG. A búlgara de Oscar Danon, as russas de Kiríl Kondráshin e Aleksandr Melík-Pasháiev e a polonesa de Jerzy Semkow sofreram cortes, às vezes abundantes. As únicas integrais são as de Mark Ermler (Melodya) e a de Emil Tchakárov (Sony). Esta última, de 1990, inclui o ato III, freqüentemente omitido, em que há o dramático episódio da fuga de Ígor. Existem também, em vídeo:

– um filme de 1969, dirigido por Tíkhomirov, com belíssimas imagens rodadas em locação, mas impiedosamente retalhado; a regência é de Provatórov e Nesterenko faz o papel principal;
– a montagem de 1990 no Covent Garden de Londres, regida por Bernard Haitink, com Leiferkus-Tomowa Sintow-Ghiuselev, de edição bem mais completa.

Mas todas essas perdem para a de Valiéry Guérguiev que, além do interesse musicológico, conta com um elenco de primeira ordem. Vale a pena citar extensamente os comentários sobre essa edição, que a dra. Málkiel e Anna Barry, a produtora do álbum da Philips, fazem em *Authenticity in "Prince Igor": Open Questions, New Answers,* no folheto que acompanha a gravação Guérguiev:

Separar os dois atos polovitsianos, colocando o primeiro (que, na edição Beliáiev, era o ato II), logo depois do prólogo, traz vários melhoramentos imediatos. O destino de Ígor é revelado mais cedo e, para a platéia, esse conhecimento antecipado torna mais lancinante o arioso de Iároslavna, dramatiza a sua descoberta de que Ígor está preso, e faz com que o príncipe Galítski transforme-se definitivamente, de um mero beberrão cínico, no traidor de sua irmã e num perigoso adversário político de Ígor em tempo de guerra.

Málkiel e Barry referem-se a II, 2, nº 16, "Nie málo vrêmieni proshló s tiékh por" (Muito tempo passou), em que a mulher de Ígor se angustia com a falta de notícias do marido e do filho, e se pergunta: "Ach, gdiê ty, priêjniaia porá, kogdá môi láda byl so mnóiu?" (Onde estão os bons tempos em que o meu amado estava comigo?). Elas continuam:

Em apoio direto a essa mudança de ênfase, na cena em que Galítski volta com a sua guarda pessoal e tenta sublevar a multidão, diante de sua irmã, cada vez mais assustada e desesperada (nº 19), há um trecho em que ela lhe lembra que, no passado, ele foi expulso das terras de seu pai por traição. A esse episódio extremamente violento seguem-se os sons dos sinos que tocam o alarme e anunciam a invasão iminente. Isso fortalece o finale do ato II, fazendo dele uma contrapartida dramática e uma resposta musical às "Danças Polovitsianas" com que o ato I se encerrou. Esse material não aparece na edição publicada.

Uma outra vantagem da ordem alternativa, segundo o manuscrito de 1883, é que o Prólogo, que se passa em Putívl, deixa de ser seguido por material narrativo semelhante, de caráter russo, para contrastar de forma mais dinâmica com um exótico idioma novo e a introdução de duas personagens, Kontchák e Kontchákovna, cujo material musical é maravilhoso. São de primeira ordem: a cavatina de Kontchákovna, "Pridiét-li mílyi môi?" (O meu amor virá?), em que ela fala de seus sentimentos por Vladímir Ígorievitch; o dueto de amor que eles cantam logo a seguir; a longa ária "Ni sna ni otdýkha izmutchiônnoi dushié" (Não há mais sono nem descanso para a minha alma atormentada!), em que Ígor se angustia com a sua situação de prisioneiro; e o belíssimo monólogo "Vsiê plénnikom sibiá ty zdiés stchitáiesh?" (Você sempre se considerou um prisioneiro aqui?), em que Kontchák expressa a sua admiração pelo príncipe, trata-o como um hóspede de honra, e propõe-lhe a aliança.

Da mesma forma, em vez de parecer repetitiva, a segunda cena passada no acampamento dos polovitsianos (ato III) ganha personalidade própria e muito distinta. Os elementos mais ásperos e brutais que aparecem na partitura já não são mais passados para segundo plano pela música da primeira cena polovitsiana, que é mais glamurosa e sedutora; e pintam para Ígor um quadro mais ameaçador: agora, ele mesmo um prisioneiro, e não mais o hóspede de honra para quem, no ato I, tinham apresentado as "Danças Polovitsianas". A cena da rebelião de Galítski fez a tensão aumentar; por isso, quando Ovlur vem lhe sugerir de novo que fuja, usando praticamente as mesmas palavras e música do ato I, a decisão de Ígor de abandonar a sua atitude cavaleiresca e não só dramaticamente justificada como consiste na resolução inevitável para os conflitos em todos os níveis da intriga.

O monólogo original que Borodín compôs para Igor no ato III captura perfeitamente a urgente necessidade de liderança que tem a Rússia e como tornou-se insuportável, para ele, a angústia de estar preso.

Málkiel e Barry referem-se a "Zatchém nie pal iá na pôlie brâni?" (Por que não caí no campo de batalha?), cujo manuscrito, hoje, encontra-se no Arquivo N. F. Fíndeisen, guardado na Biblioteca Nacional Russa, de São Petersburgo. E concluem:

O texto, baseado nas palavras de Iároslav, o Sábio, e extraídas do *Slôvo o Polkú Ígorieve*, trata das mesmas questões abordadas em tom mais lírico no ato I; mas agora o faz num nível poético mais intenso e pessoal, e a auto-condenação de Ígor é feita com uma música de dramaticidade sem precedentes. Embora Borodín tenha abandonado esse monólogo, há razões muito fortes para incluí-lo neste momento específico, de forma a aprofundar a caracterização do papel-título e intensificar o drama da fuga de Ígor. Com isso, o final do ato III iguala a energia da cena entre Galítski e Iároslavna, em que se ouvem os sinos dando o alarma.

O finale da ópera é um dos pontos mais decepcionantes na versão de Rímski-Kórsakov. Por razões musicais e estruturais, parece mais interessante reverter ao material que Borodín pretendia originalmente utilizar, depois de ter rejeitado a proposta de Stássov de que a ópera terminasse com as bodas de Vladímir e Kontchákovna. Esse material deveria ser a base para um Epílogo coral que responderia ao Prólogo. Repetir material já ouvido no início da ópera faz com que se tenha um sentido maior de resolução e fornece uma simetria de longo alcance para complementar os paralelos entre os atos polovitsianos.

CUI

A maioria das dez óperas compostas por César Cui tem assunto não-russo. Devido, talvez, às suas origens européias, era ele quem tinha, dentro da *Kútchka*, as posições nacionalistas mais vagas e indefinidas. Seu pai, o oficial francês Antoine Cui, abandonara os destroços da "Grande Armée" napoleônica durante a retirada de 1812, e se estabelecera como professor de francês em Vilna, na Lituânia, onde César Antônovitch nasceu. Antes de ser enviado por seu pai à Escola de Engenharia do Tsar Nicolau, onde revelou ser um matemático brilhante, Cui estudara, durante seis meses, com Stanislaw Moniuszko, o autor da *Halka*, marco inaugural da escola polonesa de ópera.

A influência francesa sobre a sua formação foi determinante. Embora, em seus *Muzikálnie Kritítchnie Státi* (Ensaios de Crítica Musical), publicados a partir de 1918, Cui faça o constante elogio de Glinka, é de Daniel Auber a influência mais forte na formação de seu estilo. Assim como Borodín, as atividades de Cui como professor na Academia Militar de Engenharia faziam com que só pudesse compor nas horas vagas. Mas o autor do *Príncipe Ígor* morreu aos 42 anos, enquanto Cui viveu até os 83, o que lhe permitiu deixar obra mais vasta – se bem que menos significativa. Diz Rostislav Hoffmann:

> Seu talento era grande mas limitado. César Cui era um miniaturista, um lírico, com uma pontinha de afetação, elegante e gracioso, às vezes humorístico, de um humor leve, fino, brincalhão, sorridente – seu estilo é bem afrancesado, com aquela elegância um pouco fácil que não se encontra em nenhum de seus contemporâneos russos. O hálito tórrido das planícies asiáticas, os jogos do oceano que brinca ao sol, o vento da revolta, a nostalgia desesperada herdada de séculos de opressão e de escravidão, o orgulhoso ardor dos *bogatyrí*, os cavaleiros andantes, os impulsos místicos de um dos povos mais religiosos do mundo – nada disso aparece em sua música. Estamos em um salão, conversando agradavelmente, sem profundidade demais, pois isso poderia aborrecer, e nos esquecemos de que pode haver emoções shakespearianas: o que é preciso é ser elegante, discreto, pois a paixão que se mostra arrisca de parecer falsa ou tediosa.

Essa qualidade de miniaturista, apontada por Hofmann, é o que faz com o que o melhor da produção de Cui se encontre em suas peças curtas, romanças, peças para piano onde, às vezes, aparece a melodia insólita, a harmonização delicada, a cantilena que nasce espontaneamente e flui com delicadeza ou com malícia. É o que faz também com que passagens isoladas de suas óperas tenham uma intensidade lírica autêntica. Mas a necessidade de demonstrar a seus companheiros que era capaz de traçar grandes afrescos dramáticos levava-o a compor óperas deficientes do ponto de vista teatral, pois faltavam-lhe senso arquitetônico e profundidade de linguagem para tratar o tipo de tema que escolhia. Cada uma de suas árias pode ser bonita e bem construída; mas, quando elas se unem umas às outras, dão às suas óperas uma feição fragmentária e descosida – o que fez com que o crítico Iúlii Dmítrievitch Éngel dissesse de *Saratsín* (O Sarraceno, 1899), tirado de *Charles VII chez Ses Grands Vassaux*, de Alexandre Dumas pai: "Essa ópera não passa de uma grande romança em quatro atos."

O conservadorismo do músico que, até o fim da vida, manteve-se fiel à antiga estrutura da ópera de números, revela-se também nas críticas virulentas ao *Borís Godunóv*, publicadas no *Muzikálny Gaziêta i Jurnál* (jornal e revista musical), que deixaram Mússorgski muito magoado; ou no *Lógengrin íli Nakázivannoe Liubopýtstvo* (Lohengrin ou A Curiosidade Punida), em que demoliu as idéias wagnerianas da forma mais reacionária. Curiosamente, porém, esse tradicionalista arraigado tinha momentos em que queria demonstrar ser capaz de seguir os modismos de vanguarda.

O libreto de *Wilhelm Ratcliff* – estreada no Maríinski em 26 de fevereiro de 1869 – é de seu amigo e ex-colega Víktor Krylóv, autor também do texto de outras óperas suas, como *O Filho do Mandarim* ou *O Prisioneiro do Cáucaso*. Mas vários trechos foram diretamente extraídos da tradução que Aleksêi Nikoláievitch Plieshtchêiev fizera da peça de Heinrich Heine – a mesma que, mais tarde, inspiraria a ópera de Pietro Mascagni. Por mais estranho que possa parecer um assunto escocês, tratado por um poeta alemão, como estandarte para nacionalistas russos, os Cinco por muito tempo a viram como um exemplo de seu ideal dramático porque, nela, Cui usa motivos recorrentes sobre melodias folclóricas escocesas; e lança mão de dissonâncias para sugerir o desequilíbrio emocional da personagem-título.

Para impedir que Maria McGregor, a quem ama, se case com outro, William Ratcliff desafia em duelo e mata todos os pretendentes à sua mão. O conde Douglas, com quem luta no Rochedo Negro, o derrota mas poupa sua vida. Enlouquecido, Ratcliff mata Maria pois, se ela não pode ser dele, não quer também que seja de Douglas. Antes, porém, descobre que uma maldição os une e condiciona seu destino trágico: Edward, o pai de William, teve uma ligação com Elisabeth McGregor, a mãe de Maria, e foi morto num duelo pelo marido dela. Os sofrimentos atuais dos dois jovens são a forma de expiar o pecado de seus antepassados. Depois de matar Maria, William se suicida. No final, sobra apenas Margaret, a governanta de Maria que, enlouquecida, lamenta a morte dos dois jovens.

O principal problema de *William Ratcliff* foi ter tido uma gestação longa e atribulada. Iniciada em 1861, num momento em que Cui tinha em Glinka, Auber e Schumann os seus ídolos, só foi acabada oito anos depois, quando seu autor estava sob influência muito forte de Dargomýjski e da *Kútchka* – a ponto de Mússorgski ter-lhe escrito: "ela é uma obra tanto sua quanto nossa". O crítico Hermann Laroche percebeu essa defasagem pois, em seus *Muzikálno-Kritítcheskie Státi* (Ensaios de Crítica Musical), de 1894, escreve:

> As mudanças no estilo de realização não eram premeditadas e, sim, involuntárias. [...] Todas as inconsistências que há na ópera podem ser explicadas pelos graus diferentes de maturidade e pelas mudanças radicais no gosto do autor.

Laroche se referia, em especial, à primeira cena do ato II. Ela se inicia com uma canção de taverna entoada enquanto um dos ladrões ali reunidos, bêbado e com uma venda nos olhos, persegue uma garota em volta da mesa. A canção estrófica que celebra as alegrias da vida do bandoleiro, escrita no início do processo de composição, parece ter sido tirada do *Fra Diavolo* de Auber. Entra em seguida Wilhelm, que manda embora os bandidos e, num longo monólogo extraído diretamente de Heine/Plieshtchêiev, conta a Lesley, seu ajudante de ordens, o segredo de sua paixão por Maria McGregor. É água e azeite. O recitativo melódico dargomyjskiano, com acompanhamento sinfônico cheio de pontos de pedal, apojaturas cromáticas, *leitmotive*, parece pertencer a uma ópera diferente da saltitante melodia de *opéra-comique*, com acompanhamento muito simples, que se acabou de ouvir.

De um modo geral, essa história desabridamente trágica – que Mascagni vestirá, mais tarde, com música de relevo extraordinário – exige um dramaturgo de força muito maior do que César Cui. Em suas mãos, o recitativo, mesmo decalcado no de Dargomýjski para o *Convidado de Pedra*, assume ares de Gounod ou Auber assim que evolui para o arioso. E Cui não possui a intensidade dramática de um Janáček, por exemplo, para ser capaz – como o tcheco o faz na *Casa dos Mortos* – de colocar quatro longas narrativas uma após a outra sem que isso seja mortalmente tedioso. Ainda assim, é em *Ratcliff* que encontramos algumas de suas páginas mais eficientes. O clima sobrenatural da cena no Rochedo Negro; o monólogo em que Maria evoca a mãe; ou o dueto do último ato tem um nível de inspiração que César Cui nunca mais reencontraria. A ópera, porém, não agüentou mais do que sete récitas no Maríinski. Teve sorte um pouco melhor em Moscou, em 1900. Depois desapareceu do repertório. Este é um título que valeria a pena resgatar em disco.

Leitmotive sobre melodias folclóricas italianas aparecem também no *Angelo* (1875), cujo libreto V. Burênin adaptou muito livremente do *Angelo, Tyran de Padoue* – o drama de Victor Hugo que inspiraria óperas também a Saverio Mercadante (*Il Giuramento*, 1837), Amilcare Ponchielli (*La Gioconda*, 1876) e Alfred Bruneau (*Angelo, Tyran de Padoue*, 1928). A diferença básica entre a ópera de Cui e a dos demais compositores é a presença, em sua versão, de cenas não existentes em Hugo – a conspiração contra o doge no ato I; a rebelião popular que forma o essencial do ato III –, totalmente inventadas pelo libretista.

No *Angelo*, Cui continua tentando escrever recitativos melódicos à maneira de Dargomýjski, mas a forma dos números é pobre: há apenas duetos e, em alguns casos, árias emolduradas pelo coro. Para um compositor de intensa francofilia, é estranha a ausência de balé numa ópera que, além da origem francesa do texto, tem um entrecho que se presta naturalmente ao formato de *grand-opéra*. O aspecto mais curioso do *Angelo* é a visível influência de Mússorgski – tão maltratado pelo crítico César Cui – no que se refere à escrita coral. Além do emprego dos grupos corais contrastados, com solistas que se destacam de dentro da massa vocal, como ele faz na cena da conspiração, o uso de quintas paralelas, nos coros religiosos, trai um maneirismo da *Khovânshtchina* – que estava justamente sendo escrita quando *Angelo* foi composta.

O desejo de imitar o modelo dargomyjskiano é ainda mais patente em *Pir vo Vriêmia Tchúmy* (O Festim em Tempo de Peste), de 1900. Para começar, Cui tomou uma pequena peça de Aleksandr Púshkin e musicou-a integralmente, como fizera seu predecessor. O elemento vocal predomina sobre o orquestral: nessa ópera, números fechados tradicionais são interligados por um tipo de declamação rítmica desajeitadamente decalcada na do *Convidado de Pedra*, e os instrumentos providenciam um acompanhamento bastante sumário.

A maioria das óperas de César Cui, porém, não tem sequer esses pontos ocasionais de contato com as teorias de seus companheiros. A influência francesa predomina até mesmo em obras de tema russo: *Kavkázkii Pliênnik* (O Prisioneiro do Cáucaso, 1858, com libreto de V. Krylóv), e *Kapitánskaia Dótchka* (A Filha do Capitão, 1909), de que ele próprio escreveu o texto, ambas baseadas em Púshkin, mas sem a menor preocupação em caracterizar musicalmente o ambiente eslavo. O cosmopolitismo é ainda mais forte nas óperas com libreto em francês: *Le Flibustier*, estreada em Paris em 1889, com o texto original, em alexandrinos, do dramalhão de Jean Richepin; ou *Matteo Falcone* (1907), tirada da novela de Prosper Merimée.

Dentre estas, a que mais mereceria a reprise e a documentação fonográfica é *Madmuazel Fifi íli Jênshtchina iz Ruana* (Mademoiselle Fifi ou A Mulher de Rouen), com libreto baseado na peça em um ato que Ménier extraiu do conto de Guy de Maupassant. Curta, musicalmente densa, visivelmente influenciada pelo Verismo italiano, e com um frescor de inspiração notável em um compositor que, a essa altura, já tinha 68 anos, ela é um de seus trabalhos mais interessantes – Lyle Neff, estudioso da obra de Cui, chega a ver nela a sua melhor partitura dramática. A ópera capta com habilidade o clima tenso da França invadida, durante a Guerra Franco-prussiana, de que Maupassant deixou fascinantes testemunhos. A ação passa-se no Château d'Urville, perto de Rouen, onde estão acomodados os soldados das tropas alemãs de ocupação.

Fifi é o apelido brincalhão que os colegas de armas colocaram no tenente von Eyrik, jovem, apaixonado mas muito tímido e inseguro.

Ele tenta se aproximar das prostitutas que foram trazidas da cidade para servir seus camaradas. Naquele momento de sensibilidade ferida e sentimentos patrióticos à flor da pele, involuntariamente ofende uma delas, e é apunhalado. As moças fogem deixando-o agonizante. É evidente a atenção de Cui ao modelo da *Cavalleria Rusticana* que, em 1903, ainda era do agrado das platéias: ato único, ação rápida, emoções tumultuosas, violência explícita, personagens comuns e, inclusive, pertencentes ao submundo. Essa talvez fosse uma vertente que Cui teria sabido explorar com desenvoltura se a ela tivesse se dedicado mais. Mas o fato de *Mademoiselle Fifi* ter tido sucesso apenas moderado, apesar da exaltada interpretação de Tsvietkôva como Rachel, a prostituta que mata von Eyrik, talvez explique o seu desinteresse em retomar o gênero. Esta peça verista permaneceu como experiência isolada dentro de sua obra; e continua à espera de reavaliação.

Um certo encanto tem a ópera-cômica *Mandarínskii Syn* (O Filho do Mandarim, 1859), em um ato, de esfuziante bom-humor, explorando uma veia afrancesada de orientalismo que estava na moda na segunda metade do século XIX. Nem essa, entretanto, conseguiu vencer o desinteresse soviético pela obra de Cui: até o início do ano 2001, momento em

que este capítulo é fechado, não tenho notícia da existência de gravação alguma de suas óperas. E, no entanto, seria interessante, por exemplo, verificar o que ele realizou nas peças escritas para crianças – *Sniéjnyi Bogatýr* (O Príncipe de Neve, 1906), *Krásnyi Kapiushón* (O Chapeuzinho Vermelho, 1911) e *Kôt v Sapogákh* (O Gato de Botas, 1915) – não só por ser esse um gênero relativamente raro na história do drama lírico; mas também porque, desligado do compromisso de agradar a um público adulto mais exigente, parece que, nelas, Cui soltou-se bastante e escreveu algumas páginas muito espontâneas.

Em seu ensaio sobre as óperas de Cui, Lyle Neff faz o levantamento da discografia de sua obra (na maioria registros das peças para piano, das romanças e de algumas composições orquestrais). Sem mencionar os intérpretes, indica discos onde há árias ou cenas de suas óperas:

– no selo Pearl CDS 9997-9: a ária de Abubeker (II,13) do *Prisioneiro do Cáucaso*; a canção de Rodolfo (II,1) do *Angelo*; e dois trechos do *Festim nos Tempos da Peste*;
– no selo Melodya Lp 10-06285-86a, uma ária de Thisbé (IV,3) do *Angelo*;
– e no selo Marco Polo CD 8.223400, o prelúdio de *O Flibusteiro*.

Rímski-Kórsakov

Chega a hora de fazer justiça. Termos entrado na obra de Rímski-Kórsakov pela porta de sua discutível atividade como revisor e editor das óperas de seus companheiros pode dar uma impressão distorcida do significado que ele teve no conjunto da escola nacionalista. A propósito do *Borís Godunóv,* já nos referimos à devoção com que, bem ou mal, ele se dedicou à preservação de uma música da qual, subjetivamente, nem gostava. Cumpre agora definir a importância de um dos compositores que mais colaborou para a fixação de um estilo tipicamente russo de música e, apesar de seu gosto inato pelas formas tradicionais, serviu, como professor, de ponte entre o Romantismo e as tendências contemporâneas.

Nos argumentos de suas óperas, Rímski-Kórsakov entregou-se à tarefa consciente de resgatar o acervo lendário russo e popularizá-lo, não só em seu país mas também no exterior. Os anos que passou na Marinha serviram não apenas para fazer do mar uma presença constante em sua obra (só o Debussy de *La mer* iguala-se a ele na arte de evocar os ritmos oceânicos na *Sheherazade,* no *Sadkó,* no *Tsar Saltan*). Seu trabalho como inspetor das bandas da Marinha ajudou-o também a conhecer perfeitamente a técnica de todos os instrumentos de sopro, fazendo dele um dos maiores orquestradores da História da Música.

Cada página de seu monumental *Tratado de Orquestração* demonstra o conhecimento que tinha dos melhores registros de cada instrumento, de suas possibilidades de colorido, mas também de suas fraquezas. E se sua arte de ilusionista da orquestra cede às vezes à tentação do mero decorativismo – o *Capriccio Espagnol* é um exemplo típico –, Nikolái Andrêievitch sabe extrair de sua palheta efeitos rutilantes, de grande beleza, seja no já mencionado poema-sinfônico *Sheherazade,* seja na grande abertura da *Páscoa Russa* ou em óperas como *A Cidade Invisível de Kítej* ou *O Galo de Ouro.*

Considerada em seu conjunto, a obra operística de Rímski-Kórsakov demonstra muita diversidade exterior, nos procedimentos postos em prática para realizar cada peça, mas uma grande continuidade espiritual: a do artista que sempre viveu o conflito entre os princípios defendidos pelo grupo a que pertencia – e que se sintetizam nas propostas feitas por Dargomýjski, tão entusiasticamente esposadas por Mússorgski – e o seu próprio temperamento, mais inclinado ao lirismo glinkiano e à descrição pitoresca de ambientes e tipos característicos do que ao épico ou ao histórico. Isso fez com que, no *Otchérk Istórii Russkôi Múziki* (Esboço de História da Música Russa, 1908), Vladímir Nikítitch Káshkin dissesse, com certo exagero, mas de forma saborosa:

Seu caso é como o de Colombo que, saindo para procurar a Índia, descobriu a América.

Quase todas as óperas de Rímski-Kórsakov baseiam-se em temas nacionalistas, históricos ou lendários, combinando às vezes o elemento eslavo com o oriental, e misturando com freqüência os planos da realidade e da fantasia. Quase todas têm equivalentes na obra de seus contemporâneos. *Pskovitiánka* é uma espécie de irmã menor do *Borís*. A *Noite de Maio* e a *Sniegúrotchka*, de acentuado tom lírico, dão prosseguimento ao modelo do *Ruslán i Liudmíla*. A *Noite de Natal*, por seu bom humor e descrição do ambiente ucraniano, equivale à *Feira de Sorótchintsi*. Quanto a *Mozart e Salieri*, há pontos de contato entre ela e *O Casamento* e *O Convidado de Pedra*. Tanto *Kítej* quanto *Sadkó* aproximam-se muito do *Príncipe Ígor* (e a primeira, por sua intensidade mística, chegou a ser chamada de "o *Parsifal* russo", como veremos mais adiante). Em *Rimsky-Korsakov* (Ricordi Americana), Roberto García Morillo comenta:

O principal defeito que se observa em quase toda a sua produção teatral, defeito inerente à sua personalidade artística, é a falta de vôos mais longos, de capacidade para traçar amplas e sólidas arquiteturas musicais. Suas óperas são feitas aos pedacinhos, são realizações fragmentárias, nas quais às vezes apresenta-se um excesso de detalhes. Muitos trechos podem ser eliminados sem que a ação cênica sofra com isso. Esses fragmentos, por sua vez, têm vida independente, própria, e são muito débeis os laços que os atam aos outros, que os rodeiam.

Nikolái Andrêievitch começara estudos amadores de piano aos seis anos, ainda na cidade nortista de Tíkhvin, onde nascera. Sua família tinha antigas tradições militares e ligações com a Marinha: seu irmão mais velho, Vóin Andrêievitch, chegaria a ser diretor da Escola Naval de São Petersburgo. Por esse motivo, era natural que, desde o verão de 1856, ele fosse encaminhado para esse estabelecimento, onde iniciou os estudos para fazer carreira como oficial da Marinha. Não abandonou, porém, os estudos musicais, continuando-os nas horas vagas; e acabara de tornar-se o regente dos coros amadores da Academia Naval, quando, em 8 de dezembro de 1861 – data de que ele nunca mais se esqueceria –, seu professor de piano, Fiódor Kanille, o apresentou a Balákirev. E este o levou a conhecer Mússorgski, Cui e Stássov.

Ao formar-se como guarda da Marinha, Nikolái teve de prestar, como o exigia o regulamento, dois anos de serviço em um navio-escola. Viajou num longo cruzeiro de treinamento, na embarcação de guerra *Almáz* (Diamante), de novembro de 1862 a setembro de 1865, retornando nessa data a São Petersburgo, onde foi lotado num posto em terra. Em julho de 1864, o *Almáz* tinha aportado no Rio de Janeiro, onde ficou retido bastante tempo, devido a reparos que se precisava fazer em suas máquinas. Em suas memórias, o compositor dá descrição muito vivida de nosso país, que o impressionou por suas cores, aromas e luminosidade. De volta à sua terra, Rímski-Kórsakov consolidou a amizade com Balákirev, Cui e Mússorgski. E estes o apresentaram a Borodín que, durante a sua ausência da Rússia, juntara-se ao *Balákirevski krujôk*. E também a Dargomýjski e Tchaikóvski que, na época, freqüentava a *kútchka*, atraído por sua pregação nacionalista. Apesar das divergências que os separavam no plano estético, Rímski-Kórsakov e Tchaikóvski ficariam para sempre ligados por uma amizade muito sincera.

Desde 1866, aos 22 anos, Nikolái Andrêievitch começou a trabalhar em sua primeira ópera, *Pskovitiánka* (A Donzela de Pskóv). Também chamada de *Tsárskaia Dótchka* (A Filha do Tsar), baseia-se na peça de Liev Aleksándrovitch Mei, importante por oferecer da figura de Ivã, o Terrível, imagem oposta àquela projetada por Lajetchníkov (via Karamzín) no *Oprítchnik* em que Tchaikóvski se inspirou. Mei esposa os pontos de vista do historiador Serguêi Solovióv que, na *Istória Rossíi s Drievnêishikh Vremiôn* (A História da Rússia Desde os Tempos Primitivos), retrata Ivã IV não como "o perseguidor sanguinário dos boiardos, o torturador, o assassino, o monstro", mas como "um homem cujo caráter o equipava com a capacidade de mover-se decididamente rumo à resolução dos problemas mais importantes de sua época" – em suma, um estadista visionário, predecessor de Pedro, o Grande.

A peça passa-se em 1570 e conta a história da resistência da cidade de Pskóv à conquista, por Ivã, o Terrível, do Estado Livre de Novgórod. A esses fatos reais, Mei cruza a lenda da existência de uma filha natural do soberano – símbolo dos "laços de sangue" entre Pskóv e Moscou, com a qual tenta explicar por que o tsar decidiu poupar esse porto hanseático rebelde. Mei dá a essa filha, que Ivã teria tido de um caso com a boiárina Viéra Shelóga, o nome de Olga – porque este era o nome da *kriestopriímnaia Ólga* ("a que recebeu a cruz"), a princesa de Kíev, nascida em Pskóv, que foi a primeira, no século X, a converter-se ao Cristianismo, antes mesmo de toda a Rússia ter abjurado o paganismo. Percebese, assim, que o dramaturgo trabalha com uma rede de símbolos ligados ao surgimento da Rússia como um Estado cristão centralizado e pacificado, graças à profunda visão política de Ivan IV.

Na ópera, porém, o elemento político é reduzido em favor da intriga sentimental: a paixão de Olga por Mikháilo Tútcha, o chefe dos rebeldes. Tútcha não concorda com a idéia do conselho republicano de Pskóv de submeter-se e pedir clemência ao tsar, que está se aproximando da cidade. Reunindo seus homens, prepara-se para o combate. Ivã é recebido com todas as honras pelo príncipe Iúri Ivánovitch Tokmátov, casado com Nadiêjda, a irmã da boiárina Shelóga. Quando pede à sua filha adotiva, Olga, que sirva um refresco ao tsar, este reconhece nela os traços de Viéra e, comovido, decreta:

Da, priestánut vsió ubíistva,
mnogo króvi! [...]
Pritúpim miétchi o kámieni:
Pskóv khranít Góspod!

(Que os massacres terminem agora! Já houve sangue demais. [...] Vamos embotar nossas espadas contra as pedras: que o Senhor preserve Pskóv!)

Olga tenta avisar Tútcha. Mas o boiardo Nikíta Matuta – pai de sua amiga Stiósha – a impede de ir. Contra a vontade de Olga, seu pai prometeu-a em casamento a Nikíta, e o boiardo tem todo o interesse em afastá-la do jovem que ama. Em atenção à sua filha, Ivan pede que a vida de Tútcha seja poupada. Na peça, os soldados atiram indiscriminadamente nos rebeldes e o rapaz morre também. Ao saber disso, Olga toma o punhal de Ivan e se mata. Na ópera, é ela quem é acidentalmente atingida por um dos tiros, que se destinava a Tútcha. E é o médico particular de Ivan, o holandês

Bomelius, em vão chamado pelo tsar, quem diz a frase final: "Góspod edínyi voskriesháiet miórtvikh!" (Só o Senhor ressuscita os mortos!).

O libreto, atribuído a Rímski-Kórsakov, Vladímir Nikólski e V. Stássov, baseou-se também numa sinopse da peça de Mei feita anteriormente, por Vsiévolod Kriestóvski, para Rubinstéin. E contou com a colaboração não-creditada de Mússorgski. Todo o ato I de Mei, que se passa quinze anos antes do início da história e explica o segredo da origem de Olga, foi resumido na cena 2 do ato II, em que Ivan reconhece, na filha adotiva de seu vice-regente, o príncipe Iúri Ivánovitch Tokmákov, a filha ilegítima que ele próprio tivera, no passado, com Viéra Shelóga.

Rímski-Kórsakov começou compondo o dueto de amor entre Olga e Tútcha, "Akh, jelánnyi môi, akh, môi mílienkii" (Ah, meu amado, ah, meu querido). Depois escreveu a saborosa narrativa "Skázka pro khorobrôvo vitiázia Goróniu, pro liútovo zmeiá Tugarína i pro tsariévnu Ládu" (A história do valente herói Gorínia, do temível dragão Tugárin e da princesa Lada), cantada pela ama Vlassiévna no ato I. Trata-se da primeira das cenas de sabor folclórico, com título quilométrico, em estilo de bilina, que se tornarão tão freqüentes na obra de Rímski-Kórsakov. O primeiro trecho da ópera a ser ouvido foi o coro "Tsar nash, gosudár" (Nosso tsar, soberano) com que, no ato II, o tsar é aclamado pelos cidadãos de Pskóv. Balákirev o regeu, em janeiro de 1869, num dos concertos da Sociedade da Música Russa.

Não foi fácil conseguir a autorização para que a ópera fosse encenada, pois o censor, um certo Fridberg, argumentou que, de acordo com o decreto de 1837, soberanos anteriores à dinastia Románov podiam ser mostrados no palco; mas não numa ópera: "E se, de repente, o tsar põe-se a cantar uma cançoneta?", perguntou a Nikolái Andrêievitch. "Isso seria totalmente inadequado." Na verdade, Fridberg não precisava ter esses cuidados pois um "kutchkista" ortodoxo – o que Rímski-Kórsakov era naquele momento – não faria Ivã cantar como uma vulgar personagem de ópera. O que lhe cabe é o mais austero recitativo melódico, sobretudo no monólogo de III,3 em que fala do papel do soberano:

*To tólko tsárstvo sílno,
kriépko i vielíko,
gdiê viedáiet národ
shto u nievô odín vládyka,
kak po iedínom
stádie iedínnyi pastýr.*

(Só é poderoso forte e grande o reino cujo povo sabe que só tem um governante, assim como em um rebanho há apenas um pastor.)

Mas foi necessário recorrer a uma instância superior, o grão-duque Konstantín, irmão do tsar, para conseguir a permissão.

Ao ser estreada por Eduard Naprávnik, no Maríinski, em 13 de janeiro de 1873, com Óssip Petróv e Dária Leônova no elenco, a *Donzela de Pskóv* tinha quatro atos e a abertura era em si menor, a tonalidade favorita de Balákirev. Em sua versão atual, ela tem três atos e a abertura foi transposta para dó menor. Desde o início, percebe-se o interesse maior do autor em explorar o colorido dos quadros pitorescos – jogos de meninas, coros populares, intermezzi sinfônicos – do que em refletir sobre a História. Ainda assim, não escapa à influência de Mússorgski com quem, nos tempos de solteiro, dividia um apartamento. E quem o diz é Borodín, em uma carta de 25 de outubro de 1871:

Módinka e Kórsinka progrediram muito juntos, desde que alugaram o mesmo apartamento. Tanto na qualidade quanto nos métodos são diametralmente opostos. Mas se completam. A influência recíproca é utilíssima: Módinka fez com que o recitativo de Kórsinka progredisse; e Kórsinka freou a tendência de Módinka à originalidade descontrolada, polindo suas asperezas harmônicas, suas exuberâncias orquestrais e sua falta de lógica na construção.

É difícil, entretanto, imaginar como podiam conviver, dentro do mesmo espaço, duas pessoas tão diferentes, o organizadíssimo Nikolái e o caótico Módest. Ouçamos Rostislav Hofmann:

Enquanto um era feérico, irreal, imbuído de um otimismo sorridente, o outro era concreto, material, intensa e brutalmente trágico. Rímski-Kórsakov evoca visões claras, risonhas, mediterrâneas, com ele a vida é bela e fácil, a própria metafísica parece feita para seduzir; Mússorgski faz pensar em Dostoiévski e é fácil imaginá-lo sentado à mesa dos Karamázovi, pois compartilha as inquietações, os impulsos e desânimos deles, da mesma forma que tem a impiedosa austeridade dos fanáticos da *Khovânshtchina.*

Paralelamente ao influxo das idéias de Módest Petróvitch, porém, é possível perceber, já a essa altura, as raízes da atração sempre muito grande que Rímski-Kórsakov terá por Wagner (cujo *Anel do Nibelungo* foi regido por Karl Muck, em São Petersburgo, em 1889). E também por Berlioz, que era venerado pelos Cinco. A página sinfônica "Liés, tsárskaia okhóta, grozá: muzikálnaia kartína" (O bosque, a cabana do tsar, uma tempestade: quadro musical), o prelúdio ao ato III da *Pskovitiánka*, é obviamente inspirada pela "Chasse royale", o interlúdio no ato III dos *Troianos*.

A presença constante de Mússorgski a seu lado, no início da carreira, fez com que a primeira versão da *Donzela de Pskóv* tivesse ousadas dissonâncias. Mas todas elas foram sendo eliminadas, ao longo das quatro revisões a que a partitura foi submetida, em 1878, 1892 e 1894 (houve uma "reestréia" amadora, no Teatro Panaiévski, de São Petersburgo, em 18 de abril de 1895). Depois disso, ele ainda escreveu uma ária alternativa – a "cançoneta" que o censor tanto temia –, destinada a ser cantada por Shaliápin, que criou o tsar "de forma incomparável" – dizia o autor – no Teatro Solodovníkov, em dezembro de 1889. Essa ária nunca chegou a ser cantada, mas foi publicada, em 1967, em apêndice à edição da versão III feita pela Muzgiz.

Em 1871, dois anos antes da estréia da *Pskovitiánka*, Rímski-Kórsakov aceitara a cadeira de Composição no Conservatório de São Petersburgo e, dando-se conta das suas limitações acadêmicas, atirou-se freneticamente ao estudo da harmonia e do contraponto, chegando a tomar, entre 1873-1875, aulas por correspondência com Tchaikóvski. Mais tarde, dirá, em suas *Crônicas*: "Naquela época, tornei-me o meu melhor aluno." E reconhecerá que, ao receber de Liudmíla Shestákova, a irmã de Glinka, o pedido de que cuidasse da edição da *Vida pelo Tsar* e do *Ruslán*, deu-se conta de como era crua a música da primeira versão de sua ópera. Num primeiro momento, decidiu restabelecer o ato I de Mei sob a forma de um Prólogo. Mas a música que escreveu para ele não se harmonizava com o resto da partitura. Foi por isso que, mais tarde, resolveu transformá-lo numa ópera independente, em um ato, intitulada *Boiárinia Viera Shelóga*, de que fa-

RÍMSKI-KÓRSAKOV

laremos mais adiante. Ela pode ser representada tanto como uma ópera isolada quanto como um *lever de rideau* para a *Pskovitiánka*.

Tanto do ponto de vista harmônico quanto da orquestração, Rímski-Kórsakov "normalizou" sua escrita, acomodando-as às regras do Conservatório. Em *Pskovitianka: the Original Version of Rimsky-Korsakov's First Opera*, Gerald Abraham observa que ele usou, com sua própria composição, os mesmos critérios que o guiariam, mais tarde, na revisão do *Borís Godunóv*, revendo a linha vocal, "limpando" as harmonias e reorquestrando tudo. Ele próprio diz, nas *Crônicas*:

> Sentia nela os exageros harmônicos, tinha consciência de que os recitativos eram incoerentes e descosidos, que faltavam cantilenas em lugares onde deviam existir, algumas formas estavam pouco desenvolvidas ou eram demasiado longas, faltavam elementos de contraponto, em uma palavra, tinha consciência de que a minha técnica musical da época não estava à altura das minhas idéias musicais e do belo tema que estava tratando. [...] A orquestração tampouco me satisfazia: era absurda a escolha de acordes das trompas e dos trompetes (duas trompas em fá maior e duas em dó maior, trompetes em dó maior), com ausência de diversidade das arcadas para os violinos e a ausência de relevo nos planos sonoros.

Os amigos do Grupo dos Cinco – que já achavam fria a caracterização de Ivan, a que Rímski-Kórsakov fora levado pelo desejo de fazer dele uma figura mais humana – não ficaram muito satisfeitos com essa revisão por acharem, como o assinala Maximovitch, que ela "tinha de certa forma banalizado a obra no plano musical". Ainda assim, a *Pskovitiánka* contém elementos incomuns no conjunto da obra de Rímski-Kórsakov: um recitativo melódico que lembra o de Dargomýjski, embora seja menos seco; e um coro que, em algumas cenas, alcança grandeza épica próxima à do *Borís*. O acompanhamento orquestral, com abundância de elementos folclóricos, já é muito colorido, intensificando o interesse do discurso sinfônico.

E é, sem dúvida alguma, um de seus dramas em que os seres humanos são melhor caracterizados. A personalidade de Tokmákov é doce e compreensiva. Ivã, o Terrível é convincente tanto em suas explosões de fúria sanguinária quanto ao demonstrar os ternos sentimentos que nutre pela filha. É genuína a expressão de sua dor, no final, quando ela morre. Com as revisões, inclusive, a tessitura do papel foi elevada, suas durações expandidas, a escrita ganhou em sofisticação – e perdeu seus aspectos mais angulosos – para possuir mais destaque. A personagem original era mais fiel a Mei, mas talvez não tivesse dado a um cantor como Shaliápin a chance de transformá-la em um de seus grandes papéis.

Muito já se falou dos paralelos entre a *Psikovitiánka* e o *Borís*, compostos na mesma mesa e no mesmo piano. Ambos tratam temas históricos que se referem a questões delicadas dentro da opressiva autocracia russa. Ambos referem-se a monarcas atormentados pelo remorso. Ambos têm cenas de multidão com efeitos policorais suntuosos. Na cena da reunião do *viétche*, o conselho republicano, do ato II, cinco grupos cantam palavras e temas diferentes, de maneira extraordinariamente realista. Já se demonstrou a influência que essa cena teve sobre a estruturação da que, no *Borís*, passa-se na floresta de Kromy pois, em junho de 1872, quando Mússorgski acrescentou esse trecho à primeira versão de seu drama, Kórsinka e ele estavam morando juntos. Paralelos semelhantes podem ser traçados entre os amplos duetos de Olga e Tútcha, e de Marina e Dmitri no "ato polonês", este último acrescentado ao *Borís* no mesmo período. Isso se pode constatar pelas gravações existentes:

– a de Serguêi Sákharov (1947), que optou pela revisão de 1892;
– a pirata de A. Hubard (selo MRF), com Borís Chrístoff, mas cantada em italiano;
– e a melhor de todas: a de Valiéry Guérguiev (Philips, 1997), registro de um espetáculo do Kírov, em 1994, usando a terceira versão, a da "reestréia" de 1895.

A *Mlada*, que Guedeônov propusera aos Cinco como criação coletiva, também contou com a participação de Rímski-Kórsakov. Na realidade, com a pena fácil que tinha, foi quem mais compôs para ela. Todo esse material foi reaproveitado na *Noite de Maio* (1879), na *Donzela da Neve* (1881), na sua própria *Mlada* (1890) e no *Quarteto de Cordas em Sol Maior*, de 1897. Só um exemplo, o mais significativo deles: a dança coral *khorovód*, celebrando a chegada da festa da Kupala, ligada aos rituais de colheita, foi integralmente transportada para o último ato da *Máiskaia Nôtch*.

Nos anos que vão de 1872 a 1879, coincidindo com o início de seu trabalho como professor do Conservatório, Rímski-Kórsakov praticamente não compôs. Dedicou-se, como já tínhamos mencionado, a rever as óperas de Glinka e a fazer estudos aprofundados de harmonia e de contraponto, para alicerçar teoricamente a sua atividade musical, até então diletante. Abandonou o emprego no Ministério da Guerra para tornar-se Inspetor das Bandas da Marinha (1873), além de trabalhar como regente e diretor da Escola Livre de Música (1874).

Em 1879, ocorreu-lhe escrever uma ópera cômica sobre *A Feira de Sorótchintsi*, de Gógol. Mas como Mússorgski estava interessado nessa história, sua noiva, Nadiêjda Púrgold, lhe sugeriu que escolhesse *Máiskaia Nôtch* (A Noite de Maio), o quarto conto dos mesmos *Serões* gogolianos. Ela achava, e com razão, que essa narrativa fantástica era mais adequada à sensibilidade de Nikolái Andrêievitch, pois ele sempre se sentia muito à vontade criando atmosferas mágicas, a meio caminho entre a fábula e a realidade. O próprio compositor escreveu o libreto. Mas o fez em russo, sem conservar as expressões em ucraniano, como Mússorgski na *Feira*. Usou cenas de Gógol em prosa, complementando-as com outras em verso – o que dá ao texto um caráter heterogêneo, pois a alternância verso/prosa não parece obedecer a nenhum critério de situação, como no *Borís*. A estréia foi no Maríinski, em 21 de janeiro de 1880. O papel do Prefeito foi criado pelo apreciado baixo Fiódor Ignátievitch Stravínski, pai do compositor que, no futuro, seria seu aluno predileto.

Lievkó, a personagem do conto, sabe que Golová, o seu pai, prefeito da aldeia, desaprova seu amor pela camponesa Hanna. O que ele não sabe é que, na realidade, o velho pretende casar-se com a moça. Lievkó conta à namorada a lenda de Pánnotchka: por ter descoberto que a madrasta era uma feiticeira, essa jovem foi expulsa de casa pelo pai, afogou-se no lago e transformou-se numa russalka. Pánnotchka, depois disso, vingou-se da madrasta afogando-a também. Mas esta conseguiu misturar-se

às outras russalki e, agora, ela não sabe mais qual delas é a feiticeira. Mais tarde, furioso por ter surpreendido o pai fazendo uma serenata para Hanna, Lievkó decide ridicularizá-lo e, juntando alguns amigos, faz para ele uma serenata grotesca, que resulta em situações cômicas, como a ida para a prisão da cunhada solteirona do prefeito, acusada de ser uma bruxa. Lievkó foge para a beira do lago, onde se encontra com Pánnotchka e a ajuda a identificar a falsa russalka. Em agradecimento, ela lhe dá documentos que revelam crimes de corrupção cometidos por seu pai. Com isso, Lievkó arranca dele a permissão para casar-se com Hanna.

A *Noite de Maio* assinala, na escola nacionalista, o início das óperas de assunto fantástico. E evidencia a atração de Rímski-Kórsakov pelos cultos pagãos primitivos – particularmente o das divindades solares, que continua, mesmo depois da implantação do Cristianismo, a se refletir nas canções folclóricas rituais ou lúdicas – e pela crença em seres mitológicos, como as russalki, que se misturam à realidade (depois de ter falado de Pánnotchka a Hanna, Lievkó encontra-se realmente com ela, à beira do lago e, passando do plano real para o da lenda, interfere no desenlace da narrativa de tradição oral que contou à namorada). O próprio Rímski-Kórsakov diz, nas *Crônicas*:

> Todas as canções para coro da minha ópera têm uma nuance ritual ou lúdica: o jogo primaveril da colheita ou a canção de Pentecostes, "Vou te trançar uma coroa", ambas no ato I, as canções das russalki (o largo e o presto do último ato), a própria ciranda das russalki. Liguei a própria ação da ópera às semanas de Pentecostes, a época das russalki, a que o povo dá o nome de "núpcias verdes". Quanto às moças afogadas do conto de Gógol, eu as transformei em ninfas da água. Assim, consegui ligar essa história, de que gostava tanto, com o lado ritual da vida do povo, que se manifesta mediante resquícios do velho paganismo.

A música apresenta temas de folclore ucraniano autêntico ou recriado. Mas eles são sempre harmonizados de acordo com as regras tradicionais. As marcas do Conservatório estão também visíveis no corte convencional dos recitativos, muito menos numerosos do que na *Pskovitiánka*; no uso de números segundo a técnica padrão do Romantismo ocidental; no estilo acadêmico do contraponto usado nas cenas de conjunto – apesar de um certo sabor arcaico preservado graças à escrita modal de alguns trechos. Rímski-Kórsakov está virando as costas deliberadamente ao estilo da *Pskovitiánka*. E ele é o primeiro a reconhecê-lo nas *Crônicas*:

As melodias e frases cantadas substituíram o recitativo indiferente de antes. Às vezes, apareceu uma certa disposição para o recitativo seco [nos episódios cômicos, principalmente] mas, na *Noite de Maio*, as conseqüências dessa decisão não foram de todo felizes.

O fato de, nessa época, estar revendo as óperas de Glinka, fez com que Rímski-Kórsakov se espelhasse na orquestração do pai da ópera russa para o uso das cordas e, principalmente, para o dos instrumentos convencionais imitando o som dos instrumentos populares. O da *bandura*, por exemplo, ele reconstitui com uma combinação de piano e harpa, no final do ato I, em que Lievkó convence os aldeões a zombarem de seu pai. As cenas cômicas dão uma idéia clara do talento com que, no futuro, Rímski tratará esse tipo de situação. Os números mais felizes são, no ato I, o cômico *gopák* de Kaleník, o bêbado da aldeia, e o cântico de Lievkó com os lenhadores. A cena da serenata de Lievkó é também cheia de vida. E o prelúdio ao último ato é finalmente orquestrado. O tema desse último trecho é visivelmente decalcado no da abertura do *Oberon*, de Weber, muito admirado por Rímski-Kórsakov. Há da ópera duas gravações: a de V. Niebólssin (1952), com alguns cortes, e a de V. Fedossêiev (1971), integral.

A boa acolhida à *Noite de Maio* confirmou Rímski-Kórsakov em sua vocação para tratar assuntos lendários. O libreto seguinte, ele o extraiu, em 1881, da *Sniegúrotchka* (A Donzela da Neve), de Aleksandr Nikoláievitch Ostróvski (1874), de tema folclórico. A personagem-título, filha da Primavera e do Inverno, é amada pelo mortal Mizguír, a quem rejeita, porque está apaixonada por Lel, um outro mortal. Mas quando descobre que este ama a camponesa Kupáva, decide ceder à corte de Mizguír. Porém, como seu pai temia, é surpreendida nos braços desse humano por Iárilo, o Sol, que a faz derreter. Mizguír, para juntar-se a ela, afoga-se no lago para onde suas águas escor-

reram. Como na *Raposinha Esperta*, de Leoš Janáček, o tema da ópera é a renovação do ciclo natural. E a morte da personagem não é vista de forma trágica, pois contém em si a promessa da ressurreição com a próxima primavera. É muito positivo, no repertório lendário, esse movimento de extinguir-se para renascer de outra forma, como o veremos em *Sadkó*, onde as lágrimas da filha do Rei do Mar, abandonada pelo protagonista, vão transformar-se no rio Volkhôva, que só trará riqueza ao país.

Nas *Crônicas*, Rímski-Kórsakov conta que, em 1874, ao ler a peça de Ostróvski pela primeira vez, estava demasiado envolvido com o realismo de Mússorgski para poder apreciá-la devidamente. Só ao relê-la, em 1880, é que a redescobriu. E apaixonou-se de tal forma pelo texto que isolou-se com a família em sua casa de campo de Vietchásha, na região de Luga, onde estava cercado pelo ambiente florestal em que a ação se desenvolve, o que o inspirava a encontrar o tom exato para a música. *A Donzela da Neve* foi escrita numa das fases de maior felicidade pessoal, na vida de Rímski-Kórsakov, e isso se reflete na espontaneidade lírica das melodias. O carinho que desenvolvera pelo texto de Ostróvski impediu-o de eliminar o que quer que fosse. Isso tornou *Sniegúrotchka* sua ópera mais longa, com 606 páginas orquestradas e a mesma estrutura de espraiada balada popular que tinha o *Ruslán*.

Mas a estréia, em São Petersburgo, em 29 de janeiro de 1882, não lhe agradou. Para permitir os longos intervalos a que o público aristocrático estava habituado, durante os quais eram servidos intermináveis coquetéis e dava-se à platéia a chance de exibir pelos corredores suas jóias, peles e condecorações, Naprávnik fez impiedosos cortes no espetáculo (para Nikolái Andrêievitch, é bom que se o diga, esses cortes doíam mais na própria pele do que quando ele os fazia nas óperas de seus companheiros). E a *Mogútchaia Kútchka* reagiu muito friamente a uma ópera que lhes pareceu antiquada, o que consolidou o afastamento entre Kórsinka e o resto do grupo. Rímski-Kórsakov só conseguiu ouvir sua ópera inteira em Moscou, dez anos depois. E curiosamente, embora o espetáculo durasse cinco horas e terminasse à uma hora da manhã, a reação do público foi muito melhor. A gravação de V. Fedossêiev

(1977), distribuída no Ocidente pela Colúmbia, tem alguns pequenos cortes; as de K. Baranóvitch e I. Svetlánov, no selo Melodya, e a búlgara, de Stoyán Ánguelov, no selo Capriccio, são integrais.

Sniegúrotchka também é marcada pelos rituais pagãos e, nela, o uso do folclore é muito mais sistemático do que nas óperas anteriores, seja através da citação de temas autênticos – os jogos primaveris do Prólogo, as cirandas do ato III – seja na recriação de melodias em estilo popular. E, como a origem dos hinos eclesiásticos eslavos está nas cantilenas primitivas dos cultos solares, Rímski-Kórsakov faz referência a isso ao imitar a música russa de igreja nas cenas em que se mencionam cerimônias ligadas ao ciclo dos fenômenos naturais: ritos de celebração da chegada da primavera, de comemoração do momento de plantar ou de colher, de lamentação pela morte provisória da Natureza trazida pelo inverno.

Mais do que isso: renovando as tradicionais técnicas oitocentistas de descrever musicalmente a natureza – de que há bons exemplos nos "Murmúrios da Floresta" do *Siegfried*, de Wagner; na "Alvorada" do *Schiavo*, de Carlos Gomes; ou no "Hino do Sol" com que se abre a *Íris*, de Mascagni – Rímski-Kórsakov antecipa as modernas pesquisas de Olivier Messiaen ao inserir, na trama musical, melodias diretamente copiadas do canto dos pássaros. Uma delas é o canto do galo, que se ouve no Prólogo, transcrito por Nadiêjda, sua mulher (no *Galo de Ouro*, ele reaparecerá mais estilizado). A outra, o motivo da Primavera, no ato V,

é a reprodução exata da melodia cantada por um azulão que, durante muito tempo, tivemos em casa, dentro de uma gaiola. Só que o nosso pequeno azulão cantava em fá sustenido menor. Mas por ser mais cômodo para os violinos, transcrevi seu canto um tom abaixo. Assim, respondendo a meu humor panteístico-pagão, pus-me a escutar as vozes criativas do povo e da Natureza, e tomei por base, para a minha ópera, o que era cantado ou assobiado por eles.

Na *Sniegúrotchka*, há menos contraponto do que na *Noite de Maio*, mais harmonias modais de cunho popular, e os recitativos são moldados em um estilo muito fluente, sem os rígidos esquemas rítmicos da ópera anterior – "acompanhado de tal maneira que, a maior parte do tempo, é possível interpretá-los *a*

piacere", diz o próprio compositor (ou seja, com total liberdade de inflexão). A estrutura ainda é a de números fechados, mas estes se alternam com cenas de forma livre, em que arioso e recitativo encadeam-se ao sabor do movimento do texto. Um sistema muito elaborado de *leitmotive* é empregado; mas existe apenas na linha vocal e não no acompanhamento orquestral, segundo o modelo wagneriano. Freqüentemente a célula recorrente não é um motivo em si, mas parte integrante de um tema mais elaborado. Outras vezes, tem a forma de uma figura rítmico-melódica, usada para servir de apoio a uma melodia principal; nesse caso, constitui o que Rímski-Kórsakov chamava de *leitharmonie* (motivo harmônico).

A eles poderíamos acrescentar o que Michel Maximovitch chama de *leittimbres*: acordes que se repetem sempre no mesmo registro e com a mesma orquestração. Por exemplo, a frase tocada pelas quatro trompas, que se ouve cada vez que o Sátiro faz uma de suas brincadeiras. O sistema de *leitmotive* propriamente dito é repartido em doze grupos. Algumas das personagens – o Inverno, Mizguír, Kupáva – possuem séries de três. Outras dispõem de apenas um: é o caso de Iárilo, do Sátiro, da Primavera (e deste último deriva também o dos pássaros e o das flores). Já à Donzela está ligado um grupo inteiro de temas muito delicados, contrastando com o de seu pai adotivo, o camponês Bóbyl, bem truculento. O do tsar Berendey, ouvido pela primeira vez na esplêndida marcha que o apresenta, na festa do início do ato II, com que se celebra o fim do inverno, inspira-se na marcha de Tchernomôr, do *Ruslán i Liudmíla*.

O cuidado em não encobrir as vozes dos cantores, e em permitir que declamem sem forçar o registro, preservando o caráter introvertido da ação, leva Rímski-Kórsakov a dar tratamento camerístico à orquestra, em que se destacam constantes solos de violino, violoncelo, flauta, oboé e clarineta. Essa preocupação, que ele não teve ao rever as óperas de Mússorgski e Borodín, se explica: em sua cabeça, onde as idéias se organizavam em categorias rigorosamente simples, assunto lendário exigia abordagem lírica e intimista, enquanto um tema épico só poderia ser desenvolvido em clave retoricamente grandiosa. A originalidade do enfoque que seus companheiros pretendiam dar aos episódios históricos escapava-lhe inteiramente.

Sniegúrotchka é uma ópera em que o elemento nacionalista soa muito natural, sem o aspecto exterior e decorativo comum em Rímski-Kórsakov. Um dos primeiros a percebê-lo foi o crítico francês Camille Bellaigue, biógrafo de Verdi, que afirmou, em suas *Impressions Musicales et Littéraires*, referindo-se à cena, no palácio, em que o tsar aparece rodeado por seus músicos cegos, que tangem a gusla:

> Uma página como esta nada tem em comum com o coro obrigatório de cortesãos da ópera tradicional. Na amplitude e originalidade da melodia, no vigor dos arpejos, no exótico sabor da cadência adivinha-se algo de desconhecido. [...] O que a música de Rímski-Kórsakov expressa com forte e doce originalidade é a natureza, a paisagem, as formas e as cores; é, por assim dizer, o próprio rosto da Rússia.

Igualmente forte, nesse trecho, é o tema dos arautos, em que o compositor reproduz uma melodia que ouviu, quando menino, entoada pelos monges do Mosteiro de Tíkhvin. Outros momentos bem realizados são o Hino ao Sol, em desusado ritmo de 11/4, ou a exuberante Dança dos Bufões, no ato III, relembrando as pantomimas dos antigos *skomorókhi* (Diáguiliev utilizou-a para criar um de seus balés de maior sucesso, *Le Soleil de Minuit*). O que não impede erros de cálculo, como o insípido e ineficiente dueto final, antes que a Donzela da Neve derreta e Mizguír se atire no lago.

Na *Sniegúrotchka*, Rímski-Kórsakov colocara tanto de si que, por muito tempo, temeu não ser capaz de compor algo do mesmo nível. E, de fato, alguns anos se passaram antes que ele voltasse a produzir outra ópera. A música para orquestra ocupou-o entre 1881 e 1890. É a fase das peças que fizeram seu renome no exterior, até hoje freqüentemente gravadas ou programadas em concerto: o *Capriccio Espagnol*, a *Sheherazade*, a *Páscoa Russa*, o *Concerto para Piano*, a *Fantasia para Violino* ou a *Sinfonietta sobre Temas Russos*. A revisão das óperas de Mússorgski e Borodín tomou também muito de seu tempo.

Em 1890, desejoso de retornar ao palco lírico, decidiu cautelosamente retomar o anti-

go e bem conhecido projeto da *Mlada*, para o qual tivera a atenção despertada ao remanejar os trechos escritos por Borodín. O libreto que Viktor Aleksándrovitch Krylóv escrevera para os Cinco previa uma ópera-balé, gênero que, em termos russos, era novidade, antes só tentada na pouco conhecida *Torjestvó Bákkha* (O Triunfo de Baco), de Dargomýjski.

Desejoso de apoderar-se das terras do príncipe Iaromír, o príncipe Mstivôi propõe à sua filha Voisláva que o seduza. Ela está apaixonada pelo rapaz, no passado já envenenou a jovem Mlada, de quem ele gostava, e firma um pacto com Morena, a deusa do Mal, para que esta faça Iaromír encantar-se por ela. Porém, durante a festa da Kupála, o espectro de Mlada aparece e Iaromír a persegue, abandonando Voisláva. O príncipe chega até o monte mágico Triglav e, perdido, adormece. Tem um sonho enigmático e vai ao templo de Rádegast para que os sacerdotes o decifrem. Estes lhe revelam que a filha de Mstivôi matou Mlada e, quando esta vem lhe implorar seu amor, Iaromír a mata. Morena vem buscar a alma de Voisláva e desencadeia furioso cataclisma, no qual o príncipe é destruído. Quando a tempestade se acalma, vêem-se as sombras de Mlada e Iaromír sendo recebidas no outro mundo pelas forças do Bem.

Mlada foi a ocasião para um deliberado exercício de estilo, pois Rímski quis dotá-la de um acompanhamento de tipo wagneriano, com o qual se familiarizara assistindo a todas as récitas do *Anel do Nibelungo*, durante a temporada de 1888-1889, no Maríinski. Daí a compacta escrita para uma orquestra enorme, de proporções desusadas para a época, que o público do Maríinski achou muito estranha ao ouvir a ópera pela primeira vez, em 1º de novembro de 1892. O próprio Rímski-Kórsakov, porém, reconheceu:

> O extremo laconismo do texto (ao contrário dos de Wagner), e que eu não soube ampliar, fez com que a parte dramática ficasse muito fraca.

Além disso, superpostos ao acompanhamento orquestral contínuo, de colorido suntuoso, muito próximo ao da *Sheherazade*, há números fechados, de estilo italiano. É interessante o contraste entre o diatonicismo com que são descritas as personagens reais e a linguagem cromática e dissonante reservada às intervenções do sobrenatural. Efeitos exóticos são obtidos, no ato III, com a combinação de clarinete agudo, flautim e glissandos da harpa na cena da aparição de Cleópatra que, com sua dança, tenta seduzir Iaromír. Mas há um certo excesso, beirando o *kitsch*, em cenas populares, como a da festa da Kupála, no ato II, em que aparece uma multidão com toda sorte de gente: poloneses, lituanos, ciganos, indianos, varegues, russos de Novgórod, e até mesmo um mouro, para o qual é escrita uma cadência no estilo da *Sheherazade* (é nessa cena, em todo caso, que fica a "Marcha dos Nobres", hoje muito popular no repertório de concertos sinfônicos).

É sobrecarregada, também, a seqüência do ato III que se passa no monte Triglav (do deus de três cabeças), em que se amontoam todos os seres mitológicos possíveis: Tchornobóg, o deus negro; Kashtchêi o imortal, que será a personagem de uma ópera posterior; duendes, demônios, fadas e até mesmo o Homem Esqueleto, cuja voz é representada por um coro masculino em uníssono. Há também uma salada de reminiscências de Berlioz e Weber, do *Ruslán* e do poema-sinfônico *Tamara*, de Balákirev, além da *Noite no Monte Calvo*, que Mússorgski chegara a destinar à irrealizada versão coletiva dessa ópera.

A orquestração é o aspecto mais interessante da *Mlada*. A decisão de "não limitar os meios e lançar mão de uma orquestra reforçada, como a dos *Nibelungos*" resultou num aparato orquestral desusado com instrumentos raros, como a flauta de Pan. A já mencionada dança de Cleópatra, no ato III, é uma das passagens mais características, pela variedade de instrumentos de sopro e de percussão, que Rímski-Kórsakov combina para obter efeitos exóticos de colorido. *Mlada* tem pouca importância em si mesma mas, como aponta Michel Maximovitch, "desempenha um papel significativo no conjunto da obra, pois é uma espécie de reservatório no qual óperas posteriores virão buscar inspiração". É o caso de *Sadkó*, cujo clima já é prenunciado pela cena da feira, no ato II. Ou do *Tsar Saltán*, cuja música já ressoa na "Marcha dos Príncipes". Vale ouvir também a palavra de Edward Garden que, no *Viking Opera Guide*, comenta:

Rímski tentou fazer pela psique russa o que Wagner fizera pela alemã. O drama não está no desenvolvimento convencional das personagens no palco, mas na perturbação psicológica subjacente que é criada. O resultado é de interesse excepcional.

A única gravação existente em disco, a de I. Svetlánov, é de 1966. Mas há, em vídeodisco, uma belíssima montagem de 1992, do Teatro Bolshói, regida por Aleksandr Lazárev.

Três anos depois da *Mlada*, em 28 de novembro de 1895, subia ao palco *Nôtch Piéred Rojdestvóm* (A Noite de Natal), baseada no conto de Gógol que havia muito tempo o interessava. Mas como Tchaikóvski, a quem estimava muito, o usara para escrever *Vakúla o Ferreiro* e *Tcherevítchki*, Nikolái Andrêievitch só se encorajou a pôr o projeto em prática após a morte de Piótr Ilítch, em novembro de 1893. A ação é, portanto, praticamente a mesma de *Vakúla*, que o leitor encontrará no capítulo sobre Tchaikóvski. Durante muito tempo, *A Noite de Natal* foi vista como obra menor, de que só havia um antiquíssimo registro de N. Golovánov, dos anos 1950. O aparecimento da gravação de Mikhaíl Iuróvski (Chant du Monde, 1990) lançou luz nova sobre ela, para isso contribuindo o substancioso estudo de André Lischke que a acompanha. Nas *Crônicas*, Rímski-Kórsakov diz:

Como o interesse pelos deuses e diabos eslavos e pelos mitos solares não me tinham abandonado e encontrei, nas *Concepções Poéticas dos Eslavos*, de Afanássiev, o vínculo entre a festa cristã de Natal e o renascimento do Sol depois do solstício de inverno e os mitos confusos de Óvsen, Koliáda e outros, tive a idéia de introduzir essas crenças extintas nas cenas da vida ucraniana descritas por Gógol em sua novela. [...] Este é um "pecado" meu, mas deu-me a possibilidade de escrever música tão interessante que me deve ser perdoado.

E numa carta de 27 de julho de 1894, a seu aluno, o compositor Aleksandr Glazunóv, explica:

A inclusão na ópera de personagens míticos, como Óvsen e Koliáda, que não figuram em Gógol, não o trai de forma alguma, porque eles aparecem em cenas fantásticas às quais o próprio escritor faz algumas alusões.

Esta é uma partitura que lhe deu muito trabalho, e à qual se dedicou um ano inteiro, fazendo inúmeras revisões até o momento da estréia. A "Noite sagrada" que serve de introdução, por exemplo, foi escrita cinco vezes, em partitura completa. A produção, que comemorava os 25 anos de carreira do cenógrafo Iósif Páletchek, foi suntuosa. Mas um incidente perturbou o ensaio geral: os grão-duques Vladímir Aleksándrovitch e Mikhaíl Nikoláievitch, que estavam presentes, ficaram furiosos com a aparição, em determinada cena, de uma Tsarina na qual acreditaram identificar os traços de sua avó, Catarina II (lembrem-se que, desde o decreto de 1837, era expressamente proibida a representação de membros da família real no palco). Os nobres exigiram que ela fosse trocada por uma personagem masculina, vagamente chamada de "Sereníssimo". Rímski-Kórsakov curvou-se à imposição, transpondo para barítono esse papel de mezzo mas, em protesto, não compareceu à primeira representação (em sua gravação, Iuróvski restabelece a tessitura original). Apesar do sucesso da ópera, Ivan Vsievólojski, o diretor dos Teatros Imperiais, inquieto com a queda em desgraça do compositor junto à família imperial, passou a hostilizá-lo. Por essa razão, sua ópera seguinte, *Sadkó*, não pôde ser estreada no Maríinski.

No mais belo episódio sinfônico-coral da obra, aparecem as divindades benéficas que anunciavam o retorno do Sol no fim do inverno, Óvsen e Koliáda. Esta última deu origem às *koliadki*, cantos de Natal que os jovens entoavam de porta em porta, pedindo doces em retribuição (e o sub-título da ópera é "História Verdadeira sob a Forma de *Koliádki*"). Os temas desses cânticos e outras melodias que aparecem na partitura são folclore ucraniano autêntico, retirado das *216 Národnyi Ukraíntsi Napievóv* (216 Canções Populares Ucranianas), recolhidas por Aleksandr Ivánovitch Rubiéts e publicadas em 1871.

O *leitmotiv* do cossaco Tchub, pai de Oksánna, que aparece no *duettino* "Vamos comer a *kutia* em casa do Sacristão", é o mesmo tema folclórico que Mússorgski utiliza em "Rududu", a canção humorística de Tcherevík na *Feira de Sorótchintsi*. São autênticas as melodias da ária do Prefeito, "Bom dia, cara Solokha"; do dueto "Ôi, companheiro", de Solókha e Tcherevík; da "Canção da Cabra",

entoada por Panás na cena 4. E a familiar melodia de "Só penso nele", em que Oksánna reafirma seu amor por Vakúla, é a mesma que Tchaikóvski usou no último movimento de seu *Concerto nº 1* para piano e orquestra.

Leitmotive, tanto na orquestra quanto na linha vocal, identificam as personagens. O mais importante deles é o da *koliádka* que, na primeira cena, é cantada pelo Diabo e a feiticeira Solókha. Outro tema que se destaca é o das estrelas, com a harpa e a celesta, que já começam a cintilar desde a introdução. E na Dança das Estrelas (cena 6), esse tema assume as mais variadas formas, até desfazer-se numa pirotécnica "chuva de estrelas cadentes". O grande orquestrador que é Rímski-Kórsakov espraia-se nos interlúdios: o mais elaborado é o que descreve Vakúla voando com o Diabo de Dikanka para São Petersburgo, onde vai buscar as chinelinhas da Tsarina, que Oksánna exigiu como impossível prova de amor. O Prelúdio da ópera, puramente descritivo, visando a evocar a atmosfera fria e nevosa de uma noite de Natal, é uma novidade na obra dramática do autor.

Uma vez mais, Rímski-Kórsakov reserva o diatonismo e os modos naturais para a descrição do mundo real; e o cromatismo, as dissonâncias e modos artificiais – em especial a escala de tons e semitons alternados – para a evocação do sobrenatural. É claro que o *"diabolus in musica"*, o famoso intervalo de quarta e quinta aumentada, usado por Tartini em sua sonata *"Il trillo del diavolo"*, comparece muitas vezes quando se fala do capeta. Menos feliz é a descrição dos ambientes aristocráticos, domínio em que Rímski-Kórsakov não consegue atingir a perfeição de Tchaikóvski. É no *Ievguêni Oniéguin* que se pensa, de resto, ao ouvir a *"Polonaise"* com coro, na cena do palácio, que tanta irritação causou aos grão-duques. É nessa passagem que a Tsarina, após receber compassivamente uma delegação de cossacos zaporojes, que vêm lhe fazer um pedido, concorda em ceder a Vakúla um par de chinelinhas, para ajudá-lo a conquistar Oksánna. Naturalmente, a troca da tsarina pelo "Sereníssimo" tornou sem pé nem cabeça o fato de ele estar dando ao ferreiro calçados femininos.

A influência de seu antigo companheiro de apartamento é constante. Modínka está presente no estilo *znamiénny* (neumático, litúrgico) do Sacristão, a *cappella*, cheio de fórmulas em eslavônio de igreja, reminiscente do seminarista Afanássi Ivánovitch, da *Feira de Sorótchintsi*. E a importância que Rímski-Kórsakov atribui a Gógol, como o preservador das tradições ucranianas, transparece no Epílogo, uma homenagem ao escritor, que substituiu a idéia inicial de terminar a ópera com mais uma *koliada*.

Sadkó foi chamada de ópera-bilina pois, por sugestão do musicólogo Nikolái Fiódorovitch Fíndeizen, editor da *Rússkaia Muzikálnaia Gaziêta*, Rímski-Kórsakov inspirou-se em vários desses poemas anônimos medievais, centrados na figura do "rouxinol de Novgórod", o lendário menestrel do séc. XI, mistura de Orfeu e Ulisses eslavo. O Sadkó histórico era um bem-sucedido membro da Liga de Mercadores de Níjni-Novgórod, lembrado por ter mandado construir a igreja de São Borís e São Gleb. A lenda fez dele um humilde menestrel que enriquece depois de ter encantado o Rei do Mar e se casado com sua filha.

Em 1867, essa personagem já tinha inspirado ao compositor uma *muzikálnaia kartína* (quadro musical), peça sinfônica com o mesmo nome. Dois anos depois, influenciado pela visita à Rússia de Hector Berlioz, cujo *Traité de l'Instrumentation* estava estudando na época, Rímski-Kórsakov reorquestrou esse *Sadkó* instrumental de forma muito brilhante. Foi ao fazer algumas revisões nesse poema-sinfônico, em 1892, que começou a considerar seriamente a sugestão de Fíndeizen de expandi-lo numa ópera. Combinou então episódios narrados nas bilinas sobre Sadkó, recolhidas por Kírtcha Danílov, Rybníkov e outros, a dados extraídos de contos populares anônimos – como *A História do Rei do Mar e da Muito Sábia Vassilíssa*, compilado por Afanássiev –, ajuntando-lhes informações saídas da *Golubínaia Kniga* (O Livro Sibilino) e outras fontes. Stássov e seu amigo Nikolái Shtrup o ajudaram a preparar um roteiro preliminar. Em seguida, ele próprio escreveu o libreto.

Num primeiro estágio da obra, Liubáva Busláievna, a mulher de Sadkó, não aparecia em cena. E a seqüência na praça pública era menos extensa. Mas quando recebeu em Vietchásha a visita de seu amigo Vladímir Ivánovitch Biélski – com quem, futuramente, colaboraria muito –, este lhe sugeriu que incluísse a esposa do protagonista na história. A título de experiência, Rímski-Kórsakov escreveu para ela, então, uma ária em fá menor – "tonalidade na qual, havia tempos, eu não compunha nada e que, conseqüentemente, ainda não tinha sido usada no *Sadkó*", diz ele nas *Crônicas*. Gostando do resultado, pediu a Biélski que lhe escrevesse cenas adicionais de que Liubáva participasse.

Levado pelo desejo de aventura, Sadkó deixa sua esposa e parte. Volkhôva, a filha do rei do mar, que se apaixonou por ele, consegue atraí-lo ao fundo do oceano, onde ele poderá pescar peixes dourados. Convence o pai a permitir que se case com esse mortal. Mas o cântico do menestrel, muito alegre e turbulento, provoca tantos naufrágios que torna-se necessária a intervenção de um santo homem – que analistas posteriores associaram à figura de S. Nicolau. Este acalma as águas do mar e ordena a Sadkó que volte para sua fiel esposa, que há doze anos o espera. Diante disso, a princesa do mar o acompanha até a cabeceira do lago Ílmen, depois, cheia de tristeza, chora até transformar-se no rio Volkhôva que, hoje, une o lago ao mar – dando imensa independência comercial a Novgórod.

A ópera, que os Teatros Imperiais recusaram pelos motivos já mencionados, foi estreada por um grupo amador moscovita, em 7 de janeiro de 1898, no Teatro Solodóvnikov, de S. I. Mámontov. Os ensaios não foram suficientes e a regência de Eugenio Esposito deixou a desejar. Mas Anton Siekár-Rojânski e Nadiêjda Zabiéla, que fizeram o menestrel e a filha do Rei do Mar, deixaram Nikolái Andrêievitch muito satisfeito. O furor que a ópera produziu, apesar das condições precárias de encenação, obrigou Vsievólojski, Naprávnik e os doutos senhores do Comitê dos Teatros Imperiais a morder a língua. Tiveram de implorar a Nikolái Andrêievitch que os deixasse montá-la em São Petersburgo, onde o público exigia vê-la. E *Sadkó* tornou-se uma das óperas favoritas de Rímski-Kórsakov na Rússia. Fora desse país, porém, têm sido muito raras as suas apresentações – o que é uma pena, pois ela tem tudo para conquistar as suas audiências,

Cena da montagem de Stepániuk do *Sadkó* (1993), no Maríinski; os cenários de Viátcheslav Okándjov baseiam-se em desenhos de K. Korovín, da década de 1910.

Sadkó nos Domínios do Rei do Mar: tela de Iliá Riépin (1876), Museu Estatal da Rússia.

como o demonstram as suas gravações. Além de um antigo registro de Bátchitch há, no selo Melodya/Chant du Monde, a versão de N. Golovánov, de 1952. Em 1995, Guérguiev fez dela, para o selo Philips, uma excelente encenação com o elenco do Maríinski (ex-Kírov), existente em vídeo e CD.

Embora bastante longa e episódica, pois é constituída de quadros isolados – como, de resto, acontece com o *Borís*, a *Khovânshtchina*, o *Príncipe Ígor* e o próprio *Oniéguin* –, a ópera tem unidade estrutural, que lhe é assegurada pelo uso de *leitmotive* vocais, como os da *Sniegúrotchka*. E esses motivos recorrentes são combinados a interlúdios que lhe dão a mesma continuidade da *Noite de Maio*. O recitativo é bastante fluente e o papel do coro muito eficaz, sobretudo nas cenas de multidão. Diz o autor:

> O que distingue *Sadkó* de todas as minhas outras óperas – e talvez não só das minhas, mas das óperas em geral – é o recitativo em estilo de bilina [...] de uma originalidade sem precedentes, apesar de uma certa monotonia interna da construção. Esse recitativo não chega a pertencer ao domínio da língua falada, mas é uma espécie de narrativa declamada típica desse tipo de poema oral, convencional e adequada para o gênero. Pode-se encontrar a origem dessa declamação em Riabinín, célebre intérprete de bilinas do século XIX. Passando como um fio vermelho por todo o tecido da ópera, esse tipo de recitativo lhe comunica o caráter nacional arcaico que só um russo sabe apreciar totalmente. O coro em onze tempos e a bilina de Niejáta, ambos do primeiro quadro, o coro no barco (5º quadro), a melodia do antigo cântico religioso sobre o *Livro Sibilino* (4º quadro) e outros detalhes contribuem para criar esse caráter nacional.

É muito eficiente a seqüência do festim da Liga dos Mercadores de Novgórod, no primeiro quadro, com a intervenção de divertimentos de *skomorókhi*. Nesse quadro, o jogral Niejáta lamenta que o lago Ílmen não esteja ligado ao mar por um rio, antecipando o aparecimento do Volkhôva, no final da história. De grande efeito é a cena do porto, no quarto quadro, quando Sadkó se prepara para embarcar. É nela que ouvimos as canções dos mercadores viking, veneziano e indiano, além dos cantos do menestrel, reminiscentes do *Ruslán*.

A orquestração é feita com mão de mestre, sobressaindo-se a variedade e riqueza das combinações timbrísticas. O Prelúdio é construído sobre o tema do mar, que pertence ao domínio do fantástico e percorrerá toda a obra, frisando a importância do irreal, que o compositor, como de hábito, trata de maneira panteísta. Os *leitmotive*, extraídos do poema-sinfônico, também contribuem para dar unidade ao discurso. Na caracterização do mundo submarino, Rímski-Kórsakov usa sempre a escala de tons e meios-tons intercalados. E recorre, uma vez mais, à oposição diatonicismo/cromatismo, para retratar seres reais ou sobrenaturais.

Sadkó, pelo simples fato de ter-se originado numa obra de início de carreira, é ainda um exemplo interessante da boa capacidade de assimilação das influências externas. O próprio Rímski-Kórsakov dizia, numa carta que escreveu a um amigo em 1901: "Estude Liszt e Balákirev e você verá que muita coisa não é minha." Ele admitia que a introdução, em que se descreve a suave ondulação do mar, "compartilha a base harmônica e modulatória do início de *Ce qu'on entend sur la montagne*, de Liszt". O *allegro* em 3/4 que descreve a queda de Sadkó no mar lembra a cena do seqüestro de Liudmíla por Tchernomôr, no ato I do *Ruslán*. O *allegro* em ré maior do festim no fundo do mar tem vínculos melódicos e harmônicos visíveis com a *Canção do Peixe Dourado*, de Balákirev. E nessa cena, o próprio Rímski-Kórsakov confessava ter feito citações da *Russalka* e de um coro feminino da inacabada *Rogdana*, de Dargomýjski. Deixemos a palavra com Gerald Abraham:

> *Sadkó* é não apenas a melhor ópera de Rímski-Kórsakov, no sentido de conter muito da melhor música que ele escreveu em todos os estilos, e de essa música ser de um nível coerentemente alto; ela é também a sua ópera mais individualizada: aquela em que conseguiu ser ele mesmo da forma mais integral e exuberante, em que foi mais profundamente russo. Talvez estivesse exagerando ao dizer que, em *Sadkó*, escrevera música "cujo verdadeiro caráter só poderia ser apreciado por quem é russo até a medula"; mas não deixa de ser verdade que *Sadkó* é russa em cada uma de suas fibras. Ela é uma maravilhosa evocação do espírito de um povo.

Ele próprio tinha consciência da posição que *Sadkó* ocupava no conjunto de sua obra. Nas *Crônicas*, deixa claro que, com *Mlada, A Noite de Natal* e *Sadkó*, fecha-se um ciclo intermediário, caracterizado pela "mais perfeita harmonia entre um assunto original e uma música expressiva": o da associação de temas lendários e melodias de cunho folclórico a um tratamento orquestral em que a sombra de Wagner está sempre mais ou menos presente. A ópera seguinte, *Mozart i Salieri*, também estreada no Solodóvnikov, de Moscou, em 7 de dezembro de 1898, será de um gênero totalmente diferente.

Musicando diretamente a peça em um ato de Aleksandr Púshkin – uma reflexão sobre o conflito entre o gênio e o mero talento, mas que serviu para levar mais lenha à fogueira da lenda de que Antonio Salieri teria, por inveja, envenenado Wolfgang Amadeus – Rímski-Kórsakov retorna às pesquisas de Dargomýjski e Mússorgski sobre o recitativo melódico:

> Na verdade, essa é uma obra puramente vocal: o tecido melódico, seguindo as inflexões do texto, foi composto primeiro; o acompanhamento, bastante complexo, formou-se em seguida. [...] Sentia que estava entrando em nova fase e adquiria o uso de um procedimento que, até então, só tinha empregado ocasionalmente.

Mas o acompanhamento orquestral, a princípio de estilo muito livre, com modulações ousadas, foi posteriormente revisto de forma a tornar-se mais estável. A declamação, obedecendo rigorosamente à dinâmica do texto de Púshkin, molda-se na do *Convidado de Pedra* (a ópera, de resto, é dedicada a Dargomýjski). O diálogo, musicado quase integralmente, flui sobre um acompanhamento camerístico com base em quatro *leitmotive*: o do desejo de Salieri de realizar-se artisticamente e o do crime; o da criatividade de Mozart e o de seu destino trágico. Na partitura há pastiches mozartianos, mas retrabalhados segundo o estilo pessoal de escrita do compositor.

No segundo quadro, passado na taberna, onde Salieri derrama veneno em sua bebida, Wolfgang lhe conta ter recebido a visita de um desconhecido, que lhe encomendou uma missa para os defuntos, e toca para ele um dos temas de seu *Requiem*. Mas a *Fantasia para Piano* que, no primeiro quadro, Wolfgang toca em casa de seu rival, foi inventada por Nikolái Andrêievitch à maneira das melodias mozartianas.

O Prelúdio à ópera é construído sobre os temas de Salieri; o do ato II, sobre o dessa *Fantasia*. Numa primeira versão da ópera, os dois quadros eram interligados por um intermezzo em forma de fuga que, posteriormente, foi eliminado. Encontrado entre os papéis do compositor após sua morte, foi reintegrado por Marek Janowski à sua gravação, cantada em alemão, com Peter Schreier e Theo Adam. Da segunda versão existem vários registros: o de René Leibowitz; os dois de Samuíl Samossúd (com Pirogóv/Lémeshev e com Réizen/Kozlóvski); o búlgaro de Stoyán Ánguelov; o de Guennádi Rojdéstvienski (Olympia, 1982); e o de Storejev com I Musici di Montreal (Chandos).

A mesma técnica de recitativo é explorada em *Boiárinia Viera Shelôga*, estreada no Solodóvnikov em 15 de dezembro de 1898. Como já foi dito antes, não se trata de um argumento novo e, sim, do antigo Prólogo à segunda versão da *Pskovitiánka* (1878) que, mais tarde, foi reformulada como uma ópera independente.

Viera Shelôga confessa à sua irmã Nadiêjda que Olga é o resultado de um caso que teve com Ivã IV, durante a ausência do marido, que estava lutando no Exército. Para salvar a situação, Nadiêjda convence o próprio marido a adotar a menina e a apresentá-la como sua filha quando o boiardo Shelôga voltar. Na Rússia, é comum a encenação desse ato único como um *lever de rideau* para a *Filha do Tsar*.

A declamação permanente é usada para manter coerência em relação ao estilo da ópera anterior. Mas essa técnica já não é mais tão sistemática, resvalando com freqüência para ariosos ou frases alongadas, de cantábile típico da ópera romântica ocidental. É o caso dos trechos mais líricos, como a canção de ninar com que Viera embala a sua filhinha. Muito material é reaproveitado da segunda versão da *Pskovitiánka*, reescrito, porém, nos moldes da linguagem desenvolvida pelo compositor nos últimos anos. *Leitmotive* centrados na personagem de Viera – o de seu amor pelo tsar Ivan, o de seu sofrimento –, mas também o do tsar e o de Shelôga, enunciado pela fanfarra – asseguram a unidade da partitura. Os tema de Ivan IV e do boiardo, enquadrando os de Viera, confrontam-se na abertura, de corte tradicional. Existem as gravações de Serguêi Sákharov

(Melodya, 1947) e Stoyán Ánguelov (Chant du Monde, 1980).

Mozart e Salieri e *Viera Shelóga* também formam um conjunto experimental de transição. E abrem novo período de crise: não sabendo momentaneamente como renovar-se, Rímski-Kórsakov há de passar algum tempo repetindo mecanicamente, nas óperas seguintes – *A Noiva do Tsar, O Tsar Saltán, Servília* e *Ulisses no Palácio do Rei de Arsinoé* –, fórmulas que tinham dado certo em partituras anteriores, ou buscando soluções em modelos estrangeiros que não tinham muito a ver com sua formação e sensibilidade.

Igualmente tirada de um drama de L. A. Mei, *Tsárskaia Neviésta* (A Noiva do Tsar) estreou no Solodóvnikov em 22 de outubro de 1899. Tendo acabado a *Boiárinia*, o músico entusiasmara-se com esse texto que também tratava da figura de Ivan, o Terrível. A história, porém, é confusa e melodramática, cheia dos piores clichês do drama romântico, incrementados mais um pouquinho por I. Tiumêniev, ex-aluno do compositor, a quem ele pediu que fizesse uma revisão na peça "para criar momentos líricos que permitissem a inserção de árias e cenas de conjunto".

O oprítchnik Griáznoi está apaixonado por Marfa, que foi escolhida como noiva do tsar mas, na realidade, está apaixonada por Lýkov. Liubásha, amante do oprítchnik, envenena Marfa para livrar-se dela, e o tsar, achando que foi Lýkov quem o fez por vingança, manda decapitá-lo. Ao saber que Liubásha é a culpada, Griáznoi a apunhala e é levado para o cadafalso. Antes de morrer com o efeito do veneno, Marfa ainda tem tempo de perder a razão. O libreto é de amargar, e há aqui o agravante de que, com raras exceções, falta à música de Rímski-Kórsakov a força elementar que passaria para segundo plano a sua mediocridade.

Nikolái Andrêievitch gostava das cenas de conjunto "grandes, bem acabadas, e não apenas aqueles encontros momentâneos e fugazes das vozes". Orgulha-se em dizer que, "depois de Glinka, não se viu cena de conjunto tão cantábile e elegante, no que se refere à independência das vozes, quanto o quarteto do ato II ou o sexteto do III". E deixou ao regente instruções para que "as vozes ficas-

sem invariavelmente em primeiro plano". Essas cenas de conjunto são inegavelmente bem escritas; mas parecem mais o produto de um artesanato ultra-competente do que o fruto da espontaneidade de inspiração.

Além da canção folclórica "Slava" (Glória) – a mesma da Cena da Coroação do *Borís Godunóv* –, usou temas tradicionais na ária "A cappella" do ato I, em que Liubásha expressa seus ciúmes, e no coro do fim do ato III, na cerimônia do noivado. A ária do ato II, em que Marfa fala de seu amor por Lýkov, é uma de suas mais belas páginas líricas. Em compensação, a cena em que Liubásha confessa seu crime a Griáznoi é de um desanimador lugar-comum. A ária suplementar para Lýkov, no ato III, escrita pouco antes da estréia, a pedido do intérprete, é um dos raríssimos exemplos de concessão feita por Rímski-Kórsakov a essas exigências, tão comuns na época. Há, no catálogo Melódya, o venerável registro de Vladímir Piradóv, da década de 1940. Mas a melhor gravação é a Fuat Mansúrov (1974), cuja distribuição – Galina Vishniévskaia, Irina Arkhípova, Vladímir Atlántov e Ievguêni Nesterenko – beira a perfeição e compensa pela irregularidade da partitura. Um filme de 1985, dirigido por Vladímir Górikker e regido por I. Svetlánov – muito cortado, como era o costume dos estúdios soviéticos –, existe em vídeo.

O nome completo da ópera seguinte preserva o estilo das antigas bilinas de título caudaloso: *Skázka o Tsariê Saltánie, o Sýnie ievô, Slávnom i Mogútchie Bogatyriê, Kniázie Gvidônie Saltánovitch, i o Priekrásnoi Tsariévnie Liebiédi* (A Lenda do Tsar Saltán, de seu Filho, o Glorioso e Poderoso Cavaleiro, Príncipe Gvidón Saltánovitch, e da Linda Princesa Cisne). O assunto tinha-lhe sido proposto pelo sempre prestativo Stássov. No poema narrativo de Aleksandr Púshkin em que V. I. Biélski baseou o libreto, o poeta conseguira captar todo o clima das velhas canções medievais. Biélski aproveitou o quanto pôde os versos originais, e foi muito feliz na imitação do estilo pushkiniano, nas cenas suplementares. A estréia foi no Solodóvnikov, sob a regência de Ippolítov-Ivánov, em 3 de novembro de 1900, – o que faz dela uma das últimas óperas do século XIX. A direção do teatro fez uma montagem muito cuidada, com cenários do pintor Vrúbel, tentando emular o Maríinski onde, pouco antes, o príncipe Volkônski, o novo diretor dos Teatros Imperiais, fizera uma montagem extremamente suntuosa do *Sadkó*. Decerto querendo desculpar-se pelo tempo de geladeira em que Vsievólojski deixara Rímski-Kórsakov, ele encarregara o cenógrafo A. M. Vasnietsóv de visitar Níjni-Novgórod para reproduzir, nos cenários, os prédios da antiga cidade-Estado e as paisagens das margens do Lago Ílmen.

Maximovitch chama pejorativamente *O Tsar Saltán* de "um conjunto de *images d'Épinal* caracterizado pela ingenuidade deliberada, em que, com freqüência, o fantástico vê-se rebaixado ao nível do meramente pitoresco". Mas *Tsar Saltán* é, pelo menos, extremamente simpática com seu tom voluntariamente simples de conto de fadas, que já contém em germe alguns traços das últimas obras-primas. As fórmulas recorrentes que Púshkin usa no poema convinham à natureza do talento criativo de Rímski-Kórsakov. A fanfarra de abertura, em que se justapõem duas harmonias não-relacionadas, girando em torno do eixo de uma nota comum, já estabelece a duplicidade do universo em que a história se passa. É justamente nesse mundo, em que se misturam maravilhoso e quòtidiano, épico e grotesco, que o músico mais se sente à vontade, pois ele lhe dá a oportunidade de explorar o que a sua palheta sonora tem de mais multicolorido.

O tsar Saltán escolhe como noiva a jovem Militríssa, preterindo as suas irmãs mais velhas, pois ouviu-a dizer que seu maior objetivo seria o de lhe dar um herdeiro, um príncipe forte e corajoso. Porém, quando Saltán parte para a guerra, as duas irmãs, que não engoliram a ofensa, trocam a mensagem em que lhe é anunciado o nascimento de Gvidón, um belo tsarévitch, por uma outra, em que se diz que Militríssa deu à luz um monstro. O tsar ordena, então, que mãe e filho sejam atirados ao mar, dentro de um tonel. Depois de ficar muito tempo perdidos, à deriva, ambos escapam e aportam à longínqüa ilha mágica de Buyán. A essa altura, Gvidón já está adulto e, na praia, salva a vida de um cisne branco, que promete recompensá-lo. Gvidón e Militríssa chegam à cidade de Lediênets, cujos habitantes o acla-

mam rei por ter salvo o cisne. Como Gvidón quer conhecer seu pai, o cisne o transforma em besouro e ele segue para Tmutarakán, a capital do reino de Saltán. Vai acompanhado por mercadores, cuja descrição de Lediênets é tão atraente, que o soberano decide ir visitá-la. Ali chegando, reencontra Militríssa, conhece seu filho, percebe o erro em que foi induzido pelas cunhadas e todos se reconciliam. O cisne transforma-se em uma linda princesa e casa-se com Gvidón.

Rímski-Kórsakov demonstra prazer evidente na recriação do clima dos contos populares através dos procedimentos do folclore camponês: canções humorísticas, provérbios cantados, canções dançadas. O mais famoso desses episódios é o do vôo do besouro, cuja melodia, com forma de moto-contínuo, correu mundo nas mais diversas (e improváveis) transcrições. É muito hábil também a narrativa dos mercadores sobre as maravilhas de Lediênets: o esquilo que canta canções e rói nozes de ouro; os 33 cavaleiros que saíram do mar para formar, com suas reluzentes couraças, uma muralha de proteção em torno da cidade; e a Princesa-Cisne, "cuja beleza ofusca o Sol".

Dentro dessa dimensão ingênua, os recitativos são propositadamente simples. Mas a construção musical é sofisticada. Há três interlúdios orquestrais: "Saltán vai à guerra", entre o ato I e o II; "Gvidón e Militríssa no mar", unindo o II ao III; e "As maravilhas de Lediênets" precedendo o IV. É a primeira vez que, em vez de interlúdios entre uma cena e outra, Rímski-Kórsakov usa-os entre os atos, utilizando temas já ouvidos e antecipando motivos a serem ainda escutados, o que, numa audição seguida, dá à obra consistente organicidade tonal. A suíte orquestral extraída da ópera – que reúne os três interlúdios – também parece ter sido arquitetonicamente pensada, em vez de ser mera justaposição de trechos soltos. As tradições dos *skomorókhi* são relembradas: não há abertura, apenas a fanfarra já mencionada, como as que os histriões usavam para avisar aos espectadores que a representação ia começar. Os elementos de farsa misturados à ação também procedem da mesma fonte.

Quanto às pontes que a ópera projeta para o futuro: a habilidade para a caricatura (as duas irmãs solteironas de Militríssa, dignas primas das meio-irmãs de Cinderela), o virtuosismo vocal da Princesa-Cisne e o estilo bufo do Bobo já são prenúncios da maneira como Rímski-Kórsakov tratará, no *Galo de Ouro*, o rei Dodôn, a rainha de Shemákha e o Astrólogo. Uma homenagem a Tchaikóvski, o amigo desaparecido, é feita na canção da Princesa-Cisne: embora transposto para tonalidade menor, o seu tema repete parcialmente uma linda melodia de *Vakúla o Ferreiro*. Além das gravações de Gebre (Melodya, anos 1940) e Niebólssin (Chant du Monde, 1950) há um vídeo dessa ópera, cantada em alemão: é a montagem de Harry Kupfer na Ópera de Dresden em 1978, regida por Siegfried Kurz (Rujítskaia, Wollard, Elstermann).

A crise criativa atinge o auge no início do século XX. Numa equivocada busca de caminhos novos, Rímski-Kórsakov faz duas frustradas tentativas de abordar assuntos não-russos. *Servília*, tragédia de L. A. Mei sobre a introdução do Catolicismo em Roma nos tempos de Nero, marcou a reconciliação com o Maríinski, onde a ópera estreou em 14 de outubro de 1902. Mas fracassou e foi retirada de cartaz após a sétima récita. No Solodóvnikov, saiu-se ainda pior: não passou da sexta récita, pois o teatro ficava sempre às moscas. O libreto do próprio compositor usa praticamente o texto da peça, apenas fazendo nela muitos cortes e reduzindo o número de personagens de 43 para 25.

O senador Sorano deseja que sua filha Servília case-se com o rico Trasea. Este, porém, ao perceber que a moça prefere o tribuno Valério Rústico, seu filho adotivo, retira generosamente o pedido de casamento. Mas Egnatius, liberto de Sorano que apaixonou-se por Servília, conspira contra seu amo e Trasea. Atraindo a moça até a casa da feiticeira Locusta, chantageia a moça, exigindo que se entregue a ele em troca de sua segurança e a de seu namorado. Servília recusa, pois converteu-se ao cristianismo e renunciou ao mundo. Coincidindo com o misterioso desaparecimento de Valério, seu pai e Sorano são levados ao tribunal, condenados ao exílio, e Servília é entregue a Egnatius. Valério reaparece, porém, trazendo um decreto de Nero que revoga a sentença. Tarde demais: Servília está agonizante e morre em seus braços. A intervenção de Trasea impede que Valério se suicide de dor. Arrependido, Egnatius pede perdão ao Ser Supremo e todos aclamam a grandeza do Deus cristão.

Compreende-se o motivo que levou Rímski-Kórsakov a interessar-se pelo projeto:

> Um assunto extraído da vida da Roma antiga deixava-me as mãos livres do ponto de vista do estilo. Eu poderia utilizar tudo, exceto o que o contradissesse de maneira flagrante, ou seja, o que fosse nitidamente alemão, francês ou russo. Não há vestígio algum da música da Antiguidade, ninguém a ouviu, ninguém teria, portanto, o direito de acusar o compositor de não ter escrito música romana desde, é claro, que se evitasse tudo o que a contradiz abertamente. A liberdade era quase total. Mas a música não-nacional não existe. [...] Por isso, em *Servília*, era preciso escolher uma nuance nacional, a mais adequada possível. As nuances italiana e grega eram as que me pareciam mais convenientes, além da música bizantina e oriental para as cenas onde houvesse dança. Sabe-se que os romanos não tinham uma arte própria, tendo-a tomado de empréstimo aos gregos. Por um lado, tenho certeza do parentesco que havia entre a música da Grécia antiga e a oriental. Por outro, considero que é na arte bizantina que devemos procurar os restos da música grega antiga, cujos ecos ressoam nos velhos cânticos do culto ortodoxo.

Como ponto de partida, pode parecer interessante. Mas a história desenrola-se sobre um pano de fundo de desfiles de centuriões, senadores, sacerdotes, vestais e cristãos perseguidos, com muitos números corais e de balé, de acordo com a ultrapassada fórmula do *grand-opéra* romântico. E o conflito interior de Servília, a luta entre as tentações sensuais do paganismo e sua tendência ao ascetismo, fica nos bastidores. A ópera perde-se nos aspectos puramente exteriores e pitorescos da história. O ponto de vista de que a música romana devia ser toda decalcada na grega fez o compositor utilizar, na partitura, modos helênicos e hinos da Igreja bizantina; mas o resultado é artificial e sem vida. A maior parte da ópera é tratada em recitativo melódico, mas há, para Servília, uma ária de generosa cantilena italianada, que os sopranos russos costumam cantar em recital. Alguns números de conjunto, como o quinteto do ato III, são de escrita complexa, mas fria. O melhor trecho é o "Credo" a várias vozes, na cena final, adaptado de um "Amém" da segunda versão da *Pskovitiánka*. Retorna, em *Servília*, a técnica do prelúdio orquestral, que desaparecera das óperas de Rímski-Kórsakov desde *Mozart e Salieri*. Esse prelúdio é uma peça de escrita convencional, embora se observe, na orquestra, um papel pouco usual para a época confiado à clarineta baixa. Nunca, que eu saiba, foi feita gravação de *Servília*.

Quanto ao libreto de Biélski para *Nausicaa ou Ulisses no Palácio do Rei de Arsinoé*, Rímski-Kórsakov nem chegou a levá-lo adiante. Compôs um prelúdio-cantata "descrevendo o mar enfurecido que arrasta Ulisses, enquanto o canto das dríades acolhe o nascer do sol e saúda Éolo dos dedos cor-de-rosa" (*Crônicas*), em que são evidentes as reminiscências da forma como, em *Sheherazade* ou *Sadkó*, ele representa o oceano. Existe uma gravação dessa peça com I. Svetlánov.

Nikolái Andrêievitch deixou de lado esse projeto, para dedicar-se à ópera que assinala o reencontro com sua veia fantástica e lendária mais autêntica: *Kashtchêi Biessmiértni* (Kashtchêi o Imortal). O crítico Ievguêni Petróvski, ardoroso defensor de Wagner que escrevia para a *Rússkaia Muzikálnaia Gaziêta*, veio um dia propor-lhe esse libreto. O compositor gostou da idéia; ficou, porém, insatisfeito com os dois últimos quadros, que lhe pareceram demasiado longos, e os reescreveu ajudado por sua filha, Sonia Nikoláievna.

O mago Kashtchêi será imortal enquanto a sua morte continuar aprisionada em uma lágrima de sua filha, a feiticeira Kashtchêievna. Mas esta apaixonou-se pelo príncipe Ivan Koroliévitch, que vem libertar sua amada, a tsarevna, mantida em cativeiro pelo mago. Kashtchêievna oferece-se para libertar a moça se, em troca, o príncipe lhe der seu amor. Como ele se recusa, a feiticeira se entristece, chora e vozes invisíveis anunciam que Kashtchêi vai morrer. As portas de seu sombrio palácio poderão, finalmente, abrir-se à liberdade. Kashtchêievna, redimida, transforma-se num salgueiro chorão. Diz Rímski-Kírsakov, nas *Crônicas*, a respeito do protagonista dessa ópera, que já aparecera na *Mlada*:

Kashtchêi é simplesmente uma das diversas encarnações do espírito obscuro. Às vezes é descrito como uma serpente, às vezes como uma natureza mista, meio humana meio ofídio. Mas em várias histórias aparece com aspecto humano e é chamado de imortal devido à sua superioridade quanto às leis ordinárias da existência. Às vezes, a sua "morte", isto é, o objeto ao qual a sua vida está indissoluvelmente ligada, não existe sem o seu corpo. O argumento explora o antigo tema da luta entre a luz e a sombra, o pessimismo e a esperança, dando-lhe um sentido simbólico – muito atual para os tempos difíceis que a Rússia vivia quando a ópera foi escrita – do desejo de libertação de todo poder despótico.

Isso não passou despercebido ao público do Solodóvnikov que assistiu à estréia, em 12 de dezembro de 1902. Curiosamente, essa ópera em um ato foi apresentada em programa duplo com a *Iolanta*, de Tchaikóvski, que Niklái dizia ser a ópera mais fraca de seu amigo. Mas elas funcionam muito bem juntas, pois ambas falam da luta contra a escuridão, para chegar à luz. A criação foi muito valorizada também pelo desempenho de Nadiêjda Zabiéla, esposa do pintor Vrúbel, que fez a princesa.

Intitulada "conto outonal", em oposição ao "conto primaveril" que é a *Sniegúrotchka*, a ópera passa-se num ambiente cinzento e depressivo, de alcance alegórico, pois reflete a realidade sombria vivida pela Rússia na fase final do regime monárquico. Kashtchêi já foi equacionado – principalmente pela crítica soviética – com o poder despótico do tsar; a Princesa Cativa, com o povo oprimido; e o Cavaleiro, com as forças revolucionárias latentes. Essa interpretação, na verdade, não é forçada, se se pensar que o compositor sempre teve atitudes políticas muito liberais.

Em 9 de janeiro de 1905, ocorreu o "Domingo Sangrento": as tropas imperiais massacraram mais de mil pessoas numa manifestação pacífica que, liderada pelo pope Gapón, tinha ido à residência de verão de Tsárskoie Seló, tentando falar com o tsar. Os populares tinham a certeza de que, se conseguissem ser ouvidos pelo "paizinho", este haveria de se compadecer de seu sofrimento. Só o soberano parece não ter-se dado conta da gravidade do que acontecera debaixo de suas janelas, como o demonstra a entrada em seu *Diário*: "Que dia penoso! Os soldados tiveram de atirar... Meu Deus, como tudo isso é difícil e triste. Mamãe chegou hoje. Fomos à missa e, depois, almoçamos todos juntos." A brutalidade com que essa passeata pacífica foi reprimida indignou todo o país. Rímski-Kórsakov ficou do lado dos estudantes do Conservatório que promoveram uma manifestação de protesto e, por isso, foram expulsos. O partido que ele tomou o fez ser excluído do Conservatório, onde ensinava desde 1871 – e isso provocou o pedido de demissão de boa parte do corpo docente.

Kashtchêi tinha sido programado, no Teatro Komissárjevski, de São Petersburgo, para 27 de março. Regido por Glazunóv, o espetáculo seria, oficiosamente, para arrecadar fundos e ajudar as famílias das vítimas do "Domigo Sangrento". Mas era também um desagravo ao compositor, injustiçado por ter agido de forma íntegra. Quando a récita terminou, a polícia teve de esvaziar a sala, onde os espectadores exaltados gritavam: "Abaixo a tirania!" Humildemente, o músico escreve:

> Só se pode explicar tal exagero de meus méritos e de minha pretensa coragem cívica pela agitação que reinava, então, em toda a sociedade russa. Dirigindo-se a mim, o que o público queria era expressar em voz alta o descontentamento acumulado contra o regime. De minha parte, o amor próprio não experimentava satisfação alguma. Esperava apenas que aquilo acabasse, mas a coisa ainda se arrastou por uns dois meses. [...] Minha situação era absurda e insuportável. A polícia mandou proibir a representação de minhas obras em São Petersburgo. Algumas *pompadours* de província a imitaram. Proibiram o terceiro Concerto Sinfônico Russo porque, no programa, havia a abertura da *Pskovitiánka*. No verão seguinte, começaram a esquecer essa proibição estúpida e minhas obras voltaram a aparecer em programas de concerto dos teatrinhos de subúrbio. Mas na província, os "censores" continuaram a achá-las revolucionárias por longo tempo.

Kashtchêi é a ópera mais contínua de Rímski-Kórsakov, graças a um comentário orquestral, de wagnerismos muito bem assimilados, que liga uma cena à outra criando um fluxo musical ininterrupto, ao qual se entrelaça o recitativo livre. Embrionária na *Noite de Natal*, essa tendência se acentuara em *Sadkó* e, aqui, é levada às suas conseqüências lógicas. De vez em quando, a declamação melódica se expande em ariosos ou em pequenas árias de temas belíssimos, como a sinistra "Canção de Ninar" com que a feiticeira faz seu pai adormecer. Mas as árias não têm repetições, são sempre curtas e evitam as cadências conclusivas para não criar rupturas no jorro instrumental e vocal.

Do ponto de vista do uso das tonalidades, das modulações de acentuado cromatismo, esta pequena ópera em três quadros é uma das composições mais modernas de Rímski-Kórsakov, evidenciando uma visão progressista de que ele não dera mostras, anos antes, ao rever as partituras de Dargomýjski, Mússorgski e Borodín. Ele próprio dizia que a escrita da ópera poderia funcionar como "uma tabela de todas as possibilidades harmônicas":

> Há falsas relações formadas pelo desenvolvimento das grandes terças, tons sutentados interiores, diversas falsas cadências interrompidas, com retorno a acordes dissonantes.

Não é de se espantar que até mesmo alunos do mestre, como Glazunóv e Liádov, tenham se espantado com suas ousadias. Liádov chegou a declarar que, em alguns momentos, a harmonia do *Kashtchêi* estava "errada" – comentário que, ironicamente, o próprio Kórsinka fizera, anos antes, a respeito das obras de seu companheiro de apartamento. Mas, em carta de 11 de janeiro de 1903 a Petróvski, Rímski-Kórsakov defendia-se da acusação de ter sido influenciado pelo modernismo francês – em especial o de Vincent d'Indy que, na verdade, está longe de poder ser considerado "subversivo".

> Nas obras do d'indysmo francês, há muitas modulações bruscas, como no *Kashtchêi*, mas nada tenho de comum com esse movimento. A diferença reside não apenas na natureza do ritmo como também na lógica dos encadeamentos, na presença invisível da tônica e no cuidado com que escrevo para as vozes. Influência, se existe, é como sempre a de Wagner: o trecho em que Kashtchêiev na afia a espada lembra a cena da forja, de *Siegfried*. E seu pai tem o mesmo timbre do Mime da *Tetralogia*. Isso sem falar nos *leitmotive*, que passam da voz para a orquestra, ou vice-versa, e servem de matéria-prima para o desenvolvimento do tecido sinfônico.

O de Kashtchêi é o desenho cromático com que a introdução se abre. Invertido, mas com um final de tom marcial, transforma-se no de sua filha. O da princesa é lírico, o de Ivan, heróico; o do Cavaleiro Tempestade, que os liberta, no final, um jorro de escalas cromáticas que sugerem sua natureza elementar. Como os temas do Príncipe e da Princesa são diatônicos, isso faz com que a oposição diatônico/cromático corresponda à oposição Bem/Mal.

Tanto assim que, depois de beber a poção mágica, o Príncipe perde seu *leitmotiv* e passa a expressar-se com um dos temas associados a Kashtchêievna. Esta ópera haveria de influenciar decisivamente um trabalho do aluno preferido de Nikolái Andrêievitch: o balé *O Pássaro de Fogo*, de Ígor Stravínski, que trabalha com a mesma lenda.

Além de Samosud (Melodya, 1948), também A. Tchistiákov (Chant du Monde, 1991) tem uma gravação do *Kashtchêi*. A primeira possui elenco visivelmente melhor – Gradôva, Kleshtchôva, e o grande Pavel Lisitsián; a segunda, uma técnica de som superior, que valoriza muito a escrita orquestral.

O entusiasmo que, nessa época, Rímski-Kórsakov vinha sentindo pela obra de Chopin, unido à lembrança saudosa das melodias polonesas que, quando menino, ouvia a mãe cantando, materializou-se, no ano seguinte, em uma homenagem. *Pan Voiévoda*, estreado no Conservatório de São Petersburgo, em 3 de outubro de 1904, passa-se na Polônia no século XVII. Por encomenda do compositor, Iúri Tiumiêniev escreveu "um libreto original que deveria ser dramático, sem coloração política e com participação limitada do elemento fantástico" (*Crônicas*). O resultado é um melodrama ultra-romântico que envolve feitiçaria, envenenamento e um complicado quadrilátero amoroso.

O voiévoda, governador de distrito, separa à força a pobre órfã Maria Oskólskaia de seu namorado, Boléslav Tchaplínski, pois deseja casar-se com ela. Mas a rica viúva Iadvíga Zapólskaia, ex-amante do governador, por ele desdenhada, pede ao feiticeiro Dorótcha que lhe forneça o veneno com o qual pretende matar Maria. E convence Olesnítski, um jovem que a ama, a ajudá-la a vingar-se do traidor. No dia da festa de casamento, surpresa pelo voiévoda no momento em que pretende envenenar a taça de Maria, Iadvíga lhe diz que veio avisá-lo da tentativa de Tchaplínski de atacar seu palácio para libertar a moça que ama. Tchaplínski é preso e o voiévoda decide mandar decapitá-lo antes da cerimônia. Olesnítski, porém, ouve-o conversando com Iadvíga e admitindo que, com ela, que ainda o ama, seria mais feliz do que com Maria, pois esta não

consegue esquecer o namorado. Olesnítski decide, então, livrar-se do rival, e é em sua taça, não na de Maria, que derrama o veneno. Tchaplínski é trazido para ser executado, o voiévoda bebe o vinho envenenado, ao vê-lo morto Iadvíga enlouquece, e Maria fica livre para desposar Boléslav.

O sentimentalismo desse dramalhão traduz-se num tratamento meloso e piegas do folclore polonês, conforme a visão errônea que se tem de que a música chopiniana é derramadamente emotiva. Alguns pastiches, como o intermezzo em forma de noturno, entre os atos I e II, são bem logrados. E é bonita uma página como a "Canção do Cisne", com acompanhamento ao alaúde, que Maria canta para os convidados do voiévoda, no ato III. As páginas mais convincentes são as que utilizam ritmos de dança poloneses: *krakowiak, kazaczok, mazurca, polonaise*. É interessante também o Prelúdio da ópera, em que se evoca a floresta na qual vai se passar o ato I, pois há nele elementos que anunciam o retrato da natureza que Rímski-Kórsakov fará em *Kítej*.

A ópera não teve sucesso: sete récitas no Conservatório; cinco em Varsóvia, no verão de 1905; seis no Bolshói, no fim desse ano, sob a regência de Rakhmáninov. Depois disso, têm sido raríssimas suas apresentações. Mesmo assim, Samosud gravou-a para a Melodya, em 1951. Esta é uma obra menor, de circunstância. A esta altura, porém, as energias criativas de Rímski-Kórsakov já estavam canalizadas para um projeto de grande porte, no qual vinha pensando desde 1899, e que resultará na mais bela de suas óperas.

A lenda da cidade que se tornou invisível para escapar dos invasores tártaros foi narrada no *Manuscrito de Kítej*, anônimo do século XIII; na *Bilina da Donzela Fevrônia e de Piótr Murômski*; e num romance de Pável Miélnikov-Pietchórski que trata dos "velhos crentes". Um fato histórico lhe serve de ponto de partida: em 1237, a Horda Dourada – o exército de Gengis Khan –, guiada por seu cunhado Batu Khan, atacou os principados russos do leste, dando início à dominação mongol. Dominação essa que só teria fim séculos depois, quando os tártaros foram expulsos pelo príncipe Aleksandr Niévski – episó-

Marianna Tcherkásskaia, a criadora do papel de Fevrônia, numa foto de 1907.

A Lenda da Cidade Invisível de Kítej na montagem de Harry Kupfer e Hans Schavernoch para a Komische Oper de Berlim, em 1996: a donzela Fevrônia (Miranda van Kralingen) e o traidor Gríshka (Günther Neumann) perdidos na floresta.

Kítej em Berlim (1996): o príncipe Iúri Vsiévolodovitch (Peter Rose) falando aos habitantes da cidade.

Kítej (Berlim, 1996): Fevrônia recebe flores da população de Kítej; o príncipe Iúri, ferido na batalha, é socorrido por Fiódor Poiárok (Andrzej Dobber).

dio descrito por Serguêi Eisenstéin no filme de 1939, para o qual Serguêi Prokófiev escreveu sua famosa trilha sonora, depois convertida numa cantata.

As personagens centrais do libreto de Vladímir Biélski, livremente tratadas, também são históricas. Trata-se de São Pedro de Murôm e Santa Fevrônia, canonizados pela Igreja Ortodoxa, que vê neles os padroeiros do casamento. As crônicas e bilinas dizem que Piótr Murômski, governador da cidade-livre de Murôm entre 1203-1228, casou-se com a camponesa Fevrônia, que cuidara dele durante grave doença. Os boiardos locais rejeitaram o casamento com uma plebéia e os expulsaram. Deus os puniu fazendo a cidade ser devastada pelo inimigo, e o povo acabou implorando a Piótr e Fevrônia que voltassem. Diz a tradição que o casal dedicou a vida à caridade, entrou para um mosteiro na velhice, e morreram ambos na mesma hora do dia 25 de junho de 1228 – data em que os ortodoxos comemoram a sua festa.

Com esses acontecimentos, em que realidade e lenda estão hoje intimamente entrelaçados, Biélski escreveu o texto da ópera que é a grande síntese das duas fontes principais de assunto para a ópera russa: o acervo legendário e os episódios históricos, a visão realista do passado russo e a evocação poética e fantasiosa de suas raízes culturais. Foi a primeira vez que se colocou, como protagonista de uma ópera, uma santa russo-ortodoxa. Mas libretista e compositor modificaram seus parâmetros espirituais, fazendo dela a porta-voz de um sistema ético e filosófico de caráter panteísta, que é fundamental para que se compreenda a própria estrutura semântica da obra. As figuras femininas idealizadas das óperas anteriores de Rímski-Kórsakov representavam o amor, a ternura, a fidelidade, o sofrimento causado pela paixão. Fevrônia, que enfrenta os poderes do mal e deles é vítima, assume caráter de redentora. Seu martírio purga o povo de suas dores num período de intensa convulsão histórica.

A colaboração entre poeta e músico, porém, esteve longe de ser fácil. Biélski desejava fazer de *Kítej* uma peça de idéias, com atmosfera feérica e personagens de recorte sublime, um texto estático, quase um oratório, em que as metáforas poéticas seriam mais importantes do que a ação. Homem de teatro realista e experimentado, Rímski-Kórsakov sabia que as belas teorias de Biélski, muitas delas bebidas no universo do *Anel*, não seriam suficientes para dar vida ao espetáculo no palco. "É preciso introduzir um pouco de realismo nessa sua 'ópera litúrgica', meu caro libretista, severo e cruel", escreveu-lhe na fase de gênese do libreto. A insistência de Nikolái Andrêievitch fez as cenas de movimento, que se alternam às de contemplação, romperem o caráter estático de oratório. Ainda assim, *Kítej* tem aspecto totalmente insólito se comparada às demais óperas russas contemporâneas – a começar pela língua em que é escrita, em que se misturam arcaísmos e expressões da língua popular e camponesa, em contraste com a modernidade melódica e harmônica da partitura. Um caráter insólito a que o público não deixou de reagir com perplexidade.

Skazânie o Nievídimom Grádie Kítejie i Diêvie Fievrônii (A Lenda da Cidade Invisível de Kítej e da Donzela Fevrônia) estreou em São Petersburgo, em 7 de fevereiro de 1907, com a companhia particular do príncipe Zeretelli. Para a apresentação do dia 20 no Maríinski, Konstantín Korovín e Apollinári Vaznietsóv tinham desenhado cenários e guarda-roupa suntuosos. E o diretor de teatro Vassíli Shkáfer se empenhara numa montagem cuidadíssima, embora com freqüência suas concepções esbarrassem na do compositor – que encarava Fevrônia de forma muito realista e não "uma criatura leve, etérea e incorpórea", como a queria o encenador. Mas a recepção do público, diante de ópera de caráter tão desusado, foi apenas polida. A densidade e o grau de elaboração dessa partitura fazem, de resto, com que até hoje não tenha adquirido, dentro do conjunto da obra de Rímski-Kórsakov, a popularidade que merece.

Fevrônia, moça de beleza incomparável, vive na floresta em companhia dos animais e das plantas. Ela se apaixona por um caçador, que encontra ferido, e de quem cuida. Ele é Vsiévolod, príncipe de Kítej, e pede-a em casamento. Na véspera das bodas, porém, os tártaros ocupam a cidade baixa de Kítej. Aterrorizado com a perspectiva de ser torturado, Gríshka Kutiermá, mendigo e beberrão, revela ao inimigo a passagem secreta para chegar ao outro lado do lago, onde estão as fortificações da cidade alta. Mas, para não ser acusado de traição, acusa Fevrônia de ter entregado a cidade; e os "cidadãos respeitáveis", que não vêem com bons olhos o casamento do príncipe e de uma plebéia, deixam que seja presa. Enquanto Fevrônia roga a Deus que proteja Kítej, Vsiévolod sai à frente de seus guerreiros contra os invasores, mas é derrotado e morre em combate.

Quando os chefes tártaros Bediái e Burundái chegam à beira do lago sagrado de Svietoiár, de onde se descortina a cidade alta, Deus atendeu às preces da donzela e seus muros desapareceram, envoltos em espessa bruma. Mas a imagem da fortaleza continua se refletindo invertida nas águas do lago. Os tártaros fogem assustados deixando Kutiermá para trás. Apesar de sua traição, Fevrônia o liberta e leva-o para a floresta. O medo e o remorso o fizeram perder a razão, e ele escapa deixando-a sozinha, quase morta de cansaço e de dor. Alkônost e Sirín, os dois Pássaros do Paraíso, surgem então para anunciar à moça que o momento de sua felicidade está próximo. A sombra de Vsiévolod aparece, ela se transfigura e tem uma visão, em que ambos voltam para o alto das muralhas de Kítej onde, aos olhos de todos os guerreiros mortos, trazidos de volta à vida pela bondade divina, a cerimônia de casamento, interrompida pela guerra, pode finalmente se realizar.

Leva-se, aqui, às últimas conseqüências o misticismo pagão que estava presente em todas as óperas de tema legendário, da *Noite de Maio* a *Kashtchêi o Imortal*. O paganismo, a religião panteísta do colóquio com a Natureza impregnam *Kítej*. A donzela Fevrônia vive em harmonia com as plantas e os animais, e é a interação que tem com o mundo à sua volta que a leva a obter da divindade – identificada com a própria Natureza – que atenda a seu pedido e faça a cidade desaparecer. Quando a sombra de Vsiévolod, morto na batalha, lhe estende um pedaço de pão – símbolo da comunhão –, ela o oferece primeiro aos pássaros, num gesto de partilha da sua beatitude com todos os seres vivos.

Essa atmosfera mística, que paira sobre a ópera, sempre incomodou muito à crítica soviética, que tentou ver nela um mero artifício artístico. Até mesmo um contemporâneo do compositor, como V. V. Iástrebtsev, já afinado com o pensamento materialista, afirmou, em *My Recollections of Rimsky-Korsakov*:

> A ideologia cristã de Kítej não significa que ele tivesse trocado o racionalismo de toda uma vida pelo Cristianismo. [...] Nunca houve, neste mundo, ninguém mais incrédulo do fantástico e do sobrenatural, e essa afinidade é puramente estética.

Se se pensa, entretanto, na importância que as lendas e a relação com a Natureza tiveram para o autor da *Sniegúrotchka*, percebe-se que esse propalado racionalismo sempre foi temperado por um forte ingrediente panteísta que, aqui, chega a seu ponto culminante. Porém, o entranhado misticismo da obra sempre causou desconforto após a Revolução e, durante o stalinismo, foi uma vez mais a Serguêi Gorodiétski – o revisor de *A Vida pelo Tsar* – que se encomendou uma nova versão do libreto, centrado na luta do povo russo pela sua independência. A cidade deixa de tornar-se invisível: ela é apenas envolta por uma bruma espessa que desorienta os tártaros, derrotados pela coragem e a superioridade numérica dos soldados russos. Gorodiétski dá também à história um final feliz conforme o otimismo obrigatório do Realismo Socialista: Fevrônia cura Vsiévolod das feridas que ele recebeu na batalha e eles se casam de verdade. Ou como diz Kadja Grönke no ensaio de apresentação do álbum Philips, com a gravação de Valiéry Guérguiev: "Toda a ambivalência da dramaturgia de Rímski-Kórsakov cai na platitude de um melodrama patriótico banal e insípido."

Fevrônia pertence à linhagem da Miranda shakespeariana na *Tempestade*; das Blumenmädchen wagnerianas no *Parsifal*; da Mélisande de Maeterlinck-Debussy; e da Ariane de Maeterlinck-Paul Dukas. Coincide com aquela idealização da figura feminina que, na transição do século XIX para o XX, encontramos na pintura de pré-rafaelitas ingleses como sir Edward Burne-Jones; na poesia de Oscar Wilde ou Gabriele d'Annunzio; nos romances esteticistas de decadentistas como Joris-Karl Huysmans; ou nas volutas sinuosas com que Alois Mucha, em seus cartazes *Art nouveau*, desenha o dilúvio dourado das cabeleiras que emolduram o rosto de suas modelos.

Kítej é a última manifestação, depurada pela nobreza estilística da maturidade, da vertente romântica na personalidade de Rímski-Kórsakov, enraizada na tradição de Glinka e Púshkin. É o último produto de uma sensibilidade formada sob a influência artística da primeira metade do século XIX. Mas, momento em que surge, não soa ultrapassado, porque põe-se perfeitamente em sintonia, do ponto de vista literário e da escrita musical, com o renascimento neo-romântico que já está percorrendo toda a Europa, produzindo obras como a *Turandot*, de Puccini, ou *A Mulher sem Sombra*, de Richard Strauss; a *Parisina*, de Mascagni ou *Die Gezeichnet*, de Franz Schrecker. É a obra de um homem de sessenta anos que passou por fases alternadas de inspiração e esterilidade mas que, no momento em que deveria estar declinando, experimenta seu "Indian summer", um surpreendente surto final de criatividade.

Já não se pode mais falar de influências a essa altura. O que existe são citações deliberadas, um consciente processo de recapitulação de tudo aquilo que, ao longo de sua vida musical, lhe foi caro, incomodou-o, perturbou-o, ajudou-o a formar-se como artista. Para começar, o repositório das melodias populares russas e dos cânticos religiosos, buscados conscientemente na fonte original, como a forma de criar exata cor local, ou recriadas no mesmo estilo. O caráter estásico, de oratório, de algumas passagens, não deixa de lembrar as "óperas bíblicas" de Rubinstéin – só que com uma intensidade lírica que o autor do *Demônio* nunca conseguiu ter. De Glinka, há a técnica de caracterização das personagens populares, no ato II, que se passa no mercado da cidade baixa e, começando com o colorido cortejo nupcial, a que não faltam nem mesmo um domador de urso e um bardo tocando a sua gusla, termina com a cena aterradora da chegada dos tártaros. A amplitude épica bebe na fonte do *Kniáz Ígor*, assim como são do *Borís* os sinos fantasmagóricos que soam quando o milagre se produz e a cidade fica invisível, ou a cena do delírio de Kutiermá, perseguido pelo arrependimento. O ataque dos tártaros, no interlúdio sinfônico *A Batalha de Kerjênets*, ecoa a cavalgada dos polovitsianos no *Príncipe Ígor*, bem como o interlúdio do *Mazeppa* de Tchaikóvski. Dargo-

mýjski e Mússorgski deixam sua impressão digital na forma espontânea como se organizam os recitativos. Em suma – nunca é demais insistir nessa idéia – *Kítej* constitui uma ampla síntese não só da dramaturgia de seu autor mas de todo o percurso da ópera russa desde Glinka.

Mas a presença mais imponente, uma vez mais, é a de Wagner, a quem Rímski-Kórsakov sempre admirou com a discrição que deveria ter um membro da escola nacionalista. A atração pelo Wagner do *Parsifal* faz-se sentir no misticismo que impregna a narrativa; e no complexo sistema de *leitmotive* instrumentais e vocais mobilizado para evocar os tártaros, os russos, a cidade de Kítej e o amor de Vsiévolod por Fevrônia. A música não "soa" wagneriana, mas sentimos que Rímski-Kórsakov lembra-se dos "Murmúrios da Floresta" do *Siegfried* ao escrever o Prelúdio do ato I. E o interlúdio sinfônico descrevendo os amantes que andam na floresta, em direção à cidade, inspirou-se na "Música da Transformação" com que Wagner mostra Gurnemanz e Parsifal caminhando em direção ao santuário de Montsalvat.

O caráter místico da ação, os andamentos lentos e solenes, a ambientação a meio caminho entre a realidade e o sobrenatural fizeram, como já dissemos, que *Kítej* fosse chamada de "o *Parsifal* russo". Mas há uma diferença fundamental entre elas. O universo do "festival sagrado" wagneriano é brumoso, sombrio, marcado pelo sentimento de culpa em relação ao pecado, pela necessidade de expiação e renúncia, por uma religiosidade, em suma, muito torturada. O drama russo, ao contrário, é luminoso, extrovertido, extasiado com a irrefreável alegria de viver em harmonia com a Natureza.

Essa expansão emocional traduz-se, inclusive, na forma ampla das cenas, que se articulam em grandes blocos de construção inteiramente livre, com recitativos que evoluem constantemente para o arioso, mas sem nunca formar números estanques. O ato I é formado por três grandes cenas que têm Fevrônia como o centro da atenção: a donzela sozinha, depois em companhia de Vsiévolod e, em seguida, com os caçadores que vêm buscá-lo. O II opõe duas cenas de caráter antagônico, separadas por um brusco crescendo de 93 compassos: a do cortejo nupcial e dos festejos na cidade baixa, em forma de rondó, contrastando com a violência do ataque tártaro. O primeiro quadro do ato III constrói-se sobre uma série de reprises do material temático do ato precedente; o segundo tem forma inteiramente livre e material novo; entre eles, situa-se a descrição sinfônica da batalha. Inversamente, é novo o material do monólogo de Fevrônia em IV, 1 e, depois do interlúdio vocal-instrumental que a descreve andando com o príncipe rumo à cidade alta, IV,2 é uma vasta recapitulação de todas as melodias da ópera.

Esses quadros são interligados por intermezzos sinfônicos, embora sem a sistemática continuidade do *Kashtchêi*, pois há eventuais cadências conclusivas que sinalizam as junções dos blocos cênicos, como se fossem movimentos sinfônicos de grandes proporções. A música dos tártaros não tem um sabor nitidamente oriental, como seria de se esperar; mas eles são caracterizados por uma melancólica canção folclórica russa ligada ao ciclo dos lamentos pelo cativeiro sob o invasor. A ele opõe-se o tema do exército de Vsiévolod e os dois vão "combater" no interlúdio que descreve a batalha. Pares de temas evocam a cidade alta e a cidade baixa (ao primeiro pertence o tema "mussorgskiano" dos sinos) e os quatro conjugam-se para formar o grandioso *tutti* final. Uma outra família de motivos é a dos que estão ligados à floresta: um deles se desenvolve e transforma-se no tema de Fevrônia.

Além dos *leitmotive*, Rímski-Kórsakov utilizou também as *leitharmonien*, caracterizando Vsiévolod com uma escala cromática que é ascendente nos instrumentos agudos e descendente nos graves; e usando intervalos de quinta para retratar o príncipe Iúri, seu pai. Há também temas recorrentes com a função mais livre de apenas relembrar situações anteriores – a melodia do coro dos mendigos, do ato II, volta no III quando os habitantes da cidade alta rezam pedindo a proteção de Deus. Ou então com a função de anunciar episódios futuros: no monólogo de Fevrônia, no ato I, já há pressentimentos do que ocorrerá com ela durante a invasão. Como na *Sniegúrotchka*, todos esses *leitmotive* ou temas recorrentes são também vocais, e não apenas orquestrais. Diz Rubens Tedeschi, a respeito da *Cidade Invisível de Kítej*:

Com essa ópera, a lenta evolução da arte de Rímski-Kórsakov chega à maturidade. Terminou a longa batalha com a sombra de Mússorgski, com a necessidade de seguir modelos que não podiam ser imitados. Depositário dos tesouros da escola nacionalista, revisor de Dargomýjski, de Borodín e do próprio Mússorgski, Rímski-Kórsakov tornou-se o herdeiro de todos eles: infiel, dirá a posteridade, mas sempre legítimo. Em *Kítej*, finalmente, ele utiliza com toda a liberdade o patrimônio de família do Grupo dos Cinco: a fusão do *rússkoie slôvo* (a palavra russa) com a "melodia motivada pelo significado", que era o ideal de Mússorgski; a construção simultânea de personagens nobres e populares; a estrutura fantasiosa de balada, cujos fios russos e orientais entrelaçam-se num tecido suntuosamente policrômico.

De *Kítej*, existem quatro gravações. A de V. Niebólssin (c. 1950), com a versão do libreto revista por Gorodiétski, documenta o canto de Rojdénstvenskaia, Tárkhov e Petróv. Na de I. Svetlánov (1983), mais fiel ao original, a donzela Fevrônia é feita por Galina Kalínina – que, em setembro de 1995, cantou Tatiana na primeira apresentação de *Ievguêni Oniéguin* no Teatro Municipal de São Paulo. A de V. Fedossêiev, ao vivo no Festival de Bregenz, em 1995 (Koch-Schwann), é com I. Prókina e S. Náida. Todas elas contêm amplos cortes. A mais completa – e também a mais satisfatória do ponto de vista musical e teatral – é a de Valiéry Guérguiev, gravada ao vivo em São Petersburgo durante o Festival Rímski-Kórsakov, em fevereiro de 1994. Lançada pela Philips em 1999, ela é um dos pontos altos na série que o Kírov-Maríinski dedicou ao resgate dos grandes títulos da ópera russa.

Os anos seguintes vão ser extremamente difíceis. A Guerra Russo-japonesa, iniciada em 8 de fevereiro de 1904, termina com a destruição da frota russa e a humilhante rendição de Port Arthur, em 2 de janeiro do ano seguinte. Essa derrota, agravada pelo desvantajoso tratado de paz que a Rússia é obrigada a assinar em 5 de setembro, põe a nu o atraso de um Estado feudal, dominado por uma aristocracia retrógrada, que se fecha à modernização. E cria o sentimento de insatisfação que desencadeia o levante de 1905. Uma semana depois de Port Arthur, há o "Domingo Sangrento". E a indignação que esse episódio suscita em todo o país, explode em greves, manifestações, passeatas e motins como o da guarnição do navio *Krônshtadt*, ou o do porto de Odessa, que Eisenstéin celebrizou em seu filme *Bronienôssiets Potiômkin* (O Couraçado Potiômkin, 1925).

Quando Bernhard, o diretor do Conservatório de Moscou, chamou a polícia para fechar o grêmio estudantil, Rímski-Kórsakov protestou energicamente em uma carta aberta publicada, em 6 de março, no jornal liberal *Rossía*, em que, além de fazer críticas, propôs reformas. Em conseqüência dessa carta, a escola foi fechada pela polícia, mais de cem alunos foram expulsos, e o venerável compositor, demitido de seu cargo de professor, renunciou também ao de sócio honorário da Sociedade Musical Russa. Entre os professores que se demitiram, em solidariedade, estavam Serguêi Tanêiev, Anatól Liádov, Aleksandr Glazunóv e Aleksandr Verjbilóvitch.

Nikolái Andrêievitch regeu concertos em benefícios dos operários em greve e dos desempregados, e continuou a dar aulas em casa, pois recusava-se a abandonar os alunos contestadores que tinham sido desligados da escola. Com isso, passou a ter sérios problemas com a censura imperial. Desgostoso, cansado, profundamente deprimido, abandonou o projeto de um *Stiênka Rázin* iniciado com Biélski, e tampouco levou adiante, em 1906, a idéia de uma ópera-oratório inspirada em *O Céu e a Terra*, de lord Byron que, em 1900, já tinha sido musicado por Reinhold Glière.

Stênka Razín seria uma ópera em um ato, dividida em três cenas: a decisão do líder camponês de organizar os servos na revolta contra os boiardos; a luta vitoriosa contra Prozoróvski, o voiévoda da região; e a partida de Rázin para Moscou (onde acabará sendo preso e executado). Desse projeto sobrou apenas uma peça para orquestra e coro *ad libitum* baseada na *Dubinútchka*, do folclore camponês, que o compositor pretendia utilizar na partitura. Divergências de concepção com Biélski e também a consciência de que, para um tema assim, faltava-lhe o fôlego épico de Mússorgski ou Borodín, contribuíram para fazê-lo desistir da idéia.

Nesse meio tempo, após a greve geral de outubro de 1905, o tsar teve de ceder, concordando com a convocação da *Duma* (o Parlamento), integrada por representantes de todas as classes sociais, encarregada de discutir e votar leis que garantissem as liberdades civis.

Mas a rejeição, pelo governo, da exigência dos radicais de que fosse imediatamente eleita, por sufrágio universal, uma Assembléia Constituinte soberana, provocou a rebelião de dezembro, em Moscou, afogada em sangue. As liberdades concedidas pelo decreto imperial de 17 de outubro foram canceladas. Tinha sido posta em marcha a engrenagem que, em 1917, levaria à Revolução.

"Suspeitei ter chegado a hora de deixar a pena; [...] preocupava-me a idéia de que nunca mais haveria de compor; [...] horrorizava-me a idéia de chegar à situação do cantor que perdeu a voz" – frases desse tipo são comuns nos escritos autobiográficos do compositor, nessa fase. E no entanto, os acontecimentos políticos, os dissabores pessoais, as posições liberais assumidas nesses dias tormentosos, a indignação com o processo de desagregação a que o totalitarismo estava submetendo o país não só o fizeram voltar a trabalhar, como condicionaram a escolha do tema e do tipo de música de sua última ópera, cujo conteúdo contestador já tinha sido de certa forma antecipado pelo *Kashtchêi*.

Infelizmente, Rímski-Kórsakov nunca veria a encenação de *Zolotôi Petushôk* (O Galo de Ouro), que Biélski adaptou de um dos mais satíricos poemas narrativos de Aleksandr Púshkin, escrito em 1834. As autoridades não lhe tiravam mais os olhos de cima. O censor de São Petersburgo queria cortar 45 versos, o que ele recusou. Após intervenção de Ivan Tieliakóvski, diretor dos Teatros Imperiais, o censor concordou em reduzir os cortes de forma aceitável para o compositor. Mas o chefe de polícia de Moscou proibiu a execução da ópera. E o da capital, para não desautorizá-lo, teve de retirar a permissão já concedida. A irritação agravou o estado de saúde de Rímski-Kórsakov: após quatro ataques de angina, ele morreu, em 8 de agosto de 1908.

O Galo de Ouro só pôde estrear em 11 de setembro de 1909, no Solodóvnikov, num espetáculo privado da companhia Zimín. O cenógrafo Ivan Bilíbin entendeu perfeitamente as intenções satíricas da obra: o cartaz, em que o rei Dodôn surge, pensando em anexar a Lua a seus domínios, é uma referência clara à política expansionista do império. No final da primeira récita, *O Galo de Ouro* já estava firmemente ancorado no repertório básico dos teatros de ópera russos.

Os censores não deixavam de ter razão. O reino adormecido do rei Dodôn é uma sátira devastadora à Rússia estagnada, mal governada e cercada de inimigos, cujas rédeas escapavam das mãos de Nicolau II. Dodôn é, para Rímski-Kórsakov, uma caricatura cruel do último tsar, assim como, para Púshkin, o tinha sido de Nicolau I: um soberano incompetente, inseguro, que fecha os olhos ao declínio galopante da monarquia e responde aos protestos com uma cega repressão que só gera mais revolta. O fato de a *skazka* (narrativa) pushkiniana ser muito curta foi benéfica, pois abriu espaço para que Biélski e o compositor acrescentassem idéias novas e atualizadas. O trecho, por exemplo, em que Dodôn pergunta o que significa a palavra *zakôn* (lei). Ou o comentário dos escravos da rainha, no final do ato II, de que ele é um tsar pela roupa e a linhagem, mas um escravo no corpo e na alma.

No prólogo, aparece o Astrólogo para advertir o público de que a história a que vai assistir é fictícia mas, nem por isso, deixa de ter um significado oculto. Em seguida, o vemos oferecendo ao rei Dodôn um galo encantado que o ajudará a manter em segurança as fronteiras do reino. Quando o galo canta, avisando que o país está em perigo, Dodôn manda seus filhos, Gvidón e Afrón, à frente de seus exércitos, para combater os agressores – e volta a dormir tranqüilo. Mas o galo torna a cantar e ele próprio, muito a contragosto, é obrigado a partir em campanha.

Ao encontrar os corpos dos dois filhos, num campo juncado de cadáveres, descobre que eles se mataram num duelo. Nisso, surge diante dele a sedutora rainha de Shemákha, que lhe diz ter vindo para conquistar os seus domínios. Inteiramente rendido à graça e à beleza da estrangeira, ele lhe propõe casamento. Quando o cortejo nupcial entra na capital, o Astrólogo que, ao lhe dar o galo, dissera-lhe que mais tarde estipularia o pagamento, vem pedir a recompensa desejada: a mão da rainha de Shemákha. Dodôn recusa e mata-o batendo-lhe com o cetro. O galo vem voando de seu poleiro e, com uma bicada certeira no topo do crânio, mata o rei. No epílogo, o Astrólogo reaparece para dizer ao público que não se preocupe, pois apenas ele e a rainha são personagens reais; os outros não passam de meras máscaras de comédia.

De estrutura contínua, o desenvolvimento músico-dramático do *Galo de Ouro* não sofre interrupções. Esta é uma forma que, desde *Kashtchêi*, o compositor aprendeu a empregar com absoluta desenvoltura. A ópera constrói-se sobre a oposição entre o mundo real do rei Dodôn, descrito de forma tão grotesca que parece irreal, e o mundo fantástico do Astrólogo e da rainha de Shemákha que, comparado ao absurdo da realidade, é quase concreto e palpável. A música tipicamente russa com que se descreve o reino de Dodôn contrapõe, a um acompanhamento sinfônico elaborado, um recitativo (ou semi-recitativo) propositalmente monótono, como a forma de sugerir a pobreza de espírito dos cortesãos.

A passividade dos boiardos é tamanha que eles não possuem meios próprios de expressão: ao falar, usam fragmentos do tema de Dodôn que, por si só, já é de uma desconcertante banalidade. O único a ter um tema cromático independente é o general Polkán, conselheiro do rei, a derradeira pessoa, no reino, a ter um pouquinho de bom senso – e que, por isso mesmo, nunca é ouvida. No outro extremo, o universo fantástico é idealizado. Sua música, de inspiração oriental, desfia cantilenas exóticas, saturadamente cromáticas, com linhas muito sinuosas, moldadas na "escala cigana" (pentatônica). O Astrólogo e a Rainha que, como ele próprio diz, são as únicas pessoas reais, têm *leitmotive* próprios. O da Rainha já se faz ouvir, misturado à música do Astrólogo, desde o ato I, como uma forma de sugerir sutilmente a conexão que há entre eles.

Os acordes arpejados, sem relação uns com os outros, que o *glockenspiel* e a harpa tocam em seu registro mais agudo, unem-se ao registro de tenor característico do Astrólogo para enfatizar o caráter insólito dessa personagem "real". O Galo também tem dois temas que são um o inverso do outro: o primeiro serve para indicar que "tudo vai bem", o segundo, que "tudo vai mal". Na caracterização das personagens, volta a ser usada a técnica do *leit-timbre*: clarineta e oboé para a rainha; harpa, sinos, madeiras, cordas em *pizzicato* para o As-

Cena da montagem de Tim Hopkins e Anthony Baker, do *Galo de Ouro*, para o Covent Garden de Londres, em 1998.

Desenho de cenário de Ludolph Liebert para uma encenação do *Galo de Ouro* na Ópera de Riga, em 1928.

Galo de Ouro no Hélikon Teatr de Moscou, em 1990; montagem de Dmitri Bértman, Ígor Niêjny e Tatiana Tulubiêva: o rei Dodôn (Mikhail Gújov) recebe o galo de presente.

trólogo; trompete para o Galo, e assim por diante. Todo o material melódico é apresentado nos dois primeiros atos. No III, em que toda a história já foi contada, Rímski-Kórsakov limita-se a reutilizar os temas existentes em permutas intermináveis.

A ironia que há no texto encontra seu equivalente musical na forma como alguns temas são citados fora de seu contexto original, o que lhes confere um sentido humorístico. A marcha com que o rei Dodôn vai para a guerra baseia-se numa antiga canção dos *skomorókhi*, familiar para o público da época. A intervenção do príncipe Afrôn, propondo que mandem os soldados de volta para casa – uma decisão covarde – é a paródia de uma das árias mais heróicas de Ruslán, na ópera de Glinka. A canção de ninar que Amelfa, a ama, canta para Dodôn, que só pensa em dormir sem se preocupar em saber se a nação está em risco, é uma distorção parodística da marcha militar de Schubert. O tema do monólogo de Dodôn, no ato II, é tirado de uma canção de folclore urbano em que se diz: "Onde está você, canarinho? – No cais da Fontanka, enchendo a cara de vodca." Para o público, que conhecia muito bem a canção, o efeito deve ter sido hilariante.

Ao contrário das obras de juventude, que refletiam seus ideais e esperanças, *O Galo de Ouro* é a obra amarga de um homem que chegou aos 63 anos desiludido, traumatizado com os acontecimentos de 1905, frustrado com a falta de perspectivas imediatas de seu país. *Kítej* tinha um final apoteótico e luminoso. O *Galo* encerra-se com a sensação da total falta de perspectiva. Onde a desesperança de Nikolái Andrêievitch fica mais patente é no retrato que faz do povo, massa amorfa, submissa, ignorante, sem vontade própria e sem capacidade de reagir. Um povo que, no ato I, admite servilmente "nós te pertencemos de corpo e alma" e, no III, ao ver-se livre do tirano, lamenta-se, desacorçoado: "Como é que vamos fazer agora, sem o nosso tsar?" Não é de admirar que só as duas figuras mais fantasiosas, o Astrólogo e a rainha, sejam "reais" – afinal, elas simbolizam a Beleza, a Imaginação, a Arte, o Sonho Criador que ainda resiste ao absurdo. O resto não passa de "delírio, ilusão, futilidade, pálida visão", como diz o Astrólogo no Epílogo. E essa é uma conclusão amarga, pois a criação

artística, por mais perene que seja, parece a essa altura impotente para mudar a realidade.

Na orquestração também há recursos visando ao efeito cômico. Como de hábito, ela é cintilante, suntuosa. Mas torna-se grotescamente derramada em passos como a marcha do rei Dodôn, que mal consegue se equilibrar em cima de seu cavalo; na cena da "vitória", no fim do ato II; ou no cortejo nupcial, ao iniciar-se o III. Inversamente, no plano da fantasia, leveza e transparência predominam. Isso é especialmente verdade no acompanhamento à música da rainha de Shemákha, sobretudo em sua grande ária do ato II, que resgata, de forma perfeitamente atualizada, em termos de linguagem musical, a gloriosa tradição belcantística da ornamentação acrobática. Numa época em que a coloratura andava desdenhada pelos compositores, essa ária é uma digna companheira para a cena de Zerbinetta, na *Ariadne auf Naxos*, de Richard Strauss.

A gravação pirata da BJRS, regida por Julius Rudel, é muito interessante devido à excepcional interpretação de Beverly Sills como a rainha de Shemákha, e de Norman Treigle como o rei Dodôn, em que pesem a deficiente qualidade da tomada de som e o fato de a ópera ser cantada em inglês. A gravação russa, de 1964, regida a quatro mãos por Aleksêi Kovalióv e Ievguêni Akúlov – sem que o álbum explique quem faz o quê –, foi lançada no Ocidente pela Westminster. Mais recente, e com melhor qualidade de som, é a da Capriccio, feita na Bulgária, sob a regência de Dímiter Manólov. Há também dois vídeos: o de um espetáculo no Reggio de Turim, em 1986 (Paolo Washington, Luciana Serra/Humburg); e o que documenta a excursão de 1989 do Bolshói a Tóquio, regido por I. Svetlánov. É de se lamentar que nenhum dos álbuns citados traga o texto da ópera, essencial para que se possa apreciar determinadas ironias do libreto.

Angulosa e incisiva, com um econômico desenho de frases, a música do *Galo de Ouro* rompe com a própria maneira korsakoviana. Se a de *Kítej* era uma grande síntese, a do *Petushôk* é um recomeço, abrindo as portas de uma nova fase, que a morte do compositor impediu de se concretizar. *O Galo de Ouro* retoma e revigora as linhas de nacionalismo e de recusa do conservadorismo que havia em Glinka, Dargomýjski e Mússorgski. E forma o elo de ligação entre a geração da *Mogútchaia Kútchka* e a ironia, o sarcasmo que vai permear os compositores da nova geração da escola russa, no século XX: o Stravínski da *Mavra* e do *Rouxinol*; o Prokófiev do *Jogador*, do *Amor de Três Laranjas* e das *Bodas no Convento*; o Shostakóvitch do *Nariz*, da *Lady Macbeth do Distrito de Mtsensk* e do irreverente musical *Moskvá: Tcheriomúshki*; o Rodiôn Shtchédrin das *Almas Mortas*; ou o Alfred Shnittke da virulenta sátira anti-soviética *Minha Vida com um Idiota*.

Num sentido mais amplo ainda, *O Galo de Ouro* é a ópera de uma época em que a Europa já está a braços com contradições políticas que a fazem encaminhar-se a passos largos para a I Guerra Mundial; com contradições ideológicas que estão fazendo entrar em processo de superação os antigos regimes absolutistas; com contradições estéticas que fazem com que as tendências pós-românticas – Simbolismo, Decadentismo, *Art nouveau* – já tenham dentro de si o germe de idéias novas que, em breve, germinarão numa série de "ismos" contestadores: Expressionismo, Cubismo, Dadaísmo, Surrealismo, Dodecafonismo, Serialismo, a lista é interminável...

À sua maneira, finalmente, a última ópera de Nikolái Andrêievitch Rímski-Kórsakov sintetiza muito bem as próprias contradições de um artista que foi liberal e antitsarista em política; ateu e racionalista em filosofia, mas profundamente atraído pelo panteísmo e o sobrenatural; nacionalista em música e, quanto à prática estética, sempre hesitante entre a vanguarda e o conservadorismo.

O Início do Século XX

No período que vai do final do século XIX aos anos imediatamente posteriores à Revolução, outra força vem juntar-se à do duplo influxo que o Romantismo tardio e cosmopolita de Tchaikóvski e o nacionalismo multifacetado dos Cinco exerciam sobre a nova geração de compositores: a do Impressionismo, que se desenvolvia na França em torno da figura de Claude-Achille Debussy. O início do século XX é, para a Rússia, uma época de desastres em seqüência: o desmantelamento da frota nacional na Guerra Russojaponesa, o motim do couraçado *Potiômkin*, as inúmeras greves, o massacre do Palácio de Inverno. À necessidade urgente de reformas políticas e sociais, reclamadas por todos os intelectuais, juntava-se a consciência dos artistas de que eram urgentes também as reformas estéticas. E nada apontava mais o caminho para isso do que o *Pelléas et Mélisande*, do qual Rímski-Kórsakov dissera, após assisti-lo em Paris, em 1907:

> Não quero nem saber dessa música, de medo de um dia chegar à conclusão de que gosto dela.

As repercussões da estréia da peça de Maeterlinck em Paris (1892) tinham ajudado a disseminar, na Rússia, as teorias simbolistas, voltadas prioritariamente para os objetivos estéticos, ao contrário da literatura da segunda metade do século XX, em que predominavam a dimensão social e o nacionalismo eslavo.

No mesmo ano do *Pelléas*, Dmitri Merejkóvski pronunciava a conferência "As Causas da Decadência na Literatura", na qual enunciava princípios filosóficos e estéticos que se concretizariam na poesia de Valiéri Briússov – cujo *Ogniénnyi Ángel* (O Anjo de Fogo) inspiraria, mais tarde, a ópera de Prokófiev. A preocupação simbolista com a correspondência entre as artes, que devem unir-se para formar uma "obra total", manifesta-se nas preocupações sinestésicas de Skriábin (ou, na vizinha Lituânia, na obra do compositor nacional Mikolaj Ciurlionis, que era músico e pintor, e criava na confluência das duas linguagens).

A reação ao Realismo entranhado dos anos 1860-1870 explica, portanto, a adesão dos músicos russos ao debussysmo. Ao fazê-lo, de resto, eles retomam, por um curioso mecanismo de retorno, o que a escola francesa recebera de seu país – pois sabemos o quanto Debussy fora influenciado por Dargomýjski, Mússorgski e Borodín. Os artistas em cuja obra o Impressionismo deixa marcas mais nítidas são Vassilienko, Rébikov e Akimenko.

Em esferas próximas, evoluem os modernistas – Skriábin, Vyshniegrádski, Roslániets, Obukhóv – e os futuristas: Matiúshin e Golytchóv. Vizinhos a eles situam-se Sats e Érenberg, cuja contestação consiste em satirizar as formas do passado, parodiando-as com a mesma virulência com que, na poesia, um iconoclasta como Daniíl Kharms demolia os mitos mais sacrossantos.

Esses vanguardistas convivem com diversos tradicionalistas, basicamente herdeiros do academicismo da Escola Cosmopolita mas, com freqüência, apresentando características e interesses que os ligam também ao Grupo dos Cinco. O mais importante desses tradicionalistas é Rakhmáninov. Skriábin e ele são, dentre os músicos russos estudados neste capítulo, os únicos a desfrutar de popularidade no Ocidente. Por esse motivo, a sua obra merece ser tratada num capítulo à parte, com o qual se encerra este volume. São aqui mencionados também os demais representantes da tendência conservadora: de Blarambérg (*1841) a Orânski (*1899), este capítulo reúne nomes de músicos de menor porte, nascidos ainda dentro do século XIX.

Antes, porém, de falar desses últimos representantes da ópera ligada à Rússia monárquica, é necessário que tenhamos uma idéia da atividade teatral no país nos anos que precederam a Revolução e se seguiram imediatamente a ela – ou seja, enquanto ainda persistiam características típicas de um período anterior que, com a ascensão bolchevique, seriam aos poucos modificadas ou substituídas.

A Vida Teatral e Musical

Na virada do século, São Petersburgo contava com o Teatro Maríinski, administrado pelo Estado, e o da companhia particular Meï-Figner – ao qual viria juntar-se, em 1912, o Teatro de Drama Musical. Em Moscou, funcionavam o Bolshói (estatal), o teatro do empresário Zimín, e a Casa Popular. De Kíev e Tíflis partiam as companhias itinerantes que visitavam Odessa, Khárkov, Sarátov, Iekaterinemburgo, Kazán, Perm ou Níjni-Nóvgorod. Para esses teatros, trabalhavam regentes respeitáveis: Liev Shtéinberg, Árii Pazóvski, Ivan Paliashvíli e Emil Kúper (que, tendo emigrado em 1925 para os EUA, ali ficou conhecido como Emil Cooper, com o sobrenome grafado à inglesa).

Embora a qualidade dos corpos estáveis provincianos deixasse a desejar, nesses teatros formaram-se muitos nomes que, depois, fizeram carreira em Moscou ou na capital. Mas as condições de funcionamento dos teatros, num momento em que a situação econômica do país era crítica, permaneciam muito precárias. Para sobreviver, as salas que não contavam com subvenções do Estado tinham de atrair o público com um grande número de espetáculos, ainda que montados de forma não raro medíocre. Assim é que, em 1915, a Ópera de Perm teve uma temporada com 36 títulos (a título de comparação: em 1907-1908, o Maríinski montara 30 e o Bolshói, 23).

A importância atribuída aos elementos cênicos era cada vez maior. Grandes diretores de teatro falado passaram a ser convidados para assinar espetáculos que, antes, eram encenados pelo *régisseur* da casa. O Maríinski contratou Meyerhold; o Zimín chamou Komissarjévski; no Teatro do Espelho Deformante, o modernista Ievrêinov fazia montagens polêmicas; e foram muito discutidas também as encenações de Sanín, Lapítski, Shkáfer, Oliênin e Lóski, todos eles formados na escola do grande mestre Stanislávski. Por outro lado, os principais pintores da época – Vaznietsóv, Vrúbel, Korovín, Seróv, Polienóv, Levitán, Golovín, Bilíbin, Benois, Bakst – foram convocados para colaborar na cenografia; e alguns deles, tendo emigrado, farão sucesso, posteriormente, no Ocidente.

Os teatros estatais mantinham um repertório mais ou menos estável – com a exceção de que as óperas de Mússorgski, antes negligenciadas, agora eram representadas com freqüência. Já os privados eram obrigados a variar seus títulos, tanto nacionais quanto estrangeiros. Puccini, Richard Strauss e Debussy eram muito apreciados. Algumas óperas hoje esquecidas – como o *Quo Vadis?* do francês Jean Nouguès – estavam na moda. E Wagner era um dos autores preferidos: oito óperas suas foram montadas pelo Maríinski na temporada de 1913-1914 (apenas o *Parsifal*, ainda proibido de ser representado fora de Bayreuth, permanecia inédito na Rússia).

Papel fundamental foi o desempenhado por Serguêi Diáguiliev. Além de fundar, em 1898, a revista *Mir Iskússtva* (O Mundo das Artes), Diáguileiev foi, entre 1899-1901, o diretor dos Teatros Imperiais, de onde saiu, por não agüentar mais as suas estruturas esclerosadas, para tornar-se empresário e trabalhar no exterior, em Paris principalmente. Foi ele o

O Início do Século XX

organizador, em 1906, do Salon d'Automne, que fez uma retrospectiva de dois séculos de pintura russa; de cinco importantes concertos realizados durante 1907, com a participação de Rímski-Kórsakov, Glazunóv, Skriábin e Rakhmáninov, em que se fez a apresentação de cenas de ópera, muitas delas inéditas ou praticamente esquecidas; e o produtor do *Borís Godúnov* encenado em 1908, com Shaliápin no papel principal.

O ano seguinte assinalou a fundação de Les Ballets Russes, que funcionariam até 1929, ano da morte de seu criador. Em 1909, o programa inaugural foi misto: ao lado de números de dança, havia cenas do *Príncipe Ígor*, do *Russlan*, da *Pskovitiánka*, e da *Judite* de Seróv. Mas o balé logo foi ocupando o primeiro lugar: é aos Ballets Russes que devemos a estréia escandalosa do grande marco da História da Música que é o *Sacre du Printemps*, de Stravínski. As montagens de ópera de Diáguiliev, porém, continuaram desempenhando o inestimável papel de revelar, fora da Rússia, um repertório mal conhecido no Ocidente: *Sadkó* em 1911, a *Khovânshtchina* e *A Noite de Maio* em 1913, *O Rouxinol* de Stravínski e *O Galo de Ouro* em 1914, ambos sob a forma de ópera-balé.

Papel semelhante ao de Diáguiliev foi o desempenhado pelo matemático e físico Viátcheslav Karatýguin, aluno de composição do Conservatório de São Petersburgo. Foi ele o criador, em 1901, das Noitadas de Música Contemporânea, responsável pela apresentação de peças de Fauré, Ravel e Debussy, de Reger, Wolf, Schönberg e Richard Strauss. Esses concertos abririam suas portas também a artistas da nova geração: neles seriam ouvidas as primeiras peças de Stravínski, Prokófiev e Miaskóvski. Com o Simbolismo e o Acmeísmo – que se desenvolvia em torno de Gumilióv, Akhmátova e Mandelshtám –, com as revistas *Mir Isskústva* e *Apollón*, dos acmeístas, a Rússia abria-se às mais diversas correntes estéticas – a ponto de, em 1913, Ivan Búnin protestar:

> Cada inverno nos traz um ídolo novo. Tivemos direito ao Decadentismo, ao Simbolismo, ao Naturalismo, à pornografia, à luta contra Deus, à mito-poesia, ao pretenso anarquismo mítico, a Dionísio, a Apolo, ao impulso rumo à eternidade, à adesão ao Mundo, ao Adamismo, ao Acmeísmo... É ou não é um verdadeiro Sabá das Bruxas?

A tradução em russo das obras de Husserl e Freud (1909), a divulgação do pensamento de Nietzsche haveriam de marcar até mesmo o pensamento revolucionário: Anatóli Lunatchárski – que em 1917 haveria de se tornar o primeiro Comissário da Educação –, muito permeável à multiplicidade das idéias de seu tempo, pensou em formular um marxismo não-materialista que abriria amplo espaço à estética, à ética e à emoção. Havia quem visse nisso uma cultura filosófica rasa, apressadamente deslumbrada com os estrangeirismos – como Nikolái Berdiáiev que, na coleção de ensaios *Degraus*, de 1909, acusava Lunatchárski de "fazer uma salada com Marx, Nietzsche e o biólogo Avenarius, em vez de procurar as bases de um renascimento cultural e espiritual efetivo".

Antes de ser freada pelas circunstâncias históricas, a geração jovem, fascinada pelas pesquisas de vanguarda, entusiasmou-se pelo politonalismo, o ultracromatismo, o atonalismo, o dodecafonismo. Havia inclusive ousadias como a do general Nikolái Kúlbin – médico, pintor e compositor diletante – que em 1911, publicou, no almanaque da primeira exposição na Rússia do grupo expressionista alemão *Der Blaue Reiter*, um ensaio intitulado "Música Livre", no qual convidava os músicos a "ouvir os sons do mundo e, com eles, construir suas peças" – um texto que John Cage teria endossado de bom grado. Porém, dificuldades imensas se interpunham no caminho da evolução da música contemporânea russa: os anos negros da I Guerra Mundial, a Revolução Comunista, o desastre econômico que acompanhou a fase da Guerra Civil, após a tomada do poder pelos bolcheviques e, finalmente, a política cultural stalinista, que manietou a criatividade e criou condições de trabalho muito peculiares (este tema será tratado no volume *A Ópera Contemporânea*). A conseqüência disso foi a emigração de vários compositores – assim como de poetas, escritores e artistas plásticos – por razões políticas, econômicas ou de simples busca de melhor mercado de trabalho.

Músicos como Ígor Stravínski ou o judeu Iéfim Golytchóv já estavam na Europa quando a I Guerra começou – um porque seguira a companhia de Diáguiliev; o outro porque fugia da perseguição anti-semita. Em 1917, Serguêi Rakhmáninov emigrou; Vladímir Vogel, Nikolái Obukhóv e Serguêi Prokófiev partiram no ano seguinte (o autor do *Aleksándr Niévski* seria um dos raros casos de retorno posterior à pátria). Em seguida foi a vez de Lazár Samínski e Nikolái Nabókov, este último primo do escritor (1919); de Nikolái Lopátnikov e Ivan Vyshniégradski (1920); dos irmãos Aleksandr e Nikolái Tcherepnín e de Arthur Luriê (1921); de Nikolái Berezóvski (1922) e outros. Aqui se encerra o período que nos propusemos a tratar neste volume.

A Influência Impressionista: Vassilienko

A técnica de orquestração de Debussy e Ravel, combinada com o folclorismo dos Cinco, marca *Skazânie o Grádie Velíkom Kítejie i Tíkhom Ózerie Svietoiárie* (A Lenda da Grande Cidade de Kítej e do tranqüilo lago Svietoiár, 1903), de Serguêi Nikofórovitch Vassilienko (1872-1956). Essa estática cantata cênica foi escrita um ano antes da ópera de Rímski-Kórsakov, como trabalho final do curso de Composição, no Conservatório, onde Vassilienko estudara com Tanêiev, Ippolítov-Ivánov e Safônov. Esse estilo se desenvolveu e aprimorou em *Syn Sôntsa* (O Filho do Sol, 1929), *Khristóf Kolúmb* (Cristóvão Colombo, 1933), *Suvoróv* (1941), *Velíkii Kanál* (O Grande Canal, 1940), *Tsigány* (Os Ciganos, 1936) e *Mirandolina* (1946), fertilizados pelos elementos exóticos assimilados durante largos períodos que ele passou trabalhando no Turcomenistão e no Uzbequistão. Os temas e método de escrita de Vassilienko, oscilando entre o nacional e o estrangeiro, e sem preocupações políticas óbvias, explicam o ostracismo em que uma política cultural chauvinista e ideologizada o fez cair, durante a fase soviética. Para se ter uma idéia de sua música existe, no selo Marco Polo, regido por Henry Shek, um disco com duas de suas suites orquestrais, a *Chinesa* op. 60 nº 1 e a *Indiana* op. 42 bis – esta última extraída do balé *Nóiya*, de 1931.

Rébikov

Ainda mais do que Vassilienko, Vladímir Ivánovitch Rébikov (1866-1920) precisa ser resgatado do esquecimento a que o stalinismo relegou suas obras, impregnadas de experimentalismo. Artista de formação alemã, fez um importante trabalho de divulgação da música contemporânea em Odessa, na Criméia, e em Kishinióv, na Moldávia, antes de se instalar em Moscou em 1901. Juntamente com o dodecafonista Nikolái Rosláviets, que recentemente começou a sair do limbo, Rébikov é o responsável pela efêmera introdução de técnicas contemporâneas na Rússia. Foi ele quem declarou:

> A música é a linguagem das emoções; mas, ao transmiti-las musicalmente, devemos levar em conta que as nossas emoções não têm ponto de partida ou de chegada e nem forma definida.

Esse ponto de vista explica a aparente ausência de forma das peças de Rébikov, que rompe com as estruturas tradicionais e usa a associação livre de melodias cantábile com segmentos rítmicos dissimétricos. Suas harmonias com escalas de tons inteiros e acordes de quarta superpostos são tão ousadas quanto as peças de seu contemporâneo Aleksandr Skriábin.

Com Rébikov, opera-se a transição do Romantismo tardio para o Modernismo. Sua primeira ópera, *V Grozú* (Na Tempestade), baseada em *Lies Shúmit* (A Floresta Murmura), de Vladímir Koroliênko – estreada em Odessa em 1893 –, ainda tem nítida influência de Tchaikóvski. Os cantábiles são típicos de quem, tendo começado a carreira como virtuose do piano, está sob o influxo obrigatório do grande mestre russo desse instrumento; mas nela já aparecem harmonias irresolvidas ou a superposição de acordes com intervalos irregulares, que denotam a atração pela escrita impressionista.

Os vínculos pós-românticos irão gradualmente desaparecendo, à medida que se afirma uma linguagem mais moderna, em que já estão presentes exemplos esparsos de politonalismo e de dissonâncias quase atonais. *Iólka* (O Pinheirinho de Natal, 1900) cruza idéias

O Início do Século XX

tiradas de Dostoiévski, Andersen e Hauptmann. *Thea* (1904) baseia-se em Vorótnikov, e *Biédna* (O Abismo, 1907), no romance de Andrêiev. *Jênshtchina s Kinjálom* (A mulher com o punhal, 1910), com libreto do próprio compositor, livremente adaptado de uma história do austríaco Arthur Schnitzler, é um dos raros exemplos, dentro do domínio russo, de atração pelos temas mórbidos suscitados, na ópera alemã, pela influência expressionista. *Dvoriânskoie Gniezdô* (Um Ninho de Nobres, 1916), do romance de Turguêniev, é um retorno a formas mais tradicionalmente nacionalistas.

Mais radicais ainda são as peças de forma inteiramente livres a que Rébikov dava o nome de *mielomímiki* (melomímicas), *mielodeklamátsii* (melodeclamações) ou *muzikálnopsikhologuítcheskii kartíni* (quadros músico-psicológicos), pequenos estudos das mais variadas situações emocionais, usando uma mistura de fala, canto, dança, mímica e trechos instrumentais que apontam, à distância, para certas experiências contemporâneas do italiano Luciano Berio (*Laborintus, Recital One*). Podem durar de dez minutos a duas horas e seu acompanhamento varia, do piano apenas à orquestra completa. *Alpha i Ômiega* (1911) ou *Narcissus* (1913), pelo menos, mereceriam ser revividas, na maré de resgates de músicos esquecidos, que se seguiu à dissolução da URSS e à privatização da gravadora estatal.

Akimiénko

É muito forte a influência de Debussy não só nas peças instrumentais quanto em *Féia Sniegóv* (A Fada das Neves), a única ópera do ucraniano Fiódor Stepánovitch Akimiénko (1876-1945), estreada em 1914. Além do clima insólito do *Pelléas*, oscilando entre realidade e fantasia, *A Fada* imita seu estilo de declamação contínua, contém interlúdios ligando as cenas, e decalca o estilo de orquestração do compositor francês. Pianista, compositor e escritor, Akimiénko foi professor no Conservatório de Petrogrado, onde trabalhou até 1923. Nessa data, emigrou para Paris, onde morreu.

Os Modernistas: Skriábin

Pode parecer estranha a inclusão, neste volume, de um músico famoso por suas composições pianísticas e que não deixou nenhuma obra completa para o palco. Mas os projetos de Aleksandr Skriábin (1872-1915), o caráter visionário de suas concepções são por demais típicos do inquieto espírito modernista russo na virada do século, para que não o mencionemos aqui. Qualificado de "mórbido e arrogante" por Stravínski, e de "o maior de todos os narcisistas" por Rímski-Kórsakov, esse aluno de Tanêiev edificou o seu edifício ideológico-musical a partir das crenças teosóficas de Madame Blavatski e das teorias antroposóficas de Rudolf Steiner, com quem ele se encontrara na Suíça. Essas idéias impregnam obras como o *Poema do Êxtase* ou o *Poema do Fogo*, para orquestra, e as sonatas *Missa Negra* e *Missa Branca*, para piano.

Foi Skriábin quem, visando a fugir da "mesmice" dos acordes maiores e menores, inventou o que chamou de "acorde místico", em quartas ascendentes (dó-fá#-sib-mi-lá-ré). E fez inovadoras experiências no terreno da sinestesia, buscando as correspondências entre as cores e os sons – o que o situa como um representante, dentro da música, da corrente estética simbolista. Em 1892, quando acabava de sair do Conservatório, onde recebera a medalha de ouro como pianista, Skriábin começou a trabalhar na música para o poema dramático *Kistut e Birutê*, de M. Lípkin. Sobreviveram seis páginas de esboços que, em 1976, Aleksandr Niêmtin editou, respeitando a escrita harmônica peculiar do autor, e promovendo a sua execução. Não foi encontrado o prelúdio, que Skriábin parece ter escrito e orquestrado.

De sua segunda experiência dramática, não sabemos nem sequer o título. Pelos fragmentos do libreto encontrados no *Diário* do compositor, é possível saber que a personagem central é músico, filósofo e poeta. A filha do rei, apaixonada por ele, abandona tudo para segui-lo. Capturado por inimigos que personificam as forças obscuras do atraso, que querem manter a humanidade na pobreza e na escravidão, o herói subleva as massas com o calor de sua defesa, no tribunal, e estas rebelam-se e o libertam. No final, o herói morre em êxtase, legando ao povo os seus ensinamentos.

No auge da euforia com esse projeto, Skriábin dizia, em seu *Diário*, que o ideal seria o próprio compositor morrer no dia da estréia de sua obra. Os esboços preparados para essa ópera, que nem título chegou a ter, se dispersaram por diversas outras partituras. Alguns dos temas previstos para ela foram parar no *Poema do Êxtase*, na *Sonata nº 6*, em alguns estudos e prelúdios para piano – e também no projeto seguinte, igualmente inacabado pois, embora o músico tivesse trabalhado nele a partir de 1913, ainda não lhe tinha conseguido dar forma definitiva ao morrer.

Na origem, Skriábin pretendia compor um imenso mistério litúrgico, no qual contaria a criação do universo e a história da humanidade. Fiel à ideologia simbolista, de matriz wagneriana, da ópera como a "obra de arte total", pretendia que todas as artes se fundissem nesse espetáculo. Chegou a pensar na construção de um espaço cênico especial, que se localizaria em Darjeeling, nos flancos do Himalaia, pois encarava a Índia como o mais remoto berço de nossa civilização. Esse mistério deveria durar sete dias, como a Criação. E em vez de cenários, atmosferas cambiantes seriam criadas mediante efeitos de iluminação, uso de fumaça, projeções coloridas, emanações de perfumes e extrema variedade nos figurinos (sente-se aí o prolongamento das experiências do *Prometeu*, para o qual Skriábin mandara construir um "teclado de luz", com o quais criava efeitos sinestésicos de combinações de sons e cores). Não deveria haver barreira nenhuma entre os executantes e o público, pois este também participaria do culto.

Diante das dificuldades práticas apresentadas por um projeto dessa natureza, Skriábin decidiu, em março de 1914, escrever uma espécie de prólogo, uma versão condensada do mistério definitivo, a que deu o nome de *Ação Preliminar*. Nela expõe a idéia de que a evolução da humanidade visa à total integração dos seres humanos com o Espírito Criador, a que dá o nome de "Odín" (Um). Do libreto, sobreviveram uma primeira redação completa, e um quarto da segunda versão, revista. Como a orquestra que previa utilizar seria gigantesca, Skriábin encomendou a uma gráfica folhas especiais de papel de música com setenta pautas.

A lista das "personagens" dá uma idéia do grau de estilização que ele pretendia atingir: as Vozes do Elemento Masculino, as Vozes do Elemento Feminino, o Despertar dos Sentimentos, as Ondas, o Raio de Luz, as Montanhas, as Planícies, a Floresta, o Deserto, os Decaídos. Havia também um Profeta que seria uma espécie de figura de Cristo, assumindo para si todos os pecados da humanidade.

Nos fragmentos que restaram, nos quais Skriábin trabalhou durante os primeiros meses de 1915 (ele morreu em 14 de abril, da infecção provocada por um furúnculo no lábio), há a notável utilização de nove acordes de doze sons repartidos em intervalos de terças e quartas, procedimento que, na época, só se encontra em Berg (1912) e Casella (1915). Há também acordes de oito, nove, dez ou onze sons, demonstrando que ele estava abandonando progressivamente a escala clássica, em benefício de construções simétricas que já prenunciam o serialismo. Não ficou esboço algum da parte vocal mas, de Marina Skriábina, filha do compositor, Michel Maximovitch ouviu a descrição do início da peça: um único acorde *pianissimo* com um *trillo* das cordas, sobre o qual uma voz solista diria os primeiros versos.

A. Niêmtin preparou uma versão orquestral desses fragmentos, utilizando nela também trechos da *Sonata nº 8*, das *Guirlandas op. 73*, dos *Prelúdios op. 74 nº 2 e 4*, que eram mencionados pelo compositor nos esboços encontrados. Introduziu também nessa peça projeções luminosas, tendo constatado a proximidade de concepção entre a *Ação Preliminar* e o *Prometeu*. Essa versão foi estreada em março de 1973, com o título de *Universo*. Na década de 1980, a Radio-France encomendou nova edição ao musicólogo Manfred Kelkel, que utilizou apenas os esboços de Skriábin. Ambas versões oferecem apenas uma idéia muito pálida do projeto inicial.

Vyshniegrádski

Instalando-se em Paris após a emigração, Ivan Vyshniegrádski (1893-1979) dedicou-se às pesquisas de música microtonal, na linha

O Início do Século XX

inaugurada pelo tcheco Alois Hába, e deixou uma obra volumosa embora hoje muito pouco conhecida. Interessam-nos, da fase russa, duas obras. A primeira é a cantata *O Evangelho Vermelho* (1918), com texto de Vassíli Kniáziev, escrita em duas versões: uma em semitons, a outra em quartos de tom. A revista *Mir Isskústva* classificou-a de "um modelo para a música do futuro". A segunda é o oratório cênico *La Journée d'une Existence*, para narrador, coro duplo e grande orquestra, profundamente influenciada pelo misticismo skriabiniano. Cito o título em francês porque, do poema, escrito pelo próprio compositor, o que se conhece é a versão revista e remanejada duas vezes, em Paris, em 1927 e 1939. Mas a primeira redação foi feita em 1916, logo depois de terminados os seus estudos no Conservatório de São Petersburgo. Vestígios das idéias wagnerianas, da ideologia simbolista e de crenças esotéricas combinam-se nesse ambicioso projeto, que o próprio autor assim descreveu, num artigo intitulado *Ultrachromatisme et Espaces non Octaviants*:

> *La Journée d'une Existence* é a história da evolução da consciência no mundo desde as formas mais primitivas até a forma final perfeita: a consciência cósmica. [...] Para mim, o objetivo final resumia-se na idéia de uma obra que realizasse a união de elementos de todas as artes, capaz de provocar o choque salutar que despertaria as forças da consciência cósmica, que dormitam no fundo do subconsciente de cada ser humano. Esse plano, esse projeto, essa visão talvez, repousa em minha fé irracional no poder transformador da arte, e em particular da música, que compartilho com Skriábin e, embora irracional por natureza, é confirmada pelo poder extraordinário de provocar no homem estados de exaltação extremos, que a música adquiriu no decorrer dos últimos anos, e manifestou-se com força especial na arte wagneriana, e também na de um músico como o próprio Skriábin. Toda a concepção de *La Journée d'une Existence* tem essa mesma pretensão.

Na prática, o oratório – visivelmente inspirado pela *Ação Preliminar* e iniciado logo após a morte de Skriábin – é um vasto melodrama entrecortado por intervenções corais, em que o texto do narrador é anotado num estilo de declamação a meio caminho entre fala e canto, uma espécie de versão russa do *Sprechstimme* alemão. A técnica skriabiniana de usar seqüências de intervalos de meio-tom

em escalas simétricas é amplamente usada. Mas Vyshniegrádski já faz aqui as primeiras experiências com os micro-intervalos que se tornarão a estrutura básica de suas obras pós-emigração. Muito moderna é também a utilização que ele faz de cachos de acordes (*clusters*), abrangendo às vezes cinco oitavas, um tipo de experimentação que coincide com a que, mais ou menos na mesma época, estava sendo feita por americanos como Charles Ives ou Henry Cowell.

Rosláviets

Somente na década de 1990, com a pierestróika, começou o processo de revalorização da importância de Nikolái Rosláviets (1881-1944), o primeiro compositor russo a fazer uso da linguagem atonal (a *Sonata para Violino*, de 1913) e da técnica dodecafônica (o *Quarteto nº 3*, de 1914). Aluno de composição de Vassilienko, virtuose do violino formado pelo tcheco Jan Hrimalý, ele escreveu, logo após sair do conservatório, a ópera-cantata *Zemliá i Niébo* (A Terra e o Céu), baseada no poema de lord Byron. Ainda ancorada no sistema tonal, não se trata de obra estilisticamente muito original, tributária de seus mestres e com influência inevitável de Skriábin. As pesquisas ulteriores – documentadas em gravações do selo Chant du Monde dedicados à vanguarda russa da década de 1920 – constituem a parte mais apreciável de sua obra; e também a que lhe causou mais aborrecimentos com o regime. Na vigência do Realismo Socialista, Rosláviets tentou escrever operetas para agradar às autoridades; mas foi extremamente mal-sucedido nesse empreendimento.

Matiúshin

Formado pelo Conservatório de Moscou e violinista da Orquestra Imperial, o também pintor Iúri Matiúshin (1861-1934), extremamente ligado aos meios vanguardistas da cidade, interessou-se desde 1900 pela questão dos micro-intervalos e, em 1915, publicou um *Guia para o Estudo dos Quartos de Tom na*

Execução Violinística. Sua única ópera terminada é *A Vitória sobre o Sol* (1913), cujo libreto – uma seqüência de quadros autônomos, sem ação linear e abrindo mão da noção de progressão dramática – foi escrito pelos poetas futuristas Velimir Khlébnikov (o prólogo) e A. Krutchônikh (as seis cenas). Este último é o formulador de um tipo novo de poesia "transmental" a que deu o nome de *zaúm* (ou seja "para além da razão"). Krutchônikh e Khlébnikov tinham sido, em dezembro de 1912, juntamente com Maiakóvski, signatários do manifesto modernista "Um tapa no gosto do público", no qual se proclamava:

> É preciso jogar Púshkin, Dostoiévski, Tolstói & Cia pela amurada do navio da modernidade.

A Vitória sobre o Sol está dividida em três "ações", cada uma comportando dois quadros. Eis a sua ordem:

Prólogo: chama-se a atenção do espectador para a ação a que ele vai assistir.

Ação I: a) leitura da proclamação de que o Novo Mundo vai se opor ao Velho Mundo; b) a captura do sol.

Ação II: a) a cena do enterro; b) a apresentação do sol prisioneiro.

Ação III: a) condenação do passado, que é fuzilado; b) acidente de avião do qual só escapam os "aveniristas" (palavra formada a partir do francês *avenir*, futuro), pois eles são imortais.

Segundo os autores, a psicologia foi rejeitada, no texto, em favor da "psicoloucura" – termo cunhado pelo futurista italiano Marinetti –, ou seja, assiste-se à destruição da lógica, à multiplicação deliberada e irracional dos contrastes, à desagregação irônica de todos os valores do passado. No centro das "ações" está a luta contra o sol, imagem mítica e simbólica tradicional, aqui tratada de forma grotescamente dessacralizante, num tom debochado que assume a linguagem quase obscena do teatrinho de feira. Não há lógica sintática nos versos, e as palavras sofrem curiosas deformações que atraem para elas outros núcleos de sentido.

A direção de cena, iluminação, cenários e figurinos foram responsabilidade do artista plástico Casimír Malévitch, que combinou futurismo e cubismo em seus desenhos. É uma pena que, dessa rara tentativa de se transplantar para a cena lírica o experimentalismo radical de Khlébnikov, disponha-se apenas da redução para piano. As partes para a orquestra se perderam e, com isso, permanece imperfeita a compreensão do que Matiúshin queria dizer ao proclamar:

> Vamos acabar com o diatonicismo, do qual todo mundo já se cansou. É preciso usar novas harmonias, novas estruturas instrumentais, o movimento simultâneo de quatro vozes totalmente independentes.

Grande admirador tanto de Schönberg quanto de Max Reger, o compositor emprega dissonâncias muito fortes, principalmente ao opor o tema vocal a seu acompanhamento instrumental. Mas nunca rompe totalmente com a tonalidade. É forte a influência do folclore e a declamação oscila entre canto em estilo arioso e *parlato*. Há também vários trechos em que se confia à mímica a tarefa de expressar determinados sentimentos. Modernamente, os musicólogos Frohmader e Kerstens fizeram tentativas de reconstituir a orquestração da peça, mas nenhuma das duas versões é muito satisfatória. Matiúshin nuca chegou a terminar sua segunda ópera, *Voiná* (A Guerra).

Embora deliberadamente anárquica e anticonvencional em suas propostas e linguagem, *A Vitória sobre o Sol* tem vínculos estruturais com a voga das "ações" nas décadas de 1910-1920. Tratava-se de espetáculos geralmente feitos ao ar livre, ou em espaços improvisados, de conteúdo panfletário, satírico, contestador. Logo assumiram conotação ideológica muito forte, e fazem parte do fervilhante ambiente intelectual que assiste à queda da monarquia e aos anos de consolidação do novo poder. Muito famosas eram *A Queda da Autocracia* e *O Mistério do Trabalho Libertado*, de Hugo Wahrlich, com uma colagem de temas extraídos de obras de Chopin, Wagner e Rímski-Kórsakov. O compositor Nikolái Kotchotóv, que já fizera sucesso com *Rumo à Comuna Universal*, notabilizou-se em 1920 com *A Tomada do Palácio de Inverno*, que usava uma orquestra de quinhetos músicos e um coro gigantesco. Na trilha sonora desse espetáculo campal – semelhante às "*fêtes populaires*" da época da Revolução Francesa – havia trechos muito conhecidos

– a Marselhesa, o hino do Regimento Preoba-jênski, a Marcha do Crocodilo, a Internacional – que o público era estimulado a cantar junto com o coro. E segundo testemunhos da época, em suas apresentações chegou a haver de seis a dez mil espectadores.

Obukhóv

Alban Berg, mais do que Schönberg, foi a influência determinante sobre Nikolái Obukhóv (1892-1954), cujo temperamento o fazia ter muita afinidade com o lirismo tingido de expressionismo do autor do *Wozzeck*. Profundo admirador de Skriábin, vanguardista que experimentou desde muito cedo com acordes contendo os doze semitons cromáticos, Obukhóv não compôs óperas propriamente ditas. Mas a partir de 1917, começou a escrever uma espécie de oratório cênico intitulado *O Livro da Vida*, para solistas, piano, grande orquestra e um instrumento eletrônico rudimentar que ele próprio concebera, e ao qual dera o nome de "cruz sonora". Até 1924, data em que trabalhou na peça, *O Livro da Vida* acumulava duas mil páginas de manuscrito. Densamente cromática e contendo também superposições de passagens dodecafônicas, ela se encontra inédita até hoje.

Golytchóv

As autoridades colaboracionistas de Vichy pouparam a vida do judeu emigrado Iéfim Golytchóv (1897-1970) porque, além de músico e pintor, ele era um químico competente. Colocaram-no trabalhando numa fábrica de cimento. Entre 1956-1966, ele morou no Brasil, onde dedicou-se exclusivamente à pintura, fazendo várias exposições em São Paulo (nessa época assinava-se Jef Golyscheff). Da fase em que morou na Rússia, sobrou pouca coisa. Mas sabe-se que, encorajado por Ferruccio Busoni, chegou a compor um *Cyrano de Bergerac*, hoje perdido, e uma "obra sinfônica com ação" intitulada *O Canto Gelado*.

Ao emigrar, Golytchóv foi para Berlim e, ligando-se aos círculos de vanguarda locais, foi um dos primeiros russos a aderir à escrita dodecafônica. Detlef Gojowy afirmou, em *Neue Sowietische Musik der 20ᵉ Jahre*, que seu *Trio para Cordas*, em que ele utiliza "complexos de doze notas", é de 1914, o que o colocaria numa posição precursora. Mas outros autores, como Frans Lemaire (*La Musique du XXᵉ siècle en Russie*) acreditam que a peça é de 1925, ano de sua publicação. Em todo caso, ele utiliza um sistema de notação sem sustenidos nem bemóis e fragmenta os intervalos até 1/16 de tom. Golytchóv contribuiu também para o Dadaísmo com obras altamente satíricas: a *Anti-sinfonia: uma Guilhotina Circular Musical* e a *Manobra da Tosse*, ambas de 1919. Fugiu para Paris em 1933, após a ascensão do Nazismo, e foi preso em 1940, após a invasão alemã da França. Grande parte de seus manuscritos foi apreendida e destruída em Berlim.

Os Satíricos: Sats

A descrição que o próprio compositor fez, em carta ao diretor de cena Ievrêinov, da primeira cena de sua ópera-*vaudeville Não se Vanglorie ao Ir para a Guerra*, demonstra claramente a intenção que Iliá Aleksándrovitch Sats (1875-1912) tinha de zombar dos sacrossantos modelos épicos da Escola Nacionalista:

> Com grande entusiasmo, os boiardos e o povo correm para o proscênio e enchem o teatro cantando, a plenos pulmões, o "Vamos combater o inimigo da Rússia", do prólogo do *Príncipe Ígor*. Depois, começam a gritar "hurra!", cada um deles arma-se com porretes que encontram por ali, como por acaso, empunham os estandartes, e todos eles começam a desfilar pelo palco com ar de vencedor. Mas como, para criar coragem, já começaram a esvaziar seus cantis, os "hurra!" ameaçadores vão se transformando em meros arrotos de bêbado.

Esta ópera-*vaudeville*, com libreto do próprio Sats, foi encenada em 1910, no *Krívoie Zérkalo* (O Espelho Deformante), teatro moscovita especializado em paródias. Numa época em que o descontentamento generalizado tornava muito bem aceito esse tipo ácido de paródia, ela fez muito sucesso. De *A Vingança do Amor ou O Anel de Guadalupe*, provavelmente de 1911, ficou uma parte orquestrada e o restante em redução para piano. Juntamente com Vassíly Podgórny, Sats escreveu o libreto da ópera-brincadeira *Os Docinhos Orientais ou A Batalha dos Russos contra os Cabardinos*, satirizando o tipo de orientalismo praticado pelo Grupo dos Cinco. Essa peça foi encenada em 1911, mas sem o mesmo êxito. Da ópera infantil *O Conto do Ovo de Ouro* ficou apenas a redução para piano. Em seu *Diário*, Sats escreveu:

> O que critico é a banalidade da forma! Por toda parte, até mesmo na obra dos inovadores, sob a superfície do novo encontramos as velhas banalidades. Assim, por puro hábito, o pensamento volta a vestir-se com as velhas roupas. E quando a gente escuta ou assiste, já fica esperando o que virá, já sabe como vai ser, e isso é terrivelmente tedioso.

Sats deixou também música incidental para peças de Knut Hamsun, Andrêiev, Iushkiévitch e Shakespeare. A mais conhecida é a destinada a *L'Oiseau Bleu*, de Maurice Maeterlinck.

Érenberg

Diretor do *Krívoie Zérkalo*, Vladímir Gueorguiévitch Érenberg (1875-1923) escreveu várias paródias para esse teatro. A mais famosa é *Vampúka, a Noiva Africana*, de 1909, que tinha como subtítulo "uma ópera exemplar sob todos os pontos de vista". O sucesso foi tão grande que, na gíria da época, a palavra "vampúka" ficou como sinônimo de tudo o que é convencional e rotineiro. Nessa comédia, Érenberg faz diversas alusões satíricas e citações grotescas dos *Huguenotes* e da *Africana*, de Meyerbeer, do *Fausto*, de Gounod, e da *Aida*, de Verdi.

Svádba (O Casamento, 1916), comédia de intenções mais sérias, extraída da peça de Tchékhov, tem qualidades seguras, mas nunca despertou tanto interesse quanto *O Sábio Tcharadutta, O Concerto de Rytchalóv, O Barão Cruel*, as três de 1910, *Os Três Apaixonados pela Rainha* (1911), *O Filho de Duas Mães* (1914), *Guinada na Vida de um Invasor* (1915) ou *Drama Musical em Pargolovo* (1916).

Os Tradicionalistas: Blarambérg

A obra de Pavel Ivánovitch Blarambérg (1841-1907) funde influências dos Cinco, dos cosmopolitas e da ópera ocidental mais conservadora. *María Burgúndskaia* (Maria da Borgonha) foi escrita em 1878. Mas os Teatros Imperiais só a aceitaram dez anos depois, quando Blarambérg adquirira prestígio como crítico e professor na Escola da Sociedade Filarmônica de Moscou. É o típico resultado de suas origens e estudos franceses: um pretensioso *grand-opéra* extraído da *Marie Tudor* de Victor Hugo – inspiradora da ópera homônima de Carlos Gomes –, de forma já obsoleta para a época em que foi escrita.

Skomorókh (O Histrião, 1881), baseada na peça de Aleksandr Ostróvski e estreada pelos alunos de canto de Blarambérg em 1887, mistura o recitativo de Dargomýjski ao estilo convencional da ópera bufa européia, embora sejam numerosas as páginas com melodias folclóricas reconstituídas, como um bem-sucedido dueto de amor em ritmo de 5/4. Apesar da escrita híbrida, esta é uma ópera interessante, pela tentativa que faz de resgatar as antigas tradições dos grupos ambulantes que estão nas raízes mais remotas do drama musical russo. *Molodáia Russálka* (A Jovem Russalka, 1886) tem mais coesão e um senso muito seguro da forma. É o resultado mais bem acabado dos contatos de Blarambérg com a *Kútchka*. O mesmo não se pode dizer de *Tushíntsy* (Os Tushíny, 1895), adaptada de uma das *Crônicas Dramáticas* de Ostróvski, sobre um episódio histórico datando de 1606, época do reinado de Borís Godunóv. De uma peça por si só muito aborrecida, Blarambérg tirou um *grand-opéra* que, em vez de seguir o modelo austero e direto de Mússorgski, perde-se num estilo europeizado pomposo e insípido. No entanto, nos momentos em que temas populares são empregados – em especial nas cenas corais –, a música ostenta um colorido nacionalista digno das melhores páginas da *Jovem Russálka*. No "idílio em dois atos" *Volna* (A Vaga, 1900), Blarambérg aproveita um dos episódios do *Don Juan* de lord Byron: a paixão do sedutor por Haydée, "aos pés da qual é atirado semi-morto pelo mar". Rosa Newmarch assim a descreve:

Consiste de uma série de duetos e trios com danças orientais e uma balada para baixo profundo, destinadas a obter variedade de tom, mas sem nenhuma relação com a intriga. A música apresenta reminiscências de Gounod, a melodia é popular sem ser banal e embelezada por coloratura de sabor oriental. Uma atmosfera de grandeza asiática reina em toda a ópera: deve-se atribuí-la às longas temporadas que o compositor passou na Criméia.

Kastálski

A série de insípidas obras patrióticas que produziu exaltando a Revolução, a que aderiu abertamente, não chegou a fazer a fama de Aleksandr Dmítrievitch Kastálski (1856-1926). A sua ópera que tem méritos mais apreciáveis, talvez por ser a única que se afaste desse propósito, é *Klara Mílitch*, que ele próprio tirou do conto de Turguéniev (Solodóvnikov, 11.11.1916). Mas causa sensação estranha o tratamento europeizado dado a argumento extraído da obra de escritor tão entranhadamente russo. Como no *Navio Fantasma*, toda a música de *Klara* se irradia a partir dos temas de uma balada cantada pela personagem título. Dizendo não querer que a orquestra encobrisse as vozes ou "desviasse a atenção dos espectadores do drama", Kastálski optou por uma instrumentação muito esparsa. Mas não deixa de ser curiosa a forma como sugere, com a orquestra, o repicar dos sinos, o som da gaita de fole de um pastor, a música de um realejo e a bandinha de aldeia que toca durante uma festa pública.

A preocupação em fixar esse aspecto da vida russa já anuncia as ambições de seu mais vasto projeto que, infelizmente, ficou inacabado e, que eu saiba, inédito. Essa vasta obra, que nem título definitivo chegou a ter, seria

uma tentativa de recriar, o mais fielmente possível, em *tableaux-vivants*, o aspecto musical e ritual das festas populares russas, semi-esquecidas em certas regiões, e já totalmente esquecidas em outras.

Trabalhando com o levantamento sistemático do folclore autêntico, Kastálski pretendia, nesses oito *Quadros das Festas Populares*, mostrar como elas se organizavam ao ritmo das estações, começando com a primavera e terminando com o cortejo de Carnaval na Terça-feira Gorda. A festa de Radonista, deusa pagã da morte e da ressurreição; a homenagem às *russalki*; as festas de Iarilo (o Sol) e de Kupala (a noite de São João); as *koliádki* e jogos divinatórios de Natal; a noite de São Basílio e o ritual de Ano Novo seriam evocados nessa vasta cantata cênica, que visava a trabalhar com todas as tradições camponesas que estão nas raízes mais remotas do teatro musical russo. O trabalho de Kastálski, nesta obra incompleta, pode ser aproximado ao do húngaro Zoltán Kodály numa peça como a cantata cênica *Szekély Fonó* (As Fiandeiras de Szekély).

Ippolítov-Ivánov

É à suíte de concerto *Kavkáskie Eskízi* (Esboços Caucasianos), de 1894, que Mikhaíl Ivánovitch Ippolítov-Ivánov (1859-1935) deve sua popularidade. Ao escrevê-la, acabava de voltar da Geórgia, onde desempenhara papel de grande importância dirigindo a Ópera de Tíflis e nela divulgando obras de alta qualidade. De volta a Moscou, ensinou no Conservatório até o fim da vida. Era melhor professor e regente do que compositor: suas peças são bem escritas mas sem muita individualidade. É o autor de duas óperas fiéis ao receituário nacionalista: *Ruth*, com libreto de Alieksêi Tolstói e Aleksandr Ostróvski (Tíflis, 23.1.1887), conta o episódio bíblico. Em *Izmênia* (Traição), A. Sumbátov-Iújin adaptou sua própria tragédia, de ambientação georgiana, passada no século XVI, durante as lutas desse povo contra o império persa, que tentava conquistá-lo (Teatro Solodóvnikov, de Moscou, 4.12.1910). Já *Ássia*, "cenas líricas baseadas em Turguênev", reproduz, tanto na música quanto no libreto de Nikolái Nievstrúiev, o modelo do *Ievguêni Oniéguin*, e dá uma guinada rumo às propostas cosmopolitas (Solodóvnikov, 28.9.1900).

Óle iz Nórdlanda (Ole de Nordland) é um drama verista tardio – escrito em 1913 –, ambientado entre pescadores noruegueses. Possui todas as características típicas do Realismo fim de século italiano: ato único, personagens populares, clima passional muito violento. Nele, o autor utiliza temas folclóricos nórdicos de maneira bastante tradicional. A partitura de *Azra* (1890) foi destruída. *Posliêdniaia Barrikáda* (A Última Barricada, 1933), que se passa durante a revolução da Comuna de Paris e foi uma concessão ao stalinismo, nunca chegou a ser encenada. Não tenho notícia de que existam gravações das óperas de Ippolítov-Ivánov.

Arênski

Rímski-Kórsakov admirava tanto o talento de seu aluno Antón Stepánovitch Arênski (1861-1906) que, em 1881, confiou-lhe o trabalho de preparar a redução para piano da *Donzela da Neve*. Alcóolatra e jogador inveterado, Arênski morreu de tuberculose aos 41 anos, com a saúde minada pela vida dissoluta que levava. Mas era também obcecado pelo trabalho e deixou produção camerística e concertante volumosa. Além disso, foi excelente professor, tendo Rakhmáninov e Skriábin entre seus alunos.

O libreto que o próprio Arênski escreveu para sua primeira ópera, *Son na Vólguie* (O Sonho no Volga – Bolshói, 21.12.1890), usa a mesma peça de Ostróvski em que se baseara o *Voiévoda*, de Tchaikóvski. A música, que começou a compor quando ainda era estudante, tem um frescor e uma vivacidade que não conseguiria mais igualar em suas tentativas posteriores.

Rafael, "cenas musicais da época da Renascença" – libreto de A. Kriúkov –, foi escrita para comemorar a ida à Rússia de uma enorme retrospectiva da obra desse pintor. Foi cantada em 24 de abril de 1894, na Academia de Belas Artes de Moscou e repetida em São Petersburgo, em 24 de janeiro do ano seguinte, num sarau que reuniu os maiores nomes da música e das artes plásticas russas. Sofre forte influência de Tchaikóvski, que o acusou: "Ele parodia o desusado metro de 5/4 que uso em muitas de minhas obras." De *Rafael*, existe, no selo Melodya, uma gravação regida por V. Smírnov (1957).

Quanto a *Nal i Damayánti* – libreto de Módest Tchaikóvski baseado num conto popular recolhido por M. Júkovski (Bolshói, 9.1.1904) –, embora algumas passagens exó-ticas sejam pitorescas, o mal assimilado modelo wagneriano a torna bastante indigesta. A abertura do *Sonho* sobreviveu no repertório de concerto. Apesar da estima que tinha por ele, quando Arênski morreu, Rímski-Kórsakov escreveu, em sua autobiografia: "Como compositor, ele era inferior a Rubinstéin. Dentro em breve, estará totalmente esquecido".

Gretchanínov

Aluno de Arênski e de Rímski-Kórsakov, foi como membro da Sociedade Etnográfica da Universidade de Moscou que Aleksandr Tíkhonovitch Gretchanínov (1864-1956) se notabilizou, fazendo precioso trabalho de harmonização do acervo de canções de todas as partes do império russo. Em 1910, recebeu uma pensão do Estado por sua música religiosa, muito rica e inspirada. Mas entrou em choque com a Igreja Ortodoxa, naquele mesmo ano, quando quis utilizar instrumentos nos serviços litúrgicos. E caiu em desgraça ao estrear, no Solodóvnikov, em 12 de outubro de 1912, *Siestrá Beatrísa* (Irmã Beatriz), que se passa num convento e tem clima aparentado ao da *Suor Angelica* pucciniana. A censura eclesiástica conseguiu que fosse retirada de cartaz após três récitas. É uma ópera que precisaria urgentemente ser reavaliada, pois toma como modelo o *Pelléas*, de Debussy – a começar pela utilização direta do texto em prosa da peça de Maurice Maeterlinck –, embora "traduza em russo" as características estilísticas do modelo francês.

Antes disso, Gretchanínov obtivera grande sucesso com a ópera-bilina *Dobrínia Nikítitch*, estreada no Bolshói em 14 de outubro de 1903. O tema lhe fora sugerido por Stássov, o modelo seguido é o do *Sadkó*, de Rímski-Kórsakov, e a história é a mesma que, em 1818, tinha sido explorada por Cavos e Antonolini em sua ópera de resgate *Stráshnyi Zámok* (O Castelo Mal-Assombrado). Gretchanínov compôs ainda *Ielótchkin Son* (O Sonho do Pinheirinho de Natal, 1911) e uma versão da *Jenítba* (O Casamento, 1946) de Gógol, cujo estilo convencional a faz perder muito, comparada à ópera inacabada de Mússorgski.

O Início do Século XX

Mas as comédias infantis *Mýshkin Teremôk* (A Torre do Rato, 1921) e *Kot, Petúkh iLlísa* (O Gato, o Galo e a Raposa, 1924) possuem, segundo seu biógrafo Julian Grant, "um encanto que as torna dignas de saírem do esquecimento". Elas têm a forma de *ópera-comique* com números para serem cantados por adultos e diálogos para serem falados por crianças. E foram previstas em redução para piano, o que possibilita a audição doméstica e em auditórios de escola.

Gretchanínov perdeu a pensão com a queda do regime imperial e foi obrigado a emigrar para Paris (1939) e, depois, para os Estados Unidos (1946), onde se naturalizou americano. Viveu pobremente, tendo de ganhar a vida como pianista e professor.

Kalínnikov

A morte precoce de Vassíly Serguêievitch Kalínnikov (1866-1901) – hoje mais conhecido pela sua *Sinfonia nº 1* – o impediu de levar adiante seus projetos dramáticos. *Smiért Kashtchéia* (A Morte de Kashtchêi), que gravitaria na esfera korsakoviana, nunca passou do estado de esboço. Ele chegou a terminar o prólogo de *V 1812 Godú* (No Ano de 1812), representado pela companhia de Mámontov em 1899. Tendo como pano de fundo a invasão napoleônica da Rússia, a ópera contaria a história de Dúnia, uma serva que se apaixona por Borís, filho de seu senhor. Ao saber que seu amado morreu na guerra, Dúnia atira-se no rio. A música do prólogo denota uma forte influência da *Sniegúrotchka*, de Rímski-Kórsakov.

Engel

Aluno de Tanêiev, o judeu ucraniano Joel Engel (1868-1927) tornou-se crítico musical no *Russkíe Viedomosti*. Ao ser criticado por Stássov, que o recriminava por ter-se desinteressado de suas raízes ucranianas e judaicas, ele passou por um processo de tomada de consciência da importância do patrimônio cultural e religioso de sua comunidade. Além de *Esther* (1894), a primeira ópera russa de tema judai-

co, publicou em 1900 a primeira coletânea de cantos folclóricos dos judeus-russos. O interesse despertado por essa antologia, e pelas conferências que Engel – homem muito eloqüente – passou a dar a esse respeito, levou à criação, em novembro de 1908, da Sociedade para a Música Popular Judia, de São Petersburgo. Dela faziam parte o violonista polonês Jószef Achron, aluno de Mischa Auer; os jovens compositores Aleksandr Krein, Mikhaíl Milner e Sólomon Rozóvski; além de Mikhaíl Gniéssin (ver esse nome neste capítulo), a quem Rímski-Kórsakov chamava de "o Glinka judeu".

Glière

Aluno de Arênski, Tanêiev e Ippolítov-Ivánov, Reinhold Morítsevitch Glière (1874-1956) tornou-se um legendário professor de Composição no Conservatório, tendo Prokófiev entre seus alunos. Para não desorientar o leitor, mantenho, na grafia de seu nome, a forma francesa a que se está habituado no Ocidente – transliterado do russo, ele deveria ser escrito Gliér.

Glière é, hoje, mais conhecido pela sua contribuição para o teatro de dança. *Krásnyi Mak* (A Papoula Vermelha, 1927) é considerado o marco inicial do balé soviético, de tema revolucionário. *Komiediânty* (Os Comediantes, 1930) e *Miêdny Vsádnik* (O Cavaleiro de Bronze, 1949), baseado em Púshkin, também eram encenados com freqüência na URSS. No Ocidente, sua obra mais executada é a sinfonia *Iliá Murômietz* (1900), de proporções épicas. Joan Sutherland e Edita Gruberová gravaram o *Concerto para Soprano e Orquestra*, em que a voz é tratada como um instrumento.

As óperas de Glière demonstram o interesse que tinha pela pesquisa do folclore das repúblicas asiáticas. *Shákh Senêm* (O Xeique Senêm), com libreto de Mikhaíl Gálperin, estreou em Baku, no Azerbaidjão, em 17 de março de 1827. Usa extenso material folclórico dessa região e visava a ser, segundo o autor, o passo inicial para a criação de uma escola de ópera azeri. Mas S. D. Krebs afirma, em *Soviet Composers*, que o uso do material étnico, por esse músico enraizado nas tradições do século

XIX, é superficial e ocidentalizado. Acusa-o ainda de ter "sovietizado" a cultura musical do Oriente, ao selecionar temas que seriam acessíveis para os ouvidos russos, deixando de lado outros, legitimamente azeris, que lhes teriam parecido mais ásperos. Um ponto a favor do argumento de Krebs é Glière não ter querido que o libreto fosse traduzido: essa ópera de tema azeri foi estreada em russo.

Gyulsara (Tashkent, 25.12.1937) e *Leyli i Miéjnun* (Tashkent, 18.7.1940) trabalham com o folclore do Uzbequistão; ambas do mesmo modo questionado por Krebs. As duas foram escritas a quatro mãos com o pesquisador de folclore Terêntii Sadýkov. Curiosamente, *Gyulsara* partiu de uma ópera em estilo popular que Sadýkov montara em colaboração com o músico uzbeque Tokhtasín Djalílov, e que Glière tinha orquestrado. O libreto de Konstantín Iáshtchen e M. Mukhámedov trança uma história de amor com a do movimento revolucionário naquela república asiática. Depois, eles a retrabalharam no estilo "sovietizado" a que Krebs se refere, fazendo-a perder muito do rude perfume que tem a primeira versão (há, das duas, gravações no selo Melodya).

A ópera-oratório *Zemliá i Niébo* (A Terra e o Céu, 1900), do poema de lord Byron, parece um cruzamento dos dramas sacros de Rubinstéin com as óperas da última fase de Rímski-Kórsakov. *Kleopátra* é um balé-melodrama – portanto, com texto falado e acompanhamento musical contínuo, no estilo do *Orfeu e Eurídice*, de Fomín. Foi escrito pelo diretor de teatro Vladímir Nemiróvitch-Dántchenko, para seu teatro, em Moscou, onde foi levada em 2 de novembro de 1926. Adapta o conto *Egipiétskie Nôtchi* (As Noites Egípcias), de Púshkin. *Rashel* é resultado da colaboração com o romancista Mikhaíl Bulgakóv e a poeta Marguerita Aliguér, que lhe forneceram um elegante libreto tirado da *Mademoiselle Fifi*, de Maupassant, que também inspirara César Cui em 1903. Ela estreou no rádio, em 1943, e recebeu, de Konstantín Stanislávski, uma bem cuidada montagem, em 19 de abril de 1947, na Sala Tchaikóvski, do Conservatório de Moscou. Todos estes são trabalhos numa veia declaradamente cosmopolita.

Muito mais criteriosos e significativos, no que se refere à utilização operística de material folclórico, são compositores que, por pertencerem a outras etnias, ficam fora dos limites deste livro, que se propõe a abordar apenas a música produzida na Rússia: o georgiano Zakhary Petróvitch Paliashvíli (1871-1933), autor de *Abesalom e Eteri* (1919); ou o armênio Armen Tigranián (1879-1950), com suas *Anush* (1912) e *David-Bek* (1950). Comparado a eles, os esforços de Glière soam desajeitadamente postiços. À obra desses músicos, será feita referência no volume *As Escolas Nacionais*, desta coleção.

Tsýbin

Destinado ao público juvenil, o "episódio músico-dramático" *Flengo* (1918), contando uma história que se passa durante a Comuna de Paris, é o primeiro exemplo de ópera revolucionária escrita na Rússia. Estabelece assim um modelo que, posteriormente, será imitado à exaustão por compositores do período soviético. Seu autor é o flautista e regente Vladímir Nikoláievitch Tsýbin (1877-1949), aluno de V. Kretchman e autor de um método de execução de seu instrumento publicado em 1940 e utilizado até hoje nos conservatórios russos.

Guédike

Aluno de Safônov, o pianista e organista Aleksandr Fiódorovitch Guédike (1877-1957) fez a sua primeira experiência dramática em 1916, com *Vrinéia* (Friné), cujo tema, extraído da Antigüidade grega, e o tratamento reminiscente do *grand-opéra*, a aparenta ao que Rímski-Kórsakov quis fazer na *Servília*. É de tema histórico *La Jacquerie*, de 1933, baseada numa rebelião da história francesa. No repertório russo de concertos sinfônicos, ouve-se às vezes a suíte extraída de sua música incidental *Mákbiet*, inspirada em Shakespeare e composta em 1944.

Samínski

A Visão de Ariel (1916) é uma ópera-balé, gênero muito pouco praticado pelos compositores russos. Ao escrevê-la, o ucraniano Lazár Semiônovitch Samínski (1882-1959) inspirou-se, naturalmente, em seu predecessor mais conhecido, *O Triunfo de Baco*, de Dargomýjski. Professor em São Petersburgo e, a partir de 1911, em Tíflis, ele emigrou para os EUA em 1919. Instalando-se em Nova York – onde viria, em 1939, a fundar o *Three-Choir Festival* –, escreveu mais duas óperas com libreto em inglês: *The Gagliarda of the Merry Plague* (1925) e *The Daughter of Jephta* (1928). Morreu em Port Chester, onde se instalara no final da II Guerra.

Gniéssin

Juntamente com suas três irmãs, o judeu Mikhaíl Gniéssin (1883-1957) fundou, em 1895, o Instituto Gniéssin, escola privada de música que se tornou tão importante quanto os conservatórios de Moscou e de São Petersburgo. Entre seus alunos estão compositores de renome: Liev Knípper, Arno Babadjanián, Áram Khtchaturián, Liev Obórin. Para ela voltavam-se os artistas de origem judaica, geralmente recusados nas escolas oficiais, onde reduzia-se a três por cento o número de alunos dessa comunidade admitidos. Em 1944, o instituto ganhou o status de ensino superior, com o nome de Instituto Estatal Músico-Pedagógico Gniéssin – e seu fundador, que nunca tinha dado aulas lá, tornou-se professor aos 61 anos.

Gniéssin compôs duas óperas de tema judaico – *Os Macabeus* (1921) e *A Juventude de Abraão* (1923) – e usou de seu prestígio para conseguir que o Bolshói aceitasse estrear *Zagmuk* (1930), que seu aluno Aleksandr Krein compusera a partir de uma peça de A. Glebóv sobre a insurreição dos judeus na Babilônia, em 702 a.C. Gniéssin foi também, juntamente com Joel Engel, um dos animadores do *Gosiet* (Gosudárstvennyi Ievréiskii Teatr) – Teatro Judaico do Estado –, inaugurado em 1º de janeiro de 1921 na rua Tchernytchévski, em Moscou, e destinado a montar peças em ídiche. Ali, com cenários de Mark Chagall ou Natan Áltman, foram encenados *O Dybbuk*, de Shlomo Ânski, ou *Tévie, o Leiteiro*, de Shalom Aleichem – convertida mais tarde no musical *O Violonista no Telhado*.

Tendo viajado para a Palestina em 1921, para dar prosseguimento às suas pesquisas sobre o folcore judeu, Gniéssin voltou à Rússia na época em que se precisou dele como professor do Instituto – e sofreu na pele a intensificação do anti-semitismo soviético. Foi ele, juntamente com Aleksandr Viéprik, um dos raros músicos que ousaram protestar contra os ataques que Andrêi Jadánov fazia a Dmitri Shostakóvitch e outros compositores ditos "formalistas". Isso aconteceu em 13 de janeiro de 1948. Um dia antes, o célebre ator ídiche Sólomon Míkhoels tinha sido assassinado em Minsk por ordem de Stálin. Foi esse o início de novo *pogrom* contra os artistas judeus – acusados de serem "elementos cosmopolitas que corrompiam a pureza da música socialista" – que se estenderia até a morte do ditador.

A. V. Aleksándrov

O Coro do Exército Vermelho foi criado por Aleksándr Vassílievitch Aleksándrov (1883-1946), que compôs para ele várias canções, hinos e marchas, muitas delas recolhidas e harmonizadas do folclore. *Russalka*, tirada da mesma peça inacabada de Púshkin usada por Dargomýjski, foi escrita como exame final de composição no Conservatório; a partitura se perdeu. *Smiért Ivana* (A Morte de Ivan), baseada na peça de A. Tolstói sobre a fase final do reinado de Ivan, o Terrível, ficou inacabada.

Assáfiev

O nome de Borís Vladímirovitch Assáfiev (1884-1946) é mais familiar aos aficcionados de dança, devido a seus balés *Plámia Paríja* (As Chamas de Paris, 1932), que se passa durante a Revolução Francesa, e *Bakhtchissaráiskii Fontán* (A Fonte de Bakhtchissarái, 1934), baseado em Púshkin. Aprisionada no harém de um potentado oriental, que se apaixona por ela, uma princesa russa é assassinada pela favorita desse homem, cheia de ódio por ter sido abandonada. Desse balé, existe um filme da década de 1950 em que o papel principal é magistralmente interpretado por Galina Ulánova.

Assáfiev escreveu dez óperas, dentre as quais apenas as infantis *Zólushka* (Cinderela, 1906), *Sniêjnaia Koroliêva* (A Rainha da Neve, 1908) e *Kaznatchêisha* (A Tesoureira, 1936), do poema de Liérmontov, conquistaram alguma atenção do público. Desempenhou relevante papel como musicólogo, editando partituras do Grupo dos Cinco.

Mílner

Um dos fundadores da Sociedade para a Música Popular Judaica, Mikhaíl Mílner (1886-1953) compôs em 1923 a primeira ópera russa com libreto em ídiche: *O Céu em Chamas*, baseado em um conto de Shlomo Ânski. Depois da segunda récita, a ópera foi retirada de cartaz pela censura sob a alegação de que seu caráter místico a tornava "inadequada". Essa decisão contava com o apoio do recémcriado *Ievkom* (Ievréiskii Komissariát) – Comissariado para os Assuntos Judaicos –, colocado nas mãos de dois ex-alunos da Escola Talmúdica, Semiôn Dimanshtéin e V. Litvákov, que tinham aderido ao PCUS. Ambos eram favoráveis à supressão de qualquer temática religiosa ou referência ao nacionalismo judaico, chegando a fazer campanha pelo fechamento do *Gosiet* – e nisso sendo reprimidos pelo próprio Liênin. Diante desses primeiros sinais de agravamento de um antisemitismo que seria declarado durante a fase stalinista, Milner emigrou, juntamente com outros artistas como Aleksandr Granóvski, diretor do *Gosiet*, ou Sólomon Rozóvski.

Triódin

Kniáz Serebriânyi (Príncipe Serebriânyi) é o nome de um aristocrata que viveu na corte de Ivan, o Terrível. Sua vida foi reconstituída, de forma romanceada, por Aleksêi Tolstói. Nesse romance, Piotr Nikoláievitch Triódin (1887-1950) se inspirou para compor a sua primeira ópera, estreada em 1923. Recorrendo a temas do folclore camponês e a melodias do culto ortodoxo, Triódin demonstra estar seguindo obedientemente o modelo da *Pskov-*

tiánka ou da *Noiva do Tsar*. Da mesma forma, é em Mússorgski que se mira para construir o laborioso afresco histórico de *Stiépan Rázin* (1925).

A. N. Aleksándrov

Professor muito respeitado do Conservatório de Moscou, Anatóly Nikoláievitch Aleksándrov (1888-1982) é o autor de *Bela*. O biógrafo V. Beliáiev a considera um bom exemplo de ópera tradicionalista voltada para o retrato psicológico das personagens, numa veia predominantemente lírica – o que se tornara raro no teatro musical russo, quando ela obteve uma apresentação em forma de concerto em 1957. A abordagem subjetiva adotada por Aleksándrov, de tom não favorecido pela política oficial, explica que não tenha havido interesse numa encenação.

A. G. Sháposhnikov

Nascido em São Petersburgo, Adrian Grigórievtch Sháposhnikov (1888-1967) foi trabalhar em Ashkhábad em 1937. Ali, tornouse o pioneiro da ópera sobre temas do Turcomenistão. *Zókhre i Takhír* inaugurou, em 6 de novembro de 1941, o Teatro Nacional de Ópera e Balé de Ashkhábad. No mesmo estilo, com ampla utilização de temas do folclore local, tratado à maneira dos Cinco, ele escreveu também *Guiúl i Bilbíl* (1943), *Shasséniem i Gabír* (1944, em co-autoria com D. Ovezóv), *Kemíne i Kóza* (1946, em co-autoria com V. Mukhátov) e *Aina* (1957, com Ovezóv).

Iurassóvski

O romance *Svengali*, do inglês Wilkie Collins, muito popular no início do século, sugeriu a Aleksandr Ivánovitch Iurassóvski (1890-1922) o libreto de *Trilby*, a sua única ópera, escrita em 1912 mas só encenada em 1924. A personagem-título é uma modelo que, caindo nas mãos de um misterioso mágico, transforma-se, sob o efeito de hipnotismo, numa cantora famosa. Mas também acaba completamente dominada por esse Pigmalião perverso. Típico dramalhão verista, *Trilby* é uma colagem das influências mais diversas: a de Puccini e Leoncavallo no retrato do ambiente de boêmia parisiense em que a história se desenrola; a de Skriábin na insistência em trabalhar com acordes de nona ou com quintas aumentadas ou diminuídas; a de Tchaikóvski e Rakhmáninov nas passagens mais líricas. Na cena da morte da heroína, Iurassóvski transcreve o *Estudo em dó menor op. 25* de Chopin.

Trambítski

Professor de composição no Conservatório de Sverdlóvsk desde 1939, Víktor Nikoláievitch Trambítski (1895-1970) instalou-se em Leningrado em 1961. *Bianca ou O Carnaval da Vida* (1921), sua ópera de estréia, sofre forte influência do Neo-romantismo alemão de início de século. *Óvod* (1929), *A Cólera do Deserto* (1930) e *A Grande Estrada* (1932) combinam a simpatia por modelos estrangeiros com o legado tradicionalista russo.

I. K. Sháposhnikov

Sem parentesco com o compositor de mesmo sobrenome anteriormente mencionado, Iliá Kalústovitch Sháposhnikov (1896-1953) nasceu em Rostóv-na-Dônu. É o autor da ópera radiofônica *Bakhtchissaráiski Fontán* (A Fonte de Bakhtchissarái, 1937), sobre o mesmo tema do balé; e da comédia *Tri Drúga* (Três Amigos, 1952) que, na época, obteve alguma popularidade.

Orânski

Ao gênero, muito praticado na Rússia, da ópera para crianças pertence *A Estrela da Alegria* (1919), a única ópera de Víktor Aleksándrovitch Orânski (1899-1953), autor também de balés visando esse tipo de público: *Os Jogadores de Futebol* (1930) e *Os Três Porquinhos* (1932). Ao morrer, deixou inacabada *Trem Blindado 14-69*, que se baseia em traumáticas experiências de guerra.

Rakhmáninov

Como Tchaikóvski – a principal influência na formação de sua linguagem – também Serguêi Vassílievitch Rakhmáninov (1873-1943) tem sido alvo de certa crítica, que rotula sua obra de passadista, piegas e açucarada. De vanguardista, é verdade, ele nada tem. Mas o individualismo de suas amplas e rapsódicas linhas melódicas, e o refinamento de uma escrita pianística de riqueza comparável à de músicos tão diferentes dele quanto Schumann ou Liszt, Alkan ou Skriábin, não deixa de dar razão ao público que, sem prestar atenção às reservas dos críticos, garante-lhe lugar inabalável nos programas de concerto e nos catálogos das gravadoras. Nestes últimos, de resto, tem aumentado, nos últimos anos, o destaque a ele dado não só como compositor mas também como um dos maiores pianistas do século. Quanto à pieguice, ela deve ser atribuída muito mais aos derramamentos excessivos da escola pianística pós-romântica. O rigor textual dos intérpretes atuais mostra que, ao contrário, Rakhmáninov é, a maior parte do tempo, um autor de lirismo muito sóbrio e interiorizado.

Músico prodigiosamente dotado, Serguêi Vassílievitch sempre foi um homem cronicamente inseguro. E suas melhores obras foram o fruto de dúvidas e tormentos. A que atribuir essas oscilações de temperamento que o levavam – como Tchaikóvski – a estar permanentemente insatisfeito com o que fazia? Biógrafos como Robert Walker vêem nisso o reflexo de uma vida atribulada, que o forçou, muito cedo, a assumir responsabilidades de adulto. O pai, Vassíly Arkádievitch, abandonou a mulher depois de ter dilapidado toda a fortuna da família, perdendo inclusive as propriedades que ela lhe trouxera em dote (o *rakhmány*, "generoso", que está na raiz de seu nome, no caso dele significava "perdulário"). Várvara, a irmã mais nova, morreu de disenteria ainda pequena. E aos doze anos, Serguêi viu-se sozinho em Moscou, morando como pensionista em casa de seu professor, Nikolái Zvérev.

Além de Zvérev, o pequeno Serguêi também teve aulas de piano com seu primo, Aleksandr Siloti. Estudou contraponto com Tanêiev; e composição, com Arênski. Entre seus colegas, havia pianistas lendários: Joseph Lhévinne, Alexander Goldenweiser, Konstantín Igúmnov e, sobretudo, o genial Aleksandr Skriábin. Como a ópera era o principal meio de projeção para o compositor, ao mesmo tempo que se preparava para a carreira de virtuose, Rakhmáninov pensou em escrever para o palco. Ainda quando estudante, interessou-se por vários assuntos e estilos. Da *Esmeralda* (1888), já abordada por Dargomýjski, compôs a introdução e fragmentos do ato III. Do *Mazeppa* (1891), inspirado no *Poltava*, de Púshkin, ficou só um quarteto em que ele usa o mesmo tema do sexteto da ópera homônima de seu ídolo, Tchaikóvski. Para a *Maskaráda* (1899), de Liérmontov, chegou a escrever um monólogo no mais puro estilo mussorgskiano.

Em 1892, quis também musicar integralmente o *Borís Godunóv*, de Púshkin, sem nenhuma modificação. Produziu três versões diferentes de um dos monólogos do tsar, e duas da cena de Pímen em sua cela. Nessas páginas, é muito forte a marca de Tchaikóvski. Depois, renunciou à idéia convencendo-se, a tempo, de que não seria capaz de superar a obra-prima de Mússorgski. Esses esboços estudantis mostram o quanto Rakhmáninov hesitava, nessa fase, entre as duas vertentes principais da escola russa, a cosmopolita e a nacionalista, esforçando-se por efetuar a síntese entre ambas.

Em 1892, impaciente em se diplomar, pediu a Arênski que lhe permitisse apresentar-se mais cedo ao concurso de graduação, para o qual era necessário apresentar uma ópera sobre tema escolhido pelo professor. Arênski propôs um libreto escrito pelo diretor de teatro Vladímir Nemiróvitch-Dántchenko: *Aliêko*, tirado dos *Tsigáni* (1834), de Púshkin. Cheio de entusiasmo, Rakhmáninov escreveu a partitura em apenas dezessete dias, e arrebatou com ela a medalha de ouro. O próprio Tchaikóvski a elogiou, quando foi estreada, em 27 de abril de 1893. E a ópera fez enorme sucesso, no ano seguinte, graças à interpretação de Fiódor Shaliápin no papel-título. Mas o libreto é tão sumário que não permite às personagens se desenvolverem. E a música segue à risca as regras do Conservatório: mantém a estrutura tradicional de números e, apesar de alguns "temperos" melódicos tirados do folclore cigano, tem uma personalidade musical das mais indefinidas, como se pode verificar através das gravações existentes: a de N. Golovánov (Melodya/Concert Hall Society, 1950); a do búlgaro Raitchev (Balkanton, 1970); a de D. Kitaienko (Melodya, 1987); e a de A. Tchistiákov (Chant du Monde, 1993).

Na história de Alieko, que abandona a vida da cidade para seguir a cigana Zemfira – e a mata para impedir que ela fuja com um homem mais jovem, de sua própria tribo – há elementos comuns a óperas realistas como a *Carmen* ou a *Cavalleria Rusticana*. Nos sentimentos exacerbados dessa ópera em um ato, que levam a um desenlace violento, identifica-se a atração de Rakhmáninov pelo Verismo, então em voga na Europa Ocidental. O poema

de Púshkin, de resto, despertou também a atenção de Ruggiero Leoncavallo, que encontrou nele os mesmos ingredientes fortes do Verismo. Em *Gli Zingari* (1912), ópera hoje injustamente negligenciada, o autor dos *Pagliacci* deu tratamento muito mais satisfatório do que Rakhmáninov à história de Púshkin, em termos de libreto e de música.

Mas na admirável "Viés tábor spít" (Todo o acampamento dorme), a cavatina em que Alieko rememora os dias em que era feliz com a mulher – de que Shaliápin deixou três gravações diferentes – há a demonstração de que Rakhmáninov teria podido ser um ótimo operista se contasse com bons libretos. Prova disso é que ele se sai muito bem nas duas cenas onde o texto lhe abre espaço para isso: a altercação de Alieko com Zemfira (nº 9), e o momento em que ele a pega em flagrante com o Jovem Cigano (nº 13). Nesta última, em particular, há sinais evidentes de que o compositor lembra-se da seqüência dos *Pagliacci* em que Cânio surpreende Nedda, sua mulher, com Silvio, o amante mais jovem.

As influências são inevitáveis em autor ainda inexperiente. O coral dos ciganos, "Kak vólnost viésel nash notchliég" (Felizes como a liberdade passam nossas noites) e os números de dança traem reminiscências de Borodín. E o *duettino* de Zemfira com o Jovem Cigano (nº 8) parece saído do *Ievguêni Oniéguin*. Mas já se sente um tom mais pessoal em alguns trechos: na narrativa do Velho Cigano, "Akh býstro mólodost moiá" (Ah, com que rapidez a minha juventude); na breve romança do amante, "Vzgliani: pod otdaliônnim svódom" (Olhe: sob a cúpula distante), com seu encantador acompanhamento de harpa; e principalmente no Intermezzo, em que é nítida a promessa do compositor maduro. O uso competente de *leitomotive* para unificar a escrita e a orquestração brilhante são outros sinais de que havia em Rakhmáninov um talento para o palco que, por razões diversas, haveria de ficar em estado relativamente embrionário.

Terminado o Conservatório, Rakhmáninov demonstrou ser, além de pianista excepcional, um excelente regente de ópera. Após breve experiência como maestro assistente no Teatro Mámontov, de Moscou (1897-1898),

Ferruccio Furlanetto (Alieko) e Elena Zílio (Zemfira), numa montagem de 1980 da ópera de Serguêi Rakhmáninov, no Teatro Reggio de Turim.

O Cavaleiro Avarento: cena da montagem de Steffen Piontek e Martin Rupprecht, com o elenco do Maríinski de São Petersburgo, na Sachsische Staatsoper de Dresden, em 1993.

Francesca da Ramini montada por sir Peter Ustinov e Josef Svoboda, em 1993, para uma produção conjunta das óperas de Dresden e Chemnitz: Paolo (Arkádi Mishtchênkin) declara-se a Francesca (Svetlána Katchúr).

aceitou em 1905 o cargo de regente no Bolshói. A essa altura, já era o autor da *Sinfonia nº 1*, fracasso total na estréia, e do *Concerto nº 2*, que haveria de se tornar a sua obra mais popular. Logo depois de assumir o cargo, porém, arrependeu-se e, a um amigo, escreveu, em tom de brincadeira:

> Gostaria de oferecer 2 mil rublos de recompensa a quem me livrar do trabalho no teatro. Acho que vou botar um anúncio no jornal dizendo assim: Perdeu-se a paz de espírito, devido à assinatura de um contrato. Recompensa-se a quem devolvê-la no seguinte endereço...

O soprano Nadiêjda Salina, que haveria de criar, em 1906, o papel de Francesca da Rimini, deixou um depoimento sobre o rigor com que Rakhmáninov trabalhava, o pânico que os cantores tinham de serem duramente repreendidos por ele, mas também a capacidade que tinha de conquistar sua confiança. O baixo Fiódor Shaliápin declarou:

> Quando é ele que me ensaia ao piano, já não posso mais dizer "eu estou cantando". "Nós estamos cantando", é o que eu tenho de dizer.

Rakhmáninov revisou extensamente as partituras usadas pelo Bolshói, limpando-as de todas as omissões e distorções que gerações de regentes descuidados tinham deixado acumularem-se. Restaurou várias óperas no repertório, em especial as pouco encenadas de Tchaikóvski. Regeu o espetáculo comemorativo do jubileu da *Vida pelo Tsar*, com Shaliápin no papel de Ivan Sussânin, fazendo dele um marco na história do Bolshói. E causou muito descontentamento ao introduzir, nesse teatro, a posição convencional do regente, no centro do fosso, de frente para a orquestra (antes de Rakhmáninov, o maestro sentava-se perto do palco, tendo a orquestra a seu lado – o que fazia com que metade dos músicos ficasse de costas para ele).

Em 1903, antes mesmo de entrar para o Bolshói, Rakhmáninov já tinha ido buscar em Púshkin nova fonte de inspiração: musicou integralmente a peça em um ato *Skupôi Rýtsar* (O Cavaleiro Avarento). Já se disse que, nela, o poeta retratara a avareza do próprio pai; e que a relação mal resolvida de Serguêi com a imagem paterna pode ter sido o motivo que o levou

a escolher, como tema para uma ópera, esta pequena peça em três cenas. O próprio Rakhmáninov regeu a estréia no Bolshói, em 11 de janeiro de 1906, num programa duplo com *Francesca da Rimini*. Esse espetáculo foi a ocasião para um episódio desagradável. O compositor esperava que Shaliápin estreasse o Barão e Lanciotto Malatesta, nessas duas óperas. Mas o baixo recusou-se a aprender dois papéis novos, e ele teve de recorrer a Guiórgui Baklánov, que cantava muito bem, mas não tinha a mesma presença cênica. Isso fez com que a amizade entre o compositor e Shaliápin esfriasse por muitos anos. Este, porém, acabou incluindo em seus programas de recital o monólogo central do *Cavaleiro*, "Kak molodôi poviêsa" (Como um jovem libertino), concebido para ele.

A fase de composição dessa segunda ópera foi marcada pela visita que Rakhmáninov tinha feito a Bayreuth, durante a viagem de lua-de-mel (em 1902, ele se casara com Sofia Sátina, sua prima). Os resultados não são difíceis de rastrear no tecido orquestral e motívico. Lembranças de Fasolt e Fafner, os gigantes ávidos por ouro, surgem na introdução. Ecos da cena em que Siegfried forja a espada são ouvidos no início do quadro que se passa no castelo, e em que se fala das armas necessárias para um torneio. E Mime serve de modelo à caricatura do usurário judeu – caracterização muito elogiada por Tanêiev mas que, hoje, é criticada como um estereótipo ofensivo, muito ligado ao arraigado anti-semitismo daquele ano em que a comunidade judaica da Rússia foi vítima de violentos pogroms. Já o amor do Barão pelo seu ouro é evocado numa linguagem que remete não ao *Anel*, mas ao erotismo do *Tristão e Isolda*.

A personagem-título do *Cavaleiro Avarento*, cruel retrato dos extremos a que a avareza pode levar um indivíduo, é o velho Barão, tão obcecado por sua riqueza que se recusa a dar ao filho o dinheiro de que este necessita para comprar armas e participar de um torneio. Sua idéia fixa é tão forte que ele morre de um ataque cardíaco quando o Duque, seu suserano, vem recriminá-lo e exigir que ceda o dinheiro. É de fato sensual a relação que o velho tem com sua fortuna. Ele mesmo o diz, no início de um imenso monólogo que dura mais de vinte minutos:

> *Kak molodôi poviésa jdiôt svidânia s kakôi-nibúd rasvrátnitsei lukávoi il' dúroi, im obmánutoi, tak iá ves' diên minúti jdal, kogdá soidú v podvál moi táiny k viérnim sundukám.*

(Como um jovem libertino espera a hora de rever uma meretriz depravada ou uma tola a quem seduziu, também eu esperei o dia inteiro pelo minuto em que poderia descer a meu porão secreto e a meus fiéis cofres.)

A esse homem que se priva de tudo, e vive na mais negra miséria para não ter de gastar um só de seus dobrões, basta a idéia da riqueza, a certeza de que

> *lish zakhotchú – vozdvígnutsia tchértogui, v velikoliépnie moí sadí sbiegútsia nímfi rézvoiu tolpóiu, i múzi dan' svoiú mniê priniessút...*

(se eu quiser, palácios surgirão e, a meus jardins magníficos, as ninfas hão de acorrer em alegre bando, e as musas me trarão oferendas...)

É sádico o prazer com que ele evoca o sofrimento alheio que cada uma dessas moedas custou:

> *Tut iést dublón starínnyi... Vot on. Níntche vdová mniê otdalá ievô, no priéjde s tremiá dietmí poldniá pieréd oknôm oná stoiála na koliêniakh, vóia. Shol dojd, i pierestál, i vnov poshól, pritvórshtchitsia nie trógalas; iá mog by ieiô prognát, no shto-to mniê sheptálo, shto mújin dolg oná mniê prinieslá i nie zakhótchet závtra byt v tiurmiê.*

(Há um velho dobrão... ei-lo. Uma viúva acaba de trazê-lo para mim, mas antes disso, ela passou metade do dia, com os três filhos, de joelhos diante da minha janela, soluçando. Choveu, depois parou, depois choveu de novo, mas a simuladora não se importava; eu poderia ter mandado expulsá-la, mas algo me dizia que ela tinha vindo me pagar a dívida de seu marido e não haveria de querer ir parar na prisão amanhã.)

Assim como outros se comprazem com o crime, diz o Barão, não há para ele maior prazer do que o de enfiar a chave na fechadura de seus cofres – metáfora de conteúdo nitidamente erótico a que dá razão a turbulência do elaborado interlúdio que se ouve enquanto ele acende uma vela diante de cada cofre, e os abre, para fazer brilhar os seus tesouros. Passagem climática que culmina num grito de triunfo, quase de orgasmo: "Iá tsárstvuiu!" (Eu reino).

É claro que esse homem é perseguido e aterrorizado pela idéia de que, após a sua morte, Albert dilapidará toda a sua fortuna: "meu tesouro há de escorrer para dentro de seus bolsos de cetim furados". A angústia em que essa certeza o lança justifica e antecipa a cena final, em que ele sucumbe à dor de imaginar que será forçado pelo Duque a separar-se de suas moedas. A beleza do texto de Púshkin e a força da música de Rakhmáninov fazem desse monólogo uma das maiores páginas da ópera russa nessa virada de século.

O Cavaleiro Avarento insere-se na mesma linhagem do *Convidado de Pedra*, do *Casamento*, de *Mozart e Salieri* e do *Festim Durante a Peste*, em que os textos de Púshkin e Gógol foram usados sem modificações por Dargomýjski e Mússorgski, Rímski-Kórsakov e Cui. O estilo é o do recitativo livre aderindo aos ritmos da fala, intercalando-o com algumas frases ocasionais em arioso que, por isso mesmo, ganham forte destaque expressivo. À orquestra cabe atrair toda a atenção do espectador, porque o texto, que Púshkin escrevera para ser lido e não encenado, é muito sintético – embora com uma econômica precisão no desenho dos tipos, que falta ao de *Alieko*. Não há grandes efeitos cênicos, nem coro, nem papel feminino, e a ação é toda interiorizada.

São três cenas apenas. Na primeira, Albert, o filho, recusa a sugestão de Solomón, o usurário judeu, de que envenene o pai para ficar com a herança. Na segunda, o Barão monologa em seu subterrâneo. Na última, finalmente, dialoga com o Duque e morre, vítima do medo de ser obrigado a separar-se de seu ouro. Albert, Solomón e o Duque têm *leitmotive* próprios, que funcionam como perfis e os distinguem psicologicamente. O Barão não tem motivo recorrente algum, o que é a forma de sugerir que a paixão pelo dinheiro o despersonalizou. É sempre representado por temas ligados à sua obsessão – a força do ouro, a cobiça, a dureza de coração – mas que não se restringem a ele: são usados também para as outras personagens cada vez que elas compartilham esses mesmos sentimentos.

Papel importante têm os efeitos sonoros para evocar o tilintar das moedas, o brilho das pedrarias, a fria nobreza da prata. Rakhmáninov antecipa, assim, efeitos que estarão sendo usados quase contemporaneamente por Richard Strauss na *Salomé*, quando Herodes descreve à princesa as coisas preciosas que se propõe a lhe dar, se ela desistir de lhe pedir a cabeça de João Batista. E que serão retomados por Paul Dukas, na *Ariane et Barbe Bleue*, e por Béla Bartók, em *A Kekszakállu Herceg vára* (O Castelo do Duque Barba Azul), para caracterizar cada um dos tesouros escondidos atrás das portas que a mulher do ogro vai abrindo.

A música do *Cavaleiro Avarento* não faz referência a qualquer tipo de folclore. É uma emanação do idioma comum a toda a Europa da época, já evidenciando certos torneados de frase que serão típicos do Rakhmáninov maduro. A orquestra é grande, densa, com influência wagneriana, e suas texturas espessas, anunciadoras do futuro sinfonista, exigem dos cantores vozes bem possantes. O papel do Barão foi concebido tendo como modelo, como já disse, o amplo registro de baixo-barítono de Shaliápin – embora ele não o tenha chegado a estrear. O elenco de primeira da gravação de Guennádi Rojdéstvienski (1981) faz jus à escrita vocal dessa pequena obra-prima.

O problema da ópera seguinte, *Francesca da Rimini*, uma vez mais, é o seu libreto, tirado por Módest Tchaikóvski do Canto V da *Divina Comédia*. Tem o mesmo defeito do de *Aliêko*: é curto demais, não permitindo que o conflito dramático se arme efetivamente. O momento climático em que Lanciotto Malatesta surpreende a mulher em colóquio amoroso com seu irmão Paolo, e apunhala os dois, é de efeito dramático muito fraco por mera ausência de texto que o suporte. E a música para descrever o inferno, em que pese uma fuga sabiamente escrita, também não abre espaço para muita ação cênica.

Neste caso, Rakhmáninov estava plenamente consciente dos problemas do texto, e a correspondência com Módest revela os inúteis esforços que fez para convencê-lo a revisar o poema. Se decidiu mantê-lo, foi porque pretendia fazer um programa duplo com o *Cavaleiro* e, por isso, precisava de um libreto em um ato. Mas precisou recorrer a diversos artifícios, como o trecho instrumental de 51 compassos com que representa o beijo dos amantes – pois o texto do dueto de amor é demasiado curto – ou o vocalise que supre a ausência de palavras para o coro dos condenados no inferno.

Apesar disso, Rakhmáninov tinha por *Francesca da Rimini* um carinho especial. Módest lhe propusera o libreto no momento em que ele estava se tratando, com o psiquiatra Nikolái Dahl, da depressão em que caíra depois do fracasso da *Sinfonia nº 1*; e o dueto dos amantes fora a primeira coisa que conseguira compor, após uma fase de bloqueio total. Abandonou provisoriamente a ópera, para dedicar-se à composição de seu celebrado *Concerto nº 2*. Mas retomou-a ao perceber que tinha a possibilidade de encená-la no Bolshói.

A ação de *Francesca da Rimini* é enquadrada por um prólogo e um epílogo, em que Paolo e Francesca contam a Dante e a Virgílio a história de seus amores infelizes. O libreto contém citações diretas do texto da *Divina Commedia*, inclusive "niet bólieie velíkoi skórbi v mírie, kak vspomniát o vrémeni stchastlívom v niestchástie", a tradução literal do famoso

[...] nessun maggior dolore
che ricordar del tempo felice nella miseria.

O recitativo segue a mesma técnica do *Cavaleiro Avarento*, mas as inserções de ariosos e frases cantábile são bem mais freqüentes e elaboradas, indicando a tendência que Rakhmáninov talvez tivesse, se prosseguisse em sua carreira de operista, de aproximar-se mais do modelo tchaikovskiano do *Oniéguin* e da *Píkovaia Dama* do que da lição do Grupo dos Cinco.

Esses ariosos são de um lirismo intimista, de escrita extremamente delicada, que relembra sem cessar as suas canções – e Rakhmáninov é, sem dúvida alguma, um dos maiores autores de canção da escola russa. A orquestra, no Prólogo, tem um estilo cromático muito ousado, que será raramente igualado em outras obras do compositor. A longa introdução instrumental cria o clima adequado de pesadelo que será intensificado pelos gemidos do coro, vocalisando sobre um "aah..." desesperançado.

A ruptura entre o Prólogo e o primeiro quadro é brutal. "Nichtó nie zaglushít revnívikh dum" (Nada acalma meus atormentados pensamentos), o monólogo de Lanciotto Malatesta, parece uma versão mais amadurecida dos amargurados sentimentos expressos por Aleko em sua cavatina. Mas, em termos estruturais, corresponde também ao longo solilóquio do Barão no centro do *Skupôi Rýtsar*. Quanto ao dueto de amor, após a cena da leitura da história de Lancelote e Ginevra, embora muito curto ele é uma página muito bem-sucedida.

No acompanhamento orquestral, o exemplo conscientemente seguido é o do *Kashtchêi*, de Rímski-Kórsakov: interlúdios ligam uma cena à outra, formando um comentário melódico contínuo como se o ato fosse um amplo movimento sinfônico. Aos críticos, porém, incomodou a riqueza da textura orquestral. O próprio Rímski-Kórsakov escreveu:

> É claro que a música da ópera de Rakhmáninov é extremamente talentosa. Há momentos dramáticos muito fortes e brilhantes. [...] Mas, no todo, o fluxo quase ininterrupto de densos sons orquestrais sufoca as vozes. A atenção do compositor volta-se principalmente para a orquestra e fica-se com a impressão de que as partes vocais foram, de certa forma, adaptadas a ela.

Idéia muito original é a de só dar um texto ao coro para cantar no epílogo. Durante as cenas anteriores, já o dissemos, ele faz vocalises, como se pertencesse à orquestra, contribuindo com sons que, indo do sussurro ao grito de terror, enriquecem e diversificam a palheta sonora. O lado demoníaco, sombrio da personalidade de Rakhmáninov encontra, aqui, a ocasião de afirmar-se com toda força. E manifesta-se na escolha do ré menor, tonalidade que, associada pelo compositor à idéia de tristeza e morte, volta freqüentemente em sua obra: no famoso prelúdio para piano em ré menor, na *Sinfonia nº 1*, na *Sonata nº 1 para Piano*, no *Concerto nº 3 para Piano*, no poema sinfônico *A Ilha dos Mortos* ou nas *Variações Corelli*, peça em que comparece, por sinal, a citação de um dos temas da *Francesca da Rimini*.

A bela gravação de Mark Ermler, muito valorizada pela realização vocal de Vladímir Atlántov e de Makvala Kasrashvili, sugere as potencialidades que Rakhmáninov poderia ter desenvolvido, caso levasse adiante esse aspecto de sua produção. O disco é, aliás, na opinião de Boriz Schwarz – autor das notas que acompanham essa gravação – o veículo ideal dessa obra prejudicada por um libreto inepto pois,

nele, desligada dos problemas da montagem no palco, a música se impõe de maneira suntuosa. Em 1998, aliás, o selo Chandos lançou um excelente álbum de 3 CDs, em que Neeme Järvi enfeixou as três óperas de Rakhmáninov.

Com a *Francesca da Rimini,* haveria de encerrar-se a breve carreira operística desse compositor. Do *Diádia Vânia* (O Tio Vânia), que ele iniciou logo depois, musicando diretamente a peça de Antón Tchékhov, escreveu apenas o monólogo de Sônia, cuja melodia, de corte encantador, reaproveitou mais tarde na *Romança op. 26 nº 3*. E fez apenas a sinopse de uma *Salammbô*, para a qual nada chegou a compor. Pediu em seguida a Mikhaíl Slônov que lhe preparasse o libreto de *Monna Vanna*, a peça de Maurice Maeterlinck que inspirou também a Henri Février. O ato I chegou a ser terminado e existe em redução para piano (em 1993, ano em que se comemorou o cinqüentenário da morte do compositor, Igor Búketov o orquestrou e apresentou, nos EUA, em versão de concerto). Mas o projeto foi abandonado porque Rakhmáninov nunca chegou a um acordo com seu libretista sobre o ato II. E também por dificuldades na negociação dos direitos autorais com o autor da peça. Algum material melódico que estava pronto permitiu a Búketov, porém, preparar uma suíte instrumental executada na mesma ocasião.

Em 1917, Rakhmáninov deixou a Rússia para nunca mais voltar. Não compôs mais para o palco, o que é estranho e, certamente, lamentável, pois *O Cavaleiro Avarento* e a *Francesca*, os numerosos ciclos de canção e outras peças que escreveu – como a cantata *Kolokolá* (Os Sinos, 1913), sobre o poema de Edgar Allan Poe – demonstram que era dotado de senso dramático e tinha um talento seguro para a escrita vocal.

Entre 1836, o ano da estréia da *Vida pelo Tsar*, e 1909, em que foi criado o *Galo de Ouro*, última ópera de Rímski-Kórsakov, algumas características básicas da ópera russa se firmaram:

– o hábito de buscar a inspiração em obras literárias de autores mais ou menos contemporâneos, em episódios da história do império, ou no grande repositório da mitologia eslava e do folcore camponês;

- o abandono total do diálogo falado, vinculado ao modelo do *opéra-comique* ou do *singspiel*, optando pela ópera com recitativos acompanhados, o que assegura ao espetáculo continuidade estrutural maior;
- a prática freqüente das formas abertas, permitindo à música desenvolver-se de forma ininterrupta durante toda uma cena ou, às vezes, durante todo um ato, e fazendo com que os números eventuais estejam inseridos dentro desse desenvolvimento;
- em conseqüência disso, a criação de um estilo vocal mais homogêneo, pois a base dele será a relação arioso-ária, muito mais próxima do que a recitativo-ária, que tinha predominado no período anterior a Glinka;
- a unidade dessas partituras é assegurada, além disso, por uma rede de reminiscências temáticas logo complementadas, quando não substituídas, por um sistema razoavelmente complexo de *leitmotive* (e também daquilo que Maximovitch chama de *leitharmonie* e *leittimbre*).

A síntese entre o sistema de composição trazido do Ocidente, o folclore camponês de expressão russa, a música litúrgica eslava, e o aporte eventual dos diversos folclores asiáticos forma a base muito rica e diversificada da música russa desse período, causa principal do fascínio que ela sempre exerceu sobre os ouvidos europeus e americanos. A música ocidental torna-se, de resto, profundamente devedora de alguns procedimentos – a escrita modal, o uso da escala de tons inteiros, as formas de retrabalhar e incorporar os elementos melódicos, harmônicos e rítmicos do acervo folclórico – que vão condicionar a sua própria evolução.

São Paulo, 1989-2001.

BIBLIOGRAFIA

ABRAHAM, Gerald (1985). *The Operas of Serov*, Nova York, Clarendon.

BARBIER, Pierre (1992). *La Fronde des Khovanski, Balayée par le Souffle Lyrique du Peuple*, no folheto da gravação Valiéry Guérguiev da *Khovânshtchina*, selo Philips 432.147-2.

BECKER, Heinz (1977). "Drei Karten, drei Karten, drei Karten": Versuch über Tschaikowskys "Pique Dame", no folheto da gravação M. Rostropóvitch, selo DG 2740 176/2711 019.

BERBERÔVA, Nina (1937). *Tchaikóvski*. São Petersburgo, Límbus Press, edição fac-similada do original publicado numa editora russa de Paris.

BERNANDT, Grigóry Borísovitch (1962). *Slovár Ópier: Vpiérvye Postavliénnykh ili Izdánnikh v Dorevolutsiônnoi Rossíi i v SSSR 1736-1959* (Dicionário da Ópera: Primeiras Apresentações ou Edições na Rússia Pré-revolucionária e na URSS 1736-1959), Moscou, Soviétski Kompozitór.

BIANCOLLI, Louis (1964). *Boris Godounov: its Genesis, its Versions*, no folheto da gravação Aleksandr Melík-Pasháiev (versão com George London), selo Columbia D4S. 696.

BRAUNMÜLLER, Robert (1995). *Patriotism and Christian Humility: on the Dramaturgy of Rimsky-Korsakov's* Kitej *Legend*, no folheto da gravação V. Fedossêiev, selo Koch-Schwann 3-1144-2 Y5.

BROWN, David (1991). *Tchaikovsky: a Biographical and Critical Study*, Londres, Gollancz.

CALLAND, Deborah (1996). *The Tsar of Operas: Glinka's* Ruslan and Lyudmila, no folheto da gravação Valiéry Guérguiev, Philips 456 248-2.

CALVOCORESSI, Michel Dmitri (1978). *Mussorgsky*, terminado e revisto por Gerald Abraham, da coleção *Music Masters*, Londres, J. M. Dent & Sons Ltd.

_____ (1933). *Musicians Gallery: Music and Ballet in Paris and London*, Londres, J. M. Dent & Sons Ltd.

COOPER, Martin (1977). *Tchaikovsky's* Queen of Spades, cf. Becker, Heinz.

CONATI, Marcello (1993). *Il Mio Chef-d'Oeuvre*, no folheto da gravação Guérguiev da *Dama de Espadas*, Philips 438 141-2.

_____ (1994). *Una Fiaba Marina:* Sadko, *Opera-bylina in Sette Quadri di Rimskij-Korsakov*, no vídeo do Kírov/Guérguiev, selo Philips 440 070 539-3.

CRAFT, Robert (1960). *Conversations with Igor Stravinsky*, Nova York, Doubleday.

CUMMINGS, David (1997). *The Random House Encyclopedic Dictionnary of Music*, Londres, Random House.

FANNING, David (1997). Rachmaninov's *Aleko, The Miserly Knight and Francesca da Rimini*, no folheto da gravação Neeme Järvi, selo DG 453 454-2.

FEDOSSÊIEV, Vladímir (1995). *"God is Everywhere"* [sobre sua gravação de *Kítej*], ver Braunmüller, Robert.

FRANKE, Knut (1979). Orestie *von Sergej Iwanowitsch Tanejew*, no folheto da gravação Tatiana Kolomiizeva, selo DG, 2709 097.

GARCÍA MORILLO, Roberto (1963). *Musorgsky*, Buenos Aires, Ricordi Americana.

_____ (1965). *Rimsky-Korsakov*, Buenos Aires, Ricordi Americana.

GARDEN, Edward (1973). *Tchaikovsky*, da coleção *Music Masters*, Londres, J. M. Dent & Sons Ltd.

A ÓPERA NA RÚSSIA

GOJOWY, Detlef (1994). *Das Leben ein Traum, der Traum ein Leben: Rimsky-Korssakows "Sadko"*, cf. Conati, Marcello.

_____ (1997). *Der Zar singt: Rimsky-Korssakows Mädchen von Pskow*, no folheto da gravação Guérguiev (Philips 446 678-2).

GOLUBÓVSKI, I. V. (1961). *Lieningrádskii Gosudárstvennyi órdena Liênina Akadiemítcheskii Mályi Ópiernyi Teatr* (O Pequeno Teatro de Ópera Estatal de Leningrado, da Ordem Acadêmica de Lênin), Moscou, Lieningrád Izdátielstvo.

GOZENPUD, Abram Akímovitch (1974). *Rússkii Ópernyi Teatr* (O Teatro de Ópera Russo). Moscou, Múzyka.

_____ (1965). *Ópiernyi Slovár* (Dicionário da Ópera). Moscou, Múzyka.

GRÖNKE, Kadja (1996). *Über die veredelnde Macht der Liebe*, na gravação Guérguiev de *Iolanta*, selo Philips 442 796-2.

_____ (1999). *Ein bewußt zwiespältiges Werk*. Na gravação Guérguiev da *Cidade Invisível de Kítej*, selo Philips 462 225-2.

GRÓSHEVA, Ielena Andrêievna (1962). *Bolshôi Teatr SSSR v Próshlom i Nastoiáshtchem* (O Teatro Bolshôi da URSS no Passado e no Presente), Moscou, Soviétskii Kompozitór.

GROUT, Donald Jay (1965). *A Short History of Opera*, Nova York, Columbia University Press.

HALBREICH, Harry (1997). *Rachmaninov et l'Opéra:* Aléko, Le chevalier ladre *et* Francesca da Rimini, cf. Fanning, Douglas.

HOFMANN, Rostislav (1946). *Un Siècle d'Opéra Russe (de Glinka à Strawinsky)*, Paris, Corrêa.

HOLDEN, Amanda – Kenyon, Nicholas – Walsh, Stephen, org. (1993). *The Viking Opera Guide*, Londres, Viking.

HONEGGER, Marc (1988). *Diccionario de la Música*, ed. espanhola a cargo de Tomás Marco, Madri, Espasa Calpe.

IPPOLÍTOV-IVÁNOV, Mikhaíl Mikháilovitch (1965). *Piátsat Liet Russkôi Múziki v Moíkh Vospomináníakh* (Minhas Lembranças de cinqüenta anos de Música Russa), Moscou, Soviétski Kompozitór.

KOJEVNÍKOV, Vladímir Mikháilovitch – Nikoláiev, Piotr Andrêievitch (1987). *Literatúrnyi Entsiklopedítcheskii Slovár* (Dicionário Enciclopédico de Literatura), Moscou, Soviétskaia Entsiklopiédia.

KREBS, S. D. (1970). *Soviet Composers*, Londres, George Allen & Unwin.

KUPFER, Harry (1995). Die Legende von der unsichtbaren Stadt Kitesch: *zur Inszenierung*, cf. Braunmüller, Robert.

LAYTON, Robert (1992). *"Khovanshchina": its Background, Genesis and Completion*, cf. Barbier, Pierre.

_____ (1993). *Tchaikovsky's "Rococo" Melodram*, ver Conati, Marcello sobre *A Dama de Espadas*.

_____ (1994). *A World of Magic and Mistery: Rimsky-Korsakov's* Sadko, cf. Conati, Marcello.

_____ (1997). *Rimsky-Korsakov's first opera:* The Maid of Pskov, cf. Gojowy, Detlev.

LEMAIRE, Frans C. (1994). *La Musique du XXᵉ Siècle en Russie et dans les Anciennes Républiques Soviétiques*. Paris, Fayard, coleção "Les Chemins de la Musique".

LISCHKE, André (1977). *"La Dame de Pique": Divertissement et Drame*, cf. Becker, Heinz.

_____ (1990). *La Nuit de Noël*, no folheto da gravação Iuróvski, selo Chant du Monde, LDC 288001/2.

_____ (1991). *Kastcheï l'Immortel*, no folheto da gravação Tchistiakóv, selo Chant du Monde, LDC 288 046.

_____ (1993). *Alieko*, no folheto da gravação Tchistiakóv, selo Chant du Monde, LDC 288 079.

LLOYD-JONES, David (1984). Boris Godunov: *the Facts and the Problems*, no folheto da gravação Vladímir Fedossêiev, selo Philips 412 281-2.

MACHADO COELHO, Lauro (1997). *Tchaikóvski*, fascículo escrito para a coleção *"Música Maestro!"*, São Paulo, Editora Três.

MALKIEL, Marina e BARRY, Anna (1995). *Authenticity in* Prince Igor: *Open Questions, New Answers* e Borodin's Prince Igor *in the Mariinsky Theater Edition*, ambos no folheto da gravação Valiéry Guérguiev, selo Philips 442 537-2.

MANCINI, Roland (1979). *Musorgsky*, Madri, Espasa-Calpe (trad. de Victor Andresco), coleção "Clásicos de la Música".

MASSIN, Brigitte e Jean (1985). *Histoire de la Musique Occidentale*, Paris, Fayard/Messidor-Temps Actuel (edição em português, Nova Fronteira, 1988).

MATTHEW-WALKER, Robert (1984). *Rachmaninoff*, Londres, Omnibus Press, coleção "The Ilustrated Lives of the Great Composers".

MAXIMOVITCH, Michel (1987). *L'Opéra Russe (1731-1935)*, Lausanne, Éditions L'Âge d'Homme.

NATHAN, M. Montagu (1917). *Rimsky-Korsakof.* Nova York, Duffield & Co. Acessado através do site OperaGlass http://rick.stanford.edu/opera.

NEEF, Sigrid (1994). Mazeppa: *die Oper verbaler Geheimnisse und musikalischer Enthüllungen*, no folheto da gravação Valiéry Guérguiev, selo Philips 462 206-2.

NEFF, Lyle (1995). *Cesar Cui's Operas.* University of Indiana Press.

BIBLIOGRAFIA

NEWMARCH, Rosa (1922). *L'Opéra Russe*, trad. S. Marky-Richard, Paris, Les Éditions de la Sirène/Alcan.

OSTCHEVSKI, Eugène (1996). *Des Ténèbres à la Lumière*, cf. Grönke, Kadja sobre *Iolanta*.

PLACE, Adélaïde de (1994). *Tchaïkovski:* Mazeppa, cf. Neef, Sigrid.

POTTER, Tully (1993). *Tchaikovsky's* The Maid of Orleans, no folheto que acompanha o vídeo-disco da versão Aleksandr Lazárev, no Bolshói de Moscou.

PÚSHKIN, Aleksandr Serguêievitch (1979). *Ízbrannie Proizvediênia* (Obras escolhidas), em dois volumes, Kíev, Izdátielstvo Khudójestvennoi Literatúry "Dnipro".

QUATTROCCHI, Arrigo (1996). *Dall'Oscurità alla Luce*, cf. Grönke, Kadja sobre *Iolanta*.

REDEPENNING, Dorothea (1989). A Life for the Tsar (Ivan Susanin): *Genesis of the Opera*, no folheto da gravação E. Tchakárov, selo Sony 01-046487-1.

RÍMSKI-KÓRSAKOV, Nikolái Andrêievitch (1983). *Lietopís Moiêi Muzikálnoi Jízni* (Crônicas de Minha Vida Musical), Moscou, Soviétski Kompozitór.

———— (1974). *My Musical Life*, trad. Judah A. Joffe. Londres, Eulenburg Books.

ROUSSEAU, Jérémie (1997). *Du Rêve à l'Épopée: dans la Vogue des Sujets Historiques*, no folheto da gravação Guérguiev da *Donzela de Pskov*, de Rímski-Kórsakov (Philips 446 5678-2).

RUEGER, Christoph (1992). *"Schrecklich, aber schön": die zweite Oper*, cf. Barbier, Pierre sobre a *Khovânshtchina*.

———— (1993). *Vorsicht vor der Pique dame!*, cf. Conati, Marcello.

SCHWARZ, Boris (1977). *Rachmaninoff at the Bolshoi Opera* no folheto da gravação Mark Ermler de *Francesca da Rimini*, selo Melodya/Columbia, M2 34577.

———— (1978). Tchaikovsky's *Iolanta*, no folheto da gravação Mark Ermler, selo Melodya/Columbia, M2 34595.

SEREBRIÁKOVA, Liubôva (1995). *La Passion de Fevronija*, cf. Braunmüller, Robert.

SEROFF, Victor (1949). *Le Groupe des Cinq*, trad. André Vaudoyer, coleção *Amour de la Musi-*que, Paris, Éditions Le Bon Plaisir/Librairie Plon.

SHTEINPRESS, Borís Serguêievitch e IAMPÓLSKI, Ivan Mikháilovitch (1962). *Entsiklopedítcheskii Muzikálnyi Slovár* (Dicionário Enciclopédico Musical), 2ª edição, Moscou, Izdátielstvo "Soviétskaia Entsiklopiédia".

SLONIMSKY, Nicolas (1988). *The Concise Baker's Biographical Dictionary of Musicians*, Nova York, Schirmer Books/MacMillan Inc.

SOARES, Maria Apparecida Botelho Pereira (2000). *Príncipe Ígor ou O Canto da Campanha de Ígor*. Rio de Janeiro, Editora Francisco Alves.

STEINEGGER, Catherine (janeiro de 1993). *Tchaikovsky: l'Âme Russe de l'Europe Romantique* in *Diapason* nº 389, Paris, Éditions Mondiales S.A.

———— (1993). *Romantisme Fantastique et Destin Pathétique*; cf. Conati, Marcello sobre a *Dama de Espadas*.

———— (1994). *Magie et Légende: la Chanson de Geste d'un Poète de la Mer*, cf. Conati, Marcello sobre *Sadkó*.

TARUSKIN, Richard (1981). *Opera and Drama in Russia*, Princeton, UMI Research Press.

———— (1993). *Mussorgsky: Eight Essays and an Epilogue*, Princeton University Press.

———— (1993). *A May-December Affair: Tchaikovsky's* Mazeppa, no folheto da gravação Neeme Järvi, selo DG, 439 906-2.

———— (1999). *Dmitri Bortniansky: for Ukraine, he's a Native Son. New York Times* (27.6.1999).

TEDESCHI, Rubens (1980). *I Figli di Boris, l'Opera Russa da Glinka a Stravinskij*, Milão, Feltrinelli.

VISHNIÉVSKAIA, Galina (1984). *Galina: a Russian Story*, Nova York, Harcourt Brace Jovanovich Publishers.

WALKER, Robert (1984). *Rachmaninoff*, Londres, Omnibus Press, coleção "The Ilustrated Lives of Great Composers".

WARRACK, John e Ewan West (1992). *The Oxford Dictionary of Opera*, Oxford University Press.

WARRACK, John (1989). *Tchaikovsky*, Londres, Hamilton.

———— (1996). *A Work to Haunt the Imagination*, cf. Grönke, Kadja sobre *Iolanta*.

WILSON, Elizabeth (1994). *Shostakovitch: a Life Remembered*, Princeton University Press.

Título:	A Ópera na Rússia
Autor:	Lauro Machado Coelho
Ilustração da Capa:	Desenho de Shaliápin no papel de Bóris Godunóv
Formato:	18,0 x 25,5 cm
Tipologia:	Times 10/12
Papel:	Cartão Supremo 250 g/m (capa)
	Master Set 90 g/m (miolo)
Número de Páginas:	248
Editoração Eletrônica e Laser Filme:	Lauda Composição e Artes Gráficas
Fotolito de Capa e Ilustrações:	Macin Color
Impressão:	Gráfica Palas Athena